复旦卓越·21世纪经济学系列

新编
货币金融学

胡　靖　潘勤华　李月娥　主编
王文倩　唐　丹　副主编

复旦大学出版社

前 言

中共十九大报告描绘了新时代中国发展的宏伟蓝图,其中涉及政治、经济、文化、社会和生态等诸多方面的内容,在经济方面的总题目是"按照现代发展观建立现代经济体制",现代金融是现代经济体制的重要组成部分,继续推进金融改革、防范金融风险、调整金融监管体制等一系列宏观金融问题离不开坚实的微观基础。"货币金融学"作为学习和掌握经济金融问题的基础课程需要不断加强和普及。

货币是金融发展的起点和主线,是金融系统的血液和主角,也是理解和研究一切金融问题的基础与核心。在长期的教学过程中,我们发现学生们往往习惯于关注金融的表象,却由于对货币、信用以及利率等一系列本质问题的理解不够,导致不能把握金融的实质,进而无法深入剖析金融现象产生的根本原因。因此,"货币金融学"是学习、了解经济金融知识的基础,是金融学专业的必修课,是非金融学专业的平台课,也是满足个人对经济金融普遍关注的基本知识储备。

考虑到知识体系的完备性,本教材共包括金融基础、金融市场、金融机构、金融调控和金融开放五部分内容,共十七个章节。在教学过程中可以根据专业差异有选择地使用。

货币是伴随着生产力水平的提高,物品交换需求日益旺盛而自然产生的,货币形态的变化、货币制度的产生与演变以及货币职能的发展不仅构成了一部源远流长、内容丰富的货币史,更是一部波澜壮阔的,反应人类社会政治经济发展的文明史。金融简单而言就是资金的融通,通俗而言就是资金的借贷,而借贷的前提是信用。所以,信用是理解金融的基础和根本出发点。利率是借贷资本的价格,是资本这一要素优化配置的价格信号,更是宏观调控的指挥棒。金融基础部分的知识就像地基,需要牢牢掌握才有利于其他章节的学习和理解,而且这一部分内容与其他课程知识没有交叉,需要重点学习。

金融市场是资金融通的场所,借助于金融市场资金可以从盈余部门流通到不足的部门,从而实现资本的优化配置。不同的融资方式创造出不同的金融产品,从而形成了规则各异的金融市场。根据融资期限的不同,金融市场可以大致分为货币市场和资本市场两大类。前者是短期资金融通市场而后者是长期资金融通的市场,两类市场互为补充分别发挥着截然不同却又相辅相成的功能。除此之外,保险市场、外汇市场、衍生品市场等也属于金融市场的范畴,但考虑到融资功能的差异以及不同课程内容的交叉性,所以本教材没有具体介绍。

伴随金融服务的内容越来越广泛,金融活动和金融关系也变得越来越复杂,从事金融业务的金融机构也日益呈现出多元化的发展趋势。即便如此,商业银行依然是金融机构的主体,承担着信用中介、支付中介、信用创造等重要职能。投资银行作为直接融资的中介,随着证券市场的发展迅速成为另一重要金融机构,在承销、经纪、收购兼并等业务领域发挥着重要作用。"一盎司的预防相当于一英镑的治疗",保险意识的逐渐增强和转嫁风险的强烈需要催生了保险业务的快速发展,保险公司也自然成为我国三大金融机构之一。其他金融机构可以采用阅读辅助材料或者课堂讨论的形式让同学们了解。

金融市场的有效运作,金融机构的规范经营和金融体系的完善发展离不开金融监管和宏观调控。中央银行是一国最高的货币金融管理机构,对内进行宏观调控,保障金融安全与稳定,对外代表政府参加国际金融组织和各种国际金融活动。中央银行所从事的业务与一般金融机构有着本质的区别。货币政策是中央银行进行宏观调控的主要政策之一,包含货币政策工具、目标、传导以及效果评价等丰富的内容。通货膨胀是各国政府和央行普遍高度关注的复杂经济现象,对于其表现、原因及影响的认识有助于及时采取适当的政策措施给予宏观调控。该部分内容涉及货币需求、货币供给以及通货膨胀等理论问题,对于金融学专业的学生可以适当延展和深入分析。

金融开放是不可逆转的趋势,尽管蕴含着多方面的风险。理解国家间的货币金融联系,掌握国际收支状况,熟悉国际货币制度才能更加有效地防范金融风险,更加稳步地推进金融业的对外开放。该部分内容与国际金融课程存在交叉,可以根据学生专业情况选择讲授。

本教材体系完整,内容丰富,侧重基础,强调理解。每一章设有导读、关键词和思考题,有利于学生抓住学习重点,理解主要内容。阅读材料作为补充不仅可以提高教材的可读性,而且可以拓展学生的视野,有利于引导学生用基础知识去分析现实中的经济金融问题。

  本教材由同济大学经济与管理学院胡靖、潘勤华、李月娥老师和同济大学浙江学院王文倩和唐丹老师共同完成。其中,第一至第三章金融基础部分由潘勤华老师负责完成;第四至七章由王文倩老师负责完成;第八至十一章由唐丹老师负责;第十二至十四章由胡靖老师负责完成;第十五至十七章由李月娥老师负责完成。另外,研究生吴明杭也参与了部分章节的编写与资料搜集。

  感谢领导的支持,感谢各位老师的辛苦付出,也感谢谢同君编辑的辛苦校对。

  由于编者水平有限,书中错误在所难免,敬请专家和读者批评指正。

胡 靖
2018年3月20日于同济大学

目 录

第一章 货币与货币制度 ········· 001
本章导读 ········· 001
第一节 货币的产生与演变 ········· 001
第二节 货币的定义、职能与分类 ········· 005
第三节 货币制度及其演变 ········· 011
第四节 互联网时代的新型货币形式——数字货币 ······ 018
本章关键词 ········· 022
思考题 ········· 023

第二章 信用经济 ········· 024
本章导读 ········· 024
第一节 信用的起因 ········· 024
第二节 信用形式 ········· 028
第三节 信用要素 ········· 034
第四节 我国的社会信用体系建设 ········· 039
本章关键词 ········· 046
思考题 ········· 047

第三章 利息与利率 ········· 048
本章导读 ········· 048
第一节 利息 ········· 048
第二节 利率体系及决定因素 ········· 051
第三节 利率的计算及应用 ········· 057
第四节 我国的利率市场化 ········· 066
本章关键词 ········· 074
思考题 ········· 074

第四章 金融市场 ········· 075
本章导读 ········· 075

第一节 金融市场概述 …………………………………………… 075
第二节 金融市场的构成要素及中介机构 ………………………… 081
第三节 金融市场的发展趋势 …………………………………… 084
本章关键词 ……………………………………………………… 090
思考题 …………………………………………………………… 090

第五章 货币市场 …………………………………………… 091
本章导读 ………………………………………………………… 091
第一节 货币市场的概述 ………………………………………… 091
第二节 同业拆借市场 …………………………………………… 094
第三节 票据市场 ………………………………………………… 096
第四节 其他货币市场 …………………………………………… 102
本章关键词 ……………………………………………………… 107
思考题 …………………………………………………………… 107

第六章 资本市场 …………………………………………… 108
本章导读 ………………………………………………………… 108
第一节 资本市场概述 …………………………………………… 108
第二节 股票市场 ………………………………………………… 110
第三节 债券市场 ………………………………………………… 118
第四节 投资基金市场 …………………………………………… 122
本章关键词 ……………………………………………………… 127
思考题 …………………………………………………………… 127

第七章 黄金市场 …………………………………………… 128
本章导读 ………………………………………………………… 128
第一节 黄金市场概述 …………………………………………… 128
第二节 黄金市场交易方式 ……………………………………… 130
第三节 黄金市场价格 …………………………………………… 132
第四节 世界主要黄金市场 ……………………………………… 136
本章关键词 ……………………………………………………… 140
思考题 …………………………………………………………… 140

第八章 金融机构体系 ……………………………………… 141
本章导读 ………………………………………………………… 141

第一节　金融机构概述 …………………………………… 141
第二节　我国金融机构体系 ……………………………… 143
第三节　西方国家金融机构体系 ………………………… 147
本章关键词 ………………………………………………… 151
思考题 ……………………………………………………… 151

第九章　商业银行 ………………………………………… 152
本章导读 …………………………………………………… 152
第一节　商业银行发展概述 ……………………………… 152
第二节　商业银行的资产与负债 ………………………… 156
第三节　商业银行经营管理 ……………………………… 159
第四节　互联网银行 ……………………………………… 164
本章关键词 ………………………………………………… 168
思考题 ……………………………………………………… 168

第十章　投资银行 ………………………………………… 169
本章导读 …………………………………………………… 169
第一节　投资银行简介 …………………………………… 169
第二节　投资银行的产生与发展 ………………………… 174
第三节　投资银行的主要业务 …………………………… 180
本章关键词 ………………………………………………… 186
思考题 ……………………………………………………… 186

第十一章　保险公司 ……………………………………… 187
本章导读 …………………………………………………… 187
第一节　保险公司的性质及其功能 ……………………… 187
第二节　保险公司的业务分类 …………………………… 189
第三节　互联网保险 ……………………………………… 194
本章关键词 ………………………………………………… 200
思考题 ……………………………………………………… 200

第十二章　中央银行 ……………………………………… 201
本章导读 …………………………………………………… 201
第一节　中央银行的产生与发展 ………………………… 201
第二节　中央银行的性质与职能 ………………………… 207

  第三节 中央银行的主要业务 …………………………………… 211
  第四节 中央银行的其他业务 …………………………………… 215
  本章关键词 ……………………………………………………………… 219
  思考题 …………………………………………………………………… 219

第十三章 货币政策 …………………………………………………… 220
  本章导读 ………………………………………………………………… 220
  第一节 货币政策及最终目标 …………………………………… 220
  第二节 货币政策中介目标和操作目标 ……………………… 225
  第三节 货币政策工具 …………………………………………… 228
  本章关键词 ……………………………………………………………… 232
  思考题 …………………………………………………………………… 232

第十四章 通货膨胀与通货紧缩 ……………………………………… 233
  本章导读 ………………………………………………………………… 233
  第一节 通货膨胀概述 …………………………………………… 233
  第二节 通货膨胀的成因 ………………………………………… 238
  第三节 通货膨胀的经济效应 …………………………………… 242
  第四节 通货膨胀的治理 ………………………………………… 245
  本章关键词 ……………………………………………………………… 250
  思考题 …………………………………………………………………… 250

第十五章 外汇与汇率制度 ……………………………………………… 251
  本章导读 ………………………………………………………………… 251
  第一节 外汇与汇率 ……………………………………………… 251
  第二节 汇率制度 ………………………………………………… 258
  第三节 国际货币制度 …………………………………………… 263
  本章关键词 ……………………………………………………………… 272
  思考题 …………………………………………………………………… 272

第十六章 开放经济中的均衡 …………………………………………… 273
  本章导读 ………………………………………………………………… 273
  第一节 国际收支与国际收支平衡表 ………………………… 273
  第二节 国际储备 ………………………………………………… 280
  第三节 国际收支失衡与调节 …………………………………… 285

本章关键词 ·············· 289
思考题 ·············· 289

第十七章 国际金融体系 ·············· 291
本章导读 ·············· 291
第一节 国际金融市场 ·············· 291
第二节 国际金融机构 ·············· 295
第三节 国际资本流动 ·············· 304
第四节 金融创新与发展 ·············· 312
本章关键词 ·············· 318
思考题 ·············· 318

第一章　货币与货币制度

> **本章导读**
>
> 　　假设在一个没有货币的生活中,有一位住在城里教经济学的张教授。她的讲课总能让人满堂喝彩,然而,当她想果腹时就必须到郊区农场寻找这样一位农民,他不仅生产张教授所喜爱的食物,而且也想学习经济学。可想而知,这样的机会是要花费很多时间,也许张教授用于寻找这样的农民所花的时间比用于教学的要多得多,最后甚至不得不停止授课,亲自种田,以维持生计……
>
> 　　将货币引入这位张教授的生活世界,情况就改变了。她可以去教任何愿意听她课并付得起钱的人。然后,她可以去找任何农场的主人或超市代理商,用她得到的钱去购买所需的食物。这样,张教授既能享受到美味的食品,还能安心地去教她擅长的经济学……
>
> 　　货币对于现代经济生活是如此重要,因此对货币研究有必要性。
>
> 　　本章将探究货币的起源,分析货币在经济中的职能,重点介绍马克思是如何揭示隐藏在货币内部的本质特征,在此基础上,系统回顾货币制度的演进以及各个时期货币的表现形态。

第一节　货币的产生与演变

一、货币与人类文明

　　如同语言一样,货币是人类社会最伟大的发明之一。地球已存在约 45.6 亿年,人类的历史约 250 多万年,如果我们将货币视为在这个星球中的一个生命体的话,那么,它的年龄约 5 000 多年。它在人类文明历史长河中,与每个国家、每个地区、每个家庭以及每一个人息息相关,它仿佛是空气,是水,是阳光,陪伴着人的一生。

　　货币从最初的起源到局部的通行,再到无处不在;从交换的手段和价值的尺度到站在国际贸易的制高点;从成为人们欲望的来源到一次又一次地形成泡沫,再到今天成为世界经济浪潮中最棘手和最根源性的课题,人类社会一直被货币围绕,密不可分。货币给人们生活带来便利和财富的同时,也带给我们很多困惑。人们能探寻到货币从哪里来,但对它将去向何方、将如何影响人类世界,产生了越来越多的疑惑,以至于无数的仁人志士为之不断地追索和探寻。一位历史学者曾说过,真实历史生活中的货币可能远比我们现在所理解的要有力得多,生动得多。在一定程度上,它可能与其他力量一道对人类文明的进程发挥过特有的不可替代的作用。

所有关于货币之谜,早在古代就曾使许多学者为之费神。到了资本主义社会,想揭开这些货币之谜的资产阶级经济学家也不计其数:

资产阶级古典经济学家亚当·斯密认为货币是"为了克服交换的不灵敏";亚里士多德在描述了物物交换后说,"一地的居民有所依赖于别处居民的货物,人们于是从别处输入本地所缺的货物,为抵偿这些输入,他们也输出自己多余的产品,于是(作为中介货物的)钱币就应运而生";米尔顿·弗里德曼则认为,货币是"一个共同的普遍接受的交换媒介",它是"建立在普遍接受的传统习惯上的,而这一传统,从某种观点看来,是一种虚构的信念",即"货币的价值是建立在虚构的信念上的"。

在马克思生活的时代以前,由于受历史和阶级的局限性,许多研究过货币的人往往陷入混乱之中,以至于19世纪中期一位英国议员威廉·格拉德斯通感叹道:"受恋爱愚弄的人,甚至还没有因钻研货币本质而受愚弄的人多。"

马克思对于货币理论的系统研究开始于19世纪40年代。这时,商品生产的最高形式——资本主义——在西方一些主要国家中已有了充分的发展,与之相伴随,对于商品货币的理论探索也有了三四百年的历史。正是在这样的基础上,马克思第一次对货币问题作了系统的理论阐明,指出:"只要理解了货币的根源在于商品本身,货币分析上的主要困难就克服了。"从此揭开了"货币之谜"。

▶ 二、商品及商品交换

在远古的原始共同体中,人们的劳动是直接根据整个共同体的需要并在共同体的统一指挥下进行的,劳动产品归整个共同体所有,并由共同体统一分配。这时,既不存在商品,也不存在货币。

自从出现了社会分工和私有制以后,情况发生了变化。在社会分工的条件下,每个生产者只从事某种特定的具体劳动,生产一种或有限的几种产品,而整个社会的需求则是靠所有生产者用不同的具体劳动生产的多种多样的产品来满足。因此,每个生产者所从事的特定具体劳动成为整个社会分工体系的一个组成部分,是具有社会意义的劳动,简称为社会劳动。

但是,由于劳动是每个生产者的私事,因此劳动并不是直接表现为对社会有意义,而是直接表现为对生产者个人有意义。社会分工条件下私人生产者的劳动是私人劳动。但是,由于每个专门从事某一种社会分工劳动的生产者都需要别人的劳动产品,否则私人生产者就无法生存。因此,就产生了社会劳动同私人劳动的矛盾。

要解决这样的矛盾,唯一的途径就是交换。那就是用自己所生产的产品来交换别人所生产的产品。产品交换出去了,说明生产产品所投下的劳动为社会所需要,是社会分工体系的必要构成部分,从而私人劳动转化为社会劳动;通过交换取得了别人的劳动产品,这又同时实现了从社会总产品中分得一定份额的权利。与原始共同体的共同生产、共同消费不同，这时的产品是为交换而生产的，这种产品被称为商品，这种交换称为商品交换。

商品就是用来交换的劳动产品。

首先，商品是劳动产品。不通过人们的劳动而从自然界能随时取得的东西，如阳光、河水、空气等，就不是商品。

其次，商品又是为了交换而生产的产品。那种只是为自己消费所生产的劳动产品并不是商品，如农民为自己消费而种的蔬菜、水果，饲养的鸡、鸭等，都不是商品。只有当这些蔬菜、水果、鸡、鸭被它们的生产者出售，被用来交换其他产品时，它们才成为商品。

商品交换就是用一种劳动产品换取另一种劳动产品。

三、物物交换呼唤货币

商品交换有两个原则：第一，用来交换的两种商品必须有不同的使用价值，即完全相同的东西没有交换的必要；第二，相交换的两种商品必须具有相等的价值，即在生产这两种商品时必须耗费同样多的人类劳动，这就是等价交换的原则。

在商品交换中，为了贯彻等价交换的原则，必须衡量商品价值的大小。但是，价值既看不见，也摸不着。所以，单就一个商品来说，无法看出它的价值是个什么样子。价值既然只存在于商品交换的关系之中，那么，也只有在交换关系之中才能得到表现。比如，一只羊与两把斧头相交换，通过交换，羊的价值表现出来了：羊的价值的具体形式就是两把斧头；斧头成为表现羊的价值的材料，成为羊的等价物。羊既然由斧头把自己的价值表现出来并交换到斧头，这就意味着生产羊的私人劳动被斧头证明是社会总劳动的必要构成部分。所以，价值表现的过程也就是私人劳动向社会劳动转化的过程，而起等价物作用的商品则成为社会劳动的具体体现者。这种以一种商品的价值来表现另一种商品价值的方式就称为价值表现形式，这种起等价物作用的商品也叫做交换媒介。

在物物交换经济中，人们在交换时必须满足两个条件：

第一个条件是需求的双重巧合。也就是说，要完成一项交易，首先必须使参加交易的两种产品恰好是双方互相需要的产品。例如，羊的主人出售的羊必须是出售石斧的人恰好所需要的，对方亦然。但是，这种双方的需要同时彼此满足的情况很少见。在大多数情况下，每一个希望能够达成交易的人都很难在市场上找到交易对象，他们需要反复在市场上寻觅合适的交易对象。这一寻觅过程，会使商品交换的效率大大降低，浪费大量的人力、物力。

第二个条件是时空的双重巧合。也就是说，一个人想卖出商品时，恰好有人在同一时刻、同一地点需要这种商品，在时间和空间上双方应当是一致的。这一点在现实的经济生活中也是非常少见的，羊的主人尽管需要石斧，但是他不一定马上就要购买；即使他马上要购买，也不一定马上能找到出售石斧的人。在这种情况下，交易就不能随时进行。尤其对于一些季节性较强的生产过程来说，其产品的出售与需求之间必然存在不同步的问题。

从以上两个方面可以看出，从技术的角度来说，交换只有在交易双方的需求和时间、空间均巧合之际才能顺利完成。显然，在物物交换的制度下，交换的效率一定很低，交易成本很高,所以物物交换只限于在较简单的商品经济社会中进行。当经济发展到一定阶段,消费者需求渐趋复杂,物物交换的方式便无法再满足交易双方的需要。于是,一种能够用来交换,并能满足交易双方各自需求的交换媒介——货币便应运而生。

四、交换媒介的四个发展阶段

商品变成货币不是一朝一夕完成的。商品在成为货币之前,就已经以普通商品的名义存在于商品世界中。它伴随着价值形式的发展,经历了一个从低级到高级的发展过程。

(一) 单一媒介

在漫长的历史进程中,交换在不断发展,商品价值表现出来的形式,即交换媒介也相应地不断发展。在原始公社阶段,每个公社的共同体内部虽然不存在交换关系,但一个公社对其他公社来说,则是可以让渡物品的所有者。所以,共同体相互之间的交换是可能的。由于那时生产力甚为低下,不会经常有剩余的东西可用来交换,同时也还没有出现社会分工,所以交换的发生非常偶然。两个共同体之间偶然地发生了一只羊与两把石斧相交换的事件。由于价值的表现纯属偶然,所以马克思把这个阶段称之为简单的、偶然的价值形式。

(二) 系列媒介

随着社会分工的出现,共同生产逐渐被个人生产所代替;随着私有制的出现,公社与公社之间的交换,一步一步地被个人与个人之间的交换所替代,交换日益发展成为经常的现象。这时,一种物品不再是非常偶然地才和另外一种物品发生交换关系,而是经常地与多种其他物品相交换,于是一种物品的价值就会由许多种其他物品表现出来。比如,一只羊不仅可能与两把石斧交换,也可能与一袋粮食交换,与几捆烟草交换等。于是,一只羊值多少,不仅由两把石斧表明,而且也由一袋粮食、几捆烟草等表明。对于一种物品的价值可由许多种商品表现出来,而所有物品都可成为表现其他物品的等价物的这种情况,马克思称之为扩大的价值形式。

(三) 一般等价物

对于不断发展的交换来说,物物的直接交换日益暴露出它的局限性。比如,当羊要被用来交换粮食时,粮食的所有者在此时此地并不需要羊,而是需要另外什么东西,如烟草。如果烟草所有者正需要羊,那么羊的所有者先用羊与烟草交换,即把自己的价值先用烟草表现出来,然后再用烟草换粮食,最后再用粮食表现烟草的价值。这样,三种物品的价值才得以表现,生产它们的社会劳动才得到社会承认。但是,纵然客观存在可以最终解开需求的锁链,而要现实地把它一步一步地解开则是要花费极大的精力,更何况在一个限定的时间和空间范围内,这样的锁链并非必然存在。

当日益增多的物品进入频繁交易的过程中,必然会有某种物品进入交换的次数较多,其使用价值较多地为进入市场的人们所需要。当各种物品都频繁地要求用这种物品表现自身价值时,这种物品就成为所有其他物品价值的表现物,成为所有物品的等价物;而这种物品一旦成为所有其他物品用来表现价值的等价物,那么它就具有了可以与所有物品直接交换的能力。这样,直接的物物交换就让位于通过媒介的间接交换。这个用来表现所有物品价值的媒介品,马克思称之为一般等价物;用一般等价物表现所有物品价值,马克思称之为一般价值形式。

从系列交换媒介过渡到一般等价物形式,说明为交换而生产的关系,也即商品生产关系,在经济生活中逐步确立。而随着商品生产的继续发展,从交替地充当一般等价物的几种商品中必然会分离出一种商品经常起着一般等价物的作用。"等价形式同这种特殊商品的自然形式社会地结合在一起,这种特殊商品成了货币商品,或者执行货币的职能。"[①]当价值都用货币来表现时,马克思称之为货币形式。

货币价值形式是价值形式发展的最高阶段。但它和一般价值形式并没有本质的区别。在前三种价值形式的发展中,每一次发展,价值形式都发生了本质的变化,而从一般价值形式转化为货币价值形式,却没有发生本质变化。在这一阶段所发生的变化仅仅在于,一般等价物被固定于某种特殊商品上。这种特殊商品经过长期的演变发展过程,最终由黄金和白银所独占。

以上我们分析了商品交换和价值形式的发展过程。这个过程清楚地回答了商品变成货币的一系列问题。由此可见,货币是商品经济发展的必然产物,是伴随着商品经济的发展而自发地产生的。

第二节 货币的定义、职能与分类

一、货币的定义

(一) 经济学中对货币的界定方法

日常生活中人们对货币的含义有各种理解不足为奇。实际上,经济学家对货币亦有不同的定义,常常运用归纳分析方法来界定货币。归纳法实际上是一种理论或哲学的方法,这种方法透过表面现象抓住能使货币区别于其他事物的本质特征,根据这一特征给出货币的三种定义。

第一种归纳方法的定义是根据马克思对于货币本质的分析给出的:货币是固定地充当一般等价物的特殊商品。所谓"一般等价物"有两个基本特征。

(1) 货币是表现一切商品价值的工具。货币出现以后,商品的价值不再直接地由另一种商品表现出来,而是通过商品和货币交换表现出来。任何一种商品,只要能够交换到货币,该种商品的价值就能得到表现,生产这种商品的私人劳动就得到了社会承认,属于社会劳动的一部分。所以说,货币是表现、衡量一切商品价值的工具。

(2) 货币具有直接同一切商品相交换的能力。货币虽来自商品,但它与普通商品有明显不同之处。作为普通商品,它以特定的使用价值去满足人们的某种需要,因而它不可

---

① 《马克思恩格斯全集》第23卷,人民出版社1972年版,第85页。

能同其他一切商品直接相交换。作为价值直接体现者、社会财富直接代表的货币,它具有直接地同一切商品相交换的能力,因而也成了每个商品生产者所追求的对象。

但是,马克思分析的仅仅是金属本位制及以前的货币,那时的货币是商品货币,但又是"特殊商品"。金本位制崩溃以后,货币已不是特殊商品,纸币与存款货币都是信用货币。

第二种对货币的归纳定义为:法律规定的由国家发行的作为交易媒介的物体叫做货币。在一般情况下,这个定义可以适用。在有些时候,国家发行的货币,由于失去了购买力,人们在交易中也会不接受。例如,在恶性通货膨胀时期,人们宁肯用纸烟、粮食等实物作为交易媒介。因此,法律规定的货币也可能失去其作为货币的基本特征。法律规定并不是货币的本质特征。

第三种定义是现代货币数量学派的代表人物弗雷德曼给出的,他说:"货币是购买力的暂栖所。"所谓购买力当然指的是能买到商品和服务的能力,这是强调货币的交易媒介职能。问题是"暂栖所",各种存款都是潜在的购买力,甚至债券、股票及各种不动产也会转变成购买力,但"暂栖"的时间长短不同。购买力的"暂栖所",就隐含了价值贮藏职能,但这一职能并非货币所独有,货币与其他资产都有这一职能。

综合以上各种定义的长处,我们给出以下的定义:货币是固定充当一般等价物的商品,是在一个国家或民族市场范围内长期发挥一般等价物作用的商品。

在商品与劳务交易和债务清偿中,货币是作为交易媒介或支付工具被普遍接受的物品。

(二)货币是反映商品生产社会性的手段

自从出现了货币,货币就能用来检验商品的生产劳动是否具有社会性:假使商品生产者的产品不是社会分工的有机构成部分,从而不为社会所需要,那么,他就不能卖掉它,就不能用它获得货币,从而也就不能获得社会上其他成员的劳动产品;反之,假如他的产品为社会所需要,那么他就能把它换成货币,并从而可以取得社会上其他成员的劳动产品。不仅如此,通过货币还可证明某种劳动有多少是为社会所必需。所以,劳动产品只有预先经过质量和数量两方面的社会计算,才能到达消费者手里,才能使生产者有权获得其他社会产品。

在西方经济学中,还把货币说成是"选票"。一个社会生产什么东西,要取决于货币选票:形形色色的消费者对每一件商品是购买还是不购买,这是投不投选票;愿意出较高的价格还是只愿意出较低的价格,也就是投多少选票。在这种情况下,有的企业赚了大钱,它会再投资;有的企业亏损,它就要考虑转产,考虑提高技术,考虑改进管理。虽然这里没有统一的领导和计划,但却可以保证社会生存的经济秩序。货币选票则是指挥人们行为的必要环节。

(三)货币是宏观经济调控的手段

无论是市场经济还是计划经济,政府都要通过对货币状况的剖析来观察经济进程以决定自己的经济政策和措施,而且也都要通过对货币的控制实现对整个经济进程的干预和调节。这就有货币统计的问题,有货币政策操作的目标问题等。而要处理这些问题,需要的是对货币作非常具体的分析:哪些是毫无疑问的货币,哪些一时分不清是否应该算作货币,哪些可以明确虽有类似货币的性质而不能算作货币的等。

因此，国际通用的货币层次划分和我国对货币计量的具体划分就显得十分重要。例如，对于经济总量的调节，政府主要是通过货币手段进行的。国家通过利率政策、存款准备金政策和公开市场业务，影响货币发行数量，对经济增长进行逆周期式的调节。我们还可以通过贷款额度（规模）直接控制货币数量。当国际收支出现顺差或者逆差时，则通过汇率的调整影响外贸、利率的变动影响外资，达到国内外经济双平衡。在有管理的浮动汇率下出现国际收支不平衡时，中央银行则有义务通过公开市场业务，进行本币与外币之间的买卖维持汇率稳定，这实际是通过变动本币发行数量，进而变动国内经济以谋求国内经济之间的平衡。

因此，我们可以得到如下启示：(1) 货币是一个历史的经济范畴，它必然会在历史发展的长河中趋于消亡；(2) 货币是不以人们意志为转移的自发产物，也不是任何人为的主管力量所能消除的，它只能自然消亡；(3) 货币是一个世界性的经济范畴，它不能在某一国范围内人为地废除；(4) 货币是商品经济社会中社会劳动和私人劳动矛盾的产物，只要这一矛盾没有消除，货币就不会退出历史舞台。

二、货币职能

（一）价值尺度职能

货币是一种尺度，是一种单位，所有商品和劳务的价值可用它衡量，用它表示，从而可以方便地进行比较。例如，一件衣服值 50 克黄金，一张桌子值 100 克黄金，一套房子值 7 万克黄金等，说明货币使商品的价值得到了体现，而且这三种商品价值的比是 $1:2:1400$。

马克思对于价值尺度职能的解释是基于其劳动价值学说。一件衣服之所以值 50 克黄金，是因为一件衣服与 50 克黄金都是劳动产品，而且所包含的劳动耗费相等；衣服、桌子、房子之所以可以比较，是因为它们都是劳动产品，而用货币所表示出来的比例正是生产它们的劳动耗费的比例。至于商品之所以要求用货币表示它们的价值，是因为创造商品的私人劳动要求表现出其社会性，要求得到社会承认。

（二）流通手段职能

流通手段是货币在商品流通中充当交换媒介的职能。商品生产者先用自己的商品换成货币，并用货币去换回自己所需的商品，形成"商品—货币—商品"的循环过程。在这里，货币仅充当商品交换的媒介，由此产生了货币流通手段。

执行流通手段职能的货币必须是现实的货币，即不能以观念上的货币来实现商品流通，必须要有现实货币作为购买手段进行商品交换。价值尺度表现了商品价值，而流通手段则是通过货币媒介来实现商品的价值。以货币为媒介的商品交换是连续不断的过程，是货币在买者和卖者之间不停地转手运动，形成了货币流通。

货币在商品交换中起媒介作用的流通手段是转瞬即逝的，是交换的手段，而不是交换的目的。人们卖出商品、换回货币，关心的不是流通手段本身有无价值，而是能否换回自己需要的与卖出的商品同等价值的物品。因此，作为流通手段的货币可以是不足值的，也可以是无内在价值的价值符号。

(三）储藏职能

在金属货币流通的条件下，货币贮藏能起到调节流通中货币量的蓄水池的作用：流通中货币数量过多，更多的货币转为贮藏；流通中货币数量不足，贮藏的货币相应地进入流通。这是金属货币流通条件下一个极其重要的自发调节机制。

在发展了的商品生产条件下，各种经济行为是要积累一定数量的价值才能进行的。比如，小生产者为了维持自己的生产与生活，需要积累一定数量的货币，以备在自己的产品不能出卖时不致无法周转；工商企业为了保证不间断地经营，或为了扩大投资，也必须积累一定数量的货币等。因此，更多的时候，货币储存被作为一种经济手段。

贮藏金银是积累和储存价值的典型形态。金银本身有价值，因而这种贮藏不论是对储藏者本人来说，还是对社会来说，都是价值在货币形态上的实际积累。但随着现代货币流通的发展，人们更普遍地采取银行存款和储蓄的方式。

(四）支付手段职能

支付手段的职能最初是由赊买赊卖引起的，在偿还赊买款项时，货币已经不是流通过程的媒介，而是补足交换的一个独立的环节，即作为价值的独立存在而使流通过程结束。随着商品交换的发展，货币作为支付手段的职能也扩展到商品流通之外，在赋税、地租、借贷等支付中发挥职能。不论是在赊买赊卖中，还是在其他支付中，没有商品在同时、同地与之相向运动，这是货币发挥支付手段职能的特征。

在西方发达国家，由于存在发达的商品交换，大宗交易的相当部分是采用延期付款等信用买卖方式进行的，即使是现款交易其交货地点与付款地点、交货时间与付款时间也往往难以一致，因而很少能一手交钱一手交货，当面做到钱货两清。这时货币主要起支付手段的作用。

总而言之，凡是存在有交换的人类文明的地方，必须有货币的存在。作为货币，它的职能价值尺度、交换手段、储藏手段和支付手段等职能是相同的，但在发挥职能的有效性和程度上却存在着差异。进而实现职能的过程和效率的不同，会对社会的进步产生不同的影响，有推动的，有阻滞的。

三、货币的分类

按照马克思的说法，货币形式是价值表现的最高形式，从简单的、扩大的和一般的价值形式演化而来。货币的具体形式并不从此就停顿下来。从历史长河观察，货币的桂冠曾被不同的物体所顶戴，货币的具体形式的变化是剧烈的。有不同实物形式货币的变化，有从实物形式货币向纸币价值符号的变化，有从可兑换纸币向不可兑换纸币的变化，还有从纸币向电子货币的变化等。到目前，还看不出这种不断变化趋势有停顿下来的迹象。随着货币制度的发展与进化而异，对于货币分类采用的标准也不同。

(一）按货币的形态，大致可分为实物货币、金属货币、纸币和存款货币

1. 实物货币

这是指金属货币出现以前，曾经充当过交易媒介的那些特殊商品。例如，米、布、木材、贝壳、家畜等，都曾在不同时期充当过货币。在我国古代，龟壳、海贝、蚌珠、皮革、兽

角、猎器、米粟、布帛、农具等均充当过交易媒介。这些特殊商品在充当货币时,基本上保持原来的自然形态。这些实物货币都有其缺点。例如,许多实物货币体积笨重,不能分割为较小的单位,故值小量大,携带运输极不方便,无法充当理想的交易媒介;而且各种实物质量不一,容易腐烂磨损,也不适于作为价值标准和价格贮藏手段。随着经济的发展和时代的变迁,实物货币也就逐渐为金属货币所替代。

2. 金属货币

凡是以金属为币材的货币都可以称为金属货币。铜、铁、金、银等都充当过金属货币的材料。初期的金属货币以条块形态出现。近代的金属货币则将金属按一定的成色重量铸造成一定的形状使用,所以又称为铸币。初期以条块形态流通的金属货币则称为称量货币。

一般而言,担任货币的物体,必须具备以下条件或特征:① 耐久性;② 轻便性;③ 可分性或可加工性;④ 价值统一或均质性;⑤ 供给的稳定性。大致而论,金、银和铜等金属,都具备了这些条件和特征,或更准确地说,和其他任何商品货币相比,它们都更能有效地发挥货币的职能。

3. 纸币

这是以纸张为币材,印成一定形状,标明一定面额的货币。纸币可分为兑现纸币与不兑现纸币两种。兑现纸币是持有人可随时向发行银行或政府兑换成铸币或金银条块的纸币,其效力与金属货币完全相同,且有携带便利、避免磨损、节省金银等优点。不兑现纸币是不能兑换成金属铸币或金银条块的纸币,它只有货币价值而无币材价值。目前各国流通的大都属于不兑现纸币。

我国是世界上最早使用纸币的国家。最早在市场上流通的纸币,是宋仁宗天圣元年(公元1023年)在四川成都出现的"交子"。当时四川地区商业发达,地区经济往来较多,交易数额越来越广。原来用的铁钱体重值小,携带十分不便,于是便出现了用植树皮纸做成的货币,称为"交子",它可以兑现,也可以在市场上流通。交子意指交换凭据。我国的纸币制度后来传入波斯、印度、日本。

欧洲的纸币来源于17世纪的银行券,所以其历史不过300年。

4. 存款货币

存款货币是指活期存款。在西方国家活期存款的存户可以随时开出支票在市场上转移或流通,充当交易媒介或支付工具,发挥货币的职能。因支票可以钉成书本形状,所以又称为书本货币。又因存款货币以在银行的活期存款为基础,根据支票的授受,将银行账户上所记存户的债权加以转移,故亦称为银行货币。在经济发达国家,存款货币占重要的地位,大部分交易都以这种货币为媒介。

5. 电子货币

电子货币是继金属货币、不兑现货币和代用货币、支票账户以后的第四次支付媒介的改革成果。

6. 虚拟货币

虚拟货币本指非真实的货币。在虚拟跟现实有连接的情况下,虚拟的货币有其现实价值。知名的虚拟货币如腾讯公司的Q币、Q点,盛大公司的点券等。

虚拟货币通常用于购买货币发行者(也即服务提供商)提供的产品及服务,这些产品和服务都是真实的。例如,你用腾讯公司的 Q 币去买腾讯公司的 QQ 会员服务。虚拟货币也可以用于此服务提供商所提供的某一个网络游戏里,或者兑换成此货币发行者所发行的其他虚拟货币。目前通过虚拟货币获利也需要缴纳 20% 的个人所得税。

(二) 按货币价值与币材价值的关系,可以分为商品货币、代用货币和信用货币

1. 商品货币

商品货币是指商品价值与货币价值相等的货币。此类货币其面值等于其币材价值。早期的实物货币如牛、羊、布帛等,金属货币如金圆、银圆等均属于商品货币。

2. 代用货币

它通常为政府或银行发行的纸币,其代表者为金属货币。纸币虽在市场上流通,作为交易媒介,但背后有充足的金银货币或等值的金银条块保证。货币持有人有权随时向政府或银行将其兑换为金属货币或金银条块。因此,代用货币本身的价值虽然低于其面值,但是公众持有代用货币,等于具有实质货币的要求权。代用货币的优点是:① 货币发行成本低;② 较金属货币更易于携带和运输;③ 可以把稀有的金银节省下来移作他用。

3. 信用货币

信用货币是代用货币进一步发展的产物,也是目前世界上几乎所有国家采用的货币形态。从历史的观点来看,信用货币是金属货币制崩溃的结果。20 世纪 30 年代,由于世界性的经济危机和金融危机接踵而至,各主要国家先后被迫脱离金本位和银本位,所发行的纸币不再能兑换金属货币,因此信用货币便应运而生,信用货币不但本身价值低于其货币价值,而且和代用货币不同,它不再代表任何贵金属。

除了上述直接的历史因素外,信用货币的出现也有其经济发展的内在根源。根据纸币的使用经验,政府和货币当局发现,只要纸币发行量控制适宜,则社会大众对纸币仍能保持信心,法定纸币并不需要充足的金银准备。这当然并不意味着信用货币完全无准备。事实上,当今世界上大多数采用信用货币制的国家,均具有相当数量的黄金外汇、有价证券等资产,作为发行纸币的准备。各国政府或货币当局不受黄金外汇准备的束缚,根据政策需要决定纸币的发行数量,这也是事实。

从银行业务方面看,不论是中央银行还是商业银行,从经营经验中发现,只要公众对银行的信誉保持信心,在一特定时间内,存款者同时要求把全部存款取走的可能性极小。因此,银行体系只须保留一部分现金准备即可,其余存款可用于投资等获利用途上。这便是近代"部分准备制"的开始。

信用货币具体又可分为以下三种主要形态。

(1) 辅币。其主要职能是在小额或零星交易中担任交易媒介,多以贱金属铸造,如铜、镍、铝等。我国的辅币以铝为主要成分铸造而成。目前世界各国铸币权几乎毫无例外地完全由政府独占,我国是由财政部下属的铸币厂专门铸造。发行收入为财政收入的一部分。

(2) 纸币。其主要职能是担任人们日常生活用品的购买手段。纸币发行权同样为政府或政府的金融机关所专有。发行机构因各国而异,多数是中央银行,也有财政部门

或政府成立的专门货币管理机构。

（3）银行存款。现代银行制度创造了多种存款形式，但是能作为货币充当一般交易媒介职能的主要是活期存款。活期存款之所以被广泛用作交易媒介与支付手段，是因为它具有以下优点：① 可以避免像其他货币那样容易丢失和损坏的风险；② 传输便利，减少运输成本；③ 实收实支，免去找换零钱的麻烦；④ 支票在经收款人收讫以后，可以在一定范围内流通。

以上两种划分标准所划分出的货币类型，它们之间的关系可以用图1-1表示。实物货币和金属货币都属于商品货币；兑现纸币为代用货币；不兑现纸币、金属辅币与存款货币为信用货币。代用货币和信用货币也称为非商品货币。随着货币制度的发展，货币的形态仍将不断进化。

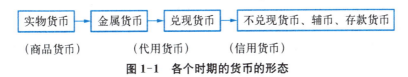

图1-1 各个时期的货币的形态

（三）按货币发挥作用的范围可以把货币分为国内货币和国际货币

国内货币指在一国范围内使用的货币。国际货币指作用范围超出一国国境的货币。国际货币包括三种：① 黄金；② 某些国家的货币，如美元、欧元、日元、英镑、瑞士法郎等；③ 某些国际支付形式，如特别提款权等。

一国货币能否成为国际货币，取决于它的可兑换性，即取决于这种货币能否不受限制地兑换成其他国家的货币。只有能自由兑换的国家货币才能成为国际货币。

国际货币可以在国际贸易和国际资金往来中充当交易手段、支付手段和价值标准。有些价值比较稳定的国际货币可以作为一国的国际储备。国际储备中外汇部分构成一国的外汇储备，也称为储备货币，主要用于清偿国际收支逆差和干预外汇市场，以维持汇率的稳定。重要的储备货币称为主导货币。第一次世界大战之前，英国经济实力最为强大，英镑被各资本主义国家普遍用作主要的储备货币，因此英镑曾是主导货币。第二次世界大战以后，美国经济实力增强，美元取代英镑成为各国主要储备货币，因此美元成为主导货币。进入20世纪70年代以来，美元危机频繁发生，地位日益衰落。除美元以外，德国马克、日元也成为重要的国际储备货币。国际储备有多元化的趋势。目前成为主导货币的主要是美元、欧元、日元等。主导货币一定是储备货币，但储备货币不一定是主导货币。

第三节　货币制度及其演变

一、货币制度的构成要素

货币制度又称"币制"或"货币本位制"，是指一个国家或地区以法律形式确定的货币流通结构及其组织形式。货币制度的构成包括以下几个要素。

(一) 货币材料

规定货币材料是货币制度最基本的内容。货币材料的选择是由客观经济发展的进程所决定的。关于币材选择，不同氏族、部落、国家以各自的形式，有过许多尝试。例如，中国先秦时期，据一些学者研究，在公元前12世纪至公元5世纪，曾出现过一段以青铜为币材的称量货币阶段。之后，铜贝、刀、布、圜等不同类型的铸币才逐渐被创新出来。从殷朝开始用铜作币材，最初也走过一段称量货币的历史，到了后期，把铜和作为货币使用已久的贝壳结合在一起，铸造了铜贝，算是中国最早的铸币。

早期的商品货币对于采用何种材作为币材一般考虑以下五个因素。

第一，必须易于标准化，且价值是相对稳定的，使人们能简便地确认其价值，能有效地防止造假和对货币挖削、切割，即使发生也易于辨认；

第二，必须能被广泛地接受，在社会上具有较大的认同性；

第三，必须是均质的，能够被分割的，使"找零"比较容易，且分割后价值不会有变化；

第四，必须易于携带，大小形状适中；

第五，不会很快变质，要有耐久性。

在金属货币流通条件下，货币金属是整个货币制度的基础。因此，货币制度规定以何种金属铸造本位货币，就称之为该金属本位币制度，如金本位制、银本位制、金银复本位制等。在不兑现的信用货币流通的条件下，国家不规定单位货币的金属含量，纸币成为流通中商品价值的符号，纸币币值以流通中商品的价值为基础，这就是纸币本位制。

(二) 货币单位、货币名称和价格标准

由于各种商品的价值不同，表现为货币的数量也不同。要比较货币的不同数量，需要有个单位。各种货币商品本来就分别具有衡量各自使用价值的单位。比如，贝壳是以"朋"计算，牲畜是以"头"计算，绢帛是以"匹"计算，金属是以重量计算等。所以，最初的货币单位同衡量货币商品使用价值的自然单位相一致。后来，价格单位与自然单位逐渐分离了。如唐代铸"开元通宝"。"通宝"是钱的名称，单位则叫"文"。

货币名称通常是以习惯形成的。例如，英国的货币名称是"英镑"，美国为"美元"，中国为"人民币"等。

在金属货币流通条件下，价格标准是铸造单位货币的法定含金量。例如，根据美国1934年1月的法令，1美元的含金量为0.888 671克。在金属本位制度下，货币单位与货币的价格标准是密切相关又各不相同的两个概念。但是，在当代纸币本位制下，货币不再规定含金量，货币单位与其价格标准逐渐融为一体，货币的价格标准即是货币的单位及其划分的等份。

阅读材料 1-1

美元的起源

美元是世界上最通用的货币之一，美国、澳大利亚、加拿大、斐济、新西兰和新加

坡都有使用。

"dollar"一词起源于捷克共和国境内。1519 年，位于 Joachimstal 镇（意为 Joachim 山谷，源于德语"Tal"为"山谷"）附近的一座银矿开始制造银币，银币的名称，不假思索地取名为 Joachimster（约阿希姆斯塔尔币），这种银币广泛流通，后来简称为"taler"（塔尔币）。在荷兰及德国南方，"taler"一词开头的辅音常常软化而变成"daler"。英语采用了这一形式，最终其拼写为现在的"dollar"一词的形式。

在一些美国殖民地，以前没有标准的货币。最广泛使用的是西班牙比索，也称之为"八片币"，因为它可以分成包子状的八块。英国殖民主义者把这种钱币非正式地称为"dollar"（元）。1785 年，美洲殖民地大会确定了美国货币，他们根据毛里求斯总督和托马斯·杰弗逊的建议把"dollar"（美元）作为标准货币单位名称。因为"dollar"一词已广为人知，它与任何形式的英国官方货币无关。

另外，杰弗逊还命名了硬币角（disme），起源于法语 dixieme，作为一美元的十分之一，发音为"deem"，最终演变为"dime"。

美元符号"$"的起源与好几种民间传说有关。

一种说法是：它是由托马斯·杰弗逊发明的，为 T、S 交织字母的标记。杰弗逊首次将这符号与美元联系起来。另一种说法是：原来是字母 U 加在字母 S 上，代表 U.S.（美国）。后来由于印刷技术差的缘故，U 的底部未印出来，结果就剩下两条竖杠在字母 S 上。还有一种说法是，它是数字"8"的变体，"8"曾经出现在西班牙比索上，代表"八片币"。这最后一种说法与事实相近，但也不能令人信服。

西班牙皇室将"$"这一符号用在饰有纹章的盾牌上，两个柱子（代表大力神在直布罗陀和摩洛哥的两根柱子）与一面招展的旗帜相交，有"超级"的含义。这一符号出现在比索上，很像今天"$"这一符号。在美洲殖民地，它被用来作为比索的符号，后来转用来代表美元。

美国是第一个将官方货币命名为"元"的国家。1797 年，英国银行开始铸造面值为"元"的硬币，作为银行发行的货币。其他国家相继采用"元"作为他们的货币，他们不是模仿美国就是模仿寿命不长的英国银行的做法。

（三）本位币、辅币及其偿付能力

1. 本位币和辅币

本位币（主币），是一个国家的基本通货和法定的计价结算货币。在金属货币流通条件下，本位币是指用货币金属按国家规定的货币单位和价格标准铸造的铸币，其名义价值（面值）与实际价值（市场金属价值）一致，为足值货币。在代用货币流通条件下，本位币依附于其发行基础——金属货币，代用货币只是金属本位币的符号。在当代纸币本位制度下，纸币已经成为独立的本位币，由该国货币制度所确定，是流通中商品价值的符号。

辅币是本位币以下的小额货币，主要供小额零星交易和找零之用。在金属货币流通条件下，辅币以贱金属铸造，其实际价值低于名义价值，为不足值货币。法律规定，辅币可按固定比例与本位币自由兑换,以确保辅币可以按名义价值流通。在当代纸币本位制度下,辅币即是本位币单位以下的小额零星货币。

2. 本位币的铸造及其偿付能力

在金属货币流通条件下,规定本位币可以自由铸造和熔毁,即无论是国家还是私人,都可以将其持有的货币金属送铸币厂,也可以将持有的金属本位币送铸币厂熔为金属条块。

在纸币流通条件下,纸币是由国家垄断发行、强制流通的价值符号。除中央银行或国家规定的机构外,任何单位和个人都不得自行印制、变造和故意损毁货币,否则视为非法行为,并按国家有关法规的规定予以惩处。

无论是足值金属货币本位币还是纸币本位币,各国货币制度都有"无限法偿"的规定,即不管是用本位币偿还债务或其他支付,也不管每次支付的本位币的数额大小,债权人和受款人都不得拒绝接受,否则视为违法。

辅币的铸造各国一般都规定只能由国家铸造,不准公民铸造。这是因为金属辅币是不足值货币,铸造辅币可获得额外收益,国家垄断辅币铸造权,可使这部分收益归国家所有。

(四)准备制度

准备制度也称发行保证制度,是指通过银行发行的信用货币作为价值符号依靠什么来保证其币值稳定的制度。在金属货币形态下,发行银行券和辅币的银行必须建立金属储备制度,以保证银行券和辅币能随时兑换成金属本位币或本位币金属。

自20世纪30年代以来,世界各国在先后放弃金本位货币制度的同时,也不再规定发行保证制度。发行信用货币的中央银行虽然集中有大量的黄金外汇储备,但既不规定信用货币的含金量,一般也不建立黄金外汇与信用货币发行之间的比例关系,因此并不属于信用货币的发行保证制度。少数国家和地区由于特殊的背景和历史原因,也有用发达国家的国际通用货币(外汇)作为本国或本地区的货币发行保证。例如,我国的人民币只规定有经济发行(商业信用)原则,而无发行保证制度;我国香港特别行政区则以外汇(美元)作为港币的发行保证。

二、货币制度的演变

(一)银本位制和金银复本位制

1. 银本位制

银本位制是以白银作为本位币币材的货币制度,有银两本位和银币本位之分。银两本位是不铸造银币,而以银两为单位,铸币以银块形式流通的货币制度;银币本位是以白银为币材,铸造银圆流通的货币制度。在银本位制下,银本位币可以自由铸造、自由熔毁、自由输出入国境,本位币无限法偿,银行券可自由兑换银圆或白银。银本位制是与封建社会经济发展相适应的货币制度。

2. 金银复本位制

金银复本位制是以金和银两种金属作为币材,同时铸造金和银两种本位币,并在同一市场共同流通的货币制度。在金银复本位制下，金、银两种本位币均可自由铸造、自由熔毁、无限法偿，两种金属均可自由输出入国境；金、银两种铸币可自由地相互兑换。金银复本位制是资本主义发展初期(16—18世纪)典型的货币制度。

金银复本位制主要有以下两种类型：平行本位制和双本位制。

平行本位制是金铸币和银铸币各按其所含金银重量的市场比价进行流通，国家不规定这两种铸币的兑换比率。因此，两种货币比价随市场金价、银价波动而具有不稳定性。

双本位制是典型的金银复本位制，是指国家和法律规定金、银两种铸币的固定比价，两种铸币按国家比价流通，不随金、银市场比价的变动而变动。

3. 格雷欣法则

双本位制虽然克服了平行本位制不稳定的缺陷，但又产生了新的矛盾，即出现了"劣币"驱逐"良币"的现象。所谓"劣币"，是指国家法定价值高于市场价值的货币；所谓"良币"，则是指国家法定价值低于市场价值的货币。由于两种铸币的法定比价不变，而金、银的市场价值随着劳动生产率和供求关系的变动而变动，从而导致两种铸币的法定比价和两种金属实际比价的背离。这样，当两种铸币在同一市场上流通时，实际价值高于法定价值的"良币"会被驱逐出流通，即被熔化或输出到国外，导致实际价值低于法定价值的"劣币"充斥市场的现象。"劣币"驱逐"良币"规律是16世纪英国格雷欣发现的，所以也将其称之为"格雷欣法则"。

金银复本位制是一种不稳定的货币制度，因为它与货币作为一般等价物而具有的排他性、独占性的本质特性相冲突，所以，随着资本主义经济的进一步发展，金银复本位制让位于金本位制，乃是历史的必然。

阅读材料 1-2

格雷欣法则及其在现实中的例子

格雷欣法则是一条经济法则，也称"劣币驱逐良币"规律，意为在双本位货币制度的情况下，两种货币同时流通时，如果其中之一发生贬值，其实际价值相对低于另一种货币的价值，实际价值高于法定价值的"良币"将被普遍收藏起来，逐步从市场上消失，最终被驱逐出流通领域，实际价值低于法定价值的"劣币"将在市场上泛滥成灾。

自从人类给金钱以一定的币值时起，这一法则就起作用了。

早在公元前2世纪，西汉的贾谊曾指出"奸钱日繁，正钱日亡"的事实，这里的"奸钱"指的就是"劣币"，"正钱"指的是"良币"。当时，金和银都是法偿货币，在法律上按一定比价具有相同的价值。但在现实情况中，金银的开采成本、市场供求是不太可能完全同步变化的，于是当金相对于银来说更为贵重时，人们必然地储存更有价值的金而使用相对来说没有价值的银，因为交换时是以法定比价而不是实际比价来计算的。如果银相对来说更为贵重时，金就成了"劣币"，银变成了"良币"。

进入了纸币流通的时代，货币的不足值性更加明显，国家也必须有更加有力的手段保障其法偿性。也正是在这时,格雷欣法则开始受到一些学者的质疑。事实上,没有"良币"出现,或者有强有力的政府禁止"良币"的使用,"劣币"也不能一直使用下去。

1945—1949年,法币贬值,物价飞涨,民间开始使用银元,拒收"劣币"。此时的民国政府虽说对付解放军不行,禁止人民使用银元进而没收银元发行银元券还是可以的。但是,人们并不因此就接受银元券了,许多私人机构开始以大米为薪金,社会交换退化到了物物交换时代。

出现"劣币驱逐良币"现象的根源在于,"劣币""良币"并不是产生于竞争的前提条件下。每一套货币的发行,都是由国家强制人们接受的,尽管付款的一方很乐意使用劣币,但收款的一方却不会甘愿接受,只有在国家能保证收款方接受的"劣币"能够继续流通的时候,"劣币"才能得以继续存在,这条规律才能继续起作用。

格雷欣法则虽然是货币、金融领域内的著名定律,但在商业领域也有一定的泛化倾向,后来,人们就用这一法则来泛指价值不高的东西会把价值较高的东西挤出流通领域,主要指假冒劣质产品在多种渠道向正牌商品挑战,并具有膨胀、蔓延的趋势。

(二) 金本位货币制度

1. 金币本位制

金币本位制是以黄金为币材,铸造金本位币流通的货币制度。金币本位制的主要特征有:① 铸造金币,有金币流动,金铸币无限法偿;② 金铸币可自由铸造、自由熔化为金块(条);③ 银行券和辅币作为价值符号,能自由兑换金铸币或黄金;④ 黄金可以自由输出入国境;⑤ 建立金准备制度,保证价值符号的可兑换性。

金币本位制是一种相对稳定的货币制度,对资本主义经济的发展曾起过积极的作用。首先,由于币制相对稳定,不会发生通货膨胀,从而为促进商品生产的发展和商品流通的扩大提供了良好条件;其次,在稳定的货币制度下,信用关系不受币值波动的影响,因而促进了信用事业的发展;再次,在金币本位制下,由于各国都以黄金作为币材,各国货币含金量的比率相对稳定,而外汇行市的稳定显然有利于国际贸易的进行,同时,对外贷款和投资的安全性也有了保障。

自1816年英国最早宣布实行金币本位制开始,到1914年各国金币本位制崩溃,这种货币制度盛行了将近100年的时间。第一次世界大战开始后,由于各参战国纷纷把黄金集中于国库,用于向外国购买军火,签发大量的不兑换黄金的纸币以弥补军费支出,使银行券失去了兑现黄金的可能性,各参战国陆续停止了银行券兑现制度,宣告了金币本位制的崩溃。

2. 金块本位制和金汇兑本位制

1924—1928年,资本主义国家的经济进入相对稳定时期,各国开始酝酿恢复金本位制度。但是,由于各国经济发展不平衡,黄金分布极不平衡,加上黄金产量的增长远远落后于商品生产和流通的扩大,典型的金币本位制已无法恢复,而只是建立了两种被称为"残缺不全"的金本位制——金块本位制和金汇兑本位制。

(1) 金块本位制。

金块本位制也叫生金本位制,其主要特点是:不铸造金币,没有金币流通,实际流通的是纸币——银行券;银行券规定含金量,但不能自由兑换黄金,只能在规定的数额以上兑换金块(如1925年,英国规定银行券1 700英镑以上才能兑换金块);黄金集中由政府保管,作为银行券流通的保证金。

(2) 金汇兑本位制。

金汇兑本位制也称虚金本位制,其主要特点是:不铸造金币,没有金币流通,实际流通的是纸币——银行券;中央银行将黄金和外汇存入另一实行金本位制国家的中央银行,并规定本国货币与该国货币的兑换比率;银行券规定含金量,但不能直接兑换黄金,只能兑换外汇;政府或中央银行通过按固定比价买卖外汇的办法来稳定本国币值和汇率。

金块本位制和金汇兑本位制是两种不稳定的货币制度。第一,这两种货币制度都没有铸币流通,黄金失去了流通手段的职能,从而也失去了自发调节货币流通的可能性;第二,由于银行券不能自由兑换黄金,所以一旦过多就会贬值;第三,在金汇兑本位制下,本国货币制度依附于外国货币制度,一旦外国货币制度发生动摇,本国货币制度也必然随之动摇。

(三) 纸币本位制

所谓"纸币本位制",是指由中央银行代表国家发行以纸币为代表的国家信用货币,由政府赋予无限法偿能力并强制流通的货币制度。纸币本位制的主要特点为:

(1) 纸币本位币是以国家信用为基础的信用货币,无论是现金还是存款,都是国家对货币持有者的一种债务关系。存款货币是银行代表国家对存款人的负债;流通中的现金是中央银行信贷资金的来源,是中央银行代表国家对持有者的负债。

(2) 纸币本位制不规定含金量,不能兑换黄金,不建立金准备制度,它只是流通中商品价值的符号。

(3) 纸币本位制通过银行信贷程序中的发行和回笼,即纸币本位币通过银行贷款、票据贴现,买入黄金、外汇和有价证券,投放到流通中去;通过收回贷款,收回贴现票款,卖出金银、外汇和有价证券,使流通中的货币向银行回笼。

(4) 纸币本位币是没有内在价值的价值符号,不能自发适应经济运行的需要。纸币本位制的稳定性取决于国家的货币政策,中央银行必须按经济原则发行货币,并以其作为调控国民经济的重要工具,既控制通货膨胀,又防范通货紧缩。

(5) 从世界范围看,纸币本位制下的存款货币、电子货币流通广泛发展,而现金货币流通则呈日渐缩小的趋势。

> 《中华人民共和国中国人民银行法》第三章第十六条:中华人民共和国的法定货币是人民币。以人民币支付中华人民共和国境内的一切公共的和私人的债务,任何单位和个人不得拒收。

(四) 区域货币制度和跨国货币制度

1. 单一地区货币制度

根据《中华人民共和国中国人民银行法》规定,中华人民共和国的法定货币是人民币;根据《中华人民共和国香港特别行政区基本法》和《中华人民共和国澳门特别行政区基本法》,香港、澳门后回归祖国,港币和澳元分别是香港特别行政区和澳门特别行政区的法定货币。人民币和港币、澳元的关系,是在一个国家的不同社会经济制度区域内流通的三种货币,它们所隶属的货币管理当局各按自己的货币管理方法发行和管理货币。

2. 跨国货币制度

诞生于1999年1月1日的欧元是欧洲货币联盟十一国唯一的法定货币,它是一种超国家主权的跨国货币制度。欧元由各成员国中央银行组成的超国家欧洲中央银行统一发行,制定和执行统一的货币政策和汇率政策,并对各成员国的金融管理进行监管。截至2016年,欧元区共有19个成员国,包括奥地利、比利时、芬兰、法国、德国、爱尔兰、意大利、卢森堡、荷兰、葡萄牙、西班牙、希腊、斯洛文尼亚、塞浦路斯、马耳他、斯洛伐克、爱沙尼亚、拉脱维亚、立陶宛。

在欧元的启示下,世界各大洲都出现了建立跨国货币制度的动向。在美洲,秘鲁和厄瓜多尔试图实行以美元为基础的经济;被誉为"欧元之父"的罗伯特·蒙代尔在2000年4—5月的巡回演讲中,大力倡导巴西、阿根廷、乌拉圭和巴拉圭建立南美共同货币;在非洲,西非经济共同体六国领导人于2000年4月21日签署协议,规定在此后三年内建立统一货币;经历1997年亚洲金融危机后,为了稳定亚洲的货币环境,一些国家和地区也提出了建立"亚元"的构想等。但是,跨国的货币制度必须建立在各国经济、政治制度接近,生产力发展水平相近,各国货币政策、经济政策和价值观念趋同的基础之上,因此需要一个较长的发展和磨合过程。可以预见,一个主权国家内部的货币制度发展成为跨国的货币制度,地区性的跨国货币制度发展成为全球性的跨国货币制度,将是货币制度发展的必然历史趋势。

从上述的货币制度发展历程可以看出,如果一种制度不能保证币值稳定,人们就会面对反复无常的变动,交流和协调将变得困难,增加不确定性,劳动分工就会受到抑制,由此所应得到的益处就会受到削减。因此,币值稳定具有特别重要的意义:① 稳定统一的货币体系有效地节约交易成本,这一点就具有强有力的内聚性。② 统一的货币服务并刺激着不同区域间未获得比较利益所进行的交换。③ 如果没有先进的货币制度作支撑,区域间没有一定的内在有机的联系和经济结构的相互依存,形成有力的内聚性和向心力,要维持一个社会持续稳定的统一是难以想象的。④ 推动文明的发展。即使一个较好的货币制度,曾和其他社会因素共同作用,推动文明达到一个较高的水平,但由于将制度僵化,创新停滞,最终也会演变为文明前进的阻力。

第四节 互联网时代的新型货币形式——数字货币

一、数字货币的概念

数字货币(digital money),又被称为电子货币(E-currency),它是一种表示现金的加密序列数,它可以用来表示现实中各种金额的币值。它是一种可以在互联网上或通过其他电子通信方式进行支付的货币。这种货币没有物理形态,是持有者的一种金融信用。消费者向数字货币的发行者支付传统货币,而发行者把与传统货币的相等价值,以数字形式存储在消费者持有的电子设备中。

随着互联网的高速发展,基于纸张的经济向数字经济的转变,这种支付办法越来越流行,数字货币将成为现代货币形式的主流。

数字货币作为现代经济高度发展和金融业技术创新的结果,是以电子和通信技术飞速发展为基础的,也是货币支付手段职能不断演化的表现,从而在某种意义上代表了货币发展的未来。

二、数字货币的种类

数字货币主要可以分为两种。

一种是基于因特网的网络环境使用的且将代表货币价值的二进制数据保存在微机终端硬盘内的电子现金(electronic cash 或 E-cash),比如:储值卡,指某一行业或公司发行的可代替现金用的 IC 卡或磁卡,如电话充值卡——神州行等;信用卡,银行或专门的发行公司发给消费者使用的一种信用凭证,是一种把支付与信贷两项银行基本功能融为一体的业务,同时具备信贷与支付两种功能;电子支票,通过计算机通信网络安全移动存款以完成结算。使用过程中无论个人或企业,负有债务的一方,签发支票或其他票据,交给有债权的一方,以结清债务;约定的日期到来时,持票人将该票据原件提交给付款人,即可领取到现金。

另一种是将货币价值保存在 IC 卡内并可脱离银行支付系统流通的电子钱包(electronic wallet)。电子钱包是电子商务活动中网上购物顾客常用的一种支付工具,是在小额购物或购买小商品时常用的新式钱包。使用电子钱包的顾客通常在银行里都是有账户的。在使用电子钱包时,将有关的应用软件安装到电子商务服务器上,利用电子钱包服务系统就可以把自己在电子货币或电子金融卡上的数据输入进去。在进行付款时,如果顾客要用电子信用卡付款,例如用 Visa 卡或者 MasterCard 卡等收付款时,顾客只要单击一下相应项目或相应图标即可完成,人们常将这种支付方式称为单击式或点击式支付方式。

三、数字货币的功能

目前来看,数字货币主要具有以下功能:① 转账结算功能,即直接消费结算,来代替现金转账;② 储蓄功能,即使用电子货币存款和取款;③ 兑现功能,即异地使用货币时,进行货币汇兑;④ 消费贷款功能,即先向银行贷款,提前使用货币。随着金融科技的发展,数字货币的功能还在不断地被开发出来。

数字(电子)货币的发行和运行可以从图 1-2 来体现。

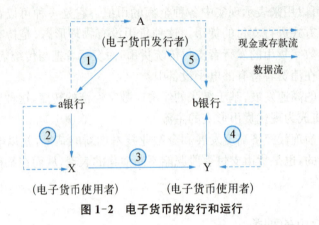

图 1-2　电子货币的发行和运行

四、数字货币的优点

数字货币以电子计算机技术为依托,进行储存、支付和流通;可广泛应用于生产、交换、分配和消费领域;集金融储蓄、信贷和非现金结算等多种功能为一体;具有使用简便、安全、迅速、可靠的特征。作为现代一种新兴的货币形式,数字货币有着传统货币形式不可比拟的优点。首先,它大大提高了消费者的便利。消费者只需携带一张具有多功能的 IC 卡,即可在商店中购物,或作为搭乘交通运输工具、打电话、上公众网络等的支付工具。其次,它给予了消费者多样化的选择。消费者购物时不须考虑所携带的现金数量,使用电子货币可立即加值,增加了购物的选择性。在网络上,可向全球任何一家商店交易,选择性扩展至世界各地。还有,它比传统货币能节省成本和交易时间,电子货币成本低廉,且方便文件建档,大大降低了人力与物力的成本。电子交易必须经过银行单位、认证机关对电子货币的认证,才允许交易继续。所以,各个相关单位之间必须建有完整的系统,因此事务才得以处理迅速。合法的交易,从付款到汇款可立即完成,缩减了交易的时间。

虚拟货币和数字货币之间的界限正在淡化。

原因是电脑游戏里的虚拟的货币也会有其真实价值。例如,一个玩家从别的玩家那里将账号买过来,这个玩家就可以得到那个玩家的所有虚拟的资产。如果游戏允许玩家之间可以转移虚拟财产,玩家之间就可以买卖游戏道具用现实货币支付。如果游戏道具在游戏里由虚拟货币标价,那么真实货币和虚拟货币之间的兑换率就被建立起来了。另一个原因是网络游戏服务提供商的收费方式改为收取虚拟货币,虽然这些交易绝大部分是单向的,而且用户间的支付也受到限制。这些虚拟货币都是消耗性的,玩家所消耗的就是网络游戏服务提供商的所得。

五、充满争议的数字货币——比特币

比特币(BitCoin)是一种 P2P(点对点)形式的数字货币。比特币的概念最初由中本聪

在2009年提出,它是根据中本聪的思路设计发布的开源软件以及建构其上的P2P网络。

与大多数货币不同,点对点的传输意味着一个去中心化的支付系,因此,比特币不依靠特定货币机构发行,它依据特定算法,通过大量的计算产生,比特币经济使用整个P2P网络中众多节点构成的分布式数据库来确认并记录所有的交易行为,并使用密码学的设计来确保货币流通各个环节安全性。P2P的去中心化特性与算法本身可以确保无法通过大量制造比特币来人为操控币值。基于密码学的设计可以使比特币只能被真实的拥有者转移或支付。这同样确保了货币所有权与流通交易的匿名性。比特币与其他虚拟货币最大的不同,是其总数量非常有限,具有极强的稀缺性。该货币系统曾在4年内只有不超过1 050万个,之后的总数量将被永久限制在2 100万个。

科技在给全球经济生活带来改变的同时,也将重塑全球金融体系。随着2013年比特币的大热,网上银行、移动支付宝钱包、手机银行、微信银行以及各种移动互联网金融工具的普及使电子数字货币在人们脑海中已经不仅仅是一个朦胧的概念,而是具象化为人们生活中使用的工具,电子数字货币是否会取代传统纸币开始成为热议的话题。

目前,随着科技的不断进步,全球货币体系也正在步入一个转折的时点,货币的定义和未来将面临巨大的改变,电子(数字)货币领域或将成为未来全球各国角逐的主要"阵地"之一。借助区块链技术的兴起,越来越多的央行正在将法定数字货币作为重点研究和试验的领域之一。

相比于现金,央行发行的电子货币将具有反洗钱、反贪污、节约结算成本以及更好地监测金融风险等优点。但与此同时,电子货币中相关的技术、法律、实际操作、安全等问题依然需要进行系统的研究和试验。

另外,从一定意义上说,法定电子货币的产生,能够化解国际上许多领域过度依赖美元的难题,加快全球经济"去美元化"。究竟哪些国家能够在金融科技浪潮中成为受益者和引领者,人们将拭目以待。

阅读材料 1-3

多国央行关注数字货币的发展

随着互联网技术的深入发展和移动支付场景越来越多,全球各国都在积极发展本国的电子支付行业以及对研发法定数字货币给予高度关注。作为走在全球电子支付前列的丹麦,早就提出在全国服装等领域用电子支付手段取代现金支付的计划。处于全球金融科技领先地位的英国央行也表示,正研究考虑是否由央行来发行数字货币,目前研究工作还处于初级阶段。与此同时,美联储也在不断深入分析数字货币,研究其特性、影响、背后的技术支持等。

澳大利亚央行同样也关注电子货币。该行支付部门主管托尼·理查德今年曾表示,澳大利亚虽"尚未到积极考虑电子货币的时候,但在更遥远的未来,是有可能发行电子化澳元的。"他还说,澳大利亚央行相信,目前距离在全球整个范围内使用电子货币,仍有一段时日;但澳大利亚央行对发行电子化货币的可能性以及不确定性等问题存有兴趣。

2016年11月15日,中国人民银行下属的《金融时报》称,央行数字货币研究所筹备组组长姚前表示,中央银行发行的数字货币目前主要是替代实物现金,降低传统纸币发行、流通的成本,提升经济交易活动的便利性和透明度。不过,中国人口多、体量大,换一版纸币,小的国家几个月可以完成,中国则需要约十年。因此,在较长时期内,数字货币和纸币将并存流通。

同月,新加坡金融管理局局长孟文龙(Ravi Menon)在金融科技节上表示,该国进行的电子货币试验项目也将适用于跨境交易,用以节约相关的人力、物力成本。"这个试验将是新加坡金融管理局发掘央行发行电子货币潜力的第一步尝试"。另据彭博报告显示,新加坡的试验主要内容是:银行将存款转化为央行发行的电子货币,之后银行间结算将使用电子货币而不是通过新加坡央行的支付指令,最后银行再将电子货币转化为现金。

瑞典央行的表态更是"野心勃勃"。瑞典央行副行长史金斯利表示,因现金的使用量下降,该国央行可能推出电子货币——电子克朗。史金斯利还表示,瑞典央行有信心,经过两年的评估阶段后,瑞典将禁止流通实物现金,成为全球第一个完全使用"数字现金"的国家。

即使是东南亚的发展中国家也不例外。2016年12月份,越南政府开始考虑确立比特币合法地位,并开始启动立法项目,围绕比特币等虚拟货币建造和引进全面法律框架。数字货币在越南的滥用情况日益严重,金字塔骗局层出不穷,因此越南政府和立法机关对数字货币的使用发出警告,准备针对虚拟货币和虚拟资产立法,加强"监管",但不是"禁止"使用。越南本地报刊 Vn Economy 的一篇报道称,越南政府已经启动一项调查项目,全面审查数字货币,计划针对越南虚拟资产、电子货币和虚拟通货架设法律框架。报道中说,越南政府已经安排相关政府部门全面了解越南虚拟货币和虚拟资产运行情况。此次考察将持续到2017年12月,越南国家银行、司法部、信息通讯部、工业贸易部等相关部门将加强合作,共同确立立法框架。

相对于全球各大央行关注电子货币领域,不少金融机构也正在积极"抢滩"。2016年8月,全球四大银行,即瑞士银行、德意志银行、桑坦德银行和纽约梅隆银行宣布,已经联手开发新的电子货币,希望未来能够通过区块链技术来清算交易,并成为全球银行业通用的标准。这四家银行还将与英国券商 ICAP 携手共同向各国央行推销该方案,并计划在2018年年初进行首次商业应用。国际会计事务所普华永道也宣布了一项有关电子货币的计划。这项计划的名字叫伏尔甘(Vulcan)电子资产服务,主要是为有信心开发电子化货币的银行和政府提供服务。

资料来源:根据各大网站相关资料整理。

本章关键词

交换媒介　商品　货币　货币职能　货币制度　金本位制　纸币本位制
格雷欣法则　商品(实物)货币　代用货币　信用货币　数字(电子)货币

思 考 题

1. 货币是如何产生的,又是如何演变的?
2. 货币有哪些职能?如何认识货币的本质?理论界对货币的定义有哪几种?
3. 货币制度的构成要素有哪些?
4. 简述金本位制度的演变过程。何谓"劣币驱逐良币"现象?谈谈在商业领域出现的格雷欣法则。
5. 纸币本位的特点是什么?信用货币有哪些形态?
6. 如何划分货币的类型?
7. 根据货币的职能分析产生电子(数字)货币的可能性。

第二章 信用经济

> **本章导读**
>
> 商品经济是价值经济,信用是价值运动的一种特殊形式。在商品经济高度发达的国家,信用关系已发展到前所未有的高度,成为经济中无时不有、无处不在的基本要素。不仅企业单位之间普遍形成信用关系,就是个人也离不开信用,特别是信用卡产生之后,几乎每个人都离不开银行和金融市场了。所以,有人把现代经济称为"信用经济"。
>
> 本章首先分析信用的含义、产生和发展的过程,从而进一步阐述信用的本质;然后,对信用的基本形式进行比较,并介绍了几种常见的现代信用工具;最后,阐述信用在一国经济发展中发挥其功能的重要意义。

第一节 信用的起因

在存在不同所有者和分工的社会里,由于分工及专业化被分解为各个互相隔离的个人,只有交换活动才能把他们联合起来,从而协调他们的生产和其他活动。而实现这一过程,必须具备一个带有根本性的前提条件:群体内部有相互的信任,以社会成员间彼此操守信用为条件的信任。

信用产生于原始社会末期,是商品经济发展到一定阶段的产物。信用对社会经济的发展起着极其重要的作用。自从人类社会在经济活动中产生了货币之后,不仅使商品交易的效率提高了,而且借助货币的支付手段职能,人们还使信用这种经济活动方式进入了更高级阶段。

一、信用的含义

"信用"主要有两种解释:一是伦理学解释,二是经济学解释。

西方经济学中的"信用"一词源于拉丁语"credo",其意为"信任、声誉"等;"信用"在英语中是"credit",其意思除"信任"外,也解释为"赊账、信贷"等。汉语中的"信用"原意为能履行承诺而取信于人,《辞海》是这样定义信用的:遵守承诺,实践成约,从而取得的信任。信用作为伦理学的概念,信用被用来作为评价人的一个标准,也就是言而有信。

在经济学中,信用是一种体现特定经济关系的借贷行为。这种行为可以有两种表现方式:或者是以收回为前提条件的付出即贷出,或者是以保证归还为义务的获得即借入。而且,一般来说,贷者有权取得利息,借者必须支付利息。所以,信用是一个经济范畴,是以偿还和付息为条件的价值单方面的运动,是价值运动的一种特殊形式。

二、信用的产生

人类最早的信用活动开始于原始社会末期。原始社会随着社会生产力的发展出现了两次社会大分工:一是畜牧业与原始农业的分工;二是手工业与农业的分工。这两次社会大分工,加速了商品的生产和交换,加快了原始社会公有制的瓦解和私有制的产生。由于社会分工和私有制的出现,商品生产周期便出现了不一的现象,从而形成了财富占有的不均和分化,贫富差距就自然地出现了。这样,因贫穷而缺少生产资料和生活资料的家庭,为维持生活和继续从事生产,不得不告贷于富裕家庭,通过借贷调剂余缺,信用随之产生了。

随着商品生产和交换的发展,在商品买卖中,由于生产周期的长短不一、商品购销地点的远近不同等因素,造成有的商品生产者出售商品时,商品的购买者却因为自己的商品尚未卖出而无钱购买。为了使社会再生产能够继续进行下去,出现了商品买卖中的延期支付。卖者因为赊销产品,称为信用交易中的债权人,而买者则称为信用交易中的债务人,到约定期限,买者再以货币清偿债务,货币在这里不是作为流通手段,而是作为支付手段发挥作用,以实现价值的转移和返还。

随着商品货币经济的深入发展,货币的支付手段超出了商品流通的范围;而与货币支付手段相联系的信用关系,也就不仅仅表现为商品的赊购赊销,而是日益表现为货币的借贷。货币成为契约上的一般商品:一方面一些人手中积累了货币,或者一些生产流转企业在生产流转过程中出现了闲置的货币,需要寻找运用的场所;另一方面,一些人或企业则需要货币用于生活或从事生产经营,从而要求通过信用形式进行货币的调剂。

三、信用的发展阶段

(一)高利贷信用

高利贷信用是高利贷资本的运动形式。高利贷信用最初出现于原始公社末期,第一次社会大分工使生产力水平有了迅速的提高和商品经济的加速发展,并使原始公社内部出现了贫富分化和私有制。穷人缺乏必要的生产资料和生活资料,为了生存,不得不向富人借贷,并被迫接受支付高额利息的要求,于是高利贷便产生了。高利贷最初是以实物形式出现的。随着商品货币关系的发展,货币借贷才逐渐取代了实物借贷,成为高利贷的主要形式,并出现了专门从事放贷的高利贷者。

高利贷信用在奴隶社会和封建社会得到了广泛发展,最根本的原因是:高利贷作为生息资本的特殊形式,是同小生产者即自耕农和小手工业者占有事的社会特点相适应的。小生产者的经济基础又相当薄弱,且极不稳定,遇到意外事故(洪涝灾害、干旱、丧葬嫁娶等)就无法生计。为了获得购买手段以换取必要的生活资料和生产资料,他们只得向高利贷者求助。小生产者的广泛存在是高利贷信用存在和发展的根本经济基础。除此之外,奴隶主和地主为了满足其穷奢极欲的生活需要而向高利贷者告贷,如购买昂贵的装饰品、建造豪华的宫殿等。当然,有时他们也会出于政治需要而向高利贷者告贷。

高利贷信用除具有一般信用的特点外,还具有利息率特别高和非生产性两个突出特点。高利贷的年息一般在30%以上,200%~300%也是很常见的。如上所述,小生产者借债主要用于生活急需,而奴隶主和地主主要是为了满足消费需求,因而都不具有生产性。正是这两个突出特点决定了高利贷的主要作用必然是消极的。高利贷不利于生产发展,甚至对生产起破坏作用。它使有限的社会资源不能用于支持生产发展,而且高额利息又使小生产者日益贫困,小生产日益萎缩。

高利贷信用既是新的生产方式产生的催化因素之一,又是新的生产方式的破坏因素之一。高利贷信用促使自然经济解体和商品经济发展,高利贷信用的高利盘剥也成为破坏和阻碍生产力发展的绊脚石,必然会被现代化大生产所淘汰。高利贷作为一种残酷剥夺借贷者私人财产的手段,在中国的旧社会尤为盛行,最为常见的是所谓"驴打滚"利滚利,即以一月为限过期不还者,利转为本,本利翻转,越滚越大,这是最厉害的复利计算形式。

> 目前我国对"高利贷"的法律界定是根据《最高人民法院关于人民法院审理借贷案件的若干意见》规定,民间借贷的利率可以适当高于银行的利率,各地人民法院可根据本地区的实际情况具体掌握,但最高不得超过银行同类贷款利率的4倍。超出此限度的,超出部分的利息不予保护。对借贷双方因利率问题产生的争议,如畸高利率等,司法机构可依据《民法通则》《合同法》规定的公平原则、诚实信用原则判定合同的有效性和双方的权利义务。对于个人或单位以转贷牟利为目的,套取金融机构信贷资金高利转贷他人,违法所得数额较大的,可依《刑法》第一百七十五条的规定,以高利转贷罪论处。

对于高利贷,我国民法学界目前有三种不同的观点。

第一种观点认为:借贷的利率只要超过或者变相超过国家规定的利率,即构成高利贷。有的学者认为,借贷利率可以适当高于国家银行贷款利率,但不能超过法律规定的最高限度,否则即构成高利贷。

第二种观点认为:高利贷应有一个法定界限,但这个界限不能简单地以银行的贷款利率为参数,而应根据各地的实际情况,专门制定民间借贷指导利率,超过指导利率上限的,即构成高利贷。持这种观点的人还认为,凡约定利率超过法定指导利率的,其超过部分无效,债权人对此部分无请求给付的权利。

第三种观点认为:高利贷就是一种超过正常利率的借贷。至于利息超过多少才构成高利贷,由于在立法和司法中都没有统一的规定和解释,在实践中只能按照《民法通则》和有关法律规定的精神,本着保护合法借贷关系,有利于生产和稳定经济秩序的原则,对具体的借贷关系进行具体分析,然后再认定其是否构成高利贷。这种观点还认为,在确定高利贷时应注意区别生活性借贷与生产经营性借贷,后者的利率一般可以高于前者。因为生活性借贷只是用于消费,不会增值;而生产经营性借贷的目的,在于获取超过本金的利润,因此它的利率应高于生活性借贷的利率。

(二) 现代信用

现代信用是指现代借贷资本的运动。现代资本是在现代商品经济条件下,货币所有者为了获得利息而贷给使用者使用的货币资本,是生息资本的现代形式。

现代信用是在资本主义再生产过程中产生的。在资本主义再生产过程中,必然会产生货币资本的时多时少,有余有缺。一方面,在资本循环和周转中,由于种种原因产生一定货币的闲置,如固定资产的折旧、支付员工工资和购买原材料的流动资金等,这便形成了货币的供给;另一方面,在资本循环过程中,必然会出现部分厂商货币资本的短缺,需要临时性补充,这样就形成了货币的需求。拥有闲置货币资本的厂商把货币借贷给具有货币需求的厂商,并在一定时期后连本带利一起收回,这样现代信用就形成了。

借贷资本和高利贷资本虽然都是生息资本,两者之间却有着很大的区别。首先,两者的用途不同。借贷资本主要用于生产,创造剩余价值;而高利贷则主要用于消费。其次,两者的利率不同。借贷资本的利率受到厂商的利润率的限制,必须低于利润率,因此其利率比较低;高利贷的利息可能包括劳动者创造的一部分必要劳动,利率很高。

随着商品经济的发展,现代信用在资本主义社会中得到了极大发展,并在社会主义社会中急需发展与完善。20世纪80年代以来,现代信用的发展呈现以下三种趋势:(1) 信用形式的多样化,商业信用、银行信用、国家信用、民间信用等传统形式,以及消费信用、国际信用证券信用等新的信用形式都普遍存在于现代经济活动中;(2) 信用机构功能多元化,信用机构职能不断地向全能型转变,除了从事传统的借贷业务,还从事转账结算、理财、代理发行有价证券等新业务;(3) 信用工具的国际化,随着经济的全球化汇票、本票、支票等信用工具不仅在已过范围内流通,在世界范围内同样流通,极大地促进了信用地发展。

四、信用的本质

人类关于信用工具的发明和运用,其意义不亚于人类生活生产中工具的发明和运用,如同劳动工具是对于人类在生产过程中的肢体的延伸一样,创造和使用信用工具的行为超越了人在原始状态下属于社会性动物具有的那种本能的局限,是人类走向文明的具有里程碑意义的事件。

信用的本质就是一种债权债务关系。

(1) 信用不是一般的借贷,而是有条件的借贷。人们互相不计息或者没有其他任何条件要求的借贷行为和借贷关系不是信用和信用关系。只有有条件的借贷行为即必须偿还和支付利息才是信用。现实经济活动中也有不支付利息的例外，那便是贷方由于某种目的而给予借方的一种优惠，但是，这种优惠终究还是要通过其他方式获得回报的。例如，不少西方国家的银行对企业的活期存款往往不付利息，但存款者可以享受银行的有关服务和取得贷款的某些权利，所以实际上还是有利息的。

（2）信用是价值运动的特殊形式。价值运动是通过一系列的借贷、偿还、支付过程实现的。信用这种价值运动形式与一般商品交换是有明显区别的。一般商品交换是等价交换，商品的所有权通过交换而发生转移，买卖双方都保留价值。信用（借贷行为）则不然：贷出时，价值作单方面转移，即贷出的商商品或货币的所有权并没有转移，只是让渡了使用权；归还时，价值也是作单方面转移，只是借者除归还本金外，还要支付利息，贷方得到了价值增值。

（3）信用是一种债权债务关系。在借贷活动中，当事人一方为债权人，他将商品或货币借出，称为授信；另一方为债务人，他接受债权人的商品或货币，称为受信。债务人遵守承诺按期偿还商品或货币并支付利息称为守信。借贷行为发生后，债务人（借方）有付款的法定义务，债权人（贷方）有要求付款的权利。所以借贷关系反映债权债务关系，信用关系是债权债务关系的统一。

第二节 信 用 形 式

信用产生后，随着时间和商业不断地发展，在现今的经济社会中，主要有四种信用的形式：商业信用、银行信用、国家信用和消费信用。

一、商业信用

（一）商业信用

商业信用是厂商企业之间以延期付款和预付货款等形式提供的信用。它是现代信用的基础。实际上，典型的商业信用包括两个同时发生的经济行为：买卖行为和借贷行为，即信用双方的商品交易和信用双方债权债务关系的形成。就买卖行为而言，在发生商业信用之际就已完成；而在此之后，他们之间只存在一定货币金额的债权债务关系。这种关系不会因为债权人或债务人经营状况而发生变化。

在资本主义社会，商业信用有了很大的发展。这是因为社会化大生产使各生产部门和企业之间存在着密切的联系，而它们在生产时间和流通时间上又往往存在不一致的现象，经常出现一些企业的商品积压待售，而需要这些商品的买主却由于各种原因一时缺少现金的矛盾。为了克服这种矛盾，便出现了卖方将商品赊销给买方的行为，买方可用分期付款或延期付款等方法提前取得商品、厂商之间相互提供赊销，这是商业信用迅速发展的主要原因。其次，由于产业资本和商业资本相分离，如果要求买主一次性付款，就会发生商业资本奇缺的困难，因为商家不可能拥有那么多资本。因此，厂家向商家提供商业信用，既有利于商家减少资本持有量，从而降低风险，又能使厂家的商品更快实现其价值,提高商品流通速度,促进经济发展。所以,商业信用在现代市场经济中获得了充分发展,并称为现代信用制度的基础。

(二) 商业信用的特点

(1) 商业信用的主体是厂商,商业信用是厂商之间相互提供的信用,债权人和债务人都是厂商。

(2) 商业信用的客体是商品资本。商业信用提供的不是暂时闲置的货币资本,而是处于再生产过程中的商品资本。所以,这里作为贷出的资本出现的,总是那种处在再生产过程的一定阶段的商品资本,它通过买卖,由一个人手里转移到另一个人手里。不过,它的代价要到后来才按约定的时间由买者支付。

(3) 商业信用是解决买方企业流通手段不足的最便利的购买方式。作为买方企业,如果缺乏货币或其他必要的流通手段,为了购买维持生产所必需的生产资料,在卖方企业可以接受买方企业的债务时,采用商业信用解决流通手段不足的困难,是最便利、可行的。但是,如果买方企业信誉不好,企业间的信用活动就需要银行加以保证。

(4) 商业信用和产业资本的动态一致。由于商业信用是和出于再生产过程中的商品资本的运动结合在一起的,所以它在资本主义再生产周期的各个阶段上和产业自资本的动态是一致的:在繁荣阶段,商业信用会随着生产和流通的发展及产业资本的扩大而扩张;在衰退阶段,商业信用又会随着生产和流通的削减及产业资本的收缩而萎缩。

(三) 商业信用的局限性

由于商业信用是直接以商品生产和商品流通为基础,并为商品生产和流通服务的,所以,商业信用对加速资本的循环和周转,最大限度地利用产业资本和节约商业资本,促进资本主义生产和流通的发展,具有重要的推动作用。但是,由于商业信用受本身特点的影响,因而又具有一定的局限性,主要表现在以下五个方面。

(1) 商业信用的规模受到厂商资本数量的限制。因为商业信用是厂商之间相互提供的,所以它的规模只能局限于提供这种商业信用的厂商所拥有的资本额。而且,厂商不是按其全部资本额,仅是按照其储蓄资本额来决定他所能提供的商业信用量,所以商业信用在量上是有限的。

(2) 商业信用的范围和期限被严格限制。商业信用只适用于有商品交易关系的企业,这样就限制了商业信用的活动领域。而且,由于工商企业暂时闲置的资金时间很短,如果以商品形态贷出的资本不能很快地以货币资本形态收回,就会影响产业资本的正常循环周转,所以商业信用只能是短期信用。

(3) 商业信用受企业信用能力有限性的限制。如果买方企业的信用能力不能被卖方企业所信任、接受,更进一步讲,工商企业的信用能力不能为社会了解、承认,那么,商业信用就难以成立,其商业票据的流通空间也十分有限。

(4) 商业信用受到商品流转方向的限制。由于商业信用的客体是商品资本,因此提供商业信用是有条件的,它只能向需要该种商品的厂商提供,而不能倒过来向生产该种商品的厂商提供。例如,造纸厂厂商在购买造纸机械时,可以从机器制造那里获得商业信用,但机器制造商却无法反过来从造纸厂哪里获得信用,因为造纸厂生产的商品——纸张,不能成为机器制造商所需的生产资料。

(5) 商业信用具有连锁效应。在整个社会经济环境中,各个企业在经济关系上是相互关联、互相依存、环环相扣。如果社会经济中大量采用商业信用这种形式,就会把许多原本并不相关的债权债务关系联结起来,形成债权债务的链条。此时,如果其中某个环节出现了问题,就有可能影响到其他企业。

鉴于上述的局限,因而商业信用不可能从根本上改变社会资金和资源的配置与布局,广泛满足经济资源的市场配置和合理布局的要求。因此,它虽然是商品经济社会的信用基础,但它终究不能成为现代市场经济信用的中心和主导。

二、银行信用

银行信用是指各种金融机构,特别是银行,以存、放款等多种业务形式提供的货币形态的信用。银行信用是在商业信用基础上发展起来的一种更高层次的信用,它和商业信用一起构成经济社会信用体系的主体。

银行信用的特点有以下五点。

(1) 银行信用的债权人主要是银行,也包括其他金融机构;债务人主要是从事商品生产和流通的工商企业和个人。当然,银行和其他金融经机构在筹集资金时又作为债务人承担经济责任。银行和其他金融机构作为投融资中介,可以把分散的社会闲置资金集中起来统一进行借贷,克服了受制于产业资本规模的商业信用的局限。

(2) 银行信用所提供的借贷资金是从产业循环中独立出来的货币,它可以不受个别企业资金数量的限制,聚集小额的可贷资金满足大额资金借贷的需求。同时,可把短期的借贷资本转换为长期借贷资本,满足对较长时期的货币需求,不再受资金流转方向的约束,从而在规模、范围、期限和资金使用的方向上都大大优越于商业信用。

(3) 银行和其他金融机构可以通过信息的规模投资,降低信息成本和交易费用,从而有效地改善了信用过程的信息条件,减少了借贷双方的信息不对称以及由此产生的逆向选择和道德风险问题,其结果降低了信用风险,增加了信用过程的稳定性。

(4) 在产业周期的各个阶段,对银行信用和商业信用的需求不同。在繁荣时期,对商业信用的需求增加,对银行信用的需求也增加;而在危机时期,由于商品生产过剩,对商业信用的需求会减少,但对银行信用的需求却有可能会增加,此时企业为了支付债务、避免破产,有可能加大对银行信用的需求。

(5) 银行信用具有自身创造信用的功能。任何经济实体只有在先获得货币的前提下才能提供信用,唯有现代银行能够创造货币(存款)提供信用。由于创造货币的成本很小,通过创造货币提供的信用近似"无本经营",所以银行信用在竞争中处于非常有利的地位。历史上,银行正是利用货币发行的特权,击败了高利贷信用,成为信用的主要形式。

> 《中华人民共和国商业银行法》第四章第三十四条规定:商业银行根据国民经济和社会发展的需要,在国家产业政策指导下开展贷款业务。

三、国家信用

国家信用是指国家及其附属机构作为债务人或债权人,依据信用原则的社会公众和国外政府举债或向债务国发债的一种形式。

提到国家信用,人们会自然而然地想到国家财政所发行并由居民和企事业单位认购的国库券。根据债券期限的长短可将其分为国库券、国债和公债三种。国库券的期限通常在一年以内;国债的期限为一年至十年;公债的期限在十年以上。国家信用所包含的内容大大超出国库券的范围。国家信用包括国内信用和国外信用两种。国内信用是国家以债务人身份向国内居民、企业团体取得的信用,它形成一国的内债;目前世界各国几乎都采用了发行政府债券的形式来筹集资金,形成国家信用的内债。表 2-1 是我国从 1994—2013 年发行国债的情况。

表 2-1　我国 1994—2013 年国债发行情况

年　份	发行数量(亿元)	比上年增长	比上年增长%
1994	1 028.57	647.25	169.74
1995	1 510.86	482.29	46.89
1996	1 847.77	336.91	22.30
1997	2 412.03	564.26	30.54
1998	3 228.77	816.74	33.86
1999	3 715.03	486.26	15.06
2000	4 657.00	941.97	25.36
2001	4 884.00	227.00	4.87
2002	5 934.00	1 050.00	21.50
2003	6 280.10	346.10	5.83
2004	6 876.00	595.90	9.49
2005	7 042.00	166.00	2.41
2006	8 883.30	1 841.30	26.15
2007	23 483.28	14 599.98	164.35
2008	8 615.00	−14 868.28	−63.31
2009	16 229.21	7 614.21	88.38
2010	7 881.90	−8 347.31	−51.43
2011	15 397.91	7 516.01	95.36
2012	14 362.26	−1 035.65	−6.73
2013	16 944.01	2 581.75	17.98

资料来源:中国统计年鉴(1994—2013 年)

国外信用是国家以债务人身份向国外居民、企业团体和政府取得的信用，它形成一国的外债。国家信用的外债一般是通过国与国之间的政府借贷来实现的，是国际化的政府间的债权债务关系。表2-2反映的是我国2015年中央财政国债余额情况。

表 2-2 2015年中央财政国债余额情况表　　　单位：亿元人民币

项　　　目	预算数	决算数
一、2014年年末国债余额实际数		95 655.45
内债余额		94 676.31
外债余额		979.14
二、2015年年末国债余额限额	111 908.35	
三、2015年国债发行额		21 285.06
内债发行额		20 987.47
外债发行额		297.59
四、2015年国债还本额		10 347.57
内债还本额		10 196.30
外债还本额		151.27
五、2015年年末国债余额实际数		106 599.59
内债余额		105 467.48
外债余额		1 132.11

注：1. 本表2014年外债余额实际数按照国家外汇管理局公布的2014年12月外汇折算率计算，2015年外债发行额和外债余额实际数按照国家外汇局公布的2015年12月外汇折算率计算，2015年外债还本额按照当期汇率计算。受外币汇率变动影响，2015年年末外债余额实际数≠2014年外债余额实际数+2015年外债发行额-2015年外债还本额。

2. 本表国债余额包括国债、国际金融组织和外国政府贷款。除此之外，还有一部分需要政府偿还的债务，主要是偿付金融机构债务，以及部分政府部门及所属单位举借的债务等，这部分债务在规范管理后纳入国债余额。

资料来源：中华人民共和国财政部官网

四、消费信用

消费信用是指对消费者提供的，用以满足其消费方面的货币需求的信用。在前资本主义时期，商人将商品赊销给消费者，消费信用便已经产生了。但是，一直到20世纪40年代，消费信用的发展规模仍然不大。

从20世纪40年代后半期起，消费信用开始迅速发展。20世纪60年代是消费信用快速发展的时期，其原因主要有如下两点：一是凯恩斯的需求管理思想得到认同，各国大力鼓励消费信用，以消费带动生产；二是第二次世界大战结束后经济增长快速而稳定，人们的收入有较大幅度的提高，对消费信用的需求也有很大增长。

现代市场经济的消费信用形式是多种多样的,具体归纳为以下三种主要类型:

(1) 赊销方式,即零售商直接以延期付款的销售方式向消费者提供的信用。信用卡结算方式就属于此类。一般来说,它是一种短期消费信用形式。

(2) 分期付款方式,即消费者先支付一部分(首期付款),然后按合同分期摊还本息,或分期摊还本金,利息一次支付。这种付款方式在购买耐用消费品中广泛使用,是一种中期消费信用形式。

(3) 消费贷款。按直接接受贷款的对象可划分为买方贷款和卖方贷款。买方贷款是指银行直接对消费品的购买者发放的贷款,而卖方贷款是指以分期付款单证作抵押,由银行直接对销售企业发放的贷款。另外,若按是否需要提供抵押品所发放的贷款,可分为抵押贷款和信用贷款。抵押贷款是指由消费者以赊购的商品或其他商品抵押所发放的贷款,而信用贷款则是指不需提供任何抵押品所发放的贷款。消费贷款是一种长期消费信用形式。

我国消费信贷市场的参与主体可以分为四大类:消费者、金融机构、消费公司、监管机构。具体如下:

(1) 消费者:贷款进行消费的主体。

(2) 金融机构类型:商业银行、消费金融公司、信用卡公司、小额信贷公司等。

(3) 消费公司类型:零售企业、汽车企业、房地产企业、航旅企业、教育留学等。

(4) 行业监督主体:人民银行、消费品领域各部委、各行业协会。

根据中国人民银行以及艾瑞咨询数据显示,2015年中国消费信贷规模达到19.0万亿元,同比增长23.3%,仍然处于快速发展阶段。预计,2016年前后,我国人民币信贷余额将突破100万亿元大关。我国消费信贷规模在未来仍将维持20%以上的快速增长趋势,预计2019年将达到41.1万亿元(见图2-1)。

图 2-1 2011—2019 年中国消费信贷市场规模及增长率

数据来源:中国人民银行、艾瑞咨询

按用途分,我国消费信贷可分为住房贷款、信用卡消费信贷、汽车贷款、小额贷款及其他贷款。中国消费信贷结构如图2-2所示。

图 2-2　2013—2016 年消费信贷结构

数据来源：艾瑞咨询

自 2011—2015 年,我国消费信贷/消费支出比值不断上升,2015 年达到 15.5%,正在逐渐缩小与美国(26%~28%)的差距。这反映了国民消费模式的变化,人们越来越能接受以信贷的方式进行消费。与美国消费信贷市场相比,中国还处于发展阶段,目前还存在 12% 左右的上升空间。若市场未发生重大变化,预计 6~7 年可达到美国水平。

第三节　信 用 要 素

一、信用要素

信用是以偿还和付息为条件的价值单方面的运动,任何信用关系要想得以成立则必须同时具备以下四个方面。

(1) 信用关系。信用作为特定的经济交易行为,必须有行为的主体,即当事者双方,他们通过直接或间接的方式进行资金或实物的融通而形成债权债务关系。其中,转移资产的一方称为授信方,接受资产转移的另一方称为受信方。

(2) 信用标的。在信用关系中的被交易对象。这种被交易对象也就是授信方所转移的资产,它既可以以货币的形式存在,也可以以实物的形式存在。前者是银行信用的典型,而后者是商业信用的典型。

(3) 信用载体。授受信用双方的权利和义务的对象物。这也就是信用工具。它是载明债权债务关系的合法证明。

(4) 信用条件。期限和利率。期限是信用关系从开始到中止的时间间隔。信用是所有权和使用权的暂时分开,这就需要确定一个期限,因此期限是信用行为得以存在的条件。

二、信用工具的一般特征

（一）偿还期

偿还期是指借款人拿到借款开始，不论是一笔借入还是分期借入，到借款全部还清为止所经历的时间。各种金融工具在发行时一般都具有不同的偿还期。从长期来说，有10年、20年、50年。还有一种永久性债务，这种公债借款人同意以后无限期地支付利息，但始终不偿还本金，这是长期的一个极端。在另一个极端，银行活期存款随时可以兑现。因此，其偿还期实际等于零。

偿还期限的长短对贷款人与借款人有着不同的意义。从债权人的角度来看，选择长短期取决于债权人对现时消费与未来消费估计，同时还取决于债权人将能得到的收益率与对未来货币价值涨落的预期。这些因素从客观与主观上对债权人有着不同的影响。如果在收益率一定的情况下，债权人都趋向于持有期限比较短的金融工具。这主要是为了防止意外的情况，期限短，从而具有更多的灵活性。从债务人的角度看，通常希望偿还的期限长些，这有利于债务人有更多的时间来安排债务的偿还。如果债务人想得到这样的允诺的话，也许他不得不牺牲些他的利益，比如给债权人更高的报酬。

（二）流动性

流动性又称变现性，这是指金融资产在即刻转换现金时，其价值不致蒙受损失的能力。除货币以外，各种金融资产都存在着不同程度的不完全流动性。其他的金融资产在没有到期之前要想转换成货币的话，或者打一定的折扣，或者花一定的交易费用。一般来说，金融工具如果具备下述两个特点，就可能具有较高的流动性。第一，发行金融资产的债务人信誉高。在以往的债务偿还中能及时、全部履行其义务。第二，债务的期限短。这样它受市场利率的影响很小，变现时所遭受亏损的可能性就很小。或者我们可以这样表述它们之间的关系：流动性与偿还期成反比，即偿还期越长，流动性越小；而与债务人的信用成正比例，即债务人信誉越高，流动性越大。当然，这种关系只是近似反映它们之间关系的大致趋势。

（三）安全性

安全性是指投资于金融工具的本金是否会遭受损失的风险。

风险可分为两类。一是债务人不履行债务的风险，即债务人不能按约定的数额偿还债务，或不能及时地偿还债务的风险。这种风险的大小主要取决于债务人的信誉以及债务人的社会地位。一国政府也可能不履行偿还的义务，但其可能性显然要比企业或者个人小得多。另一类风险是市场的风险，这是金融资产的市场价格随市场利率的上升而跌落的风险。当利率上升时，金融证券的市场价格就下跌；当利率下跌时，金融证券的市场价格就上涨。证券的偿还期越长，则其价格受利率变动的影响越大。一般来说，本金安全性与偿还期成反比，即偿还期越长，其风险越大，安全性越小。本金安全性与流动性成正比，与债务人的信誉也成正比。

（四）收益性

收益性是指金融工具能定期或不定期给持有人带来收益的特性。一般来说，投资收益与投资风险成正比，与投资偿还期也成正比。金融工具收益性的大小，是通过收益率来衡量的，收益率是指持有金融工具，所取得的收益与本金的比率。

三、信用工具的分类

信用关系是靠书面证明来建立的。这种书面证明融通了贷者与借者之间货币的余缺。所以，我们称这种书面证明为信用工具，也称为金融工具。信用工具是资金供应者和资金需求者之间进行资金融通时所签发的、证明债权或所有权的各种具有法律效力的凭证。

信用工具的种类是随着信用关系和信用形式的不断深化和扩展而不断增加的。首先，在商业信用的基础上，产生了商业票据；继之，在银行信用的基础上，又产生了银行票据；后来，随着股份公司的出现和国家信用的发展，又出现了股票和债券；伴随着国际信用和消费信用的发展，又出现了信用证、信用卡等信用工具。可以断定，随着金融创新的不断演进，将有更多的信用工具出现。

按不同的标准对信用工具进行划分，将会有不同的分类。主要有以下三类。

（一）以发行者的性质为标准，可分为直接信用工具和间接信用工具

前者主要有工商企业、政府以及个人所发行或签署的国库券、公债券、商业票据、公司债券、股票、借款合同以及其他各种形式的借据等；后者主要包括金融机构发行或签署的银行券、银行本票、存折、大额可转让存单、人寿保险单等。

（二）以可接受程度为标准，可分为无限可接受性的信用工具和有限可接受性的信用工具

前者是指被社会公众普遍接受、在任何场合都能充当交易媒介和支付手段的工具，如银行所发行的银行券和银行活期存款；后者是指可接受的范围和数量等都受到一定局限的工具，如商业票据、债券、股票等。

（三）以偿还期限为标准，可分为短期信用工具、长期信用工具和不定期信用工具

短期信用工具是指提供信用的有效期期限在一年或一年以内的信用凭证，有各种票据（汇票、期票、支票等）、信用证、信用卡、旅行支票、国库券等；长期信用工具是指提供信用的有效期限在一年以上的信用凭证，如股票、公司债券、政府公债券等；不定期信用工具是指没有规定信用关系存续期限且可长期循环使用的信用凭证，如银行发行的银行券、纸币。

四、典型的信用工具

（一）本票

本票亦称期票，是出票人签发的承诺自己在见票时无条件支付确定的金额给收款

人的票据。票面上注明支付金额、还款期限何地点。本票的基本当事人有两个,即出票人和收款人。其特点是见票即付,无需承兑。本票按出票人的身份不同,可分为商业本票和银行本票;按受款人的不同,可分为记名本票和不记名本票;按付款期限不同,可分为即期本票和远期本票。

(二)汇票

汇票是出票人签发的委托付款人在见票或者指定日期无条件支付确定的金额给收款人或者持票人的票据。汇票的基本当事人有三个,即出票人、付款人和收款人。汇票必须经过债务人承兑才有效,债务人承认付款的手续叫承兑。合格的汇票一般包括以下六点:① 在票据上注明为"汇票";② 注明发票人、收款人和付款人的全称并由发票人盖章;③ 注明一定的货币金额;④ 注明发票时间;⑤ 注明到期时间;⑥ 注明无条件支付。

(三)支票

支票是出票人签发的委托办理支票存款业务的银行或者其他金融机构在见票时无条件支付确定的金额给收款人或者持票人的票据。支票的基本当事人有三个,即出票人、付款人和收款人。支票按其支付方式分为现金支票和转账支票两种,前者可用来支取现金或转账,后者只能用来转账。按出票人不同,可分为公司支票和个人支票;按是否记载收款人姓名,可分为记名支票和不记名支票。

(四)信用证

信用证是银行根据其存款客户的请求,对第三者发出的、授权第三者签发以银行或存款人为付款人的凭证。信用证是在国际信用基础上发展起来的信用流通工具,主要有商业信用证和履行信用证两种。商业信用证是指在国际或国内贸易中,银行用来保证买方支付能力的一种凭证;旅行信用证是指银行为方便履行者在国外支取款项所开出的信用凭证。

(五)信用卡

信用卡是银行或专业公司对具有一定信用的顾客(消费者)所发行的一种赋予信用的证书,具有先消费、后付款的特点和发放循环贷款的作用。信用卡上印有持卡人姓名、签字、号码和每笔赊购的限额,持卡人可以在本地或外地指定的商店、公司、旅馆饭店等场所凭卡签字购买商品和支付费用,无需支付现金,也可以在银行提取一定限额的现款。到一定时期,由发卡银行向顾客和各家特约机构进行结算。

(六)股票

股票是股份公司发给股东作为入股凭证借以取得股息的一种有价证券。股票是一种所有权证券。持有者作为该公司的所有者,享有股东的权益和责任。股票是一种永久性证券,可以转让或抵押,不能退股。

(七)债券

债券是债务人为筹集资金,按法定手续发行并承担在指定时间支付利息和偿还本金义务的有价证券。债券的种类很多,可以从不同的角度进行分类,其中按发行主体分类,可分为政府债券、公司债券和金融债券。政府债券又按期限长短不同分为公债券和国库券两种。

阅读材料 2-1

信用卡的来由

银行发行信用卡的历史始于20世纪50年代初。一天,一位名叫弗兰克·麦克纳玛的美国商人陪太太在纽约曼哈顿一家名为"少校屋"的餐馆用餐完毕,当账单送到餐桌之后他才发现,钱包没有随身带来,当时只好由太太付账。这位有心的商人不但将此令人窘迫的经历记在心里,而且还从中获得了创业的灵感。后来,麦克纳玛再到这家餐馆用餐时,在一张小小的硬纸卡片上登上了自己的名字,然后对餐馆说,他希望像其他私人俱乐部那样,先留下签名后付账。餐馆欣然接受了其称为"用餐者俱乐部卡"的建议。此次用餐麦克纳玛大受鼓舞,于是便与其律师一起,创办了"用餐者俱乐部卡公司"。

该用餐者俱乐部首先发行了200张卡,当时曼哈顿的14家餐厅接受这种卡。一年之后,接受该卡的公司发展到了330家以上。当时的年费为3美元,签账卡与后来衍生出来的信用卡不同的是持卡人每个月的支出必须当月付清。如今,该俱乐部已被著名的花旗银行拥有。

一些百货商店、饮食业、娱乐业和汽油公司为招揽顾客,推销商品,扩大营业额也纷纷效仿,有选择地在一定范围内发给顾客一种类似金属徽章的信用筹码(后来演变成为用塑料制成的卡片),作为客户购货消费的凭证,开展了凭信用筹码在本商号、公司或汽油站购货的赊销服务业务,顾客可以在这些发行筹码的商店及其分号赊购商品,分期付款。

如今半个多世纪已经过去,当年的签账卡已经有了数以百计的"后裔",除了银行之外,许多零售商也发行自己的信用卡了,而且还有利用电脑芯片记忆用户资料的聪明卡(Smart Card)等。

目前世界著名的信用卡组织主要有:维萨国际组织(VISA International)及万事达卡国际组织(Master Card International)两大组织及美国运通国际股份有限公司(America Express)、大来信用证有限公司(DinersClub)、JCB日本国际信用卡公司(JCB)三家专业信用卡公司。在各地还有一些地区性的信用卡组织,如欧洲的EUROPAY、我国的银联、台湾地区的联合信用卡中心等。万事达集团和维萨集团它们本身并不办理信用卡业务,它们只是一种国际性的协会,由各会员单位发行的万事达信用卡、维萨信用卡,会员单位均予以受理。

1. 维萨国际组织

维萨国际组织是目前世界上最大的信用卡和旅行支票组织。维萨国际组织的前身是1900年成立的美洲银行信用卡公司。1974年,美洲银行信用卡公司与西方国家的一些商业银行合作,成立了国际信用卡服务公司,并于1977年正式改为维萨国际组织(总部设在美国加利福尼亚),成为全球性的信用卡联合组织,各代理银行发行的信用卡称"维萨卡"。维萨国际组织除拥有VISA卡之外,还拥有ELECTRON、INTERLINK、PLUS及VISA CASH等品牌商标。

> 维萨国际组织本身并不直接发卡，VISA 品牌的信用卡是由参加威士国际组织的会员（主要是银行）发行的。目前其会员约 2.2 万个，发卡逾 10 亿张，商户超过 2 000 多万家，联网 ATM 机约 66 万台。
>
> 2. 万事达卡国际组织
>
> 万事达卡国际组织是全球第二大信用卡国际组织。1966 年美国加利福尼亚的一些银行成立了银行卡协会，并于 1970 年启用 Master Charge 的名称及标志，统一了各会员银行发行的信用卡名称和设计，1978 年再次更名为现在的 Master Card（总部设在美国纽约），会员所发行的信用卡称"万事达卡"。此外，万事达卡国际组织还拥有 Maestro、Mondex、Cirrus 等品牌商标。
>
> 万事达卡国际组织本身也不直接发行信用卡，Master Card 品牌的信用卡是由参加万事达卡国际组织的金融机构会员发行的。目前其会员约 2 万个，拥有超过 2 100 多万家商户及 ATM 机。
>
> 由于信用卡业务是一项国际性金融业务，我国的几家信用卡发卡行，目前均已先后加入了万事达组织和维萨国际组织，并已在国内开始发行国际通用的万事达信用卡和维萨信用卡，为我国信用卡的国际市场发展创造了条件。

第四节 我国的社会信用体系建设

一、信用的经济功能

信用从属于商品货币关系的经济范畴。马克思在《资本论》中指出："所谓信用经济只是货币经济的一种形式，因为这两个名词都表示生产者自身之间的交易职能和交易方式。在发达的资本主义生产中，货币经济只是表现为信用经济的基础。"[①]只要有商品经济在存在，信用的存在就不可避免。

我国著名经济学家吴敬琏也指出：由于现代市场经济中的大部分交易都是以信用为中介，失去了信用，交易的链条就会断裂，市场经济根本无法运转。因此，普遍的守信行为是现代市场交易能够进行、经济能够运转的基本前提。信用作为社会资源是一种潜资源，它不仅只存在于人类社会，在其他的社会性动物间也能看到它们的踪迹。然而，人类的伟大英明之处不仅在于发现了信用资源的价值，更重要的是通过一种制度安排，发明并不断创造出运用这种资源的工具，其中货币是最典型和代表性的工具形式。

一张"花纸"，有了信用才算是钞票；一个窗口，有了信用人们才敢把钱往里存；一家企业，有了信用，银行才肯把钱贷出。现代经济中各种经济主体之间错综复杂的经济关系，

---

① 《资本论》第二卷，人民出版社 1975 年版，第 132 页。

全靠信用关系来维持。信誉是一个企业、一个地方乃至一个国家的精神财富和价值资源,甚至是一种特殊的资本。从这个意义上讲,信用是货币的灵魂,信用是现代经济的生命。

人类关于信用工具的发明和运用,其意义不亚于人类生活生产中工具的发明和运用,如同劳动工具是对于人类在生产过程中的肢体的延伸一样,创造和使用信用工具的行为超越了人在原始状态下属于社会性动物具有的那种本能的局限,是人类走向文明的具有里程碑意义的事件。

(一)信用是市场经济的灵魂

在现代市场经济的运行机制中,信用关系起着主导作用,在市场经济条件下,国家对经济生活的干预活动主要通过调整货币供给量来协调,其实质是通过调整国家银行与社会其他成员的信用关系去实现预定的经济目标。在成熟的市场经济生活中,各种经济单位(政府、企业和家庭)其活动资金的来源在相当程度上是靠负债的,因而各经济单位的活动在很大程度上受到信用关系的制约。所以说,市场经济离不开信用,信用是市场经济的灵魂。

(二)信用是市场交易的基本准则

在现代社会中,交易双方在十分信任的情况下,商业信用才得到了广泛的应用。买卖双方都必须遵守信用:对卖方而言,必须保证自己提供的商品在品种、数量、质量、规格、交货时间、地点等方面符合买方的要求,否则买方无需按合同规定去支付货款;对买方而言,如果不具备在一定期限支付货款的起码条件,则交易无法执行。商业信用的广泛使用,要求交易双方都具有良好的信用,不能有任何欺诈行为。随着交换关系的复杂化,日益扩展的市场便逐步构建起彼此相连、互相制约的信用关系链条,维系着错综复杂的市场交易关系和正常有序的市场竞争秩序。可见,以初始交换扩大到市场交易关系,都是以信用为基本准则的。

(三)信用是金融市场发展的基础

在市场经济条件下,信用处处体现,金融市场尤甚。在银行的放款过程中,在企业运用直接融资方式(债券市场、股票市场、票据市场等)过程中,都需要评级机构进行严格的信用评级,如果信誉扫地或具有失信的历史,就很难在资金市场获得资金融通。而从银行方面考虑,如果企业信用不佳,借钱不还,如果任其发展,银行的生命定将终结。另外,没有信用,虚拟资本就无法产生和发展,市场经济也就不可能向高级阶段发展。因为,虚拟资本完全是社会信用的发展,没有社会信用,各种衍生金融工具也就不可能产生。因此,信用是金融市场健康发展的基础。

二、建立健全的社会信用体系的重要意义及功能

社会信用体系是以相对完善的法律、法规体系为基础;以建立和完善信用信息共享机制为核心;以信用服务市场的培育和形成为动力;以信用服务行业主体竞争力的不断提高为支撑;以政府强有力的监管体系作保障的国家社会治理机制。它的核心作用在于记录社会主体信用状况,揭示社会主体信用优劣,警示社会主体信用风险,并整合全社会力量褒扬诚信,惩戒失信。它可以充分调动市场自身的力量净化环境,降低发展成

本,降低发展风险,弘扬诚信文化。它又是一种社会机制,具体作用于一国的市场规范,旨在建立一个适合信用交易发展的市场环境,保证一国的市场经济向信用经济方向转变,即从以原始支付手段为主流的市场交易方式向以信用交易为主流的市场交易方式的健康转变。这种机制会建立一种新的市场规则,使社会资本得以形成,直接地保证一国的市场经济走向成熟。

社会信用体系的功能有三种:① 具有记忆功能,能够保存失信者的纪录;② 具有揭示功能,能够扬善惩恶,提高经济效益;③ 具有预警功能,能对失信行为进行防范。信用档案应具有信息全面性、权威性、跨区域性、跨行业性等特点。

社会信用体系包括公共信用体系(政府信用体系)、企业信用体系和个人信用体系。三者共同作用,构成了完整的社会信用体系。

三、我国社会信用体系

(一) 历史及现状

中国是礼仪之邦,信用为本。中国人受着中国传统的"言必信,行必果""言而无信,行之不远"等古训的长久熏陶,因此中国是一个有着守信优良传统的国家。中国人视信义为命根的事实,在历史上考证起来比比皆是——商鞅变法中的"一诺千金"、仁人志士的"舍生取义"等。虽然中国有着守信的悠久历史,但不可否认,在现代社会信用体系的建立上,与西方发达国家相比,中国是有着相当大的差距的。

近年来,随着市场经济的发展,我国在资本市场、商业交易、个人消费等层面出现的失信行为以及商业欺诈、逃税、骗税、毁约、拖欠账款、抢占字号、虚假投资、虚假广告、虚假新闻报道、互联网虚假信息等现象屡见不鲜,信用缺失已成为当前经济社会发展的"瓶颈",不仅影响到人们的日常生活,也影响到我国市场经济的健康发展。

例如,在发达市场经济中,企业间的逾期应收账款发生额约占贸易总额的 0.25%~0.5%。在我国这一比例高达 5% 以上,而且这一比例被远远低估。在国企改革深化的过程中,改制企业逃避银行债务的现象比比皆是。据中国人民银行统计,截至 2000 年年底,在四家国有商行开户的改制企业有 62 656 户,贷款本息 5 792 亿元,其中经金融债权管理机构认定有逃避债务行为的改制企业有 32 140 户,占 51.29%,逃避银行贷款本息 1 851 亿元,占贷款本息的 31.96%[①]。

另一方面,信用方式退化。据统计,我国目前的现汇支付仍高达 80%。中国城市居民中只有 5% 向银行借过钱,信贷消费只占国家信贷总额的 1%,而在美国,信贷消费占 GDP 的比重高达 55%。此外,我国合同失信现象严重。据有的学者研究表明,目前我国每年订立的经济合同大约有 40 亿份,但合同的履约率仅有 60%。合同失效率高达 40%。据最新统计,近几年来合同交易只占整个经济交易量的 30%,合同履约率只有 50% 左右。

根据商务部 2003 年发布的《中国外贸企业信用体系白皮书》信息:中国每年因逃

---

① 我国目前社会信用的现状,http://cx.heshan.gov.cn/cxhs/ShowArticle.asp?ArticleID=777。

废债务造成的直接损失约为1 800亿元,由于合同欺诈造成的损失约55亿元,由于产品质量低劣或制假售假造成的各种损失2 000亿元。

因为社会信用体系的不健全,造成在当今中国经济活动中,信用缺失现象相当严重,恶意逃债、合同违约、债务拖欠、商业欺诈、假冒伪劣等经济失信现象日益增多,严重制约了信用功能的发挥,大大提高了市场交易的成本,降低了市场效率和经济的活力,恶化了市场信用环境和市场秩序,直接影响市场体系的完善和资源配置效率。因此,整顿市场经济秩序,重建社会信用体系成为我国当前面临的重要问题。

(二)建设和完善我国社会信用体系

建立健全社会信用体系主要涉及四个方面的问题:一是信用管理相关法律的建立与完善;二是征信数据的开放与信用数据库的建立;三是信用服务中介机构的建立与发展;四是政府对信用行业的管理。

不可否认,我国社会信用体系的不完善随着社会主义市场经济的进一步推进日益显现出来,对市场经济的发展产生了一定的阻碍。我国政府和经济部门也意识到了这个问题,正在从各个方面进行全面的建立和改善。

1. 信用管理相关法律的建立与完善

完备的信用管理法律体系是信用行业健康规范发展的基础和必然要求。从发达国家的经验看,信用立法工作是一个长期过程。从实践角度考虑,我国的信用立法工作难以在短期内完成,但建立完善的社会信用体系客观又需要有完备的法律体系作为保障,在这种情况下,可以从两方面推进信用立法工作:一是应充分借鉴发达国家在信用管理方面的法律法规,在此基础上以比较完备的行政管理规定的形式颁布,尽早为信用中介机构的发展奠定制度框架;二是抓紧研究、率先出台与信用行业直接相关的基本法,对信用行业的管理定下基本的制度框架,以促进信用行业规范健康发展。

各国的经验表明,征信数据的采集和使用首先是一个法律问题。我国对信息数据开放的立法应包括两方面:一方面是数据开放程度,很多可以公开开放以及能够通过一定正规的方式和渠道获得的信息正逐步开放,并建立相应的法律予以明确规定,使许多分散于各个部门和机构中的信用信息互通有无,增加透明度;另一方面,在涉及消费者个人信息的采集和共享方面也不断加强相关的法律约束。

表2-3罗列了自2003年至今有关我国社会信用体系相关法律法规及会议精神总汇表,充分表明我国政府治理社会诚信缺失的决心和健全我国社会信用体系的信心。

表2-3 我国社会信用体系相关法律法规及会议精神

时 间	机 构	文件或会议	事 件
2003年8月	国务院	《关于促进房地产市场持续健康发展的通知》	提出加快建立个人征信系统,完善房地产抵押登记制度,严厉打击各种骗贷骗资行为
2005年8月	中国人民银行	《个人信用信息基础数据库管理暂行办法》	规定了个人信用信息基础数据库的报送、查询、异议处理和安全管理指标

(续表)

时 间	机 构	文件或会议	事 件
2006年2月	国务院	《国家中长期科学和技术发展规划纲要（2006—2020年）》	提出加快建设企业和个人征信体系，促进各类征信机构发展，为商业银行改善对科技型中小企业的金融服务提供支持
2007年4月	国务院	《关于建立国务院社会信用体系建设部际联席会议制度的通知》	该会议负责统筹协调社会信用体系建设工作；联席会议办公室设在国务院办公厅
2011年3月	全国人大	《中华人民共和国国民经济和社会发展第十二个五年规划纲要》	提出加快社会信用体系建设
2012年7月	国务院	《关于同意调整社会信用体系建设部际联席会议职责和成员单位的批复》	同意发改委与央行共同担任牵头单位，并增加大量成员单位，调整、明确并强化了会议主要职责；联席会议办公室改设在发改委、央行
2012年11月	中共中央	中共十八大	提出加强政务诚信、商务诚信、社会诚信和司法公信建设
2013年1月	国务院	《征信业管理条例》	对征信机构的设立条件和程序、征信业务的基本规则、征信信息主体的权益，金融信用信息基础数据库的法律地位及运营规则、征信业的监管体制和法律责任等内容进行了规定
2013年7月	最高人民法院	《最高人民法院关于公布失信被执行人名单信息的若干规定》	正式建立了失信被执行人名单制度。该规定提出将失信被执行人名单信息向金融机构等通报，在融资信贷等方面对失信被执行人予以信用惩戒
2013年11月	中国人民银行	《征信机构管理办法》	细化了《征信业管理条例》涉及征信机构管理的条款，规范征信机构的设立、变更和终止程序
2013年11月	中共中央	中共十八届三中全会	十八届三中全会提出建立健全社会征信体系，褒扬诚信、惩戒失信
2014年6月	国务院	《社会信用体系建设规划纲要（2014—2020年）》	提出推进政务诚信、商务诚信、社会诚信和司法公信建设，加强诚信教育与诚信文化建设，加快建设信用信息系统，完善以奖惩制度为重点的社会信用体系运行机制，建立实施支撑体系
2014年7月	国务院	《关于促进市场公平竞争和维护市场正常秩序的若干意见》	建立健全守信激励和失信惩戒机制，对违背市场竞争原则和侵犯消费者、劳动者合法权益的市场主体建立"黑名单"制度

(续表)

时　间	机　构	文件或会议	事　件
2014年11月	中国人民银行	《金融信用信息基础数据库用户管理规范》	规定了各类机构的各类用户的职责、权限、变更、信息反馈、内控检查和用户培训等方面的内容
2014年11月	中国人民银行	《征信机构信息安全规范》	从安全管理、安全技术和业务运作三个方面明确了不同安全保护等级征信系统的安全要求
2015年1月	中国人民银行	《关于做好个人征信业务准备工作的通知》	要求芝麻信用、腾讯征信、拉卡拉信用、深圳前海征信、鹏元征信、中诚信征信、中智诚征信及北京华道征信等8家公司做好个人征信业务的准备工作，准备时间为6个月
2015年11月23日	国务院	《关于积极发挥新消费引领作用、加快培育形成新供给新动力的指导意见》	提出加快构建守信激励和失信惩戒机制，实施企业经营异常名录、失信企业"黑名单"、强制退出等制度，推进跨地区、跨部门信用奖惩联动
2015年12月	中国人民银行	《征信机构监管指引》	规定了对征信机构的许可和备案、保证金提取、非现场监管和现场检查办法等方面的内容
2016年5月27日	中国人民银行征信管理局	《征信业务管理办法(草稿)》	规定了征信机构在信息采集、整理、保存、加工、提供、使用和信息安全、征信产品、异议及投诉、征信机构的监管、法律责任、跨境信息流动等方面的内容
2016年6月12日	国务院	《关于建立完善守信联合激励和失信联合惩戒制度、加快推进社会诚信建设的指导意见》	提出构建守信联合激励和失信联合惩戒协同机制、加强法规制度和诚信文化建设

资料来源：和讯网、零壹财经

2. 征信数据的开放与信用数据库

现代金融体系的运转，离不开信用生态的支撑。征信作为信用生态体系中的重要环节，在数据与应用之间发挥着桥梁纽带作用。

征信是依法收集、整理、保存、加工自然人、法人及其他组织的信用信息，并对外提供信用报告、信用评估、信用信息咨询等服务，帮助客户判断、控制信用风险，进行信用管理的活动。征信都是对企业、事业单位等组织或者个人的信用信息进行采集、整理、保存、加工或者向信息的使用者提供服务。在征信中心这个基础上，"信用中国"更细化，提供信用报告、信用评估、信用信息咨询等服务，并且指出是帮助客户判断、控制信用风险，进行信用管理的活动。

（1）个人信用消费征信系统。早在2000年7月1日，上海市首批装有200万市民个人信用报告的数据库系统投入运行,它代表了我国在"个人信用消费制度"上迈出了重要的一步。

目前,我国在逐步完善企业和个人的征信系统,建立和完善了专为个人或企业建立的信用档案平台,依法采集、客观记录其信用信息,并依法对外提供信用信息服务,它为专业化的授信机构提供了一个信用信息共享的平台。

全国性的征信系统:中国人民银行征信中心,http://www.pbccrc.org.cn/。

统一负责企业和个人征信系统(又称企业和个人信用信息基础数据库)的建设、运行和管理,它对个人的信用信息进行采集、整理、保存、加工,并向信息使用者提供信息服务。

(2)小企业贷款信用制度。2016年10月,中国银监会、国家发改委、国家工信部、财政部、商务部、中国人民银行、国家工商行政管理总局制定了《融资性担保公司管理暂行办法(2016)》。同时,还将有步骤地建立了以国家产业为导向,以政府财政为支撑,以专业担保机构为运行主体,以中小企业为主要服务对象,能够有效地控制、分散和分解风险的贷款信用担保体系。

(3)银行系统加强了对逃债企业的清理。2001年6月底,中国人民银行广州分行向社会公布了首份逃废债企业"黑名单",宣布对其实行停止授信、不开新户、冻结结算账户、停止办理对外支付等。这是我国银行系统向不守信用者打响的第一枪。我国银行系统在全国301个城市已初步建立由中、外资金融机构参加的银行信贷资信记录,基本覆盖了与银行有信贷业务关系的多数企事业单位和其他经济组织。

2016年6月12日国务院印发的《关于建立完善守信联合激励和失信联合惩戒制度、加快推进社会诚信建设的指导意见》指出:守信联合激励和失信联合惩戒是构建以信用为核心的新型市场监管体制的重要内容。要进一步加快推进社会信用体系建设,加强信用信息公开和共享,依法依规运用信用激励和约束手段,构建政府、社会共同参与的跨地区、跨部门、跨领域的守信联合激励和失信联合惩戒机制,促进市场主体依法诚信经营,维护市场正常秩序,营造诚信社会环境。

3. 信用服务中介机构的建立与发展

由于信用中介机构在防范金融风险和促进信用交易方面的重要性,信用中介机构本身的信用就成为建立社会信用制度过程中必须解决的问题。目前我国的信用中介机构都是采取公司制的市场运营方式。由于还处于发展的初级阶段,市场需求不足,业务量相对较少,特别是政府对信用信息的利用程度低,由于竞争激烈,从制度上保障信用中介机构能够客观、公正、独立的运营是亟待解决的问题。就信用中介机构的管理来看,根据我国行业发展现状和别国的经验,对于企业征信咨询类机构可以采取通过竞争优胜劣汰的方式,使其业务逐步向有规模、有影响的征信公司集中;但是对于资信评级机构和个人信用信息征信咨询机构建议通过建立比较明确的进入退出机制的办法加以规范。

目前,我国有两个比较权威的征信的机构。

(1)中国人民银行的征信中心,对企业、事业单位等组织的信用信息和个人的信用信息进行采集、整理、保存、加工,并向信息使用者提供的一系列信息活动。

(2)由国家信息中心主办的、国家发展与改革委员会、中国人民银行指导的、百度提供技术支持及运营维护全方位覆盖的"信用中国"正通过部际联席会议成员制度建设全社会信用体系。

目前专业化的、独立的第三方机构征信平台有：

(1) 中国中小企业协会信用管理中心，http://www.xyzg.org/。

(2) 上海资信有限公司，http://www.shanghai-cis.com.cn/index2.aspx。

上海资信是一家提供征信及评级服务的专业化机构，成立于1999年7月，主要从事个人征信、企业征信、企业信用评级、政府专项评估等传统业务，同时还从事互联网金融征信服务、非银行授信领域的信息采集、征信产品与服务的提供、征信增值产品开发、商账管理等创新业务。2000年6月，上海资信建立的上海市个人信用联合征信系统正式运行，出具了新中国成立以来大陆地区第一份个人信用报告，并于2002年推出了大陆地区首个个人信用风险评分。2002年，上海资信承担了上海市企业信用联合征信系统的建设工作，成为上海市社会信用体系基础平台的运作载体。

(3) 芝麻信用，https://zmxy.antgroup.com/index.htm。它是蚂蚁金服旗下独立的第三方信用评估及管理机构。它会通过对云计算、机器学习等技术，结合个人过去网购和网络交易时积累在阿里巴巴手上的数据等信息，来评估个人信用状况，进而决定用户能够借或透支的额度。征信体系的完善有利于减轻社会主体之间的信息不对称的同时，有利于日益发展的互联网金融能持续健康发展。

4. 政府对信用行业的管理

由于征信数据及其处理结果在某种程度上比较敏感，因此政府对此必须进行管理。

但是，各国的监管框架有很大的区别，从国际上看，主要分为两类：一类是以中央银行为监管主体，另一类是以完善的法律法规为基础。从国际经验看，政府对信用行业的管理方式与该国信用管理法律体系的状况密切相关。法律法规越完善，政府的直接管理职能就相对弱化，信用行业的发展也比较规范；法律法规不健全，政府或中央银行的直接管理职能就更为重要一些，信用行业的发展状况更容易受政府行为的影响。我国信用行业的发展只有十几年的历史，相关的法律法规缺乏，因此，在加快立法进程的同时，还需要政府对该行业进行相应的管理和监督。当前，需要确立该行业的监管主体，改变长期以来我国的信用行业多头监管与无人监管并存的状况，而且单一监管主体的确立有助于信用管理法律法规的推出。

2011年2月，《中国信用机构管理暂行办法》明确规定：政府应当将信用服务业的发展纳入国民经济和社会发展规划，加强对信用机构的培育、扶持和监管。

2016年12月，为了规范信用评级活动，保护当事人合法权益，促进信用评级业健康发展，中国人民银行会同发展改革委、证监会起草了《信用评级业管理暂行办法（征求意见稿）》，向社会公开征求意见。

由此可见，正在建立和完善中的我国社会信用体系已经成为我国社会主义市场经济不断走向成熟的重要标志。

<h1 style="text-align:center">本章关键词</h1>

信用　高利贷　商业信用　银行信用　国家信用　消费信用　信用工具

偿还性　流动性　风险性　收益性　本票　汇票　支票　信用证　信用卡

思　考　题

1. 什么是信用的经济学含义?
2. 商业信用与银行信用各有什么特点?
3. 为什么说银行信用在现代信用体系中起主导作用?
4. 常见的信用工具有哪些? 谈谈信用卡消费在我国的发展现状与前景。
5. 信用的经济功能有哪些?
6. 什么是社会信用体系?
7. 我国社会信用体系中哪几个方面需要建立和完善?

第三章 利息与利率

> **本章导读**
>
> 利息属于与信用相伴随的一个经济范畴,利息问题是货币问题的重要组成部分,它贯穿于整个货币经济系统之中;利率是计量利息大小的数量指标。在市场经济的运行与发展过程中,利率起着国家对经济宏观调控的重要杠杆作用。经济运行中的诸多变量又对利率变动产生纷繁复杂的影响。市场经济离不开市场调节,而市场调节的主要手段之一就是利率调节。因此,我国在实践市场经济运行过程中,研究利率与利息问题便显得十分重要。

第一节 利 息

一、西方利息来源说

利息是借贷资金的增值额。从借贷关系的债权人角度来说,利息是货币资金所有者因贷出货币或货币资金而从借款人手中获得的报酬。从债务人角度来说,利息是借入货币或货币资金所花费的代价。在现代社会,贷出资金收取利息被看作是理所当然的事情,而在历史上,关于利息究竟应不应该存在的问题却争论了很久。利息到底从何而来,早期的西方经济学家对这个问题作过不同的解释。

(一) 地租派生论

这一学派认为,既然出租土地能够收取地租,那么出租货币也应该收取货币租金。这一学派的主要代表人威廉·配第以地租的存在及其合法性来反证利息存在的合法性。他认为,既然出租土地可以收取租金——地租,那么,出租货币也同样应该收取租金——利息。否则,货币所有者就不会贷出他的货币,而宁愿将其货币用来购买土地,然后出租,以获得地租了。就此而论,地租也不过是一种变形的利息罢了。他还明确指出:货币所有者得到的利息,"至少要等于用借到的货币所能买到的土地所产生的地租"。[①] 这一学派另一代表约翰·洛克也明确地说:"如果另外一个人需要使用更多的

---

① 威廉·配第:《赋税论》,商务印书馆1981年版。

货币,他就愿意借钱。但是,他为什么要付利息呢？其理由和租地人为租用你的土地而付给你地租是一样的。"

(二) 资本余缺论

资本余缺论也称"资本租金"论,是道格拉斯·诺思提出来的。他认为,利息是由于资本的余缺而产生的。他说：一方面,"可供贸易的资金,……掌握在许多没有技能或不愿多费心思在贸易中运用资金的人的手里",另一方面,"会有许多人需要资金去做买卖"。

因此,正如土地所有者出租土地一样,这些资本所有者出借他们的资金,和出租土地得到地租一样,他们从中得到叫做"利息的东西"[①]。马克思称诺思是第一个正确理解利息的人。因为诺思已经把作为资本的货币与作为流通的货币区别开来。诺思看到了作为贮藏手段的货币与作为资本的价值增值之间的对立。在他看来能够作为借贷的货币与作为交换媒介的货币是不同的。特别是他把利息的产生与贸易结合起来考察,实际上承认了借贷资本也有一个市场,借贷资本也是商品,利息率的高低受借贷资本供求关系的影响。

(三) 节欲论

节欲论的倡导者是纳骚·威廉·西尼尔。他在其主要著作《政治经济学大纲》中,否定价值是由生产商品所耗费的劳动创造的观点,指出价值决定于生产费用,而生产费用又由工资和利润两部分组成。他认为,工资是工人劳动的报酬,利润则是资本家节欲的报酬。工人放弃自己的安逸和休息而去劳动,这就是作了牺牲,工资就是这种牺牲的报酬。资本家拥有货币资本,他本来可以用于个人消费,以获得享乐和满足,但是他放弃了,也就是说,他作了牺牲。利润就是对这种牺牲的报酬。本来,西尼尔的节欲论是指整个资本而言的,但由于借贷资本只是总资本的一部分,所以利润是节欲的报酬的结论也适用于利息,即利息也是借贷资本家节欲的结果。

(四) 等待论

等待论是阿弗里德·马歇尔提出的。在利息理论问题上,马歇尔继承了西尼尔的节欲学说,并把它改装成"等待论",用"等待"代替"节欲",他认为利息分为纯利息和毛利息两种。前者纯粹为使用资本的代价,或为等待的报酬。后者则除纯利息外,尚包括其他因素,如运用资金的手续费、经济费、投资风险的保险费等。利息理论所讨论的利息,乃指纯利息而言。马歇尔认为,资本家出借资本,之所以要收取利息,其理由有三个：第一,资本的出借与实物的出借相同,对出借者来说,是一种牺牲,至少在出借期间,他对所有物暂时不能利用,不能得到享受。第二,借入者可以利用资本获得收益。例如,他用借入资本购得马匹以供服役,购买房屋以供居住;而在借期将满时,借者可以将马匹和房屋出售,然后偿还债款。资本所完成的服务,并非是一种自由财产,故必须付以相应的代价。第三,资本为过去劳动与等待的成果,这种成果的利用与劳动的利用相同,也应付以相应的代价。

---

① 道格拉斯·诺斯：《贸易论》,商务印书馆 1978 年版。

二、马克思的关于利息本质学说

(一) 利息来源于剩余价值

在马克思看来,利息属于与借贷资本相联系的一个范畴。他说:"事实上,只有资本家分为货币资本家和产业资本家,才使一部分利润转化为利息,一般地说,才创造出利息的范畴;并且,只有这两类资本家之间的竞争,才创造出利息率。"同时,他进一步说:"利息最初表现为,最初是,并且实际上始终不外是利润即剩余价值的一部分,这部分是执行职能的资本家,即产业家或商人,在他不是使用自有的资本而是使用借入的资本时,必须支付给这个资本的所有者和贷出者的。"概括起来,马克思关于利息形成理论主要有以下三点。

第一,只有出现分工,特别是职能资本家和货币资本家的分离,才出现借贷关系,形成利息的范畴,因此分工是利息形成的基础。

第二,利息来源于剩余价值,是利润的特殊转化形式。资本职能的分工,使职能资本家在使用借入资本时必须支付利息。这一利息的支付来源是生产过程新增价值的一部分。

第三,借款的资本家之所以要支付利息给贷款的货币资本家,是因为借贷资本家让出了资本的使用权,职能资本家获得能带来剩余价值的货币资本的暂时所有权和使用权。因此,借贷货币资本的双重支付、双重归流和在生产过程中能带来剩余价值是利息形成的必要条件。

(二) 利息在形式上表现为资金的"价格"

利息或利息率表现为资金的"价格",前者从绝对数表现,后者从相对数反映,在实际运用中通常用利息率概念,因为它更能确切体现资金增值的水平和能力。

利息作为资金的"价格"仅仅是形式上的,不合理的价格。从形式上看,资金的暂时让渡是采取交换方式进行的,债务人暂时获得了资金的使用价值,债权人获得了以利息表现出来的报酬,体现了一种"对等"交换的原则。利息成为体现资金使用价值的"价格"。这种"价格"是不合理的,因为资金的暂时让渡并不是真正的买卖关系,而是有条件的借贷关系。同时,商品价格的原意是指商品价值的货币表现。价格是以价值为依据,并围绕价值上下波动的,而利息仅仅是资金增值的一个部分,并不是资金商品价值的全部货币表现,所以它已经不是原来意义上的价格了。

资金"价格"与商品价格的关系。资金价格与商品价格的相似之处:它们都是表现商品(或特殊商品)交换使用价值(或特殊使用价值)的货币量;它们的高低都要受市场供求和竞争的影响;它们作为一种市场机制传递经济信息,导致财富的合理有效再分配。

资金价格与商品价格又有本质的区别:商品的价格是体现真正意义上交换时商品价值的货币表现,资金的"价格"仅体现在交换掩盖下的资金使用价值暂时让渡的报酬;商品的价格取决于生产商品的社会必要劳动时间或价值量与货币自身的价值之间的对比关系,资金的"价格"取决于平均利润的大小和利息与企业主收入之间的分配比例关系;商品价格反映商品生产者之间等价交换劳动的关系,资金的"价格"反映了债权人和债务人分配利润的关系;商品价格通常从微观上调节经济,资金的"价格"则既从微观又从宏观上调节经济。

(三) 利息是转化为收益的一般形态

从分析利息的来源可以看出,没有借贷便没有利息。但在现实生活中,利息已经被人们看作是收益的一般形态:无论贷出资金与否,利息都被看作资金所有者理所当然的收入,也是可能取得的或将会取得的收入;与此相对应,无论借入资金与否,生产经营者也总是把自己的利润分为利息与企业主收入两部分,似乎只有扣除利息所余下的利润才是经营的所得。于是,利息率就成为一个尺度:如果投资所得与利润之比不大于利息率则根本不需要投资;如果扣除利息所余利润与投资的比值甚低,则说明经营的效益不高。在会计核算制度中,利息支出列入成本,而利润则只是指扣除利息支出后所余的那部分利润。

利息所以能够转化为收益的一般形态,在马克思看来,主要是由于以下三个原因。

第一个原因,也是最重要的原因,在于借贷关系中利息是资本所有权的果实这种观念被广而化之,取得了普遍存在的意义。在货币资本的借贷中,贷者可以取得利息,在于他拥有对货币资本的所有权;而借者所以能够支付利息,在于他将这部分资本运用于生产的过程之中,形成价值的增值。一旦人们忽略整个过程中创造价值这个实质内容,而仅仅注意货币资本的所有者可以带来利息这一联系,货币资本自身天然具有收益性的概念,便根植于人们的观念之中。

第二个原因,在于利息虽然就其实质说是利润的一部分,但利息率同利润率有一个极明显的区别:利润率是一个与企业经营状况密切联系因而事先捉摸不定的量;而利息率则是一个事先极其确定的量,无论企业家的生产经营情形如何,都不会改变这个量。因此,对于企业主来说:"一旦利息作为独特的范畴存在,企业主收入事实上就只是总利润减去利息的余额所采取的对立形式。"利息率的大小,在其他因素不变的条件下,直接制约企业主收入的多少。在这个意义上,用利息率衡量收益,并以利息表现收益的观念及做法,就不奇怪了。

第三个原因,来自利息的悠久历史。信用与利息,早在"资本主义生产方式以及与之相适应的资本观念和利润观念存在以前很久就存在了",货币可以提供利息,早已成为传统的看法。因此,无论货币是否作为资本使用,人们毫不怀疑,它都可以带来收益。

第二节 利率体系及决定因素

一、利息率及其表示方法

利息的大小如何计量,通常是由利息额和预付借贷资金价值的比例,即利息率来表示。用公式表示为:

$$利息率 = \frac{利息额}{预付借贷资金}$$

利息率简称利率,是指一定时期内利息额同本金的比例。它是计量借贷资金增值程度的数量指标,利率亦是宏观经济以及现实的金融世界中众多重要的变量之一,在实际生活中,利率的变动对国民经济和人们的行为都将产生巨大的作用。

二、利率体系

利率体系,或者资金"价格"体系是一个十分复杂的问题,因为各种金融资产的收益,安全和流动性不同,其"价格"水平也不同。各种利率之间相互联系、相互制约所形成的利率体系和结构,是合理分配、有效使用资金的重要依据和有力杠杆。

(一) 名义利率和实际利率

在借贷过程中,债权人不仅要承担债务人到期无法偿还本金的信用风险,而且要承担货币贬值的通货膨胀风险。名义利率与实际利率的划分,正是从这个角度引起的。

名义利率是以名义货币,即按现行单位货币购买力水平(现行物价水平)表示的利息与本金的比率,或者说是包含着通货膨胀率的利率;实际利率是指以货币能够交换到的商品或劳务表示的利息与本金的比率。设 r 为名义利率,I 为实际利率,P 为通货膨胀率,则三者之间的关系用公式表示为:

$$r = I + P$$

或者

$$I = r - P$$

其实,上述公式中只是实际利率近似的计算公式。实际利率的精确计算公式为:

$$I = \frac{r - P}{1 + P} \tag{3-1}$$

两者的区别在于:名义利率没有考虑通货膨胀对利率的影响,而实际利率则考虑了通货膨胀对利率的影响。因此,实际利率等于名义利率减去通货膨胀率。这种差额的结果可能是正利率,也可能是负利率。正利率是指名义利率大于通货膨胀率的利率,即实际利率为正的利率;负利率是名义利率低于通货膨胀率之差的利率,即实际利率为负的利率。正利率为金融资产投资者带来真正收益,负利率表面上为其投资者带来收益,而实际上是亏损。

在通货膨胀的条件下,市场各种利率都是名义利率,而实际利率却不易直接观察到,我们可以根据已知的名义利率和通货膨胀率推出实际利率。至于名义利率的变动,在利率可以自由变动的市场经济中,实际上取决于对实际利率的预期与对物价变动亦即通货膨胀的预期。另外,由于通货膨胀率处于不断变动的过程中,所以签约时的通货膨胀率并不一定是还款时的通货膨胀率,而对保持本金不受损失来说,主要是要考虑还款时的通货膨胀率。

(二) 年利率、月利率、日利率

年利率、月利率和日利率是按计算利息的期限单位划分的。年利率是以年为单位计算利息;月利率是以月为单位计算利息;日利率,习惯叫"拆息",是以日为单位计算。中国的习惯,不论是年息、月息、拆息都用"厘"作单位,如年息5厘,月息4厘,拆息2厘等,虽然都叫"厘",但差别极大。年息的厘是指1%,5厘即为5%;月息的厘是指1‰,4厘即为4‰;拆息的厘是指1‱,2厘即为2‱。年、月、日这三种利率在经济生活中都有广泛使用的领域。西方工业化国家习惯以年利率为主,中国习惯以月利率为主。

(三) 固定利率与浮动利率

根据在借贷期内是否调整,利率分为固定利率与浮动利率。

固定利率是指在借贷期内不能调整的利率,实行固定利率,由于借贷双方准确计算成本与收益十分方便,是传统采用的方式。但是,由于近几十年来通货膨胀日益普遍并且越来越严重,实行固定利率,对债权人尤其是对进行长期放款的债权人来说会带来较大的损失。因此,在越来越多的借贷中开始采用浮动利率。

浮动利率是一种在借贷期内可定期调整的利率,根据借贷双方的协定,由一方在规定的时间依据某种市场利率进行调整,一般调整期为半年。浮动利率尽管可以为债权人减少损失,但也因手续繁杂、计算依据多样而增加费用开支,因此浮动利率多用于3年以上的借贷及国际金融市场。例如,美国的房地产贷款期限为三五年至几十年,为减少近年来通货膨胀日趋严重带来的损失,开始实行可调整利率放款。在国际金融市场上,浮动利率债券的发行额近些年来增长很快。

(四) 一级市场利率和二级市场利率

利率作为资金的"价格",同样也可视为金融投资所带来的收益。这样,资金"价格"的概念又可以扩大为金融投资收益的概念。

一级市场利率,指的是债券发行时的利息率,它是衡量该债券收益的基础。例如,一张票面为100元的债券,年利率为6%,则年收益为6元,它不反映该债券在二级市场上发生的资本损益。同时,一级市场利率又是计算债券发行价格的依据之一。

二级市场利率,指的是债券流通转让时的收益率,它反映了资本的损益。如上述的100元债券在6个月后以106元的价格出售,转让人的实际收益率为12%,即:(106−100)÷100×2×100%,年利息率超过6个百分点。假如6个月后以98元的价格出售,其年收益率为−4%,即(98−100)÷100×2×100%,表示该资产年亏损率为4%,收益率真实反映了金融资产在市场上的损益,比利息率更有意义,也更受投资者关注。

(五) 中央银行利率和商业银行利率

中央银行利率主要指中央银行向商业银行的再贴现利率和再贷款利率,有的国家又叫银行率。它是指中央银行对商业银行的贴现票据进行再贴现时所使用的利率,其水平由中央银行确定,既要体现货币政策的需要,又要体现其在利率体系中的核心作用。中央银行再贴现率是中央银行对商业银行短期融通资金的基准利率。它在利率体系中占有特殊的地位,它作为货币政策的体现,反映一个经济社会一定时期经济政策的目标和方向,起着一种政策导向作用。但是,商业银行通过再贴现向中央银行融通的资金有限,因此再贴现率很难直接反映市场资金的供求状况。

商业银行利率,是指商业银行向客户吸收存款、发放贷款的借贷利率。商业银行利率直接面对客户,在金融市场中发挥作用,因此它是利率体系的基础,一方面反映市场资金供求的状况,另一方面对企业融通资金起着导向作用。

> 《中华人民共和国中国人民银行法》第三章第二十八条规定:中国人民银行根据执行货币政策的需要,可以决定对商业银行贷款的数额、期限、利率和方式,但贷款的期限不得超过一年。

> 《中华人民共和国商业银行法》第三章第三十一条规定:商业银行应当按照中国人民银行规定的存款利率的上下限,确定存款利率,并予以公告。

三、利率的决定

所谓利率的决定是指研究影响利率变动的因素,进而确定利率水平是多少。在市场经济条件下,决定和影响利率水平的因素有如下六个。

(一) 平均利润率

由于利率是社会纯收入或企业利润的一部分,所以利率要受投资者所能得到的平均利润率的约束。当在资金总量不变的情况下,平均利润率的大小决定利率的大小,平均利润率越高,借款者与贷款者所能够分割的利润总额就愈多。同时在借贷资本额固定时,借贷双方所分得的利息额也就越高,从而利率也就越高。相反,平均利润率越低,利率也就越低。而且,利率的变动也是在利润率所决定的限度内,即在大于零和小于利润率的范围内波动。因为当利率小于零时,贷款者会因为要贴息而不再供应资金;而当利率大于利润率时,借款者也会因为无利可图而不借入资金进行生产经营活动。

(二) 借贷资金供求及借款期限

虽然平均利润率因素对利息率起着决定和约束作用,但市场利率的变化在很大程度上是由资金供求状况决定的,市场上借贷资金供应紧张,利率就会上升,反之则会下降。在社会主义市场经济体制下,尽管利率不全由资金供求状况决定,但也要充分考虑资金供求状况对市场利率的影响。

利息率随借贷期限的长短不同而不同。通常,借贷期限愈长,利率愈高;反之则愈低。从存款方面来看,存款期限愈长,资金就愈稳定,银行愈能有效地加以运用,赚的利润也愈多,银行可以也应该付给存款人更高的利息。从贷款方面看,借贷期限愈长,所冒风险就愈大,银行所受到的机会成本损失也就愈大,银行理应按更高的利率收取更多的利息。同时,借贷资金的贷出是以偿还为条件的暂时让渡。资金从投放到收回总是需要一定时间的,在借贷资金的运动过程中,由于各种不测因素的出现,可能存在有多种风险,如:因借款人破产、逃走,从而使借贷资金收不回或不可能完全收回的风险;因物价上涨而使借贷资金贬值的风险;当更有利的投资机会出现,而已贷放出去的资金又收不回来时,贷款人要承受机会成本损失的风险等。

(三) 通货膨胀的影响

物价变动对利率的影响主要变现在货币升值或贬值的影响。一般来说,当物价上涨时，人们所持有的货币贬值；当物价下降时，人们所持有的货币升值。为了不影响物价上涨带来的单位货币购买力的下降，应该适当提高利率，紧缩货币并减少储蓄量的下降；反之则应该降低利率。因此，利率水平的高低随着物价水平的变动而变动。

（四）商业周期波动

商业周期波动对于利率表现出很强的影响力。

在经济扩张期：随着企业和消费者借款增加，资金的需求会迅速上升，同时会增加通货膨胀压力，而且中央银行可能会采取某些限制措施以抵消经济增长可能产生的通货膨胀；这三种力量会提高利率水平。在经济衰退期，会发生相反的情况：随着企业和消费者缩减支出，资金的需求下降，通货膨胀压力减轻，中央银行也开始增加可贷资金供给；这三种力量又会降低利率水平。

在经济复苏的初期，使利率升高的动力是比较温和的。因为随着企业存货和运营资本的增加，企业和政府债券的发行数量及信贷需求将会增加，同时税收也相应增加，这些因素使利率在经济复苏的第一年或前两年在低位徘徊甚至继续下降。在供给方面，由于失业人数减少和工资收入增加，储蓄将会增长，盈利和利润留成也会同时增加。可是在循环的初期仍存在着相当多的失业和过剩生产能力，银行仍会采取刺激性的货币政策，增加货币供给，而此时的预期通货膨胀率是非常低的，所以在复苏初期的第一、第二年内使利率上升的动力比较小。到了循环扩张的中、后期，利率上升的动力明显增强。因为生产能力利用率的提高和产品销售与盈利的增长，会使企业投资和资金需求达到高潮。消费者的信心也随失业率的降低、工资收入的增长而大大加强，从而导致耐用消费品及住房信贷购买的增加，资金的需求将会迅速增加。同时，预期通货膨胀率也随通货膨胀压力的增强而急剧上升。上述因素将使利率在经济循环扩张的后期强劲上升。

（五）宏观货币政策

货币供给增加对利率水平的影响有三种方式：流动性效应、收入效应和通货膨胀预期效应。

首先，货币供给量的增加将使经济中的流动性偏好变大，引起利率水平下降（流动性效应）。其次，从刺激经济的效果开始出现，到产出和收入的上升，资金需求增加，最终拉动利率水平上升（收入效应）。最后，在实行增加货币供应量的政策时会提高社会公众和投资者的通货膨胀预期，利率水平将由于通货膨胀预期效应而上升。如果金融市场对通货膨胀的敏感性较高，并且货币供给量是通货膨胀的主要诱因，那么，较快的货币增长率会推动长期利率快速上升。

国家宏观货币政策对短期利率的影响作用大于对长期利率的影响，而长期利率主要受预期通货膨胀的影响，当中央银行首先向银行注资以刺激银行贷款增加并降低利率时，大部分效果显示短期利率将发生变化。由于货币供给量增加将提高预期通货膨胀率，可能导致长期利率的上升。所以，在金融市场与通货膨胀预期高度相关时，中央银行对利率水平的影响就显得非常复杂。

（六）国际利率水平

在国际市场逐步形成、国际经济联系日益加深的时代，国际利率水平及其变动趋势对一国利率水平具有很强的"示范效应"。各国之间的利率具有很强的联动性,或者说,利率在国家间具有严重的"传染性"。这是因为,随着对外开放范围的拓宽、程度的加深,国际市场上"一价定律"的作用、借贷资本自由流动的本性和国际商人套利的天性,使利率的国际影响愈来愈强,即使不经过汇率的折算,各国利率也有"趋同倾向"。因此,目前许多发展中国家都对资金在国内市场流入流出严格管制,以控制国际市场利率的变动对国内市场的影响。

四、利率的经济功能

(一) 影响信贷资金筹集规模

第二章中已经提到,信用具有积少成多的资金筹集功能。信用的这种功能是以借方对贷方支付一定的利息为条件的。利率的高低对信贷资金的筹集规模有直接影响。利率提高能增加货币所有者的收益,从而使他们愿意将更多的闲置资金转化为借贷资金。相反,利率降低会减少货币所有者的收益,从而促使他们将闲置资金用于消费或其他途径,而不用于存款或放贷。因此,利率高低与信贷资金的筹集规模成正比。

(二) 提高资金使用效益

利息是资金使用者借用信贷资金的成本。因此,适当的利率水平能够促使资金借用者加强对资金使用的管理,加强经济核算,提高经营管理水平,从而提高资金使用效益。在现实经济生活中,银行往往对一些经营管理不善、资金周转缓慢、贷款逾期不还的企业实行高利率的罚息,而对经营管理好、资金周转快、信用状况好的企业提供低利率贷款,从而促使企业改善经营管理,提高资金使用效益。

此外,运用利率杠杆调节信贷资金结构,促进产业结构合理化和国民经济协调发展,也会使资金运动更加通畅,从而为提高资金使用效益打下基础。

(三) 调节国民经济发展

1. 调节信贷资金使用规模

调节信贷资金使用规模,进而调节货币供应量与国民经济增长速度。提高利率水平必然增大借款者的借款成本,减少其收益,从而降低投资兴趣,借款规模与投资规模随之缩减;反之,降低利率则会减少借款者的成本,增加其收益,借者就会增加借款,扩大生产规模。因此,利率水平的高低同信贷资金的使用规模成反方向变化。

同时,信贷资金的使用规模直接影响货币供应量与经济增长速度,三者呈正比例变化关系。当经济发展过热、通胀率较高时,可通过调高利率水平,收缩信贷资金使用规模,从而减少货币供应量,降低经济增长速度。相反,当经济发展低迷、失业率较高时,可以通过调低利率水平,增加信贷资金使用规模,从而增加货币供应量,提高国民经济增长速度,降低失业率。

2. 调节信贷资金使用结构

调节信贷资金使用结构,进而调节产业结构。对不同产业、不同企业的贷款规定不同的差别利率,可以对其借款规模与成本、进而对其发展产生不同影响,从而对国民经济产业结构产生影响。例如,对国民经济发展中的短线产业、重点产业和有发展前途的新兴产业实行较低的优惠利率贷款,可以使这些产业的企业以较低的成本获得较多的信贷资金,促使这些产业迅速发展。反之,对那些需要限制发展的产业,实行较高的贷款利率,可以增大其借款成本,抑制信贷资金向这些产业流动,从而限制其发展。

3. 调节资本流入流出

调节资本流入流出,进而调节国际收支平衡。在资本市场对外开放情况下,利率对一国国际收支,特别是资本项目收支有重要调节作用。当一国国际收支出现较大逆差时,可以通过提高本国利率水平,使其高于国际市场利率水平,阻止国内资本流出,吸引国外资本流入,从而增加国际收支资本项目顺差,促进国际收支平衡。

当国际收支较大逆差与国内经济衰退并存时就不能简单调高利率水平,而应调整利率结构。这是因为投资主要受长期利率影响,而国际资本流动主要受短期利率影响。因此,在国际收支逆差与国内经济衰退并存时,应一方面提高短期利率以吸引国外资本流入,另一方面降低长期利率以刺激国内经济复苏。相反,当国际收支出现较大顺差或国际收支较大顺差与经济发展过热并存时,可以通过相反的措施予以调节。

当然,上述利率作用的发挥必须具备必要的前提,如:具备稳定的货币环境;健全的金融市场;企业化运作的银行机构;追求经济效益的货币所有者与使用者;高效的宏观管理机制等。

第三节 利率的计算及应用

一、现值

货币具有时间价值。它是指随着单位时间的延伸,货币资金发生的价值增值量。由于货币资金存在时间价值,现在一个单位的货币资金和未来一个单位的货币资金所具有的价值是不同的。在经济学中,把现在的货币资金价值称为现值(present value),未来的货币资金价值称为终值(future value)。不同的债务工具是在不同的时间点上按照不同的现金流量(cash flows)对其持有人进行偿付。因此,在对利率的计量方法进行考察之前,我们需要明确如何对不同种类债务工具的价值进行比较,因此经济学家使用更加严谨的现值定义。

首先,让我们考察一下通常称为普通贷款的最为简单的债务工具。在这种贷款交易中,贷款者向借款者提供了一定金额的资金(即本金),借款者在到期日必须向贷款者偿还这笔本金,同时还要支付额外的利息。例如,你向借方发放一笔1年期的普通贷款,金额为100元,你要求他在1年后偿还100元的本金,同时支付额外的利息,如10元。在这种普通贷款的案例中,计算利率的一种简单合理的方法是用利息除以本金。这种计算方法就是所谓的单利率(simple interest rate,用 i 表示)即

$$i = \frac{10\text{元}}{100\text{元}} = 0.10 = 10\%$$

如果发放了这笔100元的贷款,到年末将得到110元,这一过程可以重写为:

$$100\text{元} \times (1+0.10) = 110\text{元}$$

如果将这110元再次放贷出去,那么在第2年年末将得到:

$$110\text{元} \times (1+0.10) = 121\text{元}$$

或者

$$100\text{元} \times (1+0.10) \times (1+0.10) = 100\text{元} \times (1+0.10)^2 = 121\text{元}$$

如果继续这样发放贷款,在第3年年末将得到:

$$121\text{元} \times (1+0.10) = 100\text{元} \times (1+0.10)^3 = 133\text{元}$$

概括来说,我们可以发现在第 n 年年末,这100元将变成:

$$100\text{元} \times (1+0.10)^n$$

从下面的时间轴上,我们可以看到今天发放100元贷款之后,每年年末可以获得的金额。

从时间轴上可以看到,我们发现今天拥有100元和1年后拥有110元是相同的,而今天拥有100元和2年后拥有121元、3年后拥有133元,以及 n 年后拥有 $100 \times (1+0.10)^n$ 元也是相同的。这个时间轴表明:我们可以使用将来的收益倒算出现在的价值。例如,3年后的133元 $= 100\text{元} \times (1+0.10)^3$ 等于今天的100元,即

$$100\text{元} = \frac{133\text{元}}{(1+0.10)^3}$$

上面这个计算未来收益现期价值的过程,称为对未来的贴现(discounting of future)。我们对这个过程进行一般化处理,用 PV 来表示今天的(现期)价值,即前面的100元;用 CF 来表示未来的现金流(偿付金额),即前面的133元;用 i 来表示前面的0.10(即10%的利率),就可以得到下面的公式(3-2):

$$PV = \frac{CF}{(1+i)^n} \tag{3-2}$$

公式(3-2)直观地告诉我们,如果有人承诺10年后支付给你1元,那么这1元的价值远远低于现在1元的价值,因为你可以将今天拥有的1元用于投资获取利息,10年后你获得的收益将远远多于1元。

现值的概念十分有用,因为根据这个概念,你可以通过将所有未来收益的现值相加,计算出给定单利率为 i 的信用(债务)市场工具的现期价值(价格)。据此,我们能够对在不同时点进行偿付的各种金融工具的价值进行比较。

例 3-1:简单的现值计算

如果利率为 15%,两年后支付的 250 元的现值是多少?

解:使用公式(3-2),我们得到的现值为 189.04 元。

根据公式(3-2),两年后的现金流 $CF=250$ 元;年利率 $i=0.15$;年数 $n=2$。

例 3-2:累计奖金的价值计算

假如小张幸运地赢得了体育彩票大奖,奖金 2 000 万元,该奖金承诺在未来 20 年中每年支付给小张 100 万元。他当然非常兴奋,但是他是否能真的得到 2 000 万元呢?

解:从现值角度上看,答案是否定的。2 000 万元折算成现值,会远远低于 2 000 万元这一数值。假设利率为 10%,第 1 次支付的 100 万元的现值就是 1 000 000 元,然而第 2 次支付的 100 万元的现值为 100 万元$/(1+0.10)\approx 909\ 090$ 元,远远低于 100 万元。第 3 年支付的 100 万元的现值为 100 万元$/(1+0.10)^2\approx 826\ 446$ 元,依此类推。将按年支付的奖金现值加总,共 940 万元。所以,从现值角度上看,小张并没有真正赢得 2 000 万元,他实际获得的奖金还不到这个数额的一半。

二、四种信用工具的利率计算

根据偿付时间安排的差异,信用市场工具可以划分为四种不同的基本类型。

(一)普通贷款

我们前面已经讨论过这种类型的贷款,它是由贷款者向借款者提供一笔资金,借款者必须在到期日向贷款者偿付本金以及一定数额的利息。很多货币市场工具都属于这一类型,如向工商企业提供的商业贷款等。

(二)固定支付贷款

固定支付贷款,也称为分期偿还贷款,是由贷款者向借款者提供一笔资金,在双方事先约定的若干时期内,借款者必须向贷款者每个时期(如一个月)等额偿付包含部分本金和数年利息的金额。例如,如果借款人按照固定支付贷款而借入 1 000 元,贷款者可能要求借款人在未来的 25 年内每年偿还 126 元。分期贷款(如汽车贷款)和抵押贷款通常都属于固定支付贷款的类型。

(三)息票债券

息票债券(coupon bond)是在到期日之前每年向债券持有者偿付固定金额的利息(息票利息),在到期日偿还约定最终金额(债券面值)的债券。例如,面值为 1 000 元的息票债券(息票债券的面值一般以 1 000 元为计值单位),其发行者可能在未来 10 年内每年向你支付100元的利息,而在到期日按照债券面值向你偿付1 000元的本金。

从这个例子中可以得知,面值为1 000元的息票债券每年支付100元票息,息票率为10%(=100元/1 000元)。信用市场中的政府国债、商业票据以及公司债券一般都是息票债券。

(四) 贴现发行债券

贴现发行债券,又称为零息债券,是以低于票面金额的价格折价发行,在到期日按照票面金额进行偿付的债券。与息票债券不同,贴现发行债券并不支付利息,而只是在到期日偿还票面金额。例如,我们可以以900元的价格购买票面金额为1 000元的1年期贴现发行债券,在1年后,债券持有者可以按照1 000元的票面价值获得偿付。贴现发行债券包括政府国库券、美元储蓄债券以及长期零息债券等。

以上四种信用工具在偿付时间安排上存在差异:普通贷款和贴现发行债券只有在到期日才进行偿付,而固定支付贷款和息票债券在到期日之前就进行定期偿付。由于这些信用市场工具的支付时间安排不同,它们的价值似乎也各不相同,如何判断何种工具能够给你带来更高的收益呢?为了解决这个问题,我们需要使用前面解释过的现值的概念。

三、到期收益率

在计算利率的几个常用方法中,最重要的莫过于到期收益率(也称为内部收益率),它是使一个债务工具未来支付的现值等于当前价值的利率,即从债务工具获得的现金流(利息)折现为与债务工具现值相等的数值。由于到期收益率的计算过程中包含重要的经济学意义,所以经济学家认为它是衡量利率最精确的指标。

为了更加准确地理解到期收益率,我们将具体考察这四种信用工具到期收益率的计算过程。在下面所有的例证中,理解到期收益率计算过程的关键在于,将从债务工具获得的现金流收益(利息)折现为与债务工具现值相等的数值。

(一) 普通贷款

根据现值的概念,我们能够很容易地计算出普通贷款的到期收益率。以我们前面讨论过的1年期普通贷款为例,其现值为100元,1年后的偿付金额为110元(偿付100元的本金和10元的利息)。我们可以使用这些信息,通过将这种债务工具未来收益折现为同债务工具现值相等的数值,计算出到期收益率i。

例3-3:普通贷款的到期收益率计算

如果小张从他姐姐那里借入100元,第2年他姐姐要他偿还110元,这笔贷款的到期收益率是多少?

解:根据到期收益率公式(3-2)

借入金额$PV=100$元;一年后现金流$CF=110$元;年数$n=1$。

因此,
$$100 \text{元} = \frac{100 \text{元}}{1+i}$$

$$(1+i) \times 100 \text{元} = 110 \text{元}$$

$$1+i = \frac{110 \text{元}}{100 \text{元}}$$

$$i = 1.10 - 1 = 0.10 = 10\%$$

```
今天                                           第1年
|─────────────────────────────────────────────|
100元                                          110元
                    i=10%
```

所以,这笔贷款的到期收益率为10%。

这种到期收益率的计算方法就是10元的利息除以100元的贷款金额,也就是说,它等于贷款的单利率。对于普通贷款而言,非常重要的一点就在于其单利率等于到期收益率。因此,这里的 i 既可以表示到期收益率,又可以表示单利率。

(二) 固定支付贷款

这种贷款在约定期限内的每一时期都要进行等额偿付。例如,一项固定利率抵押贷款的借款者在到期日之前的每个月都要向银行进行等额偿付,直至到期日完全偿清为止。在计算固定支付贷款到期收益率的时候,我们采用与计算普通贷款到期收益率相同的方法,使贷款各期偿付金额的现值与贷款的现期价值相等。由于固定支付贷款包含多次支付活动,所以应该使其现值等于所有未来各期偿付金额的现值之和。

在前面的例子中,贷款的金额为1 000元,在未来25年中每年偿付126元。未来偿付金额的现值计算方法如下:第1年年末,偿付金额126元的现值为$\frac{126}{1+i}$元;第2年年末,偿付金额126元的现值为$\frac{126}{(1+i)^2}$元,以此类推;第25年年末,偿付金额126元的现值为$\frac{126}{(1+i)^{25}}$元,然后使这笔贷款的现值1 000元与所有未来各期偿付金额的现值之和相等。我们得到

$$1\ 000 \text{元} = \frac{126}{1+i} + \frac{126}{(1+i)^2} + \frac{126}{(1+i)^3} + \cdots + \frac{126}{(1+i)^{25}}$$

更一般的计算公式是:对于任何固定支付贷款来说

$$LV = \frac{FP}{1+i} + \frac{FP}{(1+i)^2} + \frac{FP}{(1+i)^3} + \cdots + \frac{FP}{(1+i)^n} \tag{3-3}$$

公式(3-3)中,LV 为贷款金额;FP 为每年固定偿付的金额;n 为到期前的年数。

对于固定支付贷款来说,贷款金额、每年固定偿付金额和到期前年数都是已知数值,只有到期收益率未知。因此,我们能够利用这个公式计算出到期收益率 i。由于这个计算过程比较困难,所以许多金融计算器都具有相应的计算程序,在已知贷款金额

LV、每年固定偿付的金额 FP 和到期前的年数 n 的条件下,可以计算出相应的到期收益率 i。例如,一笔 25 年期的 1 000 元固定支付贷款,每年偿付 85.81 元,根据公式 (3-3)就能够计算出到期收益率为 7%(一些房产经纪人通常随身携带这种金融计算器,从而可以立刻告诉未来的购房者:如果他们计划使用抵押贷款购买房产,那么每年或者每月需要偿付的确切金额)。

例 3-4:固定支付贷款的到期收益率和年支付金额的计算

某购房者决定向银行借入 100 000 元的房贷,银行抵押贷款的年利率为 7%,当贷款期限为 20 年时,每年他需要向银行偿付多少金额才能够到期清偿贷款?

解:根据公式(3-3)

在此例中,贷款金额 $LV=100\,000$ 元;年利率 $i=0.07$;到期前年数 $n=20$;20 年后的贷款金额 $FV=0$。因此

$$100\,000 \text{元} = \frac{FP}{1+0.07} + \frac{FP}{(1+0.07)^2} + \frac{FP}{(1+0.07)^3} + \cdots + \frac{FP}{(1+0.07)^{20}}$$

利用金融计算器可以得出每年向银行固定偿付金额 $FP=9\,439.29$(元)。

(三) 息票债券

息票债券到期收益率的计算方法与固定支付贷款相同:使息票债券的现值与未来各期偿付金额的现值之和相等。由于同样涉及多次支付活动,所以息票债券的现值要等于未来所有息票的现值再加上最后偿还的债券面值的现值。

面值为 1 000 元、期限为 10 年、每年支付息票利息为 100 元(息票率为 10%)的息票债券现值计算方法如下:第 1 年年末,偿付 100 元息票利息的现值为 $\frac{100}{1+i}$ 元;第 2 年年末,偿付 100 元息票利息的现值为 $\frac{100}{(1+i)^2}$ 元,依此类推;第 10 年年末,偿付 100 元息票利息的现值为 $\frac{100}{(1+i)^{10}}$ 元,再加上最终偿付 1 000 元面值的现值为 $\frac{1\,000}{(1+i)^{10}}$ 元。使这笔债券的现值(债券的现期价格,用 P 表示)等于所有未来各期偿付金额的现值之和,我们得到

$$P = \frac{100\text{元}}{1+i} + \frac{100\text{元}}{(1+i)^2} + \frac{100\text{元}}{(1+i)^3} + \cdots + \frac{100\text{元}}{(1+i)^{10}} + \frac{1\,000\text{元}}{(1+i)^{10}}$$

更一般的计算公式是,对于任何息票债券来说[①]

$$P = \frac{C}{1+i} + \frac{C}{(1+i)^2} + \frac{C}{(1+i)^3} + \cdots + \frac{C}{(1+i)^n} + \frac{F}{(1+i)^n} \tag{3-4}$$

公式(3-4)中,P 为息票债券现期价格;C 为每年支付的息票利息;F 为息票债券

---

① 大部分息票债券是每半年支付一次利息,而不是我们在此假定的每年支付一次,这一区别对于计算结果的影响很小,可以忽略不计。

的面值;n 为到期前年数。

在公式(3-4)中,息票利息、息票债券的面值、到期前年数以及息票债券的现期价格都是已知数值,只有到期收益率是未知数值。因此,我们可以利用这个公式计算出到期收益率 i 同固定支付贷款一样,这个计算过程比较困难,所以商用软件和金融计算器都安装有求解到期收益率 i 的程序。

例 3-5:息票债券的到期收益率和债券的计算

求解面值为 1 000 元,息票利率为 10%,到期收益率为 12.25% 以及期限为 8 年的息票债券的现期价格。

解:使用金融计算器来计算:

到期前的年数 $n=8$;债券的面值 $F=1\ 000$;年利率 $i=12.25\%$;每年支付的息票利息 $C=100$。

按金融计算器的 PV 键,就得到息票债券现期价格 $P=889.20$(元)。

另外,你可以通过已知的息票债券现期价格得到到期收益率。输入息票债券现期价格(PV)889.20,按 i 键得到到期收益率数值为 12.25%。

表 3-1 10%息票利率的 10 年期息票债券的到期收益率(面值为 1 000 元)

息票债券的现期价格(元)	到期收益率(%)	息票债券的现期价格(元)	到期收益率(%)
1 200	7.13	900	11.75
1 100	8.48	800	13.81
1 000	10.00		

表 3-1 中列出了几种息票债券价格条件下的到期收益率计算结果,从中可以发现:

(1)如果债券的现期价格和面值相等,那么到期收益率就等于息票利率。

(2)债券的现期价格与到期收益率之间存在负相关关系,也就是说,当到期收益率上升的时候,债券的现期价格将会下降。当到期收益率下降的时候,债券的现期价格将会上升。

(3)当债券的现期价格低于其面值的时候,到期收益率要高于其息票利率;当债券现期价格高于面值的时候,到期收益率要低于其息票利率。

这三项事实对于任何息票债券都成立。如果仔细考察到期收益率计算的推演过程,就不会对此感到奇怪了。如果以 10% 的利率将 1 000 元存入银行,可以每年都提取 100 元的利息,并且在第 10 年年末依然持有 1 000 元。这同购买表 3-1 中的面值 1 000 元、息票利率为 10% 的息票债券是一样的,购买这种债券每年将会获得 100 元的息票收益,并且在第 10 年年末得到 1 000 元。如果息票的现期购买价格等于其面值,那么其到期收益率为 10%,与其息票利率相等。这个推论结果适用于任何息票债券,即如果按照面值购买息票债券,那么到期收益率一定等于息票利率。

债券现期价格和到期收益率之间存在负相关关系,因此到期收益率表示的利率上升,意味着债券现期价格一定会出现下跌。利率上升而债券现期价格下降还表明:较高的利率意味着未来息票利息和最终偿付本金的折现值将会变小,所以债券现期价格就会下跌。

第三个事实是，根据前两个事实可以直接得知，当债券现期价格低于面值的时候，其到期收益率要高于息票利率。当到期收益率等于息票利率的时候，债券现期价格等于其面值；当到期收益率高于息票利率的时候，债券现期价格必然会下跌，并且低于其面值。

息票债券的一个特例是永续债券(perpetuity)。这是一种一直以固定息票利息偿付的无到期日、无须偿付本金的永久性债券。在拿破仑战争期间，英国财政部首次发行了这种永续债券，并且一直延续至今。然而，在美国资本市场中，这种债券非常少见。简化公式(3-3)，我们可以得到永续债券的价格 P_c 为①：

$$P_c = \frac{C}{i_c} \tag{3-5}$$

公式(3-5)中，P_c 为永续债券的价格；C 为年息票利息；i_c 为永续债券的到期收益率。

永续债券的一个优点在于，你可以直观地发现，在 i_c 上升的时候，债券的价格就会下跌。例如，如果永续债券每年总是支付100元的利息，利率为10%，那么债券的价格就是1 000元＝100元/0.10。如果利率上升为20%，债券的价格就会下跌为500元＝100元/0.20。我们可以将上述公式重新写为：

$$i_c = \frac{C}{P_c} \tag{3-6}$$

例 3-6：永续债券的到期收益率

如果一只永续债券的价格为2 000元，永久支付的年息票利息为100元，其到期收益率是多少？

解：

在此例中，年息票利息 $C=100$ 元；永续债券的现期价格 $P_c=2\,000$ 元。

因此，

$$i_c = \frac{C}{P_c} = \frac{100}{2\,000} = 5\%$$

所以，到期收益率为5%。

公式(3-6)能够用于计算永续债券的到期收益率，也是息票债券到期收益率的一种有效的近似计算方法。当息票债券的期限很长(比如20年或者更长)时，这种息票债

---

① 永续债券的计算公式为：$P = \frac{C}{1+i} + \frac{C}{(1+i)^2} + \frac{C}{(1+i)^3} + \cdots$，这个公式可以写为：$P = C(x + x^2 + x^3 + \cdots)$，式中，$x = 1/(1+i)$，当 $x < 1$ 时，无穷求和公式为 $1 + x + x^2 + x^3 + \cdots = \frac{1}{1-x}$，因此，$P = C\left(\frac{1}{1-x} - 1\right) = C\left[\frac{1}{1-1/(1+i)} - 1\right]$ 经过代数运算，公式成为 $P = C\left(\frac{1+i}{i} - \frac{i}{i}\right) = \frac{C}{i}$。

券就和永久支付息票利息的永续债券十分相似。这是因为 20 年以后现金流的折现值非常小,这样长期息票债券的现期价值就十分接近具有相同息票利率的永续债券的现期价值。因而,公式(3-6)中的 i_c 十分接近于任何长期债券的到期收益率。据此,年息票利息除以证券价格得到的 i_c 称为当期收益率(current yield),通常作为长期债券利率的近似值。

(四)贴现发行债券

贴现发行债券到期收益率的计算方法与普通贷款相似。我们以 1 年期美国国库券为例,这种债券 1 年后到期按照面值向持有者偿付 1 000 元,但现值等于 900 元。

例 3-7:贴现债券的到期收益率

一只一年期的面值为 1 000 元的国库券今天的价格为 900 元,它的到期收益率是多少?

解:用现值公式:

$$PV = \frac{CF}{(1+i)^n}$$

已知现值即当前的价格 PV 为 900 元,一年后的现金流 CF 为 1 000 元,期限为一年,我们可以写作:

$$900 \text{ 元} = \frac{1\ 000 \text{ 元}}{1+i}$$

求 i,我们得到

$$i = \frac{1\ 000 \text{ 元} - 900 \text{ 元}}{900 \text{ 元}} = 0.111 = 11.1\%$$

所以,到期收益率为 11.1%。正如我们从先前的例子中看到的那样,1 年期贴现发行债券的收益率等于 1 年中债券价格上升的部分 100 元(=1 000 元−900 元),除以其初始价格 900 元。更为一般的形式是,对于任何一种 1 年期贴现发行债券,其到期收益率均可以表示为

$$i = \frac{F - P}{P} \tag{3-7}$$

公式(3-7)中,F 为贴现发行债券的面值;P 为贴现发行债券的现期价格。

公式(3-7)的一个重要特点是,它表明了贴现发行债券的到期收益率与该债券的现期价格之间存在负相关关系,这与息票债券的结论是相同的。在我们的例子中,公式(3-7)表明,如果债券现期价格上升,从 900 元涨至 950 元,这意味着债券现期价格与其到期时偿付的面值之间的价格差距将有所减小,从而使到期收益率从 11.1% 降至 5.3%。类似地,到期收益率的下降意味着贴现发行债券现期价格的上升。

四、结论

现值的概念告诉我们,由于人们可以利用现在持有的 1 元获得利息收入,所以在未

来持有1元的价值要低于现在持有1元的价值。具体来说，n 年后获得的 1 元只相当于现在的 $\frac{1}{(1+i)^n}$ 元。债务工具获得未来支付现金流的现值等于未来每次支付金额的现值之和。债务工具的到期收益率是使未来支付金额的现值等于债券现期价格的利率。由于到期收益率的计算方法建立在可靠的经济学原理之上，所以经济学家将到期收益率视为最精确的利率衡量指标。

我们对不同种类债券到期收益率的计算结果揭示了一个重要的事实：债券的现期价格和利率是负相关的，当利率上升的时候，债券现期价格将会下跌；反之亦然。

第四节 我国的利率市场化

一、利率市场化概念及其重要意义

利率市场化，是指中央银行放松对商业银行利率的直接控制，把利率的决定权交给金融机构，由金融机构根据自身资金状况和对金融市场动向的判断来自主决定利率水平，最终形成以中央银行基准利率为基础，以货币市场利率为中介，由市场供求决定金融机构存贷款利率的市场利率体系和利率形成机制。

中央银行则通过制定和调整再贴现率、再贷款率及在公开市场买卖有价证券等间接调控手段，使之间接地反映中央银行货币政策。

也就是说，利率市场化的内涵包含以下基本内容：

（1）金融交易主体享有利率决定权；

（2）利率的数量结构、期限结构和风险结构由市场自发选择；

（3）同业拆借利率和短期国债利率应成为金融市场的导向性利率，作为基准利率发挥"指示器"作用；

（4）中央银行享有间接影响利率的权力。

须强调的是，利率市场化并不是要完全取消政府或有关部门对利率的干预，只是其干预方式由直接变为间接。在这样的利率体系中，市场利率逐渐成为主体，货币管理部门可以采用政策金融工具来影响基准利率，通过基准利率来影响其他市场利率，再加上各种市场利率相互影响作用，最后对整个利率体系产生作用，从而实现货币政策的最终目标。

利率市场化是打破银行的固定利差，是对金融机构规模效应提升的一次尝试。它在完善市场经济体制、发挥市场配置资源作用，加强货币调控效率，完善金融机构自主经营机制、提高竞争力方面具有极其重要的意义。

第一，利率市场化是我国市场经济发展的客观需要。利率市场化是建立社会主义市场经济的客观需要，是发展与改革过程中资源优化配置的需要。由于商品和资金价格形成机制的不同，以及由此而产生的价格信号不一致、不协调，限制了市场对资金资源的配置作用，影响了企业和个人的经济活动决策。因此，随着市场经济体制的逐步完善,利率市场化是必然趋势。

第二,利率市场化是宏观经济调控的需要。在市场经济条件下,国家对国民经济的宏观调控是以经济手段为主的间接调控,其中又是主要依靠财政政策和货币政策的运作来实现的。随着市场经济的改革进程不断加速,政府的宏观经济调控手段也日益更多地依赖于价值杠杆与市场机制,利率市场化是必然的选择。

第三,利率市场化是我国市场经济与国际经济接轨的需要。随着中国加入WTO,国际金融资本加入到国内竞争中来的趋势已不可避免,按照国际公认的共同市场规则运行已成为金融产业改革的迫切需要。

第四,利率市场化是我国金融体系健康发展的前提。我国推进利率市场化,可以深化金融体制改革、转变银行经营机制,提高管理水平,可以提高储蓄率,促进资金的合理配置。因此,利率市场化可以提高金融效率和效益,是促进我国金融体系健康发展的前提。

二、利率市场化的理论依据

麦金农和肖(1973)的金融发展与金融深化理论中涉及有关利率市场化的理论。他们认为:在现代经济社会中,金融与经济发展之间存在一种相互影响、相互作用的关系。当金融和经济发展处于一种互相促进互相推动的良性循环状态时,这种状态称作金融深化;反之,就称作金融压制。发展中国家普遍存在金融体系发展不平衡、政府对金融业干预过多、金融市场落后及货币当局理论认识上的错误等现象,这些因素造成了金融压制,即政府对利率实行严格管制,使实际利率水平长期处于超低状态,甚至经常为负值。这种金融压制反过来又加强了金融体系发展的不平衡,极大限制了金融机构的业务活动,束缚了金融市场发展,降低了社会储蓄,并阻碍其向社会投资的顺利转化,使资金利用效率和投资效率低下,最终导致金融发展与经济发展之间形成了一种恶性循环。因此,发展中国家要促进经济增长,必须消除金融压制,实施金融自由化,向金融深化方向迈进。

利率弹性和水平是衡量一个国家金融深化程度的重要标志之一。只有市场利率具有弹性,才能真实反映资金供求情况和投资的机会成本,从而增强各种经济变量对利率的弹性。因此,麦金农和肖认为,应取消对存贷款利率的硬性规定,使利率能正确反映资金的供求状况和稀缺程度。只要政府放弃利率管制,就可以消除负利率。保持实际利率为正,有利于扩大储蓄,提高资金使用效率,促进金融市场在广度和深度上发展,进而推动经济增长。

现代市场经济学认为:价格是市场机制的核心,价格反映供求关系。利率是资金的价格,是现代市场经济中最重要的价格,它为资金流动提供信号,最终引导资金优化配置。

资金作为一种投资、生产、消费等一切经济活动都必须使用的生产要素,其价格机制影响的不是某一局部市场的供求平衡,而是整个社会的供求状况和资源配置效率。美国联邦储备委员会前主席格林斯潘正是因为抓住了利率这个市场经济的"牛鼻子",才得以让美国经济史无前例地保持了九年的高增长低通胀。世界主要的市场经济国家也都无一例外地将利率政策作为最重要的宏观调控手段。

三、我国利率市场化发展进程

回顾我国的利率市场化进程已经有了近三十多年发展,大致可以分为以下三个阶段。

(一) 利率市场化改革初级阶段

1. 制订利率市场运行规则

在1986年1月,国务院颁布《中华人民共和国银行管理暂行条例》,明确规定专业银行资金可以相互拆借,资金拆借期限和利率由借贷双方协商议定,拉开了利率市场化的序幕。此后,同业拆借业务在全国迅速展开。1990年,随着同业拆借市场发展初期市场主体风险等问题的出现,出台了《同业拆借管理试行办法》,首次系统地制订了同业拆借市场运行规则,并确定了拆借利率实行上限管理的原则。

2. 形成同业拆借市场利率

1995年11月30日,根据国务院有关金融市场建设的指示精神,中国人民银行撤销了各商业银行组建的融资中心等同业拆借中介机构。从1996年1月1日起,所有同业拆借业务均通过全国统一的同业拆借市场网络办理,形成了Chibor,即中国银行间拆借市场利率(后改为Shibor)。至此,银行间拆借利率放开的制度、技术条件基本具备。1996年6月1日,中国人民银行《关于取消同业拆借利率上限管理的通知》明确指出,银行间同业拆借市场利率由拆借双方根据市场资金供求自主确定。银行间同业拆借利率正式放开,标志着利率市场化迈出了具有开创意义的一步,为此后的利率市场化改革奠定了基础。

3. 债券市场的利率改革

(1) 发行方式的改革。债券市场的利率放始于1991年。1991年,国债发行开始采用承购包销这种具有市场因素的发行方式。1996年,财政部通过证券交易所市场平台实现了国债的市场化发行。采取了利率招标、收益率招标、划款期招标等多种方式。同时,根据市场供求状况和发行数量,采取了单一价格招标或多种价格招标。

(2) 回购和现券交易市场利率放开。1997年6月5日,中国人民银行下发了《关于银行间债券回购业务有关问题的通知》,决定利用全国统一的同业拆借市场开办银行间债券回购业务。借鉴拆借利率市场化的经验,回购利率和现券交易价格同步放开,由交易双方协商确定。银行间债券短期回购利率成为中央银行判断存款类金融机构头寸状况的重要指标,为中央银行开展公开市场操作奠定了基础。银行间债券回购与现券交易利率的放开,增强了市场的价格发现能力,为进一步放开银行间市场国债和政策性金融债的发行利率创造了条件。

(3) 政策性金融债、国债公开招标。1998年,鉴于银行间拆借、债券回购利率和现券交易利率已实现市场化,政策性银行金融债券市场化发行的条件已经成熟。同年9月,国家开发银行首次通过中国人民银行债券发行系统以公开招标方式发行了金融债券,随后中国进出口银行也以市场化方式发行了金融债券。1999年,财政部首次在银行间债券市场实现以利率招标的方式发行国债。银行间债券市场利率的市场化,有力地推动了银行间债券市场的发展,为金融机构产品定价提供了重要参照标准,是长期利率和市场收益率曲线逐步形成的良好开端,也为货币政策间接调控体系建设奠定了市场基础。

(二) 利率市场化稳步发展阶段

《2002年度货币政策执行报告》中明确指出:"利率体制改革的目标是能建立由市场供求决定金融机构存、贷款利率水平的利率形成机制,中央银行通过运用货币政策工具调控和引导市场利率,使市场机制在金融资源配置中发挥主导作用。"

2003年,党的第十六届三中全会《中共中央关于完善社会主义市场经济体制若干问题的决定》中明确指出:"稳步推进利率市场化,建立健全由市场供求决定的利率形成机制,中央银行通过运用货币政策工具引导市场利率。"其基本思路是:根据十六届三中全会精神,结合我国经济金融发展和加入世贸组织后开放金融市场的需要,中国人民银行将按照先外币、后本币,先贷款、后存款,存款先大额长期、后小额短期的基本步骤,逐步建立由市场供求决定金融机构存、贷款利率水平的利率形成机制,中央银行调控和引导市场利率,使市场机制在金融资源配置中发挥主导作用。

1. 稳步推进人民币贷款利率市场化

早在1987年1月,中国人民银行颁布的《关于下放贷款利率浮动权的通知》中规定,商业银行可根据国家的经济政策,以国家规定的流动资金贷款利率为基准上浮贷款利率。在贷款利率逐步放开的同时,为督促商业银行加强贷款利率浮动管理,中国人民银行于1999年转发了建设银行、上海银行的贷款浮动利率管理办法,要求商业银行以此为模板,制定各行的贷款浮动利率管理办法、编制有关模型和测算软件、建立利率定价授权制度等。

2003年贷款利率市场化进程分三阶段展开。

第一阶段:2003年8月,中国人民银行在推进农村信用社改革试点时,允许试点地区农村信用社的贷款利率上浮不超过贷款基准利率的2倍。

第二阶段:2004年1月1日,中国人民银行决定将商业银行、城市信用社的贷款利率浮动区间上限扩大到贷款基准利率的1.7倍,农村信用社贷款利率的浮动区间上限扩大到贷款基准利率的2倍,金融机构贷款利率的浮动区间下限保持为贷款基准利率的0.9倍不变。同时明确了贷款利率浮动区间不再根据企业所有制性质、规模大小分别制定。

第三阶段:2004年10月29日,中国人民银行报经国务院批准,决定不再设定金融机构(不含城乡信用社)人民币贷款利率上限。但是,仍对城乡信用社人民币贷款利率实行上限管理,但其贷款利率浮动上限扩大为基准利率的2.3倍。所有金融机构的人民币贷款利率下浮幅度保持不变,下限仍为基准利率的0.9倍。

到2004年年底,我国金融机构人民币贷款利率进入了"上限放开,下限管理"的阶段。同时,贷款利率浮动报备制度初步建立,各商业银行和城乡信用社通过报备系统,定期向人民银行反馈贷款利率的浮动情况。

2. 人民币存款利率市场化进展

人民币存款利率实行下浮制度,实现"放开下限,管住上限"目标是从2004年开始的。10月29日中国人民银行报经国务院批准,决定允许金融机构人民币存款利率下浮。即所有存款类金融机构对其吸收的人民币存款利率,可在不超过各档次存款基准利率的范围内浮动,但存款利率不能上浮。

在这之前,存款利率市场化已经有了尝试。1999年10月,为探索存款利率市场化途径,兼顾金融机构资产负债管理的需要,中国人民银行批准中资商业银行法人对中资保险公司法人试办五年期以上(不含五年期)、3 000万元以上的长期大额协议存款业务,利率水平由双方协商确定。这是存款利率市场化的有益尝试。随后的2002年2月和12月,协议存款试点的存款人范围扩大到全国社会保障基金理事会和已完成养老保险个人账户基金改革试点的省级社会保险经办机构。2003年11月,国家邮政局邮政储汇局获准与商业银行和农村信用社开办邮政储蓄协议存款。

放开长期大额协议存款利率为存款利率市场化改革积累了经验,同时培育了商业银行的存款定价意识,健全了存款利率管理的有关制度。改革实践使"先长期大额,后短期小额""存款利率向下浮动,管住上限"的存款利率市场化的思路更加明确和清晰。

因此,现阶段我国利率市场化改革的总体框架是贷款利率实行下限管理、存款利率实行上限管理。2004年10月放开金融机构贷款利率上限(城乡信用社除外)和存款利率下限是我国利率市场化改革进程中具有里程碑意义的重要举措,之后,利率市场化改革就以落实该项政策为中心逐步推进,不断完善金融机构治理结构与内控机制,逐步提高利率定价和风险管理能力,进一步加强中央银行货币政策调控体系建设。

3. 积极推进境内外币利率市场化

1996年以来,随着商业银行外币业务的开展,各商业银行普遍建立了外币利率的定价制度,加之境内外币资金供求相对宽松,外币利率市场化的时机日渐成熟。2000年9月21日,经国务院批准,人民银行组织实施了境内外币利率管理体制的改革:一是放开外币贷款利率,二是放开大额外币存款利率。2003年11月,小额外币存款利率下限放开。2004年11月,人民银行在调整境内小额外币存款利率的同时,决定放开1年期以上小额外币存款利率,商业银行拥有了更大的外币利率决定权。随着境内外币存、贷款利率逐步放开,中资商业银行均制定了外币存贷款利率管理办法,建立了外币利率定价机制。各行还根据自身的情况,完善了外币贷款利率的分级授权管理制度。

到了2000年下半年,外币贷款利率和外币大额存单利率实现市场化。两年后,在中央银行的统筹规划之下,8家农信社采取了更大程度的浮动利率机制,这无疑是对我国利率市场化改革的又一重要尝试。

(三) 完全市场化阶段

为了顺应利率市场化的加速进程,我国于2007年1月4日正式公开发布上海银行间同业拆借利率[①](Shanghai Interbank Offered Rate,即Shibor,其前身是Chibor)。作

---

① 上海银行间同业拆放利率Shibor是由信用等级较高的银行自主报出的人民币同业拆出利率计算确定的算术平均利率,是单利、无担保、批发性利率。Shibor报价银行团现由18家商业银行组成。报价银行是公开市场一级交易商或外汇市场做市商,在中国货币市场上人民币交易相对活跃、信息披露比较充分的银行。目前,对社会公布的Shibor品种包括隔夜、1周、2周、1个月、3个月、6个月、9个月及1年。

为借贷资金在货币市场上的价格,Shibor在指引国家调配资源的同时,紧密的联系着实体经济与金融经济两大市场。

2013年7月,中国人民银行决定全面放开金融机构贷款利率管制。中国人民银行发布的《同业存单管理暂行办法》中明确规定,存款类金融机构可在全国银行间市场上公开发行或定向发行同业存单,发行利率、发行价格等以市场化方式确定。

自2015年5月11日起,中国人民银行决定金融机构存款利率浮动区间的上限由存款基准利率的1.3倍调整为1.5倍。自2015年8月26日起,中国人民银行决定放开一年期以上(不含一年期)定期存款的利率浮动上限,标志着中国利率市场化改革又向前迈出了重要一步。自2015年10月24日起,中国人民银行决定对商业银行和农村合作金融机构等不再设置存款利率浮动上限。

此外,互联网金融的出现,对我国利率市场化改革具有重大的推进作用。

在已经完成利率市场化的国家中,较为成功的美国或日本等发达国家,均在20世纪80年代开始推进利率市场化。在当时互联网金融远没有现在这么发达,所以呈现的是"现有利率市场化,再有互联网金融"的特点。我国则是"利率市场化与互联网金融并行",形成一个全新的局面。尽管一些互联网金融机构利用利率市场化进程还未完全完成的机遇套利,但同时也倒逼着利率市场化的加速进行。

阅读材料 3-1

日本的利率市场化过程

利率市场化是一个世界性的问题,自20世纪70年代以来,对经济转轨中包括利率市场化在内的金融体系市场化成为"不得不玩的一个游戏"(the only game in town)风行全球。日本的利率市场化过程就是一个很好的样板。其基本特点可归纳为如下四个方面:(1)先国债,后其他品种;(2)先银行同业,后银行与客户;(3)先长期利率,后短期利率;(4)先大额交易,后小额交易。

1977年4月,日本大藏省正式批准:各商业银行承购的国债可以在持有一段时间后上市销售。经过17年努力,到1994年10月,日本已放开全部利率管制,实现了利率完全市场化。日本大概经历了如下四个阶段。

1. 放开利率管制的第一步:国债交易利率和发行利率的自由化

日本的经济在低利率水平和严格控制货币供应量政策的支持下获得迅速发展。但是,1974年之后,随着日本经济增长速度的放慢,经济结构和资金供需结构也有了很大的改变,第二次世界大战结束后初期形成的以"四叠半"(意为狭窄)利率为主要特征的管制体系已不适应这种经济现状了。日本政府为刺激经济增长,财政支出日渐增加,政府成为当时社会资金最主要的需求者。培育和深化非间接金融中介市场的条件已初步具备。1975年,日本政府为了弥补财政赤字再度发行赤字国债(第一次是1965年)。此后,便一发不可收,国债发行规模愈来愈大。1977年4月日本政府和日本银行允许国债的自由上市流通。1978年开始了以招标方式来发行中期国债。这样,国债的发行和交易便首先从中期国债开了利率自由化的先河。

2. 放开利率管制第二步:丰富短期资金市场交易品种

1978年4月,日本银行允许银行拆借利率弹性化(在此以前,同业拆借适用于全体交易利率是基于拆出方和拆入方达成一致的统一利率,适用于全体交易参加者,并于交易的前一天予以明确确定),6月又允许银行之间的票据买卖利率自由化。这样,银行间市场利率的自由化首先实现了。

3. 放开利率管理的第三步:交易品种小额化,将自由利率从大额交易导入小额交易

实现彻底的利率自由化最终是要放开对普通存货利率的管制,实现自由化。如何在已完成利率自由化的货币市场与普通存款市场之间实现对接成为解决问题的关键。日本政府采取的办法是通过逐渐降低已实现自由化利率交易品种的交易单位,逐步扩大范围,最后全部取消利率管制。在这一过程中,日本货币当局逐级减少了CD(大额可转让存单)的发行单位和降低了大额定期存款的起始存入额,逐步实现了由管制利率到自由利率的过渡。

在存款利率逐步自由化的同时,贷款利率自由化也在进行之中。由于城市银行以自由利率筹资比重的上升,如果贷款利率不随之调整,银行经营将难以为继。1989年1月,三菱银行引进一种短期优惠贷款利率,改变了先前在官定利率基础上加一个小幅利差决定贷款利率的做法,而改为在筹取资金的基础利率之上加百分之一形成贷款利率的做法。筹资的基础利率是在银行四种资金来源基础上加权平均而得,这四种资金来源是:(1)活期存款;(2)定期存款;(3)可转让存款;(4)银行间市场拆借资金。由于后两种是自由市场利率资金,所以贷款资金利率已部分实现自由化。随着后两部分资金在总筹资中比重的增加,贷款利率的自由化程度也相应提高。

4. 放开利率管制的第四步:利率市场化法律形式的确认

在上述基础上,日本实质上已基本完成了利率市场化的过程,之后需要的只是一个法律形式的确认而已。1991年7月,日本银行停止"窗口指导"的实施;1993年6月,定期存款利率自由化,同年10月活期存款利率自由化,1994年10月,利率完全自由化,至此日本利率自由化划上了一个较完满的句号。

四、利率市场化给我国金融体系带来的机遇与挑战

我国要实现利率市场化,需要具备一定的市场环境和实施条件:第一,公开透明、充分竞争的资金市场;第二,具有一定的理性的较为成熟的市场参与者;第三,资金流动具有合理性和合法性;第四,国民经济发展战略目标主要通过财政政策来实现。

(一) 利率市场化的机遇

1. 市场在资源配置中发挥决定性作用

商业银行拥有更大的价格调整自由度,借贷风险与贷款利率得以更好地匹配;市场

利率调节资金的供给与需求，并给予企业以降低资金风险、提高经营质量的激励。同时，作为金融市场的基础性组成部分，货币市场定价机制的完善为债券等资本市场定价提供参考。

2. 有利于我国商业银行加快金融创新

一方面，利率市场化将给商业银行的盈利模式和经营管理带来强烈冲击，银行面临的竞争压力不断加大，为寻找新的盈利模式，更好地满足客户需求，主观上将加大加快金融创新，提升服务水平和能力。另一方面，利率市场化过程往往也是金融管制放松的过程，这将为金融创新和业务扩展提供了必要条件。银行在利率市场化中获得更大的定价权，也为产品和服务创新奠定了基础。

3. 有利于形成异质化竞争格局

异质化竞争能力是企业的核心竞争力。多年来，国内商业银行不同程度存在着重同质化竞争、轻差异化发展现象。随着利率市场化的推进，不同银行在资金成本、目标客户、风险偏好等方面的差异将日趋明显，大型银行向综合金融集团迈进，股份制银行突出自身发展特色，而中小银行将可能向区域银行、社区银行转型。

4. 为资本账户开放、人民币国际化做准备

利率市场化，配合以浮动汇率，为资本市场开放，进而推行人民币国际化创造条件。以往由于资本市场的开放倒逼金融体系改革及尝试，带来资本市场套利、虚假贸易等实际问题，增加了本国经济遭遇经济波动传染、国际热钱冲击的风险。如今，通过利率市场化改革构建起较为成熟的国内金融市场，有利于抵御外资风险，更好地促进经济发展。

（二）利率市场化的挑战

1. 盈利空间受到压制

一方面，贷款利率可能降低。目前我国银行业信贷放贷条件较紧，四大国有商业银行贷款多提供与国有企业或地方政府融资平台。规模较小、信贷评级较低的中小企业更多地通过影子银行、互联网金融等渠道筹集贷款。在市场化的利率机制下，贷款利率将被资金需求拉低，以往享有借贷"红利"的国有企业可能面临挑战。同时，存款利率提高。由于防范控制信贷风险、增加盈利，保证充足的资金是商业银行的一大目标，因此可以预见，银行吸收存款的需求将抬高存款利率，甚至可能引致由于不充分考虑利润的恶性竞争。

2. 商业银行经营风险可能增大

利率实现市场化后，原本厌恶风险的企业会倾向于改变低风险项目的性质，使之具有更高收益水平和风险。这是因为随着利率的升高，从事低风险的项目所产生的收益不足以应付高昂的利息，只有那些从事高风险项目的企业才能获得足够的收益以弥补利息支出的增加。所以，利率水平升高会诱使商业银行资产质量的下降，信贷风险突增。不仅如此，在高收益的刺激下，我国国有商业银行有可能会违背安全性经营原则将贷款业务重点转移到高利率高风险贷款上，特别是在国有商业银行委托—代理机制不健全的情况下，国有商业银行的经理人员可能会利用贷款风险与贷款利率高低之间不对称性追逐自身效用最大化，导致商业银行逆向选择风险进一步加大。

例如,房地产开发商、地方政府通过商业银行出借大量抵押贷款,用于商品房、基础设施等建设,贷款利率的上升,将加重其原有的债务负担。在泡沫渐冷、房价下降、经济增速放缓的环境下,房地产商存在加剧的资不抵债风险,银行不良资产增加,金融系统风险提高。

　　3. 利率市场化改革中高利贷的风险增大

在中央银行的管制存贷利率体制下,金融资源的配置出现严重的失衡,这有利于特殊阶层获得廉价资源,同时也加剧了中小企业的贷款难度,最终导致高利贷的泛滥。一些大型企业能够获得银行相对低廉的贷款,而中小企业由于缺乏相应的资产,正规金融部门在贷款时会非常慎重甚至拒绝贷款,这就导致中小企业要想发展只能选择非正规的金融部门贷款,而非正规金融部门在了解了中小企业资金困境的条件下选择高的贷款利率也是毋庸置疑的。

　　4. 利率市场化促使资金的逆向流动效应

我国经济发展极不不平衡。东部、中部、西部在发展水平和投资效率方面相差很大,贫富悬殊。尤其是西部地区对资金的需求表现得非常强烈,但其现有条件无法承受较高的资金价格;而东部地区则拥有丰富的资金,并且在资金价格方面也能承受高利率。在实行贷款利率市场化时,大多数资金就会流向较为富裕的地区,而急需资金的贫穷地区则难以获得资金,形成了信贷资金的逆向流动。这就是利率市场化促使资金的逆向流动效应。

本 章 关 键 词

利率　利息　现值　贴现　普通贷款　固定支付贷款　息票债券　贴现发行债券　永续债券　到期收益率　同业拆借市场利率　利率市场化

思 考 题

1. 试述马克思对利息本质的论述。
2. 什么是利率?它是如何分类的?
3. 试述利率如何影响有价证券的价格。
4. 决定利率变动的因素有哪些?
5. 论述利率如何在国民经济中发挥杠杆功能的。
6. 讨论我国实现利率市场化的条件和进程。
7. 我国实现利率市场化的机遇和挑战有哪些?

第四章　金融市场

> **本章导读**
>
> 一般而言,在现代经济中,市场机制是对资源进行最优配置的主要方式。经济体系中的市场类型大致可分为三类,即产品市场、要素市场(除资本以外)和金融市场,各类市场运行机制的功能逻辑和微观结构相似。其中,金融市场是最具代表性的市场,其在全球经济中的地位越来越重要。
>
> 伴随着大量资金流动,几乎每一个地方、每一个时刻都有数以万计的金融产品和金融交易在金融市场中发生,一国或地区的金融市场引发的波动会迅速波及全球,并造成世界经济波动。金融市场运行引导金融资源在时间和空间上进行动态配置,随着各国经济的发展和全球化趋势,金融市场日益成为现代市场经济的核心。

第一节　金融市场概述

一、金融市场的概念

金融市场是指资金供求双方通过金融工具买卖实现资金融通的场所,是金融商品融通关系的总和,是市场规律支配下的金融商品融通的机制和网络。按照金融商品的交易内容,金融市场有广义和狭义之分:广义的金融市场是把社会的一切金融业务,包括银行存款业务、贷款业务、保险业务、信托业务、贵金属买卖业务、外汇买卖业务、金融同业资金拆借业务和各类有价证券的买卖都列入金融市场的范围内;狭义的金融市场则把存贷款业务、保险业务、信托业务排除在外,只把金融同业间的资金借贷、外汇买卖和各种有价证券交易活动看作典型的金融市场行为。

二、金融市场的分类

金融市场是一个相当庞大的市场体系,根据不同的标准,可以从不同的角度进行各种各样的分类。按其活动方式可分为放款市场和证券市场,证券市场又可分为证券发行市场和证券流通市场;按融资期限可分为短期市场(货币市场)和中长期市场(资本市场);按地域范围可分为地方性、区域性、全国性和国际性金融市场;按交易性质可分为股票市场、债券市场、黄金市场、外汇市场、现货市场、期货市场;按交易场所或组织形式可分为有形市场和无形市场等。

金融市场的划分方法由于是从不同的角度去概括金融活动的某一主要方面的特征,因而各个市场之间都是互相联系、互相依存、相对独立又紧密交叉结合在一起的。例如,债券市场既存在债券的初级市场,又存在债券的期货市场。

(一) 货币市场与资本市场

按照期限的长短划分,人们习惯把金融市场分为货币市场和资本市场两大部分。证券偿还期在1年以下的属于货币市场范围,证券偿还期在1年以上的则被划归为资本市场。因此,通常把货币市场称为短期金融市场,把资本市场称为长期金融市场。

货币市场的功能是融通短期资金,是作为货币市场的参加者调节短期资金供需的场所。银行、企业、公司、商社、政府在发生临时性、周转性资金不足时,通过发行短期债务工具的办法来解决。而那些手持多余货币的人,或需调整金融资产结构的单位,大都在货币市场上购买短期金融资产。这些短期金融资产最大的特点是期限短、风险小、流动性强、交易频繁、买卖方便、变现能力强,是和货币最为接近的金融工具。

资本市场的功能是融通中长期资金,是作为在中长期资金的供求双方之间起桥梁作用的场所存在的。在资本市场上筹集资金大都作为资本金,被用作扩大固定投资规模、技术改造、资产重组或流动资产需要。在资本市场上发行的股票、债券一般偿还期限长、风险大、流动性差。

(二) 一级市场和二级市场

1. 一级市场

一级市场是发行新有价证券的市场,所以又称发行市场。新公司的成立、老公司的增资扩股,以及政府需要扩大资金来源时,都可以通过初级市场来筹措资金。通过初级市场发行证券筹集资金,能够起到调节资金余缺的作用。

一级市场没有固定的发行场所,证券发行人可以自行向市场直接发售,但大多通过商业银行、证券公司、信托公司、财务公司等金融中介机构发售。证券发行的方式分为公募和私募两种。公募方式是指证券在市场上公开竞价发行。购买者多为社会广大公众,而非少数的特定对象。私募是不通过市场公开发售,而是发行主体在其内部成员中,或是在与其有某种关系的特定对象中销售。私募和价格由发售者独立决定,通常低于公募价格。

2. 二级市场

二级市场是对已经发行的旧证券进行买卖转让的场所,是证券所有权转移的市场,所以又称流通市场。人们通过二级市场,能够及时地将多余的资金购买证券,也可以卖出旧的换回新的证券,以调整自身的金融资产结构。

二级市场既有在固定场所集中进行证券交易的市场,如证券交易所,也有无组织、无固定场所进行场外交易的市场,亦称店头市场或柜台市场。前者称为有形市场,后者称为无形市场。有形市场是有组织、制度化的市场;无形市场是非组织、非制度化的市场。随着现代通信网络技术的发展和电子计算机的广泛应用,西方国家越来越多地能过电讯网络系统进行场外交易活动。

一级市场和二级市场的关系是十分密切的。无一级市场,资金的需求者就无处筹资;无二级市场,持有证券的人就不能随时出售,变为现金,使证券失去了流动性。所以,一级市场是前提,二级市场是保证,二者缺一不可。

(三) 现货市场与期货市场

现货市场是指成交时商品和货币立即对换,即一手交钱,一手交货,立即交割。一般是上午成交,下午3点就要交割;如果是下午成交,次日上午10点就要交割。完成交割,交易即告结束。

期货市场是指成交后在约定日期实行交割的一种买卖市场。其特点是从成交到交割的时间(如3个月或半年),按约定的时间遵守协定价格实行交割。由于市场行情可能发生变化,引起价格上下波动,买卖双方均有获利或遭受损失的可能,所以期货市场交易具有强烈的投机性。在期货交易活动中,不少人不一定真正要买,也不一定要卖,而是从事价格投机,获得价差收益。在这种交易活动中:如预期行情将上涨而买进证券时,称为"多头";如预期行情下跌时而卖出证券时,称为"空头"。当代金融商品期货市场,虽然被一些精明强干、敢冒风险的人用来投机,但通过严格的金融市场管理和其他一些防范措施,在一定程度上也可抵消和抑制投机风险活动。

期货市场根据商品种类不同,划分为三类期货,即软商品期货、硬商品期货和金融商品期货。金融商品期货基本上可以分为三种类型:一类是利率期货,指代表一定量的以本国货币计算的固定利率有价证券的期货合同;一类是外币期货,指代表一定量的外国货币的期货合同,均与本国货币对做;一类是指数期货,这种期货合同代表着用某种特定的办法将股票价格变动指数折算成一定的货币额。

另外,西方国家20世纪70年代后陆续建立期权市场。期权是交易双方签订的一种协议,协议中一方以一定的价格向对方提供了在协议期按协议规定的条件向自己出售或从自己手中购买协议规定的有价证券(或其他商品)的权利。期权的基本含义是:买卖期权合同,并在合同到期时由合同买方决定是否执行这一合同的选择权。事实上,期权和一般的商品期货合同是有本质区别的,即购买并持有这种期货合同的一方,在合同规定的交割时间内有权选择是否执行这一合同,而出售这种合同的一方则必须服从买方选择。更具体地说,就是按照协议的规定,获得出售或购买权利一方在协议期可以行使这一权利,也可以不行使这一权利。其行使与否,完全由获得该权利的一方根据自己的意愿选择,而向对方提供这一权利的一方则必须服务对方的选择,如果对方要买就必须卖,对方要卖就必须买。对提供选择权利的一方来说,服从对方的选择是他的义务。正是这个选择权把期权合同和一般的商品期货合同区分开来,使期权合同在金融市场上"自立门户",成为一种独特的金融市场工具。

(四) 有形市场和无形市场

有形市场指有固定地点进行金融交易的场所。无形市场是指不需要固定的地点与场所,供需双方当面议定,或者通过电讯手段协商,完成金融交易的市场。例如,货币市场的同业拆借,是以存放于中央银行的存款准备金为基础,金融同业之间临时短暂时间的借贷,可由资金有余的一方寻找借入者,也可由资金短缺一方找寻贷出方,还可通过经纪人代找借贷对象。随着电子网络日益发展和完善,金融市场交易将越来越多地通过电子网络手段进行。

(五) 国内金融市场与国际金融市场

从金融市场活动的地域范围来划分,可把金融市场分为国内金融市场和国际金融市场。

国内金融市场是在一个国家范围内进行各种金融商品交易的场所,包括许多地方性、区域性、全国性、不同门类的金融市场。在国内金融市场上,交易双方都是本国居民,通过金融商品的交易达到资源合理配置的目的。由于各国经济、政治体制不同,对金融市场管理也有明显的差别。国内近年来各省市融资规模,如图4-2所示。

国际金融市场是由国际性的资金借贷、结算、黄金和外汇买卖所形成的市场,包括国际性的货币市场、资本市场、外汇市场、黄金市场。国际金融市场同国内金融市场的主要区别在于,国际金融市场允许其他国家的居民自由参与市场交易活动,不受所在国的金融管理当局控制,能够促进资金在国际自由流动和国际贸易的扩大。目前世界上著名的国际金融市场有伦敦、纽约、东京、巴黎、苏黎世、法兰克福、卢森堡、中国香港、新加坡、开罗、巴林等地的金融市场。

三、金融市场的功能

(一) 融通资金的功能

融通资金是金融市场最基本的功能。金融市场的功能是指金融市场客观上能干什么。不同国家因其国情的差异性,建立金融市场的动机可能不同,但金融市场所要承担的首要任务则是相同的,那就是融通资金。金融市场是资金供求双方融通资金的场所,不仅对于企业和金融机构如此,对于政府和家庭而言同样也是这样,融资既是金融市场的基本功能,也是金融市场的最初功能。

金融市场通过这个功能来有效地筹集和调剂资金。金融市场是一种多渠道、多形式、自由灵活地筹资与融资的场所。金融市场通过各种金融商品的买卖,为融资双方提供了各种可供选择的机会,以适应广大公众不同的金融投资和融资需求。在金融市场上,金融工具多种多样,能适应不同资金供应者在利率、期限、方式等方面的要求,具有高度的选择性。因此,通过金融工具的买卖既能使资金增强流动性,实现货币资金余缺调剂,又可增加收益性;对资金需求者来讲,他可以根据生产经营活动状况、季节性、临时性的变化和资金需要的数量大小、期限长短,在金融市场上通过贷款和发行证券等方式去筹措资金;对金融机构来讲,它为金融机构之间的资金相互融通,通过交换金融票据或银行同业拆借为调剂金融机构的头寸提供了方便。这样,金融市场不仅起到了广泛动员、筹措调剂资金和分配社会闲散资金的功能,也有利于社会经济的发展。

(二) 资金聚敛的功能

金融市场的聚敛功能是指金融市场引导众多分散的小额资金汇聚成为可以投入社会再生产的资金集合功能。在这里,金融市场起着资金"蓄水池"的作用。在国民经济四部门中,各部门之间、各部门内部的资金收入和支出在时间上并不总是对称的。这样,一些部门、一些经济单位在一定的时间内可能存在暂时闲置不用的资金,而另一些部门和经济单位则存在资金缺口。金融市场就提供了为两者沟通的渠道。

金融市场是由资金供给者和资金需求者组成的。资金供给者就是在一定时间内的资金盈余者,这些资金盈余者的资金之所以暂时闲置,或者是因为要预防未来的意外急需,或者是要等到积累到足够数量之后再进行某项大额投资或消费。例如,个人为预防意外事件,或为了满足将来生活及购买大件消费品之需而进行储蓄;企业为了积存足够的资金投资某个新项目而进行资金积累等。这些暂时闲置的资金在使用之前有通过投资谋求保值增值的需要。对资金需求者来说,其资金的需要或是由于要进行某项经济活动,或是为了满足其比较迫切的需要,但手中积累的资金不足。因此,需要寻求更多的资金来源。但是,各经济单位自身的闲置资金是相对有限的,这些暂时不用的资金就不足以满足大规模的投资要求,特别是企业为发展生产而进行的大额投资和政府部门进行大规模的基础设施建设与公共支出的要求。这就需要一个能将众多的小额资金集合起来以形成大额资金的渠道,金融市场就提供了这种渠道,这就是金融市场的资金聚敛功能。金融市场之所以具有资金的聚敛功能,一方面,由于金融市场创造了金融资产的流动性,即现代金融市场正发展成为功能齐全、法规完善的资金融通场所,资金需求者可以很方便地通过直接或间接的融资方式获取资金,而资金供应者也可通过金融市场为资金找到满意的投资渠道;另一方面,金融市场的多样化的融资工具为资金供给者的资金寻求合适的投资手段找到了出路,即金融市场根据不同的期限、收益和风险要求,提供了多种多样的供投资者选择的金融工具,资金供给者可以依据自己的收益风险偏好和流动性要求选择其满意的投资工具,实现资金效益的最大化。

(三) 优化资源配置的功能

金融市场的配置功能表现在三个方面:一是资源的配置,二是财富的再分配,三是风险的再分配。在经济的运行过程中,拥有多余资产的盈余部门并不一定是最有能力和机会作为最有利投资的部门,现有的资产在这些盈余部门得不到有效的利用,金融市场通过将资源从低效率利用的部门转移到高效率的部门,从而使社会的经济资源能最有效地配置在效率最高的部门或效用最大的用途上,实现稀缺资源的合理配置和有效利用。

优化资源配置是指在资源供给有限和资源需求无限并存的条件下,最合理地分配资源,使其发挥最佳的效果。优化资源配置的实质是社会所拥有的各种资源,在国民经济各个部门、各企业、社会再生产各环节以及企业内部各工序之间的分配,符合客观实际,达到以尽可能少的资源生产出尽可能多的产品,并使这些产品和质量尽可能符合社会需要的目的。在传统计划经济体制下,资源配置是由计划部门根据社会需要来计划的,计划决定着资源向各行业、各部门的分配方式。而在市场经济体制下,是由消费者通过货币选择决定的,市场机制自动地决定着资源的各种用途、流向和数量金融市场表现为一种高层次的价值运动,它通过价格机制和利率机制这个神经中枢来调节资金的流量、流向和流速,从而引导着资源的流动。当国民经济某个行业部门、企业出现资金短缺或经济效益好时,它就会通过证券加快该部门的发展,从而使资源得到优化配置。

因为,在市场经济条件下,利润率的平均化是以资金的自由转移为条件的,而资金的自由转移又依赖于金融市场。在金融市场上,许多企业的投资者,如股东,当他们想把自己的资金转向利润率更高的公司时,就可以通过卖出低利润更高的公司投资,但自身的资金却固定在机器、厂房、设备等固定资产上,这时企业要把它的资产拿到市场上进行抵押,就可以获得相应的资金,进行新的投资。结果就会使资金从利润率低的部门、行业、企业向利润率高的部门、行业、企业流动,相应地促进这些部门、行业、企业得到较快的发展,这在客观上就起到优化资源配置的作用。

(四) 资金转换的功能

实现信贷资金期限的转换,也是金融市场的重要功能之一。金融市场出现以后,为各种长、短期资金相互转化和资金横向融通提供了媒介和场所。企业单位和广大居民在金融市场中可以根据不同的需要,用现金购买有价证券,使货币转化为长、短期投资,把消费基金转化为生产基金;人们也可以通过金融市场的灵活交易,把长期证券卖掉,购入短期证券,或把短期证券卖出换成长期证券。金融市场的这种转化功能,对于投资者来说是至关重要的,解决了人们的后顾之忧,使人们放心地把手里的结余现金投入生产过程,既为国家经济建设做出了贡献,也为自己增加了收入。对于证券市场来说,这个功能也是显而易见的,它可以提高证券的运用效率,增强证券市场的活力。在没有金融市场的情况下,资金融通的渠道单一、周转不灵、调换配置困难,不利于资金的有效利用。金融市场的建立,突破了地区和部门的界限、时间和空间的界限,为资金的横向融通和纵向分配提供了便利条件,对于加速资金周转,提高资金效益,起到积极的作用。

(五) 调节经济的功能

金融市场调节功能是指金融市场对宏观经济的调节作用。金融市场一边连着储蓄者,另一边连着投资者,金融市场的运行机制通过对储蓄者和投资者的影响而发挥作用。

首先,金融市场具有直接调节作用。在金融市场大量的直接融资活动中,投资者为了自身利益,一定会谨慎、科学地选择投资的国家、地区、行业、企业、项目及产品。只有符合市场需要、效益高的投资对象,才能获得投资者的青睐。而且投资对象在获得资本后,只有保持较高的经济效益和较好的发展势头,才能继续生存并进一步扩张。否则,它的市场价格就会下跌,继续在金融市场上筹资就会面临困难,发展就会受到后续资本供应短缺的抑制。这实际上是金融市场特有的引导资本形成及合理配置资源的机制,即首先对微观经济部门产生影响,进而影响到宏观经济活动的一种有效的自发调节机制。

其次,金融市场的存在及发展为政府实施对宏观经济活动的间接调控创造了条件。货币政策属于调节宏观经济活动的重要宏观经济政策,其具体的调控工具有存款准备金、再贴现、公开市场操作等,这些政策的实施都以金融市场的存在、金融部门及企业成为金融市场的主体为前提。

(六) 信号系统的功能

金融市场历来被人们称为国民经济的晴雨表和风向标,是人们公认的国民经济运行的信号系统。一是由于证券买卖大部分都在证券交易所进行,人们可以从中了解到证券的行情和投资机会,并通过上市企业的财务报表,了解企业的经营状况;某一企业经营的好坏及社会公众对某产业前景的判断,可以很快从证券价格的涨跌中反映出来。二是金融市场交易直接和间接地反映国家货币供应量的变动;货币紧缩和放松都是通过金融市场进行的,货币政策实施时,金融市场会出现波动,表现出紧缩和放松的程度。三是由于证券交易的需要,金融市场拥有广泛而及时地收集和传播信息的通信网络,整个世界金融市场信号系统已连为一体。

第二节 金融市场的构成要素及中介机构

一、金融市场的构成要素

金融市场的主体——金融市场的参加者、金融市场的客体——金融工具,是构成现代金融市场的两大要素。

(一) 金融市场的主体

金融市场的运行主体,按不同的分类方法可以有不同的划分。首先,按照资金的关系划分,金融市场的运行主体可分为资金供应方、需求方、中介机构及管理者——国家金融监管机构四个部分。金融市场的资金供应方,主要是那些经常出现资金盈余的工商企业、公司、单位和个人,以及海外投资者。金融市场上的资金需求方,主要是公司、企业部门和政府部门,它们由于投资超过自身资金能力而资金不足。中介机构则是指商业银行、投资银行和其他非银行金融机构,这些机构或直接充当资金供、需双方的介入,或是通过各种形式吸收资金,然后再运用出去。其次,按照参与金融市场活动的主体来划分,金融市场的运行主体可大致分为六类,即金融机构、工商企业、政府部门、家庭或个人、中央银行、海外投资者。

随着国际金融市场的不断发展,金融市场投资机构已成为判断一个国家金融市场成熟程度的主要标准之一。

1. 投资主体机构化:国际趋势与国内现状

20 世纪 70 年代以来,机构投资者迅速崛起,并逐渐成为金融市场投资的主导力量。越来越多的家庭通过共同基金、养老基金和保险公司等机构投资者的代理投资间接地参与金融市场。

在我国,随着 2000 年以来管理层奉行"超常规发展机构投资者"的发展战略,我国证券投资基金发展迅速。与此同时,合格境外机构投资者(QFII)、保险公司、社保基金、企业年金以及私募基金等其他各类机构投资者也得到不同程度的发展,目前已初步形成了多元化的机构投资者格局。

截至 2016 年 7 月底,已在基金业协会登记的私募基金管理公司 16 467 家,已备案私募基金 36 829 只,认缴规模 7.47 万亿元,实缴规模 6.11 万亿元,私募基金从业人员

27.58万人。从私募基金管理人数量上看,2016年、2017年基金管理人呈井喷之势,从2015年1月份的6 974家开始持续增长,到2016年3月份达到峰值的25 901家,增长了2.7倍。随着监管新规的出台和空壳私募的陆续清理,7月份降到16 467家。

2. 投资主体机构化的经济学解释

金融市场存在着交易费用和信息不对称等市场缺陷,这使机构投资者有了改善的空间和存在的意义。第一,与个人投资者相比,机构投资者具有信息处理的专业优势,能够更好地解决金融市场上的信息不完全和信息不对称问题。第二,机构投资者汇集大量委托资产,可以充分利用规模经济效应降低投资者的交易成本。机构投资者的规模经济使它可以更有效地通过分散投资来降低投资者的投资风险。第三,投资者要有效地参与市场,就要花费大量的时间和精力学习市场的运作规律、资本收益的分布情况以及监控和跟随金融资产的跨期变化。然而,随着投资者收入和生活水平的提高,他们的时间价值也相应上升,这就意味着投资者参与市场的机会成本迅速提高。在这种情况下,一个有效的办法是由机构投资者代替投资者进行投资,这样可以有效降低投资者的参与成本。一般认为,市场投资主体机构化有利于稳定金融市场、倡导理性投资和鼓励金融创新,能够提高金融市场的运行效率和资源配置效率,可以改善公司治理结构和缓解所谓的内部人控制问题。

(二) 金融市场的客体

1. 金融工具的概念

金融工具是金融市场交易的对象。它是随着信用关系的发展而产生和发展起来的。现代错综复杂的资金融通关系,不可能单靠口头协议办事。因为口说无凭,容易引起争执,也不能使债权或所有权在市场上转让、流通。适应多种信用形式发展的需要,产生了商业票据、银行存款凭证、借据、股票、债券、基金等金融工具。任何金融工具都具有双重性质:对金融工具的发行者(借款者),它是一种债务;对投资者(贷款者),它是一种债权资产。每种金融工具,适应交易的不同需要而各有其特殊内容,但也有些内容是共同的,如票面金额、发行者(出票人)签章、期限、利率(单利或复利)等。

金融工具是金融市场上资金运行的载体,亦称信用工具、金融商品、金融资产,或称交易工具、金融市场运行工具等。当资金缺乏部门向资金盈余部门借入资金,或发行者向投资者筹措资金时,以书面形式发行或流通的信用凭证或文本就是金融工具。其上面确定债务人的义务和债权人的权利,是具有法律效力的契约。

2. 金融工具的种类

金融市场工具主要包括两大类:一类是金融市场参加者为筹资、投资而创造的工具;另一类是金融市场参加者为保值、投机等目的创造的工具。无论哪一类工具,都是资金供求关系的具体反映,是供求双方共同选择资金借贷形式的具体表现。

金融市场工具种类繁多,可按不同标准分门别类。以职能为标准,可分为投资筹资工具(如股票、债券等)和保值投机工具(如期货合同、期权合同等);以收益高低为标准,可分为高收益工具(如股票、公司债券等)和低收益工具(如政府债券、金融机构债券等);以期限长短为标准,可分为短期工具(1年期以下的各种债券)和长期工具(1年期以上的各种债券,以及股票等),以安全程度为标准,可分为高风险工具(如股票)、中风险工具(如公司债券)和低风险工具(如政府债券);以创造人为标准,可分为公司筹资工具(如公司股票、公司债券、短期商业债券等)、政府筹资工具(如政府债券)、金融机构筹资工具(如大额可转让定期存单等)和个人筹资工具(房地产抵押单等)。

二、金融市场的中介机构

在金融市场上,资金融通和证券投资过程,基本上是通过金融中介机构进行的。金融中介机构是投资和筹资交易双方能够顺利进行投资、融资活动的代理人,它通过提供咨询、提供场所、撮合买卖,直接参与金融活动,极大地提高了金融市场的运作效率。金融中介机构是现代金融市场的重要组成部分,也有人把它列入金融市场构成要素之一。

(一) 信托投资公司

信托投资公司是指依照《中华人民共和国公司法》和《信托公司管理办法》设立的主要经营信托业务的金融机构。

按照中国银行业监督管理委员会令2007年第2号颁布的《信托公司管理办法》规定,信托投资公司可以从事投资基金业务;经营企业资产的重组、购并及项目融资、公司理财、财务顾问等中介业务;受托经营国务院有关部门批准的国债、政策性银行债券、企业债券等债券的承销业务。

(二) 证券公司

证券公司是指依照公司法规定和经国务院证券监督管理机构审查批准的从事证券经营业务的有限责任公司或者股份有限公司,也是金融市场上最主要的中介机构。在证券发行市场上,证券公司在证券发行者与证券购买者之间起媒介作用;在证券流通市场上,证券公司有时作为证券经纪商代理客户买卖有价证券,有时作为证券自营商直接经营有价证券买卖。

按照我国《证券公司管理办法》规定,证券公司分为经纪类证券公司、综合类证券公司两类。

(三) 证券交易所

证券交易所是提供证券集中竞价交易的场所。从这一意义上讲证券交易所属于金融市场中介机构。证券交易所是在特定的场所,按照一定的组织程序、交易秩序进行证券买卖的市场。

(四) 信用评级机构

信用评级机构是金融市场中的一种重要的服务性中介机构,主要是对证券发行人和其所发行的证券进行信用等级评定。证券经过评级才具备发行的条件。评级机构组织各种专门人才对发行公司进行财务分析,通过分析发行公司的偿债能力、资产结构、经营状况、筹资用途后,对证券作出公正、客观的判断,确定信用等级。信用等级一般划分为若干级别,每级反映不同的风险程度、付息能力等。评级结果至关重要,评的级别高,市场价格高,筹资成本就低。相反,筹资成本就高。对投资者来说,评级有益于合理的投资选择，避免较大风险的影响。

第三节　金融市场的发展趋势

一、金融市场形成

金融市场是为了适应商品经济发展的需要，随着商品市场、劳动力市场、技术市场等市场经济的发展，以及金融体制改革和完善逐步发展而形成的。

(一) 商品经济是金融市场形成和发展的基础

金融市场是商品经济高度发展的产物。在商品经济条件下，货币、信用、银行应运而生。随着商品经济的高度社会和市场化，形成了现代市场经济，单纯依靠商业信用、银行信用融通资金已满足不了需要。于是，在商业信用直接融资和银行信用间接融资的基础上，新的金融工具如商业期票、汇票、银行本票，以及股票、债券等不断被创造出来，金融市场逐渐形成。

商品市场是金融市场的前提和基础，商品流通扩展到哪里，资金融通就扩展到哪里，金融市场就在哪里应运而生，金融市场发展的轨迹同商品市场发展的轨迹基本是平行一致的。随着商品经济的高度发展，金融市场也在不断发展。为了适应商品经济发展的进一步需要，金融市场业务范围日益拓宽，由货币交易的市场发展到筹集资本的市场。资本市场是在货币市场发展的基础上，与股份公司同步形成并发展起来的。资本市场的形成与发展，对于商品经济的发展起到了重要的推动作用。

随着数量巨大的各种金融工具进入金融市场，客观上要求有一个能够解决长期资金和短期资金转化或变现的场所，于是在证券发行市场的基础上，产生了证券流通市场。证券流通市场可以分为无形的、发散的场外交易市场(店头市场)和有形的、集中的交易市场(证券交易所)。证券交易所的出现，是金融市场逐渐发展成熟的重要标志。而且，由于证券交易所的出现解决了长期信用和短期信用相互转化或变现的难题，现代金融市场逐步进入成熟发展阶段。

在金融市场发展的历史上，金融产品交易一直采取一手交钱、一手交货的现货交易方式。这种交易方式不能满足商品经济日益发展变化的需要。于是，在金融商品现货市场的基础上诞生了一种新型的金融商品交易市场——金融期货市场。由金融现货市场发展到金融期货市场，标志着金融市场的最新发展。由此可见，金融市场从产生到发展，在银行中间业务和金融工具创新浪潮推动下，不断演进，不断发展，不断创新，成为现代市场经济高度发展的一个重要组成部分。金融市场的形成不仅加快了货币流通和资金周转速度，而且便利了资本的形成和流动，使整个社会的资金高速运转起来，从而促进了商品生产、商品流通的更大发展。到了现代，凡是市场经济发达的国家，都离不开金融市场的支撑。金融市场成为市场经济运转的血液和心脏。它既根植于商品经济，又调节着商品经济的运行。

(二) 金融市场的主导作用

商品市场、金融市场、劳务市场和技术市场是现代市场经济的四大支柱。其中,商品市场构成了市场体系的基础,因为只有商品市场发展到一定应有的规模和水平,才会产生其他市场。商品市场的发展不但提出发展其他市场的要求,同时提供了发展其他市场的可能条件,如果没有商品市场,就不存在交换,就不可能存在市场经济,只能是自然经济或产品经济,自然不会有劳务市场、技术市场和金融市场。劳务市场是现代市场经济的条件,如果没有劳务市场,则不能通过市场来实现人才和劳动力的流动,只能通过国家调节来配置人才和劳动力,企业不能自主吸引人才,缺乏用人的自主权,难以实现自主经营、自负盈亏、自我发展、自我约束。技术市场是前提,商品经济的发展要求有相应技术,如果没有技术市场,科学技术不能转化为生产力,商品经济发展便会受到限制。金融市场在现代市场经济中起主导作用,因为金融市场可以引导商品生产要素的配置。在市场经济条件下,各种生产要素都表现为资金,而资金的价格是利率,具有引导资金流向的作用,促使各种生产要素合理流动,获得最优配置,这是其他市场不能替代的。

金融市场可以强化商品生产者的独立经营。企业从金融市场筹措资金,要承担相应的经济责任,如果经营管理不善,出现经营亏损,则有可能破产。而且,在金融市场能否筹措到资金,与企业的经营状况直接相关。若企业经营不善,资信较差,则难以筹措到资金。因此,金融市场可以强化企业经营管理和经济核算,促使企业经营规模不断扩大。金融市场可以把宏观调控和微观经济统一起来。企业参与金融市场活动,便于多渠道和多形式融通资金,有利于搞活微观经济。同时,国家可以利用金融市场活动,便于多渠道和多形式融通资金,有利于搞活微观经济;国家还可以利用金融市场开展公开市场业务,调节货币流通,从而把宏观经济调控和微观经济搞活结合起来。金融市场可以更好地为发展市场经济服务。西方国家实现了社会化大生产,经济高度发达,资本有机构成不断提高,机器设备日益昂贵,企业为了维持资本的正常循环和周转,或为了扩大经营规模,需要增加投资。为此,企业充分利用各种信用形式,聚集社会资本、信用关系和市场关系交织在一起,形成高度发达的金融市场,通过金融市场灵活融通资金,调剂资金余缺,为发展市场经济服务。

通过以上分析可以看出,金融市场与商品市场、劳务市场、技术市场之间具有密切的内在联系。这是市场经济高度发达的必然要求和发展趋势。

二、金融市场的发展趋势

(一) 资产证券化

资产证券化是指把流动性较差的资产,如金融机构的一些长期固定利率放款或企业的应收账款等通过商业银行或投资银行的集中及重新组合,以这些资产作抵押来发行证券,实现相关债权的流动化。资产证券化最早起源于美国,最初是储蓄银行、储蓄贷款协会等机构的住宅抵押贷款的证券化,接着商业银行也纷纷效仿,对其债权实行证券化,以增强资产的流动性和市场性。从 20 世纪 80 年代后期开始,证券化已成为国际金融市场的一个显著特点,传统的以银行为中心的融资借贷活动开始发生了新的变化。

(二) 金融自由化

由于金融业的活动涉及全社会各部门的利益，一旦某一金融机构倒闭必然牵连很大，引起一些不利的连锁反应，甚至导致金融动荡和危机。因此，基于安全和稳健的考虑，从历史上看，金融业一直是受政府管制最严厉的部门之一。但是，自20世纪70年代中期以来，无论是过去管制较严的国家还是管制较为宽松的国家，都出现了放松管制的趋势。其主要表现在如下四个方面。

1. 减少或取消国与国之间对金融机构活动范围的限制

这是直到现在为止金融业务活动全球化的最主要推动因素之一。国与国之间相互开放本国的金融市场，允许外国银行等金融机构在本国经营和国内金融机构一样的业务，并给予外国金融机构优惠的国民待遇，使国际金融交易急剧活跃，金融的全球化进程大为加快。

2. 对外汇管制的放松或解除

英国已于20世纪70年代末逐步取消了外汇管制，法国和日本也随后逐渐予以取消。美国在外汇管制较为宽松的情况下，1990年又取消了对外资银行账户的某些限制。外汇管制的放松或取消，使资本的国际流动进程大大加快，促进了国际金融的一体化。

3. 放宽金融机构业务活动范围的限制

允许金融机构之间的业务适当交叉。在西方国家，除了少数实行全能银行制度的国家如德国、奥地利、瑞士等国家外，绝大多数国家都在20世纪30年代经济危机经验教训的基础上，建立起严格的分业经营制度，其中一项是银行业务和证券业务的严格分离。但是，这一管制措施在20世纪70年代末期以来已经有缓和的趋势。特别是进入20世纪80年代后期以来，由于各国间金融竞争的日趋激烈，金融国际化进程的加快，各国为了抢占国际金融市场、提高本国金融机构在国际金融竞争中的地位，尤其在国际金融领域，这些限制大幅放宽。

4. 放宽或取消对银行的利率管制

美国已经取消了"Q条例"所规定的银行存款利率上限。其他一些主要发达国家也纷纷步其后尘，这导致了银行领域内的自由化的快速发展。除了上述内容的管制措施的放宽或解除外，西方各国对金融创新活动的鼓励，对新金融工具交易的支持，实际上也是金融自由化兴起的重要表现。

(三) 金融全球化

金融市场的全球化已成为当今世界的一种重要趋势。20世纪70年代末期以来，由西方国家兴起的金融自由化浪潮，使各国政府纷纷放宽对金融业活动的管制。随着外汇、信贷及利率等方面管制的放松，资本在国际间的流动日渐自由，国际利率开始趋同。目前，国际金融市场正在逐步成为一个密切联系的整体市场，在全球各地的任何一个主要市场上都可以进行相同品种的金融交易，并且为了解决时差的问题，由伦敦、纽约、东京和新加坡等国际金融中心组成的市场可以实现24小时不间断的金融交易，世界上任何一个局部市场的波动都可能马上传递到全球的其他市场上。这就是金融的全球化。

(四) 金融工程化

金融工程是指将工程思维融进金融领域。综合采用各种工程技术方法(主要有数学建模、数值计算、网络图解、仿真模拟等)设计、开发新型的金融产品,创造性地解决金融问题。这里的新型和创造性指的是金融领域中思想的跃进、对已有观念的重新理解与运用,或者是对已有的金融产品进行分解和重新组合。

金融工程化的动力来自20世纪70年代以来社会经济制度的变革和电子技术的进步。20世纪70年代以来,国际金融领域内社会经济制度的最大变革是布雷顿森林体系的瓦解。汇率的浮动化使国际贸易和国际投资活动的风险大大加剧,工商企业不仅要应对经营上的风险,还要面对汇率波动的风险。为保证国际贸易和国际投资的稳定,各国货币当局力图通过货币政策控制汇率的波动幅度,其中最常用的是改变贴现率。这样,汇率的波动就传导到了利率上。20世纪70年代的另外一个重大的冲击是石油提价引起的基础商品价格的剧烈变动。上述这些变化共同形成了对风险管理技术的需求。

金融工程化的趋势为人们创造性地解决金融风险提供了保障。金融工程的出现标志着高科技在金融领域内的应用,它大大提高了金融市场的效率。值得注意的是,金融工程同时是一把双刃剑。1997年东南亚金融危机中,国际炒家正是利用它来设计精巧的套利和投机策略,从而直接导致这一地区的金融、经济动荡;反之,在金融市场日益开放的背景下,各国政府和货币当局要保卫自己经济和金融的稳定,也必须求助于这种高科技的手段。

三、我国金融市场的发展趋势

(一) 我国金融市场的概况

大体上说,我国金融体系是与经济体制改革相伴而生的,在特定的历史时期,银行起着筹集资金与分配资源的重要功能,银行主导型金融体系对我国经济发展发挥了重要作用。

随着经济发展,我国的金融体系相应的须从银行主导型融资模式向资本市场主导型融资模式过渡,并最终确立市场主导型融资模式,以适应经济和社会发展的需要。目前,我国金融体系的微观结构虽未健全和完善,金融产品、交易机制创新皆有不足,与市场型金融体系尚有较大差距,但与以往相比,我国的金融市场已有很大发展和进步,初步形成了包括股票市场、货币市场、债券市场等在内的多层次交易场所,交易种类也涵盖股票、债券、基金等金融产品。

从2010年以来,我国金融市场继续健康、平稳运行。货币市场交易活跃,市场利率先抑后扬;债券市场指数稳中有升,债券发行规模稳步增长;股票市场波动中有所回升,股票融资大幅增加。从融资工具看,贷款融资的主导地位有所下降,股票融资占比显著上升,企业债券融资继续增加,国债融资力度不减,直接融资在配置资金中的作用得到进一步提高,融资结构明显优化。

随着经济体制和金融体制朝市场化方向的不断发展,我国金融市场建设取得了突破性进展,规模不断扩大,市场参与主体日趋广泛,基本形成了初具规模、分工明确的市场体系,成为社会主义市场经济的重要组成部分。金融市场创新继续稳步推进,已有创新产品发展迅速;金融市场规模不断扩大,市场涵盖面和影响力不断增强;金融市场改革进展顺利,市场功能日趋深化;金融市场结构不断优化,多层次金融市场体系建设稳步推进。我国金融市场正在向以建设透明高效、结构合理、机制健全、功能完善和运行安全的目标迈进。

(二) 我国金融市场存在的问题

1. 金融结构失衡

我国的金融机构虽然呈现不断优化趋势,但现存结构状态仍然不能够满足市场经济发展的内在要求以及适应经济全球化的需要,甚至严重制约了金融效率与国际竞争力的提高。

2. 金融创新乏力

与发达国家相比,我国的金融创新还很落后,且存在金融创新过于依赖政府,在有限的金融创新中,各领域进展失衡的状况。这些都降低了金融资源的效率,削弱了我国金融机构的创新竞争力。

3. 金融监管存在突出问题

从内部看,金融机构面临着与国有企业一样的困境,即如何真正解决激励与约束机制问题。从外部监管看,首先表现为金融法规建设滞后,尽管中国现行有关金融监管方面的法律经过多年修改,已经较为系统,较为完善,但由于我国的整体法律基础不牢固,金融监管经验不足,法律的涵盖面并不广泛,法律的局限性严重,特别是一些临时性的管理条件、实施办法,缺乏一致性、连续性、权威性,对金融市场发展极为不利。

4. 货币市场和资本市场阻塞不通

人为割裂,迫使资金变相暗通,阻碍了货币市场和资本市场的联动效应,阻滞货币政策的传导,减弱了货币政策效力,使货币市场的发展能有效地带动资本市场的发展,且银行和非银行金融机构的分业经营和分业监管造成了金融市场的一些监管真空。

(三) 我国金融市场发展趋势

在金融体制和金融市场深刻变化的背景下,对国有商业银行要严格按照《公司法》的要求建立起真正的现代企业经营管理体制,从根本上改变现有的经营管理模式,最终使其成为法人治理结构完善、内控机制健全、按照市场化机制运作的现代金融企业。同时,也要对股份制银行进行制度创新,真正按照现代商业银行的标准,建立内控严密、运转规范高效的经营机制和管理体制,全面提升其经营管理水平和盈利水平。

金融市场的发展一直伴随并推动着金融监管体系的改革。判断一个金融监管体系是否有效的基本原则应为是否能逐步放松管制,减少行政审批,为金融机构业务创新提供良好的环境。因此,要切实把监管职能转到主要为市场主体服务和创造良好的发展环境上来。通过行业规划、政策引导、市场监管、信息发布以及规范市场准入等手段,调控金融市场,防范、化解风险,促进金融市场持续、健康、快速的发展。

阅读材料 4-1

金融自由化在世界各国的实践

1. 拉美国家的金融自由化

拉美国家有过两次引人注目的金融自由化：第一次始于20世纪70年代中期，80年代初债务危机爆发后逐渐趋于停顿；第二次始于20世纪80年代末，90年代初期达到高潮。第一次实施的金融自由化的内容主要包括实行利率市场化、取消定向贷款以及降低银行储备金比率。第二次金融自由化具有两个特点：一是实施金融自由化的国家不再限于少数，而是几乎遍布整个拉美大陆，只有海地、巴拿马和苏南里三国基本上很少或没有采取金融自由化措施；二是除南椎体国家（阿根廷、巴西、巴拉圭、乌拉圭）在20世纪70年代采取的放松利率管制、取消定向贷款和降低银行储备金比率等措施以外，第二次金融自由化还采取了对国有银行实施私有化、积极引进外国银行的参与及加强中央银行的独立性措施。

2. 亚洲国家和地区的金融自由化

新加坡在20世纪70年代中期就实现了利率自由化，并于1968年率先设立亚洲美元市场，以此带动金融自由化和国际化。20世纪80年代，新加坡在财政上鼓励境外的放款财团、基金管理和包销证券的财团开展业务，同时包销和管理国际证券发行。1984年新加坡国际货币交易所的建立是金融发展中的另一里程碑。1998年，新加坡政府出台新一轮金融改革方案，逐步开放国内金融市场，鼓励新加坡资本的银行通过合并增强资本实力，扩大业务规模，以便在世界金融市场上拼争一席之地。

韩国的金融自由化进程始于20世纪80年代初期，其金融改革的主要内容：逐步实现国有商业银行私有化；减少对银行经营的干预，给予银行更大的自主权，降低市场准入限制并促进金融服务多样化，放松对绝大多数银行和金融机构的利率限制。在金融改革实施过程中，除了第一项执行得较为彻底外，其余措施进展缓慢。每当韩国宏观经济发展受到冲击时，金融自由化政策就会出现反复。为进一步推动金融自由化，韩国政府在1993年推出了在5年内实施一系列内容多、范围广的金融改革计划，主要包括：取消利率管制、实现商业存贷款、短期公司债券、政府债券、银行定息债券的利率自由化；改革政策性融资制度；逐步完善货币工具的使用；开放资本账户。金融危机后，韩国金融自由化进程大大加快，至1997年实现韩元自由兑换。

3. 中国的金融自由化

中国的金融自由化从1992年正式开始。在利率自由化方面，1993年发布的《中共中央关于建立社会主义市场经济体制若干问题的决定》和《国务院关于金融体制改革的决定》最先明确利率市场化改革的基本思路。1995年，《中国人民银行关于"九五"期间深化利率改革的方案》初步提出了利率市场化改革的基本思路。1996年6月1日，放开银行间同业拆借市场利率。1997年6月，银行间债券市场正式启动，同时放开了债券市场回购和债券交易利率。1998年3月，改革再贴现利率及贴现利率的生成机制，放开了贴现和转贴现利率。1998年9月，放开了政策性银行金融债券市场化发行利率。1999年10月,对保险公司大额定期存款实行协议利率。2003年7月,放开了英镑、瑞士法郎和加拿大元的外币小额存款利率管理,由商业银行自主确定。2003年11月,对美元、日元、港币和欧元小额存款利率实行上限管理,商业银行可根据国际金融市场利率变化在不超过上限的前提下自主确定。2003年11月,商业银行、农村信用社可以开办邮政储蓄协议存款。2004年1月1日,中国人民银行再次扩大金融机构贷款利率浮动区间。从2004年10月29日起上调金融机构存贷款基准利率,并放宽人民币贷款利率浮动区间和允许人民币存款利率下浮。自2004年11月18日起上调境内商业银行美元小额外币存款利率上限。

中国在1994年成功实现了汇率并轨。1996年7月1日起,对外商投资企业实行银行结售汇。1996年12月1日,中国实现人民币经常项目可自由兑换。2001年12月11日,中国正式加入世界贸易组织,境内的银行业、保险业等金融产业将在3~5年时间内逐步实现基本对外开放,证券业、信托业等金融产业也将加快对外开放的步伐。我国坚持资本项目稳步开放,在进一步对外开放资本市场和引进国外资本的同时,适时鼓励国内企业对外投资,形成资本双向流动的合理格局。

资料来源:张亦春,现代金融市场学:第2版,中国金融出版社,2007年。

本章关键词

金融市场　金融工具　一级市场　二级市场　现货市场　期货市场　资产证券化　金融全球化　金融自由化　金融工程化

思　考　题

1. 简述金融市场的概念。
2. 简述金融市场的构成要素。
3. 简述金融市场的主要功能。
4. 简述我国金融市场的发展趋势。

第五章 货币市场

本章导读

货币市场就其结构而言,包括同业拆借市场、票据贴现市场、大额可转让定期存单市场、短期债券市场、债券回购市场等。货币市场产生和发展的初始动力是为了保持资金的流动性,它借助各种短期资金融通工具将资金需求者和资金供应者联系起来,既满足了资金需求者的短期资金需要,又为资金剩余者暂时闲置资金提供了获取盈利的机会。货币市场上的融资活动主要是为了各类经济主体可以随时获得或运用货币,从而保持资金的流动性。货币市场的存在和运转,一方面可以满足支出赤字单位的短期资金需求,另一方面也为支出盈余单位的暂时闲置资金提供获取盈利机会的出路。

第一节 货币市场的概述

一、货币市场的含义

货币市场是短期资金市场,是指融资期限在一年以下的金融市场,是金融市场的重要组成部分,由于该市场所容纳的金融工具主要是政府、银行及工商企业发行的短期信用工具,具有期限短、流行性强和风险小的特点,在货币供应量层次划分上被置于现金货币和存款货币之后,被称为"准货币",所以将该市场称为"货币市场"。

货币市场并不是指交易货币现金的市场。事实上,在货币市场中交易的金融工具被称为货币市场工具。虽然不是现金,但是很接近货币的本质,通常具有期限短、低风险、交易量大的特点,往往称之为"准货币"。因此,货币市场是指期限在1年以内,以短期金融工具为媒介进行资金融通和借贷的市场,是一年期以内的短期融资工具交易所形成的供求关系及其运行机制的总和。从总体来看,货币市场工具的期限最短只有1天,最长也不超过1年,绝大多数则少于120天,流动性极强。进入货币市场中的人包括短期资金的需求者,以及为保持资金流动性的长期证券投资者。

货币市场由同业拆借市场、票据贴现市场、大额可转让定期存单市场、短期债券市场和债券回购市场五个子市场构成。

二、货币市场的发展条件

（一）银行体系的发达程度

一个发达的以商业银行为主体的银行体系是货币市场高度化发展的基本条件。商业银行是货币市场上的主要参与者，其大量的、频繁的融通短期资金的活动构成了货币市场运行的核心。随着商业银行业务的不断扩展，银行与银行之间形成了紧密的体系，这个体系的发达程度基本决定了货币市场的发达程度。

（二）中央银行的完善程度

中央银行体系的发达程度基本上是和货币市场的发达程度相一致的，并互为联系，完善的中央银行体系是货币市场高度发展的又一基本条件。

（三）利率的市场化程度

利率是市场上使用资金的价格，它的决定和变动必须能够反映市场上资金供求状况。只有在利率市场化的条件下，资金趋向充分流动，才有可能产生较为准确的市场信号，引导资金趋于供求平衡，从而使资金得到合理的配置和充分的运用。

（四）信用基础的形成程度

货币市场本身是信用关系高度发展的产物，而信用关系的高度发展又是货币市场正常运行的基础。

（五）金融的多样化程度

金融的多样化程度越高，越能为市场提供足够的优良的短期信用工具及短期融资服务的机构。金融的多样化程度是货币市场不断深化的重要条件。

三、货币市场的功能

货币市场产生和发展的初始动力是为了保持资金的流动性，它借助于各种短期资金融通工具将资金需求者和资金供应者联系起来，既满足了资金需求者的短期资金需要，又为资金剩余者的暂时闲置资金提供了获取盈利的机会。但这只是货币市场的表面功能，将货币市场置于金融市场以至于市场经济的大环境中可以发现，货币市场的功能远不止于此。货币市场既从微观上为银行、企业提供灵活的管理手段，使它们在对资金的安全性、流动性、盈利性相统一的管理上更方便、更灵活，又为中央银行实施货币政策以调控宏观经济提供手段，为保证金融市场的发展发挥巨大作用。

（一）融通短期资金，促进资金运动，优化资金配置，提高经济运行效率

货币市场的最基本功能就是短期资金融通。相对于长期投资金需求来说，短期性、临时性资金需求是微观经济行为主体最基本的，也是最经常的资金需求，因为短期的临时性、季节性资金不足是由于日常经济行为的频繁性所造成的，是必然的、经常的，这种资金缺口如果不能得到弥补，就连社会的简单再生产也不能维系，或者只能使商品经济处于初级水平。货币市场的存在使工商企业、银行和政府可以从那里借取短缺资金，也可将它们暂时多余的、闲置的资金投放在那里做短期投资，生息获利，从而促进资金流

动,解决短期资金融通问题。

(二) 管理短期资金,连接金融机构,提高资金效率

货币市场的管理功能主要是指通过其业务活动的开展,促使微观经济行为主体加强自身管理,提高经营水平和盈利能力。例如,票据市场有利于以盈利为目的的企业加强经营管理、提高自身信用水平。票据市场从票据行为上可以分为票据发行市场、票据承兑市场、票据贴现市场,从签发主体上可以分为普通企业票据和银行票据。只有信誉优良、经营业绩良好的主体才有资格签发票据并在发行,也没有兑现、贴现各环节得到社会的认可和接受,不同信用等级的主体所签发和承兑的票据在权利义务上有明显的区别,如利率的高低、票据流动能力的强弱、抵押或质押的金额的大小等。所以,试图从票据市场上获得短期资金来源的企业必须是信誉优良的企业,而只有管理科学、效益优良的企业才符合这样的条件。

(三) 传导货币政策,增强宏观调控

由于中央银行主要是通过再贴现政策、法定存款准备金政策、公开市场业务三大货币政策工具来影响市场利率和调节货币供应量以实现宏观经济调控的目标,在这个过程中货币市场发挥了基础性作用。首先,中央银行通过同行拆借市场传导货币政策。同业拆借利率是市场利率体系中对中央银行的货币政策反应最为敏感和最为直接的利率之一,成为中央银行货币政策变化的"信号灯"。中央银行通过货币政策工具的操作,首先传导影响同业拆借利率,继而影响整个市场利率体系,从而达到调节货币供应量和调节宏观经济的目的。其次,就超额准备而言,发达的同业拆借市场会促使商业银行的超额准备维持在一个稳定的水平,这显然给中央银行控制货币供应量创造了一个良好的条件。再次,票据市场为中央银行提供了宏观调控的载体和渠道,中央银行的再贴现政策必须在票据市场实施。一般情况下,中央银行提高再贴现率会起到收缩票据市场的作用;反之,则会扩展票据市场。同时,中央银行通过票据市场信息的反馈,适时调整再贴现率,通过货币政策中介目标的变动达到货币政策最终目标的实现。最后,国库券等短期债券是中央银行进行公开市场业务操作的主要工具。

(四) 促进资本市场尤其是证券市场发展的功能

货币市场和资本市场作为金融市场的核心组成部分,前者是后者规范运作和发展的物质基础。首先,发达的货币市场为资本市场提供了稳定、充裕的资金来源。从资金供给角度看,资金盈余方提供的资金层次是由短期到长期、由临时性到投资性的,因此货币市场的资金供给者和资本市场之间搭建了一个"资金池",资本市场的参加者必不可少的短期资金可以从货币市场得到满足,而从资本市场退出的资金也能在货币市场找到出路。因此,货币市场和资本市场就如一对"孪生兄弟",不可偏废于任何一方。其次,货币市场的良性发展减少了由于资金供求变化对社会造成的冲击。从长期市场退下来的资金有了出路,短期游资对市场的冲击力大减,投机活动达到了最大可能的抑制。因此,货币市场是金融市场和市场经济良性发展的前提,金融市场和市场经济的完善又为货币市场的正常发展提供了条件,三者是相辅相成的统一体。在这一关系中,货币市场起着基础性作用。

但是,货币市场功能的正常发挥是需要前提条件的。货币市场本身的发达和完善

是其功能得以发挥的首要前提。例如,发达的同业拆借市场需要有广泛的参与主体、频繁而广泛的交易行为、随行就市的市场价格;发达的票据市场需求票据行为的主体必须是信用良好的真正的市场经济行为主体,票据行为合法规范;国库券市场的形成要求政府发行的国库券达到一定规模,并且期限、档次合理。这些条件的具备为货币市场功能的发挥提供了良好的载体。此外,货币市场功能的发挥尤其是政策功能的发挥需借助于其他金融市场的发展。在货币市场这个功能的发挥中实际上最早反映了中央银行货币政策的变化并通过进一步作用于长期金融市场即资本市场进而作用于更广范围的市场。这是因为,在市场经济条件下,利益关系的变化引起经济行为的改变基本上是借助货币这个载体,在这个过程中货币市场和资本市场分担任着"二传手"和"三传手"的作用。发达的市场经济是货币市场功能发挥的第三个条件。金融市场本身就是市场经济的产物。在市场经济中,政府通过间接调控的方式对市场和微观经济行为主体进行宏观管理,微观主体成为真正的"经济人"和"理性人",为满足盈利最大化和效用最大化而进行营运和消费,供求关系成为价格变动的基本因素,价格成为资源配置变化的基本信号,发达的市场经济本身既需要货币市场,又为货币市场的发展提供良好的外部环境。

第二节 同业拆借市场

一、同业拆借的概念

同业拆借是指经中国人民银行批准进入全国银行同业拆借市场(以下简称同业拆借市场)的金融机构之间,通过全国统一的同业拆借网络进行的无担保资金融通行为。

在我国的金融机构需经中国人民银行批准,可进入全国银行间同业拆借市场,可实现无担保资金融通。目前我国全国统一的同业拆借市场包括三大系统,分别是全国银行间同业拆借中心的电子交易系统、中国人民银行分支机构的拆借备案系统和中国人民银行认可的其他交易系统。金融机构进入同业拆借市场不仅可以弥补调剂资金头寸一日或几日的临时资金调剂,更重要的是弥补资金流动性不足和充分、有效运用资金,减少资金闲置。全国统一的同业拆借网络包括全国银行间同业拆借中心的电子交易系统、中国人民银行分支机构的拆借备案系统、中国人民银行认可的其他交易系统。

中国人民银行依法对同业拆借市场进行监督管理。金融机构进入同业拆借市场必须经中国人民银行批准,从事同业拆借交易需接受中国人民银行的监督和检查。

二、银行同业拆借市场的特点

(一) 短期的信用借贷

融通资金的期限比较短,有1日、2日、7日不等,最长期限为一年,期限最短的甚至只有半日,因为同行拆借资金主要用于金融机构短期、临时性资金需求。

(二) 严格限制的交易主体

同业拆借基本上是信用拆借,拆借活动在金融机构之间进行,市场准入条件较严格,参与拆供的机构基本上在中央银行开立存款账户,因此金融机构的信誉较高,主要以其信誉参与拆借活动,在拆借市场交易的资金也主要是金融机构存放在央行账户上的多余资金。

(三) 先进的交易手段

交易手续简便,这种交易活动一般没有固定的场所,主要通过电信手段成交。当协议达成后可通过各自在中央银行的存款账户自动划账清算,或向资金交易中心提出供求和进行报价,由交易中心进行撮合成交,并进行资金交割划账。

(四) 协定的利率

利率由双方协商决定,随行就市。拆息变动频繁,灵敏地反映资金供求状况。所以,银行在同业拆借利率通常被当作基准利率,成为其他资产的报价基础。

利率相对较低。一般来说,同业拆借利率是以中央银行再贷款利率和再贴现率为基准,再根据社会资金的松紧程度和供求关系由拆借双方自由决定。由于拆借双方都是商业银行或其他金融机构,其信誉比一般工商企业要高,拆借风险较小,加之拆借期限较短,因而利率水平较低。

三、同业拆借市场的形成

(一) 同业拆借市场的来源

同业拆借市场最早出现在美国,其形成的根本原因在于法定存款准备金制度的实施。按照美国1913年通过的《联邦储备法》的规定,加入联邦储备银行的会员银行,必须按存款数额的一定比率向联邦储备银行缴纳法定存款准备金。由于清算业务活动和日常收付数额的变化,总会出现有的银行存款准备金多余、有的银行存款准备金不足的情况。存款准备金多余的银行需要把多余部分运用,以获得利息收入,而存款准备金不足的银行又必须设法供入资金,以弥补准备金缺口,否则就会因延缴或少缴准备金而受到央行的经济处罚。在这种情况下,存款准备多余和不足的银行在客观上需要互相调剂。

1921年在美国纽约形成了以调剂联邦储备银行会员银行的准备金头寸为内容的联邦基金市场,成为美国最主要的同业拆借市场。随着其他国家借鉴并建立存款准备金制度,同业拆借市场也在这些国家得以形成和发展。

(二) 我国同业拆借市场的形成

为适应经济发展,1984年我国进行金融制度改革,推出了统一计划、划分资金、实贷实存、相互融通的新的信贷资金管理体制,允许各专业银行互相拆借资金。在此背景下,各专业银行之间以及同一专业银行各分支机构之间开办了同业拆借业务。

1986年1月7日国务院颁布《中华人民共和国银行管理暂行条例》对专业银行之间的资金拆借做出了具体规定,推动了同业拆借快速发展。从1986年5月武汉市率先建立了城市信用社间资金拆借小市场开始,武汉、上海、沈阳、南昌、开封等大中城市相继建立了专业银行与中国人民银行间同业拆借市场。到1987年6月底,仅一年间我国除西藏外各省、自治区、直辖市都建立了不同形式的拆借市场。

1995年中国人民银行强化对同业拆借市场的管理,要求跨地区、跨系统的同业拆借必须经过中国人民银行融资中心办理,不允许非金融机构和个人进入同业拆借市场,要求商业银行在1996年4月1日前撤销其所办的拆借市场。1996年1月,全国统一的银行间同业拆借市场正式在上海建立。

中国在1996年建立了全国银行间同业拆借市场,将同行拆借交易纳入全国统一的同业拆借网络进行监督管理。全国银行间同业拆借市场建立以后,中国的同业拆借市场步入规范发展的轨道,在市场规模快速扩大的同时,没有出现系统性风险和严重违约事件,市场运行效率和透明度不断提高。

2007年1月1日开始正式公布在上海银行间同业拆借利率(Shanghai Interbank Offered Rate,Shibor),被称为中国的Libor(London Interbank Offered Rate,即伦敦同业拆借利率),是中国人民银行希望培养的基准利率体系。Shibor一旦运作成熟,将有望成为一切资产的定价标准。

2007年8月6日开始施行的《同业拆借管理办法》是中国人民银行在总结10年同业拆借市场管理经验的基础上,为了进一步促进同业拆借市场发展,配合Shibor报价制改革,顺应市场参与者需求而出台的重要规章。该条例从市场准入、期限管理和限额管理等三方面放松管制,以期活跃同业拆借市场交投,促进市场更快发展。

第三节 票据市场

票据一般是指商业上由出票人签发,无条件约定自己或要求他人支付一定金额,可流通转让的有价证券,持有人具有一定权利的凭证。在我国,票据即汇票、支票及本票的统称。

一、票据市场概述

(一)票据市场的含义

票据市场是指为客户提供短期资金融通,对未到期票据进行贴现的市场,是商业票据市场的重要组成部分。西方国家票据贴现市场的参加者主要是商业票据持有人、商业银行、中央银行以及专门从事贴现业务的承兑公司和贴现公司。商业银行、承兑公司和贴现公司对企业及个人办理贴现业务,中央银行则对商业银行、承兑公司和贴现公司办理现贴现业务。可贴现的票据主要有商业本票、商业承兑汇票、银行承兑汇票、政府债券和金融债券等。贴现市场是商业银行运用资金的有利场所,商业银行办理贴现比直接放款更有利。这种市场不仅便利了票据持有人的资金周转,同时还为中央银行实行宏观调控创造了条件。

票据贴现市场的交易一般有以下三类。

(1) 贴现,是指收款人或持票人将未到期的银行承兑汇票或商业承兑汇票向银行申请贴现,银行按票面金额扣除贴现利息后将余款支付给收款人的一项银行授信业务。票据一经贴现便归贴现银行所有,贴现银行到期可凭票直接向承兑人收取票款。票据贴现作为一种高效实用的融资手段,贴现业务能为客户快捷变现手中未到期的商业票据,手续方便,融资成本低。而且,客户可预先得到银行垫付的融资款项,加速公司资金周转,提高资金利用效率。

(2) 转贴现,是指商业银行因为头寸紧张等因素,将已经贴现的票据到同业那里再做一次贴现,以获得头寸,解决短期融资的需要。

(3) 再贴现,是指一般是商业银行和央行之间的操作,商业银行用手中的央行票据向央行申请再贴现以获得相应的头寸。总之,转贴现或再贴现是贴现的不同品种,其含义不同但是交易的性质相似。

$$贴现利息 = 票面金额 \times 贴现率 \times (未到期天数 \div 365)$$
$$贴现金额 = 票面金额 - 贴现利息$$
$$= 票面金额 \times [1 - 贴现率 \times (未到期天数 \div 365)]$$

例如:某公司于4月15日持一张商业汇票到M银行办理票据贴现业务,该汇票3月3日开出,6月16日到期,面额为100万元,年贴现率为6.6%,求银行贴现付款额。

$$银行贴现付款额 = 100 \times (1 - 6.6\% \times 62 \div 365) = 98.88(万元)$$

说明:剩余期限超长,贴现率越高,同一面额的票据经贴现后所得现金越少;反之亦然。

(二) 贴现与贷款的区别

贴现在形式上是票据的买卖,但实质上是一种信用业务。贴现是商业银行买进的债权,是商业银行对付款人的信贷,贴现和信贷都是银行的资产业务,都是为客户融通资金。所以,票据贴现可以被看做是间接的信贷。

但是,贴现与一般的银行信贷还是有区别的:

(1) 资金流动性不同。由于票据的流通性,票据持有者可到银行或贴现公司进行贴现,换得资金。一般来说,贴现银行只有在票据到期时才能向付款人要求付款,但银行如果急需资金,可以向中央银行再贴现。贷款是有期限的,在到期前是不能回收的。

(2) 利息收取时间不同。贴现业务中利息的取得是在业务发生时即从票据面额中扣除,是预先扣除利息。贷款是事后收取利息,它可以在期满时连同本金一同收回,或根据合同规定,定期收取利息。

(3) 利息率不同。票据贴现的利率要比贷款的利率低,因为持票人贴现票据的目的是为了得到现在资金的融通,并非没有这笔资金。如果贴现率太高,则持票人取得融通资金是负担过重,成本过高,贴现业务就不可能发生。

(4) 资金使用范围不同。持票人在贴现了票据以后,就完全拥有了资金的使用权,他可以根据自己的需要使用这笔资金,而不会受到贴现银行和公司的任何限制。借款人在使用贷款时,则要受到贷款银行的审查、监督和控制,因为贷款资金的使用情况直接关系到银行能否很好地回收贷款。

(5) 债务债权的关系人不同。贴现的债务人不是申请贴现的人而是出票人即付款人,遭到拒付时才能向贴现人或背书人追索票款。贷款的债务人就是申请贷款的人,银行直接与借款人发生债务关系。有时银行也会要求借款人寻找保证人以保证偿还款项,但与贴现业务的关系人相比还是简单很多。

(6) 资金的规模和期限不同。票据贴现的金额一般不太大,每笔贴现业务的资规模有限,可以允许部分贴现。票据的期限较短,一般为2~4个月。贷款的形式则多种多样,期限长短不一,规模一般较大;贷款到期的时候,经银行同意,借款人还可继续贷款。

(7) 担保形式不同。贴现是以合法票据本身作为质押物的担保方式,无须其他担保,而贷款是贷款人根据借款人资信状况一般采取保证、抵押、质押三种担保形式,特殊情况下可直接发放信用贷款。

二、票据的特点和类别

(一) 票据的特点

1. 票据是一种完全有价证券

有价证券分为完全有价证券和不完全有价证券。完全有价证券的证券本身和该证券拥有的权利在任何情况下都不可分离;而不完全有价证券的证券本身和该证券拥有的权利可以剥离。票据的权利随票据的设立而设立,随票据的转让而转让。只有在权利行使之后,票据体现的债权债务关系才宣告结束。显然,票据是一种典型的完全有价证券。

2. 票据是一种设权证券

设权证券是指证券权利的发生必须以制成票据为前提。票据所代表的财产权利,即一定金额的给付请求权,完全由票据的制成而产生。也就是说,票据的制成并非是用来证明已经存在的权利,而是创立一种新的权利。票据一旦制成,票据关系人的权利和义务关系就随之确立。

3. 票据是一种无因证券

无因证券是指证券上的权利只由证券上的文义确定。持有人在行使权利时无须负证明责任。票据的持票人只要持有票据,就能享受票据拥有的权利,不必说明票据取得及票据行为发生的原因。票据债务人也不能以票据所有权发生变化为理由而拒绝银行其因票据行为而负担的付款义务。

4. 票据是一种要式证券

要式证券是指证券的制成必须遵照法律规定。票据的制成和记载事项必须严格依据法律规定进行,而且票据的签发、转让、承兑、付款、追索等行为的程序和方式都必须依法进行。

5. 票据是一种流通证券

票据权利可以通过一定的方式转让,一般包括背书或交付。票据债权与债务关系的转让不需要依照民法中有关债权转让的规定进行,使票据具有高度的流通性。

6. 票据是一种文义证券

文义证券是指票据上的所有权利和义务关系均以票据上的文字记载为准,不受任何外来因素的干扰。票据在流通过程中,若发现文字内容有误,也不得用票据以外的证据方法予以变更或补充。

7. 票据是一种返还证券

票据权利人实现了自己的权利,收回了票据金额之后,应将票据归还给付款人。在其他债权中,债务人履行债务后,即使债权人不同时交还有关债权证书,也可以用其他的凭证如收据来证明债务的履行。

(二)票据的分类

1. 汇票

汇票是由出票人签发的,委托付款人在见票时或者在指定的日期无条件向持票人或收款人支付确定金额的票据。汇票的基本当事人有出票人(即签发票据的人)、付款人(即债务人)和受款人(即持票人)。按出票人不同,汇票分为银行汇票和商业汇票。银行汇票是由银行签发,交由汇款人寄给外地受款人,凭此向指定银行兑取款项的汇款凭证。商业汇票是由企业签发的,要求付款人在一定时间内无条件支付一定金额给收款人的信用凭证。

2. 本票

本票又称期票,是由债务人(出票人)签发的,承诺自己在见票时无条件支付一定金额给收款人或持票人的承诺书或保证书,其特征是以出票人自己为付款人。基本当事人有出票人(付款人)和受款人。按出票人的不同,本票可以分为银行本票(银行签发)和商业本票(企业签发)。按是否注明持票人姓名,本票可分为记名本票和不记名本票(不注明持票人或受款人的名称)。按付款期限可以分为即期本票(见票即付)和远期本票(到期付款)。

3. 支票

支票是指银行活期存款人向银行签发的,通知银行在其存款额度内或约定的透支额度内,无条件地即期支付一定款项给指定人或持票人的书面凭证。支票区别于其他票据的最主要的特征在于:支票是即期票据;支票的付款人有资格限制,通常只能是商业银行。支票主要有以下五种。

(1)记名支票。记名支票指在支票上收款人一栏注明收款人名称,取款时需由收款人签名方可支取。

(2)不记名支票。不写明收款人或以"来人"抬头,凭票付款。

(3)划线支票。划线支票是指在支票正面划两道平行线的支票,表示只能转入收款人账户,不能付现。

(4)保付支票。由开户银行在支票上盖章,注明"保付"字样,保证到期付款,付款银行对支票保付后,即将票款从出票人的账户转入专户,以备付款。

(5)旅行支票。由银行或旅行社签发,由旅行者购买以供其在外地使用的定额支票。

三、各国票据贴现市场

票据贴现市场的市场主体(市场参与者)、市场客体(市场交易工具)及与市场运行密切相关的贴现利率等因素综合在一起,构成了票据现市场的运行机制。在西方,由于不同国家在票据贴现市场的融资规模、结构状况及中央银行对再贴现政策的重视程度方面存在差异,因而票据贴现市场也具有不同的运行特点。

(一) 英国票据贴现市场

英国贴现市场的历史久远,至今已走过了100多年的发展历程,且一直比较发达,在金融市场中的地位也颇为重要和独特。英格兰银行在相当长一段时间内高度重视再贴现政策的运用,不能不说与这种情况有直接关系。19世纪中叶,伦敦贴现市场经营的几乎全部是商业汇票的贴现业务,到19世纪末,才陆续增加了国库券和其他短期政府债券的贴现业务。20世纪50年代中期以前,票据贴现市场的是英国唯一的短期资金市场。50年代后,英国货币市场的家族才逐步扩大,出现了银行同业存款、欧洲美元、大额可转让定期存单等子市场。尽管如此,票据贴现市场在英国货币市场中仍不可置疑地处于核心地位。英国票据贴现市场的参与者众多,包括票据贴现所、承兑所、企业、商业银行和英格兰银行。票据贴现所在伦敦贴现市场上有13家,是贴现市场的主要成员。最初,它们只充当商业汇票交易的中介,从中赚取佣金。后来,它们开始从事商业汇票的贴现业务,并使贴现的票据种类逐步增加。一方面,票据贴现所接受客户的商业票据,为其办理贴现;另一方面,它们又把手中未到期的汇票拿到商业银行或英格兰银行的再贴现政策效能的发挥,主要是能过贴现所这个窗口得以实现的。票据贴现所的独特地位,使其成为连接贴现市场各类经济主体的桥梁和纽带。

(二) 美国票据贴现市场

美国的票据贴现市场,主要由银行承兑汇票市场和商业票据市场构成。银行承兑汇票是进出口贸易中进口商签发的付款凭证,当银行承诺付款并在凭证上注明"承兑"字样后,就变成了承兑汇票。大多数银行承兑汇票偿还期为90天,因其以商品交易为基础,又有出票人和承兑银行的双重保证,信用风险较低,流动性较强。商业票据市场容纳的商业票据,则不是以商业交易为基础而签发的汇票,而是以市场筹资为目的签发的融通票据,到期时由发行者偿还。当这种票据的发行利率低于商业银行短期放款的优惠利率时,其发行量就会显著增大,成为借款人重要的资金来源。由于这种商业票据的期限较短,故容纳这种票据的市场资本上是一级市场。

(三) 日本票据贴现市场

日本票据贴现市场上用来贴现的票据,主要是期票和承兑汇票。所谓期票,是由一些资信度较高的大企业签发的,以自身为付款人,以银行为收款人的一种票据。承兑汇票主要指国际贸易中出口商持有的,经过承兑的出口贸易票据。按照日本的中央银行——日本银行规定,出口商持出口贸易票据向商业银行贴现,或商业银行持同类票据向中央银行办理再贴现时,均可取得低于商业银行短期普通贷款利率的优惠利率。此举的目的在于刺激出口,增强日本商品的国际竞争力。在日本,不仅一些大的城市银行将票据贴现保持资产流动性的目的,也十分重视票据承兑与贴现业务,将其作为放款业务管理的重要方式。

票据贴现利率是票据贴现市场运作机制的一个重要环节,从理论上讲,合理的贴现率水平,应比照相同档次的贷款利率水平来确定。不过,由于票据贴现是提前预扣利息,等于是占有了客户贴息的时间价值,因而利率水平应比同档次贷款利率低一些。实际上,在确定贴现率的具体水平时,票据贴现期限、票据信用程度、短期资金供求关系以及中央银行的再贴现率水准等,也都是必须考虑的因素。至于转贴现率和再贴现率,前者主要由贴现双方参照有关利率自由商定,或由金融同业公会加以规定;后者则主要取决于中央银行的货币政策意图和金融宏观调控决策。

四、中国票据贴现市场目前存在的问题

当前,中国经济金融新常态对票据业务经营带来了多重机遇和挑战,总体上看,银行承兑汇票发展空间仍巨大,票据贴现支持银行信贷投放和调整信贷结构的作用增强,票据交易在低利率市场环境下有望继续活跃,票据差异化经营业态逐步显现;同时,票据经营风险不容忽视,利率市场化使得票据贴现收益率下降和转贴现交易利差收窄,票据业务经营压力有所加大。

总体上看,票据市场作为货币市场的子市场,在规范和引导商业信用、拓宽企业融资渠道、改善银行资产结构、完善货币政策传导机制等方面发挥着十分重要的作用,票据再贴现还是央行重要的货币政策工具。票据市场在资金配置、流动性管理、风险分散、货币政策传导以及缓解中小企业融资瓶颈等方面发挥着举足轻重的作用,是央行制定货币政策时的考虑因素。但是,目前中国票据市场存在诸多问题,在很大程度上制约了其功能的发挥。

(一) 票据贴现市场缺乏票据基础

贴现市场必须以票据为基础。由于我国商业银行对票据承兑贴现业务认识的滞后、操作上的随意而使票据难以推广,贴现市场也缺乏主体。一是承兑贴现的商业汇票无真实商品交易。按规定,在银行开立存款账户的法人须具有真正的商品交易关系或债权债务关系,才能使用商业汇票,但银行根据企业间的经济合同开具银行承兑汇票时,难以判断这是否是真正的商品交易。当承兑汇票和贴现票款不能按期收回,银行只能垫付资金。加之企业效益差、商业信用低,企业普遍不愿意接受商业汇票,从而不利于贴现市场发展。二是违约拖欠付款时有发生,承兑行为在银行承兑汇票到期时应无条件支付票面金额和贴现利率,但由于各银行信贷资金紧张,难以安排足额贷款予以贴现;或由于本位主义作怪,有些银行常以各种理由拖欠付款,以此维护票据当事人的利益。这既不利于银行的信誉,更不利于商业汇票的推广。

(二) 贴现业务收益与风险错位

一是贴现再贴现资金少,同时贴现利率过低,贴现业务收益不能抵补资金成本,毅然决然与预期风险极不对称。票据利率市场化滞后,票据贴现利率的规定使商业银行对票据贴现业务多持审慎态度,怕担风险。二是占用贴现行联行资金。目前,国

有商业银行联行清算制度不统一。贴现行办理商业汇票收款时因不能及时收回联行汇票资金,必须先自行垫付,从而影响贴现行资金的流动性、效益性。三是商业银行未能及时收回到期的银行承兑汇票贴现资金,影响商业银行办理贴现、转贴现业务的积极性。

(三) 管理偏松,漏洞不少

一是商业银行只重视贷款规模的硬性管理,为了完成指标,忽视对银行承兑汇票签发对象资格、信誉、数额、范围的控制,甚至以票引存,暗藏风险。有些商业银行为了争抢票源,在票据业务中,对企业贴现票据审查把关不严,例如,对没有增值税发票或商品购销合同、商品发运单据等要件的银行承兑汇票也予以贴现,无形中暗藏着票据风险。这样虽能揽取部分存款,但也影响到银行的收益,套取了银行信用。同时,这种通过下调利率、降低一些银行承兑汇票到期时,形成了明显的不正当竞争,扰乱了票据市场的正常秩序。二是当一些银行承兑汇票到期时,在企业无力偿还的情况下,银行被迫转为逾期贷款,形成风险并造成信贷规模膨胀。三是利益驱动,造成管理疏松。签发银行承兑汇票可收取一定手续费,银行可将这部分收入用于其他开支而不纳入经营收入,易造成资信审查方面的不严,给票据诈骗者以可乘之机。

(四) 承兑汇票质押贷款,形成变相贴现

在目前企业资金紧张、贷款较难的情况下,一些企业将目光转向利用承兑汇票质押贷款套取银行资金的做法。由于以承兑汇票质押贷款,不必审查其有无真实的贸易背景,只需审查票据的真伪即可,这样就为那些无真实贸易背景的票据套取银行资金开了方便之门,实质上形成了一种变现贴现的现象,容易成为企业融资性票据贴现滋生的"温床",加大了银行资金风险。

(五) 法规制度不完善

一方面,社会缺乏良好的信用环境,信用立法落后;另一方面,各地银行关于商业银行汇票贴现、再贴现业务的规章制度不统一,造成商业银行汇票变现能力弱。同时,存在执法不严的情况,逃避债务者仍以有理有利者自居,地方保护主义、行政干预也使赖账"钉子户"长期存在,这些都破坏了票据贴现市场所需要的信用环境。

第四节 其他货币市场

一、大额可转让定期存单市场

大额可转让定期存单(CDs)是一种固定面额、固定期限、可以转让的大额存款定期储蓄。其发行对象既可以是个人,也可以是企事业单位。这种金融工具的发行和流通所形成的市场称为可转让定期存单市场。

(一) 大额可转让定期存单的主要特点

(1) 流动性强,大额可转让定期存单具有自由流通的能力,可以自由转让流通,有

活跃的二级市场。

（2）金额较大，大额可转让定期存单面额固定且一般金额较大。

（3）存单不记名，便于流通。

（4）期限较短，存款期限为 3～12 个月，以 3 个月居多，最短的 14 天。可转让大额定期存单市场的主要参与是货币市场基金、商业银行、政府和其他非金融机构投资者，市场收益率高于国库券。大额可转让定期存单，是银行发行的到期之前可转让的定期存款凭证。

（二）大额可转让定期存单与定期存款的区别

（1）定期存款是记名不可转让的，CDs 通常是不记名和可以转让的。

（2）定期存款金额不固定、大小不等，可能有零数；CDs 金额则都是整数，按标准单位发行。

（3）定期存款的利率一般是固定的，到期才能提取本金；CDs 有固定利率也有浮动利率，不得提前支取，但可在二级市场上转让。

（三）大额可转让定期存单的来源

大额可转让定期存单最早产生于美国。美国的 Q 条例规定商业银行对活期存款不能支付利息，定期存款不能突破一定限额。由于当时市场利率上涨，活期存款无利或利率极低，现行定期储蓄存款亦受联邦条例的制约，利率上限受限制，存款纷纷从银行流出，转入收益高的金融工具。为了突破 Q 条例的管制，美国花旗银行于 1961 年创造了第一张大额可转让定期存单。其目的是为了稳定存款、扩大资金来源。大额可转让定期存单利率较高，又可在二级市场转让，对于吸收存款大有好处。于是，这种新的金融工具诞生了。大额可转让定期存款单除对银行起稳定存款的作用、变银行存款被动等待顾客上门为主动发行存单以吸收资金、更主动地进行负债管理和资产管理外，存单购买者还可以根据资金状况买进或卖出，调节自己的资金组合。

（四）我国大额可转让定期存单的发展

与美国相比，我国的大额可转让存单业务比较晚。我国第一张大额可转让存单于 1986 年面世，最初由交通银行发行。1987 年中国银行和工商银行相继发行 CDs。当时 CDs 作为一种新型金融工具，利率比同期存款上浮 10%，同时又具有可流通转让的特点，集活期存款流动性和定期存款盈利性的优点于一身，因而深受欢迎。由于全国缺乏统一的管理方法，市场曾一度出现混乱，央行于 1989 年 5 月下发了《大额可转让定期存单管理办法》，对 CDs 市场的管理进行完善和规范。但是，鉴于当时对高息揽储的担心，1990 年 5 月央行下达通知规定，向企事业单位发行的 CDs，其利率与同期存款利率持平，向个人发行的 CDs 利率比同期存款上浮 5%，CDs 的利率优势尽失，市场开始陷入停滞状态。

1996 年，央行重新修改了《大额可转让定期存单管理办法》，对 CDs 的审批、发行面额、发行期限、发行利率和发行方式进行了明确。然而，由于没有给 CDs 提供一个统一的交易市场，同时由于盗开和伪造银行存单进行诈骗等犯罪活动十分猖獗，央行于 1997 年暂停审批银行的 CDs 发行申请。CDs 淡出人们的视野至今已经 10 多年。

阅读材料 5-1

Q条例

Q条例是指美国联邦储备委员会按字母顺序排列的一系列金融条例中的第十五项规定。1929年之后,美国经历了一场经济大萧条,金融市场随之也开始了一个管制时期,与此同时,美国联邦储备委员会颁布了一系列金融管理条例,并且按照字母顺序为这一系列条例进行排序,如第一项为A条例,其中对存款利率进行管制的规则正好是第十五项,因此该项规定被称为Q条例。后来,Q条例成为对存款利率进行管制的代名词。

Q条例的内容是:银行对于活期存款不得公开支付利息,并对储蓄存款和定期存款的利率设定最高限度,即禁止联邦储备委员会的会员银行对它所吸收的活期存款(30天以下)支付利息,并对上述银行所吸收的储蓄存款和定期存款规定了利率上限。当时,这一上限规定为2.5%,此利率一直维持1957年都不曾调整,而此后却频繁进行调整,它对银行资金的来源去向都产生了显著影响。

Q条例的实施,对20世纪30年代维持和恢复金融秩序、40年代至50年代初美国政府低成本筹措战争资金、第二次世界大战结束后美国经济的迅速恢复,起到了一定的积极作用。

然而,到20世纪50年代中后期,特别是进入60年代之后,这一条例的弊端便暴露出来。依据当时的情形,美国通货膨胀率曾一度高达20%,而Q条例执行的结果是银行存款利率上限受到管制。这一方面使银行存款对投资者的吸引力急剧下降,公众对存款越来越没有兴趣;另一方面,银行的吸存能力受到很大影响,以致存款性金融机构的生存岌岌可危;并且在1970年,美国国会取消了Q条例中关于10万美元以上存款利率最高限额的规定,这就造成了对存款小户的利率歧视。

于是,商业银行不得不开始进行金融创新,货币市场基金便随之应运而生(将小户的资金集中起来,以大户的姿态出现在金融市场上)。这种基金规避了银行存款的许多限制,又保留了银行存款的许多特性。比如,货币市场基金具备了活期存款的许多特征,可以提现,可以转账结算,甚至可以转入资本市场的其他基金。货币市场基金的收益虽然不保底,但实际上由于其投资风险较小,获得了极大的成功,客户可以通过投资这种基金获得远远高于Q条例所规定的最高存款利率的收益,因而至今在发达国家仍占有最大比重。

货币市场基金诞生后,对美国的基金市场产生了重要意义。1981年、1982年,在美国的基金市场上,货币市场基金占基金市场70%左右的份额,最高曾达到73%。可以说,是货币市场基金挽救了整个美国的基金市场。

20世纪60年代,美国通货膨胀率提高,市场利率开始明显上升,有时已经超过存款利率的上限。证券市场的不断发展,金融国际化、投资多样化又导致银行存款大量流向证券市场或转移至货币市场,造成金融中介的中断和"金融脱媒"现象的发生,且愈演愈烈,Q条例约束和分业经营的限制,使银行处于一种不公平的竞争地位。各存款类机构都出现经营困难,一些储蓄协会和贷款协会出现了经营危机,银行信贷供给能力下降,全社会信贷供给量减少。此时,人们不得不考虑Q条例的存废问题。

从70年代起,美国提出了解除利率管制的设想。1970年6月,根据美国经济发展和资金供求的实际情况,美联储首先将10万美元以上、3个月以内的短期定期存款利率市场化,后又将90天以上的大额存款利率的管制予以取消。同时,继续提高存款利率的上限,以此来缓和利率管制带来的矛盾。但是,这种放松利率管制的办法并不能从根本上解决Q条例限制带来的现实问题,短期资金仍然大量从银行和其他存款机构流出,"金融脱媒"现象没有得到有效遏制,现实要求政府和金融管理当局必须从法律上和制度上考虑利率的全面市场化。

1980年3月,美国政府制订了《存款机构放松管制的货币控制法》,决定自1980年3月31日起,分6年逐步取消对定期存款利率的最高限,即取消Q条例。1982年颁布的《加恩-圣杰曼存款机构法》,详细地制定了废除和修正Q条例的步骤,为扩大银行业资产负债经营能力,还列明了一些其他与利率市场化相关的改革。

1983年10月,"存款机构放松管制委员会"取消了31天以上的定期存款以及最小余额为2 500美元以上的极短期存款利率上限。并于1986年1月,取消了所有存款形式对最小余额的要求,同时取消了支付性存款的利率限制。1986年4月,取消了存折储蓄账户的利率上限。对于贷款利率,除住宅贷款、汽车贷款等极少数例外,也一律不加限制。至此,Q条例完全终结,利率市场化得以全面实现。

二、短期债券市场

(一) 短期债券市场的含义

短期债券市场是指以一年以内短期债券为交易对象的市场。短期债券市场融资工具,顾名思义是短期债券,即指期限为一年以下的债券。按发行人的不同分类,可将短期债券分为金融企业的债券和非金融企业的债券。

(二) 短期债券的发行

根据我国法律规定,只有具有法人资格的企业才可能发行短期债券进行融资。一般来讲,只有实力雄厚、资信程度很高的大企业才有资格发行短期融资券。在我国,短期融资券的发生必须符合《短期融资券管理办法》中规定的发行条件。

一般短期债券不对社会公众发行,只对银行间债券市场的机构投资人发行,在银行间债券市场交易。短期债券的发行价格由企业和承销机构协商确定,发行期限最长不超过365天,发行债券的企业可在上述最长期限内自主确定每期融资券的期限。债券的发行规模由发行企业实行金融管理,即待偿还融资券余额不超过企业净资产的40%。

债券发行由符合条件的金融机构承销,企业自主选择主承销商,企业变更主承销商需报中国人民银行备案;需要组织承销团的,由主承销商组织承销团。企业不得自行销售债券。承销方式及相关费用由企业和承销机构协商确定。债券的投资风险由投资人自行承担。

债券发行采用实名记账方式在中央国债登记结算有限责任公司(以下简称中央结算公司)登记托管,中央结算公司负责提供有关服务。中国人民银行依法对债券的发行、交易、登记、托管、结算、兑付进行监督管理。

(三) 短期债券市场的作用

在银行间债券市场引入短期融资券是金融市场改革和发展的重大举措。此举既丰富了货币市场工具,又改变了直接债务融资市场中,长、短期工具发展不协调的问题,改变了政府债券市场与非政府债券市场发展不平衡的问题。因此,从某种程度上说,发展短期融资券市场有利于资本市场与货币市场的协调发展。

短期融资券作为企业的主动负债工具,为企业进入货币市场融资提供了渠道。与一般企业相比,好的上市公司治理结构相对完善、信息披露相对透明,具有成为短期融资券发行主体的优势。优质上市公司发行短期融资券,能够有效地拓宽融资渠道、降低财务成本、提高经营效益,还可以通过合格机构投资人市场强化对上市公司的外部约束,对于改善上市公司作为资本市场微观基础的素质,以及资本市场的长远发展都有重要意义。

三、债券回购市场

(一) 债券回购市场的含义

证券回购市场是指通过证券回购进行短期资金融通交易的市场。证券回购是指债券持有人在卖出一笔债券的同时,与买方签订协议,约定一定期限和价格买回同一笔债券的融资活动。证券回购业务实际上是一种短期抵押贷款,其抵押品是交易的债券。证券回购市场是短期的金融商品交易市场,与同业拆借市场、票据市场等一起构成货币市场的基本组成部分。

债券回购实质上是一种以债券为抵押品拆借资金的信用行为。证券的持有方(融资者、资金需求方)以持有的证券作抵押,获得一定期限内的资金使用权,期满后则须归还借贷的资金,并按约定支付一定的利息;资金的贷出方(融券方、资金供应方)则暂时放弃相应资金的使用权,从而获得融资方的证券抵押权,并于回购期满时归还对方抵押的证券,收回融出资金并获得一定利息。

(二) 债券回购的操作方式

债券回购包括正逆回购两方,通常融入资金、融出债券的那一方是正回购方,融出资金、收取利息、接受债券抵押的一方是逆回购方。投资者作为逆回购方,则可获得无风险的利息收入;若为正回购方,只要融资之后的投资超过利息支付便意味着获得了超过仅仅进行债券投资的收益。

在债券市场的实际投资操作中,机构投资者通常在预期未来利率趋于平稳或下降时将债券抵押融资,再去购买付息率高的债券,放大债券投资的收益。若预期利率上涨时,提前卖出债券将资金作逆回购获取无风险利息收入,还可规避持有债券的价格损失。

阅读材料 5-2

上海银行间同业拆借利率简介

上海银行间同业拆放利率(Shanghai Interbank Offered Rate,Shibor),是由信用等级较高的银行自主报出的人民币同业拆出利率计算确定的算术平均利率,是单利、无担保、批发性利率。目前,对社会公布的 Shibor 品种包括隔夜、1 周、2 周、1 个月、3 个月、6 个月、9 个月及 1 年。

Shibor 报价银行团现由 18 家商业银行组成。报价银行是公开市场一级交易商或外汇市场做市商,在中国货币市场上人民币交易相对活跃、信息披露比较充分的银行。中国人民银行成立 Shibor 工作小组,依据《上海银行间同业拆放利率(Shibor)实施准则》确定和调整报价银行团成员、监督和管理 Shibor 运行、规范报价行与指定发布人行为。全国银行间同业拆借中心受权 Shibor 的报价计算和信息发布。每个交易日根据各报价行的报价,剔除最高、最低各 4 家报价,对其余报价进行算术平均计算后,得出每一期限品种的 Shibor,并于每日定时对外发布。

本 章 关 键 词

货币市场 同业拆借市场 票据市场 回购协议 大额可转让定期存单 债券回购市场

思 考 题

1. 简述货币市场的特点和功能。
2. 简述货币市场的投资工具。
3. 简述贴现和贷款的区别。
4. 简述同业拆借市场的特点。
5. 简述大额可转让定期存单与普通存单的区别。

第六章 资本市场

> **本章导读**
>
> 资本市场是金融市场重要的组成部分,在国民经济发展中发挥着越来越重要的作用。本章主要介绍了资本市场的股票市场、债券市场、投资基金市场,阐述了这三个市场的功能作用及其交易方式。资本市场是指期限在1年以上各种资金借款和证券交易的场所。资本市场上的交易对象是1年以上的长期证券。
>
> 中国资本市场从开始出现的第一天起,就站在中国经济改革和发展的前沿,推动了中国经济体制和社会资源配置方式的变革。随着市场经济体制的逐步建立,对市场化资源配置的需求日益增加,资本市场在国民经济中发挥作用的范围和程度也日益扩大。资本市场的出现和发展,是中国经济逐渐从计划体制向市场体制转型过程中最为重要的成就之一,而资本市场改革和发展的经验也是中国经济改革宝贵经验的重要组成部分。
>
> 2009年10月30日,创业板首批公司上市仪式在深圳举行。至此,中国多层次资本市场终于成形。主板、中小企业板、创业板、股票代办系统(场外柜台市场)四板同场争辉,共同为中国经济发展注入强大的资本支撑。

第一节 资本市场概述

一、资本市场的含义与特点

资本市场是指以期限在1年以上的长期金融工具为交易对象进行长期性资金融通的市场。资本市场上的交易对象是1年以上的长期证券。通常,1~5年为中长期,5年以上为长期。因为在长期金融活动中,涉及资金期限长、风险大,具有长期较稳定收入,类似于资本投入,故称之为资本市场。

与货币市场相比,资本市场的主要特点:第一,交易期限较长,至少在一年以上,也可以长达几十年,甚至无到期日;第二,流动性相对较差,在资本市场上筹集到的资金多用于解决中长期融资需求,故流动性和变现性相对较弱;第三,风险性大而收益较高,由于融资期限较长,发生重大变故的可能性也大,市场价格容易波动,投资者需承受较大风险,同时作为对风险的报酬,其收益也较高。

二、资本市场的构成

资本市场主要由证券市场和中长期借贷市场构成。

(一) 证券市场

证券市场是经营股票、公司债券和国家公债等有价证券的场所。证券市场通过发行买卖各种债券、股票吸引国内外长期资金,提供政府和工商企业所需要的财政资金和长期建设资金,是长期资本借贷的一种重要方式。

一个完整的证券市场,包括有价证券的发行市场和买卖已经发行的各类有价证券的流通市场。发行市场,也称初级市场或一级市场,是发行人以筹集资金为目的,按照一定的法律规定和发行程序,向投资者出售新证券所形成的市场,主要是由投资银行、信托公司或证券商经营证券的发行和分销业务。流通市场,也称次级市场或二级市场,是已发行的证券通过买卖交易实现流通转让的市场,由证券交易所、经纪人、证券商经营证券的交易。

只有有了发行市场,才有股票债券的供给,流通市场才得以成立。只有流通市场发展了,购入的债券、股票才能以公正的价格出售,才能吸引投资者认购,发行市场才能更好地发挥其机能。可见,发行市场与流畅市场具有密切的相互依赖关系,证券市场就是这两者的有机结合体。

(二) 中长期借贷市场

中长期借贷市场是通过银行进行融资的中、长期资金借贷市场,又称银行中长期信贷市场。中长期借贷市场的主要活动,是向当地银行或外国银行筹措一年以上期限的贷款,贷款的使用一般不受地域或用途的限制。一般来说,中期信贷的期限为1~5年,长期信贷的期限多为10~30年,有的甚至长达50年。

银行中长期货款的条件,是指在中长期贷款协议中规定的借贷双方的权利与义务,主要包括贷款货币的选择、贷款利息与费用、贷款期限与偿还三个方面。从贷款货币来看,有借款国货币、贷款国货币、第三国货币三种选择,但前提都必须是可兑换的货币。从贷款的利息和费用来看,中长期的货款期限较长、利率变化难以预测,因而一般都采用浮动利率,每过一段时间就根据市场利率的变化进行一次调整。在实践中,大都是以伦敦市场银行同业拆放利率(Libor)为基础,再加上一定的加息率为计算标准的。中长期贷款的费用主要包括管理费、代理费、承担费、杂费,通常期限越长,提供贷款的金额越大,费用越高。从贷款期限与偿还来看,有三种方式,即到期一次偿还、分次等额偿还、逐年分次等额偿还。

三、资本市场的功能

(一) 筹资投资功能

资本市场的筹资—投资功能是指资本市场一方面为资金需求者提供了通过发行证券筹集资金的机会,另一方面为资金供给者提供了投资对象。在资本市场上交易的任何证券,既是筹资的工具,也是投资的工具。在经济运行过程中,既有资金盈余者,又有资金短缺者。资金盈余者为使自己的资金价值增值,必须寻找投资对象;资金短缺者为了发展自己的业务,就要向社会寻找资金。为了筹资,资金短缺者可以通过发行各种证券来达到筹资的目的,资金盈余者则可以通过买入证券来实现投资。筹资和投资是资本市基本功能中不可分割的两个方面,忽视其中任何一个方面都会导致市场的严重缺陷。

(二) 定价功能

资本市场的第二个基本功能就是为资本决定价格。证券是资本的表现形式,所以证券的价格实际上是证券所代表的资本的价格。证券的价格是证券市场上证券供求双方共同作用的结果。证券市场的运行形成了证券需求者和证券供给者的竞争关系,这种竞争的结果是:能产生高投资回报的资本,市场的需求就大,相应的证券价格就高;反之,证券的价格就低。因此,证券市场提供了资本的合理定价机制。

(三) 资本配置功能

金融市场上的货币借贷和金融工具的买卖,其实是社会资金的调节或再分配,也就是使资金在各部门、产业、行业、个人之间重新组合、重新配置,即一方面从资金盈余单位把资金集中起来,另一方面将其分配给需要资金的单位。资本市场的资本配置功能是指通过证券价格引导资本的流动从而实现资本的合理配置。资本市场由于存在强大的评价、选择和监督机制,而投资主体作为理性"经济"人,始终具有明确的逐利动机,从而促使资金流向高效益部门,表现出资源优化配置的功能。

(四) 产权功能

资本市场的产权功能是指其对市场主体的产权约束和充当交易中介方面所发挥的功能。产权功能是资本市场的派生功能,它通过对企业经营机制的改造,为企业提供资金融通,传递产权交易信息和提供产权中介服务,而在企业产权重组的过程中发挥着重要的作用。

第二节 股票市场

股票市场是资本市场最活跃、最重要的市场,是股票发行和流通的交易场所,它一方面为资金的需求者提供筹资的渠道,另一方面为资金的供给者提供投资的渠道。股票市场的发达与否直接关系到一国金融市场的发达程度。

一、股票的概念

股票是有价证券的主要形式,是股份有限公司签发和证收股东按其所持股份享有权利和承担义务的凭证。就性质来看,股票代表着股东对公司的所有权,是代表一定经济利益分配请求权的资本证券。在公司正常经营状态下,股东对公司的所有权由股东拥有的剩余索取权和剩余控制权构成。剩余索取权(residual claims)是指股东的权益在利润和资产分配上表现为索取公司对债务还本付息后的剩余。在公司破产的情况下股东通常将一无所获,但只负有限责任,即公司资产不足以清偿全部债务时,股东个人财产不受追究。剩余控制权(residual rights of control)是指股东对公司的控制表现为合同所规定的经理职责范围之外的决策权。如果公司破产,股东将丧失其控制权。

二、股票的特征

(一) 不可偿还性

股票是一种无偿还期限的有价证券,投资者认购了股票后,就不能再要求退股,只能到二级市场进行转让。股票的转让只意味着公司股东的改变,并不意味着减少公司股本。从期限上看,只要公司存在,它所发生的股票就存在,股票的期限等于公司存续的期限。

(二) 参与性

股东有权出席股东大会、选举公司董事会、参与公司重大决策。股票持有者的投资意志和享有的经济利益,通常是通过行使股东参与权来实现的。股东参与公司决策的权利大小,取决于其所持有股份的多少。从实践中看,只要股东持有的股票数量达到左右决策结果所需的实际多数时,就能掌握公司的决策控制权。

(三) 收益性

股东凭其持有的股票,有权从公司领取股息或红利,获取投资收益,股息或红利的大小,主要取决于公司的盈利水平和公司的利润分配政策。股票的收益性,还表现为股票投资可以获得价差收入或实现资产保值增值。

(四) 流通性

股票的流通性是指股票在不同投资者之间的可交易性。流通性通常以可流通的股票数量、股票成交量及股价对交易量的敏感程度来衡量。一般来说,可流通股数越多,成交量越大,价格对成交量的敏感越低,股票的流通性就越好;反之,则越差。

(五) 价格波动性和风险性

股票在交易市场上作为交易对象,同商品一样,有自己的市场行情和市场价格。由于股票价值要受到诸如公司经营状况、供求关系、银行利率、大众心理等多种因素的影响,其波动有很大的不确定性。正是这种不确定性,有可能使股票投资者遭受损失。价格波动的不确定性越大,投资风险也越大。因此,股票是一种高风险的金融产品。

三、股票的分类

(一) 普通股和优先股

按股东享有权利的不同,股票可以分为普通股和优先股。

普通股是最基本、最常见的一种股票,其持有都享有股东的基本权利和义务。与优先股相比,普通股是标准的股票,也是风险较大的股票。普通股的持有者是有股份公司的基本股东,按照《中华人民共和国公司法》(以上简称《公司法》)的规定,公司股东依法享有以下权利：

（1）公司重大决策参与权。股东基于股票的持有而享有股东权，这是一种综合权利，其中首要的是可以以股东身份参与股份公司的重大事项决策。作为普通股股东，行使这一权利的途径是参加股东大会、行使表决权。

（2）公司资产收益权和剩余资产分配权。普通股股东拥有公司盈余和剩余资产分配权，这一权利直接体现了其在经济利益上的要求。

（3）其他权利。我国《公司法》规定，股东还有以下主要权利：第一，股东有权查阅公司章程、股东名册、公司债券存根、股东大会会议记录、董事会会议决议、监事会会议决议、财务会计报告，对公司的经营提出建议或者质询。第二，股东持有股份可依法转让。股东转让股份应在依法设立的证券交易场所进行或按照国务院规定的其他方式进行。公司发起人、董事、监事、高级管理人员的股份转让受《公司法》和公司章程的限制。第三，公司为增加注册资本发行新股时，股东有权按照实缴作出决议。股东的这一权利又称优先认股权或配股权。

优先股是一种特殊股票，在其股东权利、义务中附加了某些特别条件。优先股的特征包括股息率固定、股息分派优先、剩余资产分配优先、一般无表决权。优先股股票因拥有的具体优先条件不同，可分为以下五种。

（1）累积优先股和非累积优先股。累积优先股是当公司经营不好、无力发放股息时，优先服务的股息可以累积到下年股息之中，在发放普通股股息前补付。非累积优先股是某期末支付的股息不能累积到下一期。就这一些来看，累积优先股比非累积优先股有优越性。

（2）参与优先股、部分参与优先股和不参与优先股。当公司盈利较多时，优先股按预定的股利率优先于普通股分得股息外，对普通股股息分配后的剩余盈利，参与优先股能与普通股一起共同等额地分享，部分参与优先股有权参与一个额度的分配，不参与优先股对优先股和普通股分配后剩余盈利不再参加分配。

（3）可转换优先股。这种股票的特点是允许股东在一定时期内，按一定的比例将优先股股票转换为普通股股票。转换的比例一般是预先规定的，转换的比价视两种股票的价格而定。

（4）股利率可调整的优先股。它的特点是股利率不固定，而是随着其他证券或存款利率定期调整其股利率。

（5）可赎回优先股。亦称可收回优先股，是指发行一定时期后可由发行公司按特定价格赎买回收的股票。在一般情况下，股东不能向公司要求退役，发行公司也不能赎回股票，但当公司发行优先股时规定可以赎回，那么在公司不再需要发行优先股所筹集的资金时，可按事先规定的价格买回优先股。许多国家公司法对"可赎回的优先股"都有严格规定，在必须符合"可赎回优先股"的条件下方可收回。

（二）记名股票和不记名股票

按是否记载股东姓名，股票可以分为记名股票和不记名股票。

所谓记名股票，是指在股票票面和股份公司的股东名册上记载股东姓名的股票。我国《公司法》规定，公司发行的股票可以为记名股票，也可以为无记名股票。股份有限公司向发起人、法人发行的股票,应当为记名股票,并应当记载该发起人、法人的名称或者姓名,不得另立户名或者以代表人姓名记名。公司发行记名股票的,应当置备股东名册,记载下列事项:股东的姓名或者名称及住所、所持股份数、所持股票的编号、取得股份的日期。记名股票的特点:股东权利归属于记名股东;可以一次或分次缴纳出资;转让相对复杂或受限制;便于挂失,相对安全。

所谓不记名股票,是指在股票票面和股份公司股东名册上均不记载股东姓名的股票。我国《公司法》规定,发行无记名股票的,公司应当记载其股票数量、编号及发行日期。不记名股票的特点:股东权利归属股票的持有人;认购股票时要求一次缴纳出资;转让相对简便;安全性较差。

(三) 有面额股票和无面额股票

按是否在股票面上标明金额,股票可以分为有面额股票和无面额股票。

所谓有面额股票,是指在股票票面上记载一定金额的股票。这一记载的金额也称为票面金额、票面价值或股票面值。股票票面金额的计算方法是用资本总额除以股份数求得。有面额股票的特点:可以明确表示每一股代表的股权比例;为股票发行价格的确定提供依据,我国《公司法》规定股票发行价格可以与票面金额相等,也可以超过票面金额,但不得低于票面金额。这样,有面额股票的票面金额就成为发行价格的最低界限。

所谓无面额股票,是指在股票票面上不记载股票面额,只注明它在公司总股本中所占比例的股票,也称为比例股票或份额股票。无面额股票的特点:发行或转让价格较灵活;便于股票分割。无面额股票的价值随股份公司净资产和预期未来收益的增减而相应增减。20世纪早期,美国纽约州最先通过法律,允许发行无面额股票,以后美国其他州和其他一些国家也相继仿效。目前世界上很多国家(包括中国)的公司法规定不允许发行这种股票。

(四) 不同风险特征的股票

根据股票风险特征的不同,普通股可分为蓝筹股、成长股、收入股、防守股、概念股、投机股、垃圾股等。

四、股票市场的功能

(一) 筹资和投资功能

股票市场是重要的筹集资金的渠道。股份有限公司可以通过在股票市场上发行股票将社会上分散的闲置资金集中起来,形成巨额的、可以长期使用的资本。投资者可以通过在股票市场购买股票实现投资的目的,从而分享经济增长和企业业绩增长带来的好处。

(二) 优化资源配置功能

投资者通过及时披露的各种信息,投资于经营业绩好、管理高效的股份公司,推动股票价格上涨,为上市公司利用股票市场进行资本扩张提供了良好的外部环境。经营业绩不好、管理不佳的企业将会被投资者所抛弃,难以取得上市资格或继续筹集资金。实际上,这是利用市场的机制引导资金流向优质的企业,从而达到优化资源配置的作用。

(三) 定价功能

股票市场上对股票的供给和需求共同决定了股票的交易价格。在一个有效的股票市场上,股票的交易价格就是股票的内在价值,也代表市场对股票发行公司的价值和未来成长潜力的判断。

(四) 分散风险功能

在股票发行市场上,公司在筹集资金的同时也将公司的部分风险转移给了投资者,而在流通市场上,投资者可以根据自己的风险偏好选择不同的股票组合,来分散风险。

(五) 完善公司治理功能

上市公司的股票价格往往可以反映公司的治理水平。在成熟的市场上,公司的管理层普遍注重自己公司的股票价格。这是因为,普通投资者可以采取"用脚投票"的方式,即在"二级市场"上抛售股票的方式否定管理层的业绩,而这种信号又会影响到管理层成员在经理人市场上的评价,进而影响到他们以后的职业前途。同时,因为管理问题而导致股票价格下跌的公司,又是其他公司兼并的对象,一旦被兼并,公司的管理层往往要被换掉。基于以上的原因,管理层必须努力经营,实现公司价值的最大化或股东利益最大化的目标,时刻注意股票市场的反应。股票市场间接地发挥了监督公司管理层的作用。

五、股票的发行市场和流通市场

股票市场按其功能可分为股票发行市场和股票流通市场。

(一) 股票的发行市场

发行市场是指股票发行从规划到销售的全过程,发行市场是资金需求者直接获得资金的市场。新公司的成立,老公司的增资或举债,都要通过发行市场,都要借助于发行、销售股票来筹集资金,使资金从供给手中转入需求者手中,也就是把储蓄转化为投资,从而创造新的实际资产和金融资产。增加社会总资本和生产能力,以促进社会经济的发展,这就是初级市场的作用。

1. 发行市场的构成

发行市场由三个主体因素相互联结而组成。这三者就是股票发行者、股票承销商和股票投资者。发行者的股票发行规模和投资者的实际投资能力,决定着发行市场的股票容量和发达程度;同时,为了确保发行事务的顺利进行,使发行者和投资者都能顺畅地实现自己的目的,承购和包销股票的中介发行市场通常代发行者发行股票,并向发行者收取手续费用。这样,发行市场就以承销商为中心,一手联系发行者,一手联系投资者,积极开展股票发行活动。

2. 发行市场的特点

发行市场的特点:一是无固定场所,可以在投资银行、信托投资公司和证券公司等处发生,也可以在市场上公开出售新股票;二是没有统一的发行时间,由股票发行者根据自己的需要和市场行情走向自行决定何时发行。

3. 股票的发行价格

当股票发行公司计划发行股票时,就需要根据不同情况,确定一个发行价格以推销股票。一般而言,股票发行价格有面值发行、时价发行、中间价发行和折价发行等。

面值发行,又称平价发行或等价发行(issue at par),即以股票的票面金额为发行价格。

折价发行,又称低价发行(issue at par),即发行价格低于票面额,是打了折扣的。由于各国规定发行价格不得低于票面额,因此,这种折扣发行需经过许可方能实行。

溢价发行,又称超价发行(issue at par),是指以高于股票面值的价格作为发行价格。

股票发行价格的影响因素很多,包括市场对该股票的需求程度、市场利率水平、股票本身的质量如资信等级等,其中利率的影响最大。当市场利率水平较高时,股票价格就会相对较低;当市场利率下降时,股票价格会受其刺激反而上升。

股票发行价格是股票发行成功与否的重要因素,与投资者和发行人乃至承销商都有直接关系。发行价高,对发行人来说,可以用较少的股份筹集到较多的资金,降低筹资成本。对投资者来说,发行价太高,则意味着投资成本增大,有可能影响投资者的购买热情。对承销商来说,发行价格过高,增大了承销商的发行风险和发行工作量。因此,承销商和发行人可以根据市场条件具体情况,在争取发行成功的基础上,确定一个适当的价格。

4. 股票发行方式

在各国不同的政治、经济、社会条件下,特别是金融体制和金融市场管理的差异,使股票的发行方式多种多样。

(1) 公开发行与不公开发行。这是根据发生的对象不同来划分的。公开发行又称公募(public issue),是指事先没有特定的发行对象,向社会广大投资者公开推销股票的发行方式。采用这种方式,可以扩大股东的范围,分散持股,防止囤积股票或被少数人操纵,有利于提高公司的社会性和知名度,为以后筹集更多的资金打下基础,也可增加股票的适销性和流通性。公开发行可以采用股份公司自己直接发售的方法,也可以通过支付一定的发行费用由金融中介机构代理。

不公开发行又叫私募(private issue),是指发行者只对特定的发行对象推销股票的发行方式。通常在以下两种情况下采用。

一是股东配股,又称股东分摊,即股份公司按股票面值向原有股东分配该公司的新股认购权,动员股东认购。这种新股发行价格往往低于市场价格,事实上成为对股东的一种优待,一般股东都乐于认购。如果有的股东不愿认购,他可以自动放弃新股认购权,也可以把这种认购权转让他人,从而形成了认购权的交易。

二是私人配股,又称第三者分摊,即股份公司将新股票分售给股东以外的本公司职工、往来客户等与公司有特殊关系的第三者。采用这种方式往往出于两种考虑:一是为了按优惠价格将新股摊给特定者,以示照顾;二是当新股票发行遇到困难时,向第三者分摊以求支持。无论是股东配售还是私人配售,由于发行对象是既定的,因此不必通过公募方式。这不仅可以节省委托中介机构的手续费,降低发行成本,还可以调动股东和内部的积极性,巩固和发展公司的公共关系。缺点是这种不公开发生的股票流动性差,不能公开在市场上转让出售,而且也会降低股份公司的社会性和知名度,存在被杀价和控股的危险。

(2) 直接发行与间接发行

这是根据发行者推销出售股票的方式不同来划分的。直接发行又叫直接招股,是指股份公司自己承担股票发行的一切事务和发行风险,直接向认购者推销出售股票的方式。采用直接发行方式时,要求发行者熟悉招股手续,精通招股技术并具备一定的条件。如果认购额达不到计划招股额时,新建股份公司的发起人或现有股份公司的董事会必须自己认购出售的股票。因此,这只适用于有既定发行对象或发行风险少、手续简单的股票。在一般情况下,不公开发行的股票或因公开发行有困难(如信誉低所致的市场竞争力差、承担不了大额的发行费用等)的股票;或是实力雄厚,有把握实现巨额私募以下节省发行费用的大股份公司股票,才采用直接发行的方式。

间接发行又称间接招股,是指发行者委托证券发行中介机构出售股票的方式。这些中介机构作为股票的推销者,办理一切发行事务,承担一定的发行风险并从中提取相应的收益。

股票的间接发行有三种方法。一是代销,又称为代理招股,推销者只负责按照发行者的条件推销股票,代理招股业务,而不承担任何发行风险,在约定期限内能销多少算多少,期满仍销不出去的股票退还给发行者。由于全部发行风险和责任都由发行者承担,证券发行中介机构只是受委托代为推销,因此,代销手续费较低。二是承销,又称余股承购,股票发行者与证券发行中介机构签订推销合同,合同明确规定,在约定期限内,如果中介机构实际推销的结果未能达到合同规定的发行数额,其差额部分由中介机构自己承购下来,这种发行方法的特点是能够保证完成股票发行额度,一般较受发行者的欢迎,而中介机构因需承担一定的发行风险,故承销费高于代销的手续费。三是包销,又称包买招股,当发行新股票时,证券发行中介机构先用自己的资金一次性地把将要公开发行的股票全部买下,然后再根据市场行情逐渐卖出,中介机构从中赚取买卖差价。若有滞销股票,中介机构减价出售或自己持有。由于发行者可以快速获得全部所筹资金,而推销者则要承担全部发行风险,因此包销费更高于代销费和承销费。股票间接发行时究竟采用哪一种方法,发行者和推销者考虑的角度是不同的,需要双方协商确定。一般来说,发行者主要考虑自己在市场上的信誉、用款时间、发行成本和对推销者的信任程度;推销者则主要考虑所承担的风险和所能获得的收益。

(3) 有偿增资、无偿增资和搭配增资

这是按照投资者认购股票时是否缴纳股金来划分的。有偿增资就是指认购者必须按股票的某种发行价格支付现款,方能获得股票的一种发行方式。一般公开发行的股票和私募中的股东配股、私人配股都采用有偿增资的方式。采用这种方式发行股票,可以直接从外界募集股本,增加股份公司的资本金。

无偿增资,是指认购者不必向股份公司缴纳现金就可获得股票的发行方式。发行对象只限于原股东,采用这种方式发行的股票不能直接从外面募集股本,而是依靠减少股份公司的公积金或盈余结存来增加资本金,一般只在股票派息分红、股票分割和法定公积金或盈余转作资本配股时采用无偿增资的发行方式,按比例将新股票无偿交付给原股东,其目的主要是为了股东分益,增强股东信心和公司信誉或为了调整资本结构。由于无偿发行要受资金来源的限制,因此不能经常采用这种方式发行股票。

搭配增资,是指股份公司向原股东分摊新股时,仅让股东支付发行价格的一部分就可获得一定数额股票的方式。例如,股东认购面额为 100 元的股票,只需支付 50 元就可以了,其余部分无偿发行,由公司的公积金充抵。这种发行方式也是对原有股东的一种优惠,只要从他们那里再征集部分股金,很快就能实现公司的增资计划。

上述这些股票发行方式,各有利弊及条件约束,股份公司在发行股票时,既可以采用其中的某一方式,也可以兼用几种方式,各公司都是从自己的实际情况出发,择优选用。当前,世界各国采用最多、最普遍的方式是公开发行和间接发行。

(二) 股票的流通市场

股票流通市场是已经发行的股票进行转让、买卖和流通的市场,这一市场为股票提供了流动性,即变现的可能,其包括交易所市场和场外交易市场两部分。由于它是建立在发行市场基础上的,因此又称作二级市场。

1. 流通市场的构成

流通市场的主要构成要素:① 股票持有人为卖方;② 投资者为买方;③ 为股票交易提供流通、转让便利条件的信用中介操作机构,如证券公司或股票交易所。

股票流通市场包含了股票流通的一切活动。股票流通市场的存在和发展为股票发行者创造了有利的筹资环境,投资者也可以根据自己的投资计划和市场变动情况随时买卖股票。股票流通市场上的价格是反映经济动向的"晴雨"表,它能灵敏地反映出资金供求状况,市场供求、行业前景和政治形势的变化,是进行经济预测和分析的重要指标。

2. 流通市场的交易组织形式

目前,股票的流通市场可分为有组织的证券交易所和场外市场股票的交易组织形式两种,即证券交易所交易和场外市场交易。

(1) 证券交易所是由证券管理部门批准的,为证券的集中交易提供固定场所和有关设施,并制定各项规则以形成公正合理的价格和有条不紊的正式组织。证券交易所作为进行证券交易的场所,本身并不持有证券,也不进行证券的买卖,主要作用是为交易双方成交创造或提供条件,并对双方的交易行为进行监督和管理。

证券交易所交易,是指各类证券在交易所内按照一定的时间和一定的规则进行交易,其对象是特定种类的上市股票。这是一种标准化的交易,除了价格是唯一变动的因素之外,其他如交易的数量、交易时间、交割期限及结算程序等,交易所都有统一的标准与规定。

(2) 场外市场是相对于证券交易所而言的,广义来说,凡是在证券交易所以外进行的证券交易都可称为场外交易。

由于这种交易最早是在各证券商的柜台上进行的,因此也称柜台交易(over-the-counter,OTC)。与证券交易所交易相比,场外市场没有固定的交易场所,其交易由自营商来组织。其价格是通过买卖双方协议达成的,一般是由证券自营商挂出各种证券的买入价和卖出价,卖者和买者以此价与自营商进行交易。场外交易市场不像证券交易所有较高的上市条件,而且管制少、灵活方便,因而成为中小企业和具有发展潜质的公司证券流通的主要场所。

3. 股票交易方式

现代股票流通市场的买卖交易方式种类繁多,从不同的角度可以分为以下三类。

(1) 根据交易场所的不同,可分为如前所述的证券交易所交易(又称在场交易)和场外交易。

(2) 按交割期限不同,可分为现货交易和期货交易。现货交易是指股票买卖成交以后,马上办理交割清算手续,当场钱货两清。期货交易则是股票成交后按合同中规定的价格、数量,过若干时期再进行交割清算的交易方式。

(3) 按达成交易的方式不同,可分为直接交易和间接交易。直接交易是买卖双方直接洽谈,股票也由买卖双方自行清算交割,在整个交易过程中不涉及任何中介的交易方式。场外交易绝大部分是直接交易。间接交易是买卖双方不直接见面和联系,而是委托中介人进行股票买卖的交易方式。证券交易所中的经纪人制度,就是典型的间接交易。

此外,还存在着信用交易、期权交易、股票指数期货交易等一些交易方式。随着金融创新的发展,证券市场上的交易方式还会不断推陈出新。

第三节 债券市场

债券市场是发行和买卖债券的场所,是金融市场的一个重要组成部分,是一国金融体系不可或缺的部分。一个统一、成熟的债券市场可以为全社会的投资者和筹资者提供低风险的投融资工具,构成了一个国家金融市场的基础。

一、债券的概念及特征

债券是债券发行人(也称债务人或借款人)按照法定程序发行、并按约定的时间和方式向债权人支付利息和偿还本金的一种债务凭证。债券是债券购买者与发行者之间债权债务关系的证明书,具有法律效力。其要素包括借贷货币资金的数额、期限、面值、利息、求偿等级、限制性条款、抵押与担保及选择权(如赎回与转换条款)。

债券具有偿还性、收益性、流动性、安全性等特征。债券的偿还性是指债券有规定的偿还期限、债务人必须按期向债权人支付利息和偿还本金。债券的收益性是指债券能为投资者带来一定的收入。债券的流动性是指债券能够以其理论值或接近于理论值的价格出售的难易程度。债券的安全性是指债券与股票相比,投资风险低、安全性高。

二、债券的种类

(一) 按发行主体分类

按发行主体不同,可分为国债、地方政府债券、金融债券、国际债券。

国债:由中央政府发行的债券。它由一个国家政府的信用做担保,所以其信用最好,被称为金边债券。

地方政府债券:由地方政府发行,又叫市政债券。它的信用、利率、流通性通常略低于国债。

金融债券:有银行或非银行金融机构发行。其信用高、流通性好、安全、利率高于国债。

企业债券:由企业发行的债券,又称公司债券。其风险高、利率也高。

国际债券:由外国政府、外国法人或国际机构发行的债券。按照面值货币与发行债券市场所在国的关系,国际债券主要分为两类:① 外国债券,是指在面值货币所在国发行的债券;② 欧洲债券,是指在债券面值货币国家之外的境外市场上发行的债券。

(二) 按偿还期限分类

按偿还期限不同,可分为短期债券、中期债券、长期债券。

短期债券:一年以内的债券,通常有3个月、6个月、9个月、12个月几种期限。

中期债券:一般指发行期限为1～5年内的债券。

长期债券:发行期限在5年以上的债券。

(三) 按偿还与付息方式分类

按偿还与付息方式不同,可分为付息债券、贴现国债、转换公司债、附新股认购权公司债。

付息债券:按照票面载明的利率或票面载明的方式支付利息的债券,分为固定利率债券和浮动利率债券。固定利率的付息债券通常在券面上附有息票,在规定的时期以内息票兑换方式支付利息。浮动利率的付息债券是指利率随着市场利率浮动的债券。欧洲发行浮动利率债券的情况较多。

贴现国债:券面上不附息票,发行时按低于面额的价格发行,而在兑付时按照面额兑付的债券。美国的短期国库券和日本的贴现国债都属于这种形式的国债。

转换公司债:在一定条件下可以转换成该发行公司股票的一种公司债券。如果不希望转换成股票时,也可以继续作为附息债券持有。

附新股认购权公司债:在一定条件下该公司债券的持有者可以按所规定的价格向发行公司请求认购新股票的一种公司债券。债券持有人即使行使了认购新股票的权利,其债券仍可以作为普通公司债券。

(四) 按担保性质分类

按担保性质不同,可分为抵押债券、担保信托债券、保证债券、信用债券。

抵押债券:以不动产作为抵押而发行的债券。

担保信托债券:以动产或有价证券担保而发行的债券。

保证证券：由第三者作为还本付息的担保人而发生的债券。
信用债券：只凭发行者信用而发行的债券，如政府债券。

三、债券市场的功能

债券市场是发行、交易债券的场所，是金融市场的重要组成部分，在社会经济中占有重要的地位。

(一) 融资功能

与股票市场一样，债券市场也是金融市场的一个重要组成部分，具有调剂闲散资金，为资金需求者提供了一个直接融资渠道的功能。

(二) 资金优化配置功能

效益好的企业发行的债券通常比较受投资者的青睐，因而发行利率低、筹资成本小；效益差的企业发行的债券风险相对较大，受投资者青睐的程度较低，因而发行利率高、筹资成本高。因此，通过债券市场，资金得以流向优势企业，有利于资金的优化配置。

(三) 宏观调控功能

政府通过债券市场发行国债，不仅可以加大政府投资，还能带动民间投资、促进经济增长、调整经济结构、提高经济效益。债券市场为中央银行宏观调控提供良好的市场基础和操作平台，促进货币政策有效实施。

(四) 为其他金融工具提供定价基准功能

在金融市场上，国债利率被视为无风险利率，是其他金融工具和金融衍生工具定价的基准。发达的债券市场能形成较完整的债券收益率曲线，为发行市场债券价格的确定和流通市场交易报价提供了参考依据，对其他金融工具、利率衍生品的定价及通货膨胀合理预期的形成具有重要意义。

(五) 防范金融风险功能

一个较为完备的债券市场可以有效地降低一国金融系统的风险。一方面，通过发行债券，发行人的经营活动受到来自股东和债权人的双重监督，有利于发行人稳健经营；另一方面，发行人通过债券市场筹集资金，可以减少对银行贷款的依赖，分散金融风险，在金融风险爆发时减少对银行系统的直接冲击。

四、债券的发行市场和流通市场

(一) 债券的发行市场

债券发行市场也叫一级市场，是发行单位初次出售新债券的市场。债券发行市场的作用是将政府、金融机构以及工商企业等为筹集资金向社会发行的债券分散发行到投资者手中。简单地说，就是以发行债券这种方式来筹集资金的场所。这种市场没有固定的场所和统一的时间，可以看做一个无形的市场。

1. 债券发行市场的参与者

债券发行市场主要由发行者、认购者和委托承销机构组成。只要具备发行资格，不管是国家、政府机构和金融机构还是公司、企业和其他法人，都可以通过发行债券来融资。认购者主要有社会公众团体、企事业法人、证券经营机构、非营利性机构、外国企事业机构和个人。委托承销机构就是代发行人办理债券发行和销售业务的中介人，主要有投资银行、证券公司、商业银行和信托投资公司等。

2. 债券的发行方式

按照债券发行对象的不同，可分为公募发行和私募发行两种方式。

私募发行是指面向少数特定的投资发行债券，一般以少数关系密切的单位和个人为发行对象，不对所有的投资者公开出售。具体发行对象有两类：一类是机构投资者，如大的金融机构或是发行者有密切业务往来的企业等；另一类是个人投资者，如发行单位自己的职工，或是使用发行单位产品的用户等。私募发行一般多采取直接销售的方式，不经过证券发行中介机构，不必向证券管理机关办理发行注册手续，可以节省承销费用和注册费用，手续比较简便。但是，私募债券不能公开上市，流动性差，利率比公募债券高，发行数额一般不大。

公募发行是指公开向广泛不特定的投资者发行债券。公募债券发行者必须向证券管理机关办理发行注册手续。由于发行数额一般较大，通常要委托证券公司等中介机构承销。公募债券信用度高，可以上市转让，因而发行利率一般比私募债券利率低。

公募债券采取间接销售的具体方式又可以分为三种：① 代销。发行者和承销者签订协议，由承销者代为向社会销售债券。承销者按规定的发行条件尽力推销，如果在约定期限内未能按照原定发行数额全部销售出去，债券剩余部分可退还给发行者，承销者不承担发行风险。采用代销方式发行债券，手续费一般较低。② 余额公销。承销者按照规定的发行数额和发行条件，代其向社会推销债券，在约定期限内推销债券，如果有剩余，须由承销者负责认购。采用这种方式销售债券，承销者承担部分发行风险，能够保证发行者筹资计划的实现，但承销费用高于代销费用。③ 全额包销。首先由承销者按照约定条件将债券全部承购下来，并且立即向发行者支付全部债券价款，然后再由承销者向投资者分次推销。采用全额包销方式销售债券，承销者承担了全部发行风险，可以保证发行者及时筹集到所需要的资金，因而包销费用也较余额包销费用要高。

3. 债券的发行价格

按照债券的实际发行价格和票面价格的不同，可分为平价发行、溢价发行和折价发行。

平价发行，是指债券的发行价格和票面额相等，因而发行收入的数额和将来还本数额也相等。前提是债发行利率和市场利率相同，这在西方国家比较少见。

溢价发行，是指债券的发行价格高于票面额，以后偿还本金仍按票面额偿还。只有债券票面利率高于市场利率的条件下才能采用这种方式发行。

折价发行，是指债券发行价格低于债券票面额，而偿还时却要按票面额偿还本金。折价发行是因为规定的票面利率低于市场利率。

(二) 债券的流通市场

债券流通市场，又称二级市场，是指已发行债券买卖转让的市场。债券一经认购，即确立了一定期限的债权债务关系，但通过债券流通市场，投资者可以转让债权，卖券变现。

1. 流通市场的分类

根据市场组织形式不同，债券流通市场又可进一步分为场内交易市场和场外交易市场。

证券交易所是专门进行证券买卖的场所，如我国的上海证券交易所和深圳证券交易所。在证券交易所内买卖债券所形成的市场，就是场内交易市场，这种市场组织形式是债券流通市场较为规范的形式。交易所作为债券交易的组织者，本身不参加债券的买卖和价格的决定，只是为债券买卖双方创造条件、提供服务，并进行监管。

场外交易市场是在证券交易所以外进行证券交易的市场。柜台市场为场外交易市场的主体。许多证券经营机构都设有专门的证券柜台，通过柜台进行债券买卖。在柜台交易市场中，证券经营机构既是交易的组织者，又是交易的参与者。此外，场外交易市场还包括银行间交易市场，以及一些机构投资者通过电话、计算机等通信手段形成的市场等。

目前，我国债券流通市场由沪深证券交易所市场、银行间交易市场和证券经营机构柜台交易市场三部分组成。

2. 债券交易方式

目前世界各国常用的交易方式有现货交易、期货交易、期权交易、信用交易和回购协议交易。

（1）现货交易，是指交易双方在成交后立即交割，或在极短的期限内交割的交易方式。现货交易是实物交易，买方交割时须支付现款，是买方的投资行为。

（2）期货交易，是指交易双方在成交后按照期货协议规定条件远期交割的交易方式，其交易过程分为预约成交和定期交割两个步骤。

（3）期权交易，又称选择权交易，是投资者在给付一定的期权费后，取得一种可按约定价格在规定期限内买进或卖出一定数量的金融资产或商品的权利，买卖这一权利的交易即为期权交易。

（4）信用交易，又称垫头交易，是指交易人凭自己的信誉，通过缴纳一定数额的保证金取得经纪人的信任，进行债券买卖的交易方式。信用交易可分为保证金买长和保证金卖短两种。

（5）回购协议交易，是指交易人在卖出（或买入）债券的时候，事先约定一定期间后按规定的价格再买回（或卖出）同一名称的债券，其实质与同业拆借一样是一种短期资金的借贷交易，债券在此充当担保。

债券发行市场和流通市场相辅相成，是互相依存的整体。发行市场是整个债券市场的源头，是债券流通市场的前提和基础。发达的流通市场是发行市场的重要支撑，流通市场的发达是发行市场扩大的必要条件。

第四节　投资基金市场

投资基金市场交易的主要对象是股票、债券等资本市场工具，但也包括货币市场工具。我们这里为了方便将投资基金列入资本市场。

一、投资基金的含义

投资基金是指通过发售基金份额,将众多投资者分散的资金集中起来,形成独立财产,由基金托管人托管,由基金管理人分散投资于股票、债券或其他金融资产,并将投资收益分配给基金份额持有人的集合投资方式。

世界各国和地区对投资基金的称谓有所不同。在美国,投资基金称为共同基金(mutual fund)或投资公司(investment company);在英国和中国香港,被称为单位信托基金(unit trust);在欧洲一些国家,被称为集合投资基金或集合投资计划(collective investment scheme);在日本、韩国和中国台湾,则被称为证券投资信托基金(securities investment trust)。

投资基金起源于英国。1868年,英国批准成立的"国外及殖民地政府信托"是世界上第一家真正意义的投资基金。投资基金虽然诞生于英国,但在美国得到了更大的发展。成立于1924年的"马萨诸塞投资信托基金",被认为是现代开放式基金的雏形。第二次世界大战之后,随着各国经济的发展,投资基金也不断地扩张,规模不断增加,品种不断创新。进入21世纪以后,全球的投资基金继续稳步发展。

二、投资基金的特点

(一) 专家理财是基金投资的重要特色

基金管理公司配备的投资专家,一般都具有深厚的投资分析理论功底和丰富的实践经验,以科学的方法研究股票、债券等金融产品,组合投资,规避风险。

(二) 组合投资,分散风险

根据证券组合投资原理,将基金分散投资于各种有价证券和其他金融工具,并通过专门的托管人对信托资产进行保管,投资者按出资比例分享收益并承担风险。

(三) 方便投资,流动性强

投资基金最低投资量起点要求一般较低,可以满足小额投资者对于证券投资的需求,投资者可根据自身财力决定对基金的投资量。投资基金大多有较强的变现能力,使投资者收回投资时非常便利。我国对百姓的基金投资收益还给予免税政策。

三、投资基金的作用

投资基金在资本市场中发挥着重要的作用,其作用表现在以下四个方面。

(一) 金融媒介

投资基金是中小投资者和资本市场间联系的纽带和桥梁。投资基金汇聚众多中小投资者的资金,在资本市场进行专业化的组合投资,使中小投资者可以间接参与资本市场交易。一方面降低了中小投资者进入资本市场的交易成本和交易风险,另一方面又增加了中小投资者的收益。

(二) 有利于证券市场的稳定

投资基金作为专业化的投资机构,投资行为较中小投资者更为成熟和理性。较大的持股份额也有利于对上市公司的经营管理进行监督。

(三) 推动了社会经济的增长

投资基金为企业直接融资提供了资金来源,从而将储蓄资金转化为生产资金,通过有效配置,促进企业发展,经济结构优化,间接推动社会经济的增长。

(四) 推动了资本市场的国际化

通过 QFII（合格境外机构投资者）和 QDII（合格境内机构投资者）的形式,加强了境内和境外的资本流动,推动了国内资本市场的国际化。

四、投资基金的种类

投资基金根据不同的标准可以分为不同的种类。

(一) 根据基金单位是否可增加或赎回划分

开放式投资基金,其基金单位的总数不固定,可根据发展要求追加发行,而投资者也可以赎回,赎回价格等于现期净资产价值扣除手续费。由于投资者可以自由地加入或退出这种开放式投资基金,而且对投资者人数也没有限制,所以又将这类基金称为共同基金。

封闭式投资基金,其发行总额有限制,一旦完成发行计划,就不再追加发行。投资者也不可以进行赎回,但基金单位可以在证券交易所或者柜台市场公开转让,其转让价格由市场供求决定。

(二) 根据投资基金的组织形态划分

根据组织形态的不同,投资基金可分为公司型投资基金和契约型投资基金。

公司型投资基金,具有共同投资目标的投资者依据《公司法》组成以盈利为目的、投资于特定对象（如有价证券、货币）的股份制投资公司。这种基金通过发行股份的方式筹集资金,是具有法人资格的经济实体。基金持有人既是基金投资者又是公司股东。公司型投资基金成立后,通常委托特定的基金管理人或者投资顾问运用基金资产进行投资。

契约型投资基金,基于一定的信托契约而成立的基金,一般由基金管理公司（委托人）、基金保管机构（受托人）和投资者（受益人）三方通过信托投资契约而建立。契约型投资基金筹集资金的方式一般是通过发行基金受益券或者基金单位,这是一种有价证券,表明投资人对基金资产的所有权,凭其所有权参与投资权益分配。

(三) 根据投资风险与收益划分

根据投资风险与收益的不同,投资基金可分为成长型投资基金、收入型投资基金和平衡型投资基金。

成长型投资基金,指把追求资本的长期成长作为其投资目的的投资基金。

收入型投资基金,指以能为投资者带来高水平的当期收入为目的的投资基金。

平衡型投资基金,指以支付当期收入和追求资本的长期成长为目的的投资基金。

(四)根据投资对象划分

根据投资对象的不同,投资基金可分为股票投资基金、债券投资基金、货币市场投资基金、期货投资基金、期权投资基金、指数投资基金和认股权证投资基金等。

股票投资基金,指以股票为投资对象的投资基金。

债券投资基金,指以债券为投资对象的投资基金。

货币市场投资基金,指以国库券、大额可转让存单、商业票据、公司债券等货币市场短期有价证券为投资对象的投资基金。

期货投资基金,指以各类期货品种为主要投资对象的投资基金。

期权投资基金,指以能分配股利的股票期权为投资对象的投资基金。

指数投资基金,指以某种证券市场的价格指数为投资对象的投资基金。

认股权证投资基金,指以认股权证为投资对象的投资基金。

五、投资基金的发行

投资基金的发行也叫基金的募集,是指基金发起人在其设立或扩募基金的申请获得国家主管部门批准之后,向投资者推销基金单位、募集资金的行为。

常见的基金发行方式有四种:① 直接销售发行,是指基金不通过任何专门的销售部门直接销售给投资者的销售方法;② 包销方式,是指基金由经纪人按基金的资产净值买入,然后再以公开销售价格转卖给投资人,从中赚取买卖差价的销售办法;③ 销售集团方式,是指由包销人牵头组成几个销售集团,基金由各销售集团的经纪人代销,包销人支付给每个经纪人一定的销售费用的销售方式;④ 计划公司方式,是指在基金销售过程中,有一公司在基金销售集团和投资人之间充当中间销售人,以使基金能以分期付款的方法销售出去的方式。

我国投资基金的发行方式主要有两种:上网发行方式和网下发行方式。上网发行方式是指将所发行的基金单位通过与证券交易所的交易系统联网的全国各地的证券营业部,向广大的社会公众发售基金单位的发行方式。网下发行方式是指将所要发行的基金通过分布在一定地区的证券或银行营业网点,向社会公众发售基金单位的发行方式。

上网发行时,投资者申购基金的程序主要可以分为两个步骤。第一步,投资者在证券营业部开设股票账户(或基金账户)和资金账户,这就获得了一个可以买卖基金的资格。基金发行当天,投资者如果在营业部开设的资金账户存有可申购基金的资金,就可以到基金发售网点填写基金申购单申购基金。第二步,投资者在申购日后的几天内,到营业部布告栏确认自己申购基金的配号,查阅有关报刊公布的摇号中签号,看自己是否中签。若中签,则会有相应的基金单位划入账户。

如果是网下发行,投资者在规定的时间内到当地证券登记公司开设股票账户(或基金账户),并将申购资金直接存入指定的银行或证券营业网点;之后,负责发售的机构按照规定的程序进行比例配售。投资者获得配售的基金将自动转入账户,未获配售的余款将在规定的时间内退还给投资者。

六、投资基金的运作与投资

(一) 投资基金的运作

按照国际惯例,基金在发行结束一段时间内,通常为3~4个月,就应安排基金证券的交易事宜。对于封闭型基金股份或收益凭证,其交易与股票债券类似,可以通过自营商或经纪人在基金二级市场随行就市,自由转让。对于开放型基金,其交易表现为投资者向基金管理公司认购股票或受益凭证,或基金管理公司赎回股票或受益凭证,赎回或认购价格一般按当日每股股票或每份受益凭证基金的净资产价值来计算,大部分基金是每天报价一次,计价方式主要采用"未知价"方式,即基金管理公司在当天收市后才计价以充分反映基金净资产和股份或受益凭证总数的变化。

(二) 投资基金的投资

投资基金的一个重要特征是分散投资,通过有效的组合来降低风险。因此,基金的投资就是投资组合的实现,不同种类的投资基金根据各自投资对象和目标,确定和构建不同的"证券组合"。

阅读材料 6-1

基金定投知识

1. 什么是定投

定投是常见的基金投资方式,指在固定间隔的时间点上对目标基金进行金额固定的分批投入。定投的投资方式能够较好地分散投资风险,具有聚少成多的理财功能,其机械化操作带来了投资的简便性,同时也能够降低主观操作风险。

2. 哪里定投费用更省

定投基金的费用与单笔投资基金的费用相同,都包括申购费、管理费、托管费和赎回费,其中在基金买卖过程中需要由投资者支付的费用为申购费和赎回费。投资者从独立基金销售机构定投基金费用会更优惠。投资者通过银行做基金定投,申购费率一般不优惠或者优惠幅度不高,如投资者通过一般银行进行基金定投,基本上无任何费率优惠,要收取1.5%的申购费。投资者通过独立基金销售机构做定投,大多数申购费率可打4折,也即0.6%。按简单单利计算,如果有A、B两个投资者均每月定投某股票型基金1000元,投资者A通过银行网上银行进行定投,投资者B通过独立基金销售机构进行定投,那么A比B每个月要多扣9元。10年后,同样是投入了120 000元,A比B在申购费上要多扣1 080元。

3. 定投的方式

(1) 定时定额投资。定时定额是指投资者指定投资的时间(每月任意一个工作日)和金额,在投资者指定的投资时间进行扣款,扣款金额为投资者指定的金额。

(2) 智能定投。智能定投是建立在传统定投的基础上,进行适当择时操作的投资方式。它一方面保留了普通定投的机械化、降低主观操作风险的优点,另一方面又通过数量分析方法进行模糊择时,优化投资资本。如今智能定投可以从金额、日期、周期、涨跌、均线等多方面进行选择。

本章关键词

资本市场　股票市场　债券市场　投资基金　国债　地方政府债券　金融债券　国际债券

思　考　题

1. 简述资本市场与货币市场的区别。
2. 简述资本市场的功能。
3. 资本市场的投资工具有哪些?简述它们之间的区别。
4. 简述投资基金的特点。

第七章　黄金市场

> **本 章 导 读**
>
> 早在人们把黄金当作货币使用之前,由于它的耐久性、密度以及金光闪闪的特点,黄金很自然地成为财富的象征。它曾是君王的专利,历史上好多次战争都因它而起。自近代起,黄金被赋予硬通货的功能,使它具有了前所未有的地位,黄金承担了商品交换的一般等价物,成为商品交换过程中的媒介。20 世纪 70 年代至今,黄金又进入了非货币化时期。因此,黄金市场也就构成金融市场的一个重要组成部分,成为集中进行黄金交易、专门经营黄金买卖的场所。

第一节　黄金市场概述

一、黄金市场的发展背景

(一) 皇权垄断时期(19 世纪以前)

在 19 世纪之前,因黄金极其稀有,黄金基本为帝王独占的财富和权力的象征。虽然公元前 6 世纪就出现了世界上的第一枚金币,但平民很难拥有。黄金矿山也属皇家所有,当时黄金培植起了古埃及和古罗马的文明。

(二) 金本位时期(19 世纪初至 20 世纪 30 年代)

自 19 世纪初开始,先后在俄国、美国、澳大利亚和南非以及加拿大发现了丰富的金矿资源,使黄金生产力迅速发展。仅 19 世纪后半叶,人类生产的黄金就超过了之前 5 000 年的产量总和。金本位制始于 1816 年的英国,到 19 世纪末,世界上主要的国家基本上都实行了金本位制。

20 世纪初,第一次世界大战爆发严重地冲击了金本位制;到 30 年代又爆发了世界性经济危机,使金本位制彻底崩溃。

(三) 布雷顿森林体系时期(20 世纪 40 年代至 70 年代初)

1944 年 5 月,美国于邀请参加筹建联合国的 44 国政府的代表在美国布雷顿森林举行会议,签订了布雷顿森林协议,建立了金本位制崩溃后的人类第二个国际货币体系。在这一体系中美元与黄金挂钩,美国承担以官价兑换黄金的义务。各国货币与美元挂钩，美元处于中心地位，起世界货币的作用。

60年代，美国陷入越战泥潭，政府财政赤字不断增加，国际收入恶化，美元出现不可抑制的通货膨胀，其信誉受到极大的冲击，各国政府和市场力量都预期美元即将大幅贬值，而黄金是资产保值的最好选择，于是各国为了避险美元危机和财富保值需求，纷纷抛出美元向美国兑换黄金。

这使美国政府承诺的美元同黄金的固定兑换率难以维持。到1971年，美国的黄金储备减少了60%以上。美国政府被迫放弃按固定官价美元兑换黄金的政策，各西方国家货币也纷纷与美元脱钩，金价进入由市场自由浮动定价的时期，布雷顿森林国际货币体系彻底崩溃。

(四) 黄金非货币化时期(20世纪70年代至今)

1976年，国际货币基金组织通过的《牙买加协议》及两年后对协议的修改方案，确定了黄金非货币化，主要内容有：

(1) 黄金不再是货币平价定值的标准；

(2) 废除黄金官价，国际货币基金组织不再干预市场，实行浮动价格；

(3) 取消必须用黄金同基金进行往来结算的规定；

(4) 出售国际货币基金组织的1/6的储备黄金，所得利润用来建立帮助低收入国家的优惠贷款基金；

(5) 设立特别提款权代替黄金用于会员之间和会员与国际货币基金组织之间的某些支付。

黄金非货币化的结果，使黄金成为可以自由拥有和自由买卖的商品，黄金从国家金库走向了寻常百姓家，其流动性大大增强，黄金交易规模增加，因此为黄金市场的发育、发展提供了现实的经济环境。同时，黄金非货币化使各国逐步放松了黄金管制，是当今黄金市场得以发展的政策条件。

二、黄金市场的参与者

黄金市场由参与交易的买方和卖方共同构成。黄金市场上的卖方及黄金的来源主要有产金国(如南非等)、为了干预金价或换取外汇而出售的部分黄金的各国金融当局，以及持有黄金并打算出售的集团或个人。

购买方主要包括以下几类：各国中央银行或货币当局；以黄金作为工业用途的工商企业；用作储藏的个人；国际金融机构。

此外，黄金市场上还有一个重要的参与者，即国际黄金商，他们的主要活动是专营代理黄金买卖业务、期货买卖、中间商业务以及套购业务等。

三、黄金市场分类

黄金市场是集中进行黄金买卖和金币兑换的场所。黄金市场按不同的标准可划分成不同的类型。

（一）按其作用和影响范围不同划分

按其作用的影响范围不同，可划分为主导型市场和区域型市场。

主导型市场是国际性交易集中的市场，其交易量大，黄金价格和变动对其他市场有很大影响，如伦敦等五大黄金市场。

区域型市场是区域性交易集中的市场，其交易量相对较小，影响也局限于本地区，如法兰克福、巴黎、新加坡和东京等。

（二）按交割期限不同划分

按交割期限不同，可划分为现货市场和期货市场。

现货市场是指买卖成交后在两个工作日内办理交割的市场。

期货市场则是指买卖成交后在今后的一个约定的时间内办理交割的市场。

由于地理的、传统的原因，有些黄金市场主要经营黄金的现货买卖，有些黄金市场则主要经营黄金的期货买卖。由此分别形成了黄金现货市场和黄金期货市场。伦敦、苏黎世和巴黎等欧洲黄金市场虽然也办理少量的期货交易，但以现货交易为主，因而属现货市场。纽约和芝加哥等北美市场则以期货交易为主，所以是期货市场。亚洲的黄金市场，如中国香港和新加坡则是现货交易和期货交易并重，成为混合型市场。

（三）按交易管制的程度不同划分

按交易管制的程度不同，可分为自由交易市场和限制交易市场。

自由交易市场又称开放型市场，是指黄金可以自由输入输出，允许居民和非居民共同参与黄金交易的市场。

限制交易市场，是指黄金的输入输出受到管制，只准许非居民自由买卖黄金的市场，主要是外汇管制国家的黄金市场。

还有一种类型的黄金市场——封闭型市场，是指市场上的黄金禁止输入输出，只允许本国居民参与黄金交易的市场，非本国居民不能参与，如巴黎市场和悉尼市场。

第二节　黄金市场交易方式

一、黄金现货交易

黄金现货交易的价格较为特殊，在伦敦黄金市场上分为定价交易和报价交易两种。世界其他黄金市场的金价都是参照伦敦市场的定价水平，再根据本市场供求状况决定的。

定价交易的特点是提供客户单一交易价，既无买卖差价，按所提供的单一价格，客户均可自由买卖，金商只收取少量的佣金。

定价交易只在规定的时间内有效，短则一分钟，长则一个小时，视市场客户的供求情况而定。伦敦市场每日进行两次定价交易，上午为10:30，下午为3:00，定价交易是世界黄金行市的"晴雨表"，世界各黄金市场的金价均依此调整各自的金价。

在定价交易以外的时间则进行报价交易。报价交易由买卖双方自行达成，其价格水平很大程度上受定价交易的制约,但一般来说报价交易达成的现货交易数量比定价交易要多。

在黄金市场上进行现货交易,除支付黄金价款外,还要支付金商的手续费。例如,伦敦黄金市场的手续费通常为0.25%。近年来由于竞争的加剧,手续费有下降的趋势。

二、黄金期货交易

黄金期货交易中,又有保值交易和投机交易之分。

黄金保值交易,是指人们为了避免通货膨胀或政治动乱而寻求价值的"庇护所"来购买黄金,也有的以避免由于金价变动而遭受损失为目的进行的黄金买卖。套头交易是保值的好方法,对套头交易者来说,期货市场是最方便的购销场所。

投机交易是利用金价的波动,估计金价在未来时期的涨跌趋势,买空或卖空,从中牟取投机利润。有时保值交易和投机交易很难区分,但对大多数金融机构和用金企业来说,期货交易既是减少未来风险的一种方式,也是一种十分微妙复杂的投机形式。

黄金期货交易要收取各种费用,以香港为例,一笔黄金货交易(每笔交易量规定为100盎司)中收取手续费为30港元、仓储费每日为10港元、收仓手续费为100港元等费用。承购远期黄金,不必缴纳试金费、保藏费等,且买方只需按每盎司黄金先付少量的保证金,但现货交易则需在交割时全额付清。这对投资者,特别是对那些使用黄金的工业部门是很有吸引力的。

三、交割方式

(一) 账面划拨

在黄金市场上交易的黄金,不论是期货还是现货,大宗交易很少是直接以黄金实物交割的,而一般采取账面划拨的方法,把存放于某金库的属于某个国家或集团的寄存黄金改变一下标签而已,特别是国际金融机构、国家之间以及大垄断金融机构之间的黄金买卖尤为如此。

(二) 实物交易

私人或企业集团对新开采出来的黄金交易,一般多按实物交易。成交额较大的是各种成色和重量的金块。专业金商和中央银行交易的对象一般是重量为400盎司、成色为99.5%的大金锭,进入世界市场的大金锭必须有国际公认的鉴定机构的印记。主要产金国,如南非、俄罗斯、加拿大等国所开采的黄金一般都以这种形式投放市场,各国金库储存的大量黄金也是采取这一形式的大金锭。

(三) 金币交易

作为储藏手段,一盎司一枚的金币更便于转移,加上在很多国家还可以逃避遗产税,因此金币交易也是黄金市场主要的交易对象。金币有旧金币和新金币之分,多数旧金币的可供量有限,是一种稀有金币,一般为古董收藏家购买的对象,因此,旧金币的价值高于其本身含金量的30%~90%。新金币则适合于主要以保存金属价值为目的的投资者,新金币的价格涨落直接依存于黄金市场的价格变动,但一般比金条价格高出 3‰~5‰。世界上最大的黄金生产国——南非发行的金币最多,美国则是金币的最大销售市场。

(四) 黄金券交易

近年来,随着世界性通货膨胀的加剧,有越来越多的集团、企业和私人卷入抢购黄金的活动中,许多小额资金持有者也以购买黄金作为保值手段。为了适应这一新情况,黄金交易中也出现了一些新动向,其中较为突出的就是黄金微型化交易发展很快,出现了黄金券交易。

黄金券是黄金的凭证,持有人随时可向发行银行要求换成黄金或其等价的货币。黄金券面额有多种,最小仅半盎司,有编号和姓名,不得私自转让,遗失了还可以挂失。对于购买人来说,黄金券随时可以兑现,与持有黄金实物无异,可用于保值,也可用于投资,既方便又安全。

第三节 黄金市场价格

黄金同时作为一般商品和金融商品的特性使其价格变动必须受到来自多方面的、错综复杂且相互交织的各种因素的影响。这种情况加剧了金价波动的频率和幅度。在黄金需求不变的情况下,黄金供应的增加会直接导致黄金市场的跌落,而黄金供应的减少则会促成黄金市场的上扬;反之,若黄金供应不变,黄金需求的增加或减少就会引起金价的上升或下降。所以,黄金价格的波动在根本上是黄金的供应和需求之间相对变动的结果。

一、黄金市场的价格

黄金价格主要有三种类型:市场价格、生产价格及准官方价格。

(一) 市场价格

市场价格包括现货和期货价格。这两种价格都受供需等各种因素的制约和干扰,变化大,而且价格确定机制十分复杂。一般来说,现货价格和期货价格所受的影响因素类似,因此两者的变化方向和幅度基本上是一致的。由于市场走势的收敛性,黄金的现货价格与期货价格之差会随期货交割期的临近而不断减小,到了交割期,期货价格和交易的现货价格大致相等。从理论上来说,期货价格应该稳定地反映现货价格加上特定交割期的持有成本。因此,黄金的期货价格应高于现货价格,远期的期货价格应高于近期的期货价格。由于决定现货价格和期货价格的因素错综复杂,如黄金的近/远期供给、黄金的市场需求状况及世界各国政府的稳定性等,有可能使世界黄金市场上黄金的供求关系失衡,出现现货和期货价格关系扭曲的现象,可能会导致现货价高于期货价格,近期期货价格高于远期期货价格。

(二) 生产价格

生产价格是根据生产成本建立一个固定在市场价格上的明显稳定的价格基础。随着技术的进步,找矿、开采、提炼等的费用一直在降低,黄金成本呈下降趋势发展。

(三) 准官方价格

这是被中央银行用作与官方黄金进行有关活动而采用的一种价格。在准官方价格中,又分为抵押价格和记账价格。

1. 抵押价格

这是意大利1974年为实现向联邦德国借款,以自己的黄金作抵押而产生的。抵押价格的确定在现代黄金史上有重要意义。一方面符合国际货币基金组织的每盎司黄金等于35个特别提款权的规定;另一方面又满足了持有黄金的中央银行不冻结黄金的需要。实际上,这种价格是由美国对黄金不要"再货币化"的要求,与欧洲对黄金"非货币化"谨慎要求的组合。借款时,以黄金作抵押,黄金按市场价格作价,再给折扣,在一定程度上金价予以保值,因为有大量黄金作抵押。要是金价下滑,借款期的利息就得高于伦敦同业银行拆放利率。

2. 记账价格

它是在1971年8月布雷顿森林体系解体后提出的。因为市场价格的强大吸引力,在市场价格和官方价格之间存在巨大差额的状态下,各国因为其官方黄金储备定价的需要,都提高了各自的黄金官价,所以就产生了为确定官方储备的准官方记账价格。

在操作中主要有三种方法。

(1) 按不同折扣标准(以市场净价或直至30%的折扣)同市场价格联系起来,按不同的基础以不同的调整期来确定金价(分为3个月的平均数、月底平均数等);

(2) 以购买价作为定价基础;

(3) 有些国家以历史官价确定,如美国1973年3月定的42.22美元/盎司,一些国家按1969年国际货币基金组织35美元/盎司来确定。准官方价格在世界黄金交易中已成为一个较为重要的黄金价格。

3. 黄金回收价格

黄金回收价格一般按国际价格或者上海黄金交易所的价格减去3%~5%的折旧,这个价格在全国通用。

二、黄金的供应

从世界市场来看,黄金的供应主要来源于以下三个途径。

(一) 新产黄金的出售

产金国的黄金开采、冶炼等生产活动是直接增加整个世界的黄金存量的唯一来源,新产黄金的出售则构成黄金的初始供应,是影响黄金市场的重要因素。但是,黄金市价的变动对黄金生产也会产生反作用。如果黄金市场较高,黄金的销售在扣除了生产成本等费用后仍有较大幅度的利润,就能刺激黄金的生产,黄金产量会随之增加,进而抑制黄金价格;反之,若黄金市价较低,黄金生产的积极性就会受到挫伤,从而减少黄金供应,推动金价上涨。可见,新产黄金的供应与黄金的市场存在互为因果关系。

(二) 官方机构的售金活动

由于黄金在历史上具有货币特性,因而各国官方机构,尤其是中央银行都保留一定数量的黄金储备,以便在必要时能用以对外支付。据统计,目前各国官方机构持有的黄金储备总量约为 40 000 吨。这无疑是一个潜在的、数量巨大的供应来源。

1973 年,第二次世界大战以后建立起来的"美元-黄金"国际货币体系最终崩溃,美国无力保持美元等同黄金的地位。于是,美国政府大力推行"黄金非货币化"政策,以削弱黄金作为国际储备资产的作用。

国际货币基金组织也于 1976 年开始把会员国缴纳的一部分黄金以拍卖的方式出售。这次售金活动直到 1981 年 5 月才正式停止。

这一系列官方机构的售金活动,使国际市场上的黄金供应数量有了比较明显的增加,导致这一时期的金价有较大幅度的下跌。

(三) 工业废料的熔化与回收

除了上述的新产黄金和官方机构的售金以外,含有黄金的工业废料的熔化、回收,则是黄金供应的一个补充来源,有时一年能高达 300 吨。此外,在黄金的市场价格上升过快时,大量的私人藏金也会抛售出来。当然,这种抛售数量相对说来是不多的。

三、黄金的需求

在黄金市场上与供应相对的影响金价的因素是黄金的需求,主要来自以下三个方面。

(一) 工业用金

作为一种金属,黄金具有许多极其良好的物理性能和化学性能。由于这些特性,黄金可广泛用于各种具有特殊材料要求的产品制作,如首饰、装饰、奖牌、钟表、餐具、镀金器皿、牙科、机械用品、通信设备和电子产品等。随着经济的持续增长和人们收入的不断提高,工业用金量逐年呈递增的趋势。

(二) 官方机构

官方机构在黄金市场上的买卖活动,使其一方面表现为黄金的供应方,另一方面又成为黄金的需求方。

从战后的情况来看,在 20 世纪 50 年代,各国官方机构主要是以黄金需求方的身份出现在黄金市场上。在 60—70 年代,各国官方机构成为黄金市场的供应方。80 年代以来,黄金的货币功能呈日渐退化的趋势,对官方机构来说,为了满足对外支付的需要,既可以保留黄金储备,也可以持有外汇储备。

由于世界政治经济局势日趋稳定,黄金价格在短期里出现大幅度上升的可能性越来越小。而且,保留黄金还会发生储藏和保管费用;相反,持有外汇储备,如外币存款少短期有价证券都可获得利息收益,所以,各国官方机构对黄金的需求将日益处于微不足道的地位。

(三) 私人窖藏

私人作为需求方在黄金市场买入黄金主要有两种类型。

1. 保值性窖藏

在目前的不兑现纸币本位条件下以黄金作为保值手段,可以避免因通货膨胀而遭受纸币贬值的风险,因为黄金价格会随通货膨胀而相应上升,从而保持原有的实际价值。所

图 7-1 我国黄金和外汇储备规模

数据来源：中国人民银行、中国金融学会、中国银监会、中国证监会、中国保监会、国家外汇管理局,由 EPS 整理

以,在通货膨胀比较严重的时期出于保值动机而形成的私人购金的需求也会十分高涨。

2. 投资性窖藏

私人购买黄金的另一动机是试图通过金价上涨而获利。黄金的价格最终可由其本身的内在价值得到支撑,因而其投资风险比股票等有价证券要小得多。从长期来看,由于黄金的供应生产成本制约,而需求始终能稳定增长,因而价格呈稳定的上升趋势。所以,购买黄金就成为一种受人欢迎的投资选择。在黄金价格上升时期,投资性窖藏更为盛行。据估计,投资性窖藏占私人窖藏的比重为 30%～50%。

四、影响黄金价格的间接因素

黄金价格的变动虽然直接受到黄金供应和需求的影响,但黄金的供应变动本身又受到各种错综复杂的政治、经济等因素的影响。这种政治、经济因素通过改变黄金供求的力量对比,对金价变动发挥了间接的影响。

(一) 政治局势

当今各国实行的是不兑现的纸币本位制度,纸币本身并无任何价值,它之所以能执行货币的各项职能完全是政府的法定程序强制其流通和使用的结果。在政治经济局势较为稳定的时期。人们对纸币并无内在价值这一特性并不敏感,但当政治经济局势出现震荡,基于安全性的原因人们就会倾向于保留有十足价值的物品以取代纸币。在这方面,黄金无疑是最佳选择。

所以,黄金又是一种非常敏感的投机商品,任保政治、经济局势的较大变动,都会引起黄金需求的增加,并推动金价的上涨。1979 年 11 月的美伊冲突、12 月苏联出兵阿富汗,曾使当时的金价骤升。

(二) 美元汇率的走势

第二次世界大战以后,美国的政治经济实力虽然不断地相对衰落,但在世界经济中仍然享有优势地位,美元仍是主要的国际结算货币、干预货币和储备货币,各国政府、跨国公司和跨国银行均手持大量美元。此外,在国际黄金市场上,黄金买卖大都以美元计价,因此美元币值是否坚挺就可以直接通过黄金价格反映出来。

(三) 通货膨胀

在通货膨胀时期,一般商品的价格会发生持续的普遍上涨,而货币的购买力将会明显下降。这种实质上的货币贬值导致了每一个单位的货币所能购买的商品量的减少。在这种情况下,黄金作为一种直接就是财富的商品,其价格也会随货币购买力的下降而上升。所以,持有黄金可以避免因通货膨胀而造成的货币贬值风险。

由于人们对黄金的这种保值作用具有一致的认识,于是,当人们普遍形成通货膨胀预期时,出于保值心理的黄金需求就会迅即增加,黄金价格也会因之上涨,且其上涨幅度常常会超过实际的通货膨胀程度。20世纪70年代期间的金价飙升与当时西方各国的严重通货膨胀局势无疑存在紧密的关联。

(四) 石油价格

从历史上看,石油价格的变动也对黄金市价产生过很大的影响。1973年和1979年,石油输出国组织曾两次大幅度提高石油的销售价格,结果,西方各国的国际收支普通恶化,出现通货膨胀压力。人们纷纷购买黄金,以求安全。

此外,石油交易是以美元计价和支付的,当时的美元汇率又呈下跌趋势。为避免美元汇率风险,石油输出国就将大量的石油美元转换成黄金。这两方面原因的结合,终于推动了金价的新一轮上场。不过,石油价格的变动主要还是通过美元汇率走势和通货膨胀状况来对金价产生影响的。

第四节 世界主要黄金市场

一、伦敦黄金市场

英国是工业革命的发源地,发达的工商业十分自然地推动了金融体系的发展。伦敦由于具有国际金融中心的各种有利条件,早在19世纪,就已逐步成为金条的精炼、储藏、销售和金币兑换的中心,从而成为世界黄金销售、转运和调剂的枢纽,交易量曾经达到世界黄金交易总额的80%。伦敦黄金市场从1919年9月12日开始实行按日定价制度,从而形成一个初具规模、组织健全、经营得法的世界性黄金市场。

第一次世界大战期间,英格兰银行曾以低价包销了南非生产的全部黄金。这是导致伦敦黄金市场经营规模不断增大的一个重要原因。第二次世界大战爆发以后受战争的影响,伦敦黄金市场于1939年被迫关闭。以后,南非就把黄金的销售渠道转向了邻近伦敦的苏黎世黄金市场。

1954年3月,伦敦黄金市场重新开放,但原有的大量业务已经转移到苏黎世市场,黄金市场交易量大不如前。当时又正遇上国际性的美元短缺现象,英格兰银行无法同意整个英镑区的居民自由进入黄金市场,使黄金交易量难以恢复到战前水平。在这种情况下,伦敦黄金市场的经纪商只能以较低的买卖差价和佣金来吸引客户,使黄金交易量得以逐步增长,进而恢复其原有地位。到1955年年底,伦敦市场的黄金交易量已占世界自由市场黄金交易量的3/4强。

1958年,英国政府放松外汇管制,英镑成为自由兑换货币,即使在市场已有很大发展的今天,伦敦黄金市场仍是唯一可以成吨买卖黄金的市场,它报出的金价仍是最有代表性的,对世界黄金价格有很大的影响。此外,伦敦市场的组织设施比较齐全,从业人员的技术和经营素质也比较高。

20世纪50年代末起,随着美元危机的频频爆发,国际金融市场上出现了抛售美元、抢购黄金的风潮。为了稳定黄金的市场价格,各主要西方国家于1961年10月建立黄金总库,用以联手干预黄金市场。然而,任凭黄金总库的抛售,黄金价格上升的压力却是有增无减,黄金总库被迫解散,伦敦黄金市场于1968年3月18日再度关闭,黄金双价制由此形成。4月1日,伦敦黄金市场重新开放,但其国际地位已大大削弱。

二、苏黎世黄金市场

在伦敦形成黄金市场并迅速发展以后,瑞士也逐步开始了较有规模的黄金交易。其交易最初是以金条、金块和金币为主。

第二次世界大战以后,瑞士开始重视黄金买卖,努力干扰中近东和东南亚市场,建立流通渠道。瑞士的金商先从伦敦集中购买黄金,然后通过各种渠道销售到各地,起到转手批发的作用。

瑞士的银行法规定,银行能吸收的存款的5%必须以金块的方式存在中央银行,不计利息。这就使设立在瑞士的各家银行不得不保持一定量的黄金库存。这部分黄金便构成了市场交易的基础。

南非是世界上最大的产金国,其黄金销售主要有两个渠道:一是通过空运把黄金输送到苏黎世,主要通过瑞士联合银行销售;二是把黄金从约翰内斯堡船运到伦敦。由于船运费用大大低于空运,因而伦敦成为南非销售黄金的主渠道。随着第二次世界大战的爆发,伦敦黄金市场被迫关闭,南非只通过苏黎世出售黄金。与此同时,瑞士的几家大银行表示愿以优惠的价格购买南非能提供的全部黄金,并对南非储备银行提供优惠信贷。目前,南非新产黄金约有80%在苏黎世销售,只有20%通过伦敦市场销售。

瑞士在国际上享有"政治中立"的特殊地位,以此成为世界有名的"资金避风港",吸引了大量的游资,从而为购金保值、黄金买卖和黄金投机等活动提供了充裕的资金。从传统来看,瑞士黄金市场一直是一个零售市场,能够为私人客户提供各种小规模的金条。这种特点使它在与伦敦黄金的竞争中具有局部的优势。

实行"黄金双价制"后,伦敦黄金市场只准非居民按自由市场价格买卖黄金,并对黄金输出输入实行限制。苏黎世市场则无论居民或是非居民都可自由参与交易,且对黄金输出输入没有限制。该黄金市场第二个主要的黄金供应来源是当时的苏联。自 1972 年起,苏联差不多每年都通过其设在苏黎世的银行卖出大量的新产黄金。上述种种因素,使苏黎世成为仅次于伦敦的重要的国际黄金市场。

三、美国的黄金期货市场

美国有四个规模较大的黄金市场,其中一个设立在纽约,三个设立在芝加哥。这些黄金市场主要经营期货交易。这些黄金市场的管理机构是"商品期货交易委员会"。

(一) 纽约商品交易所

纽约商品交易所(New York Mercantile Exchange,NYMEX)建于 1933 年,是世界上最大的金属期货交易所。根据纽约商品交易所的界定,它的期货交易分为 NYMEX 和 COMEX 两大分部。

NYMEX 负责能源、铂金及钯金交易。在 NYMEX 分部,通过公开竞价交易期货和期权合约,有原油、汽油、燃油、天然气、电力、煤、丙烷以及铂金和钯金的期货合约。COMEX 分部负责金、银、铜、铝的期货和期权合约。COMEX 的黄金期货交易市场为全球最大,它的黄金交易往往可以主导全球金价的走向。

在交易场地关闭的期间,NYMEX 分部和 COMEX 分部的能源和金属合约可以通过建立在互联网上的 NYMEXACCESS 电子交易系统来进行交易,这样就可以使日本、新加坡、中国香港、英国伦敦以及瑞士的参与者在他们的正常工作时间内积极主动地参与到能源和金属期货市场中。

纽约商品交易所的黄金交易以 100 盎司为一手,并允许有 5 盎司的误差,成色为 99.5%,可以是整块的黄金,也可以是 1 千克的金条,但要有编号和经过批准的检验商的印记。每盎司黄金的当日价格变动幅度以上一个交易市清算价的上下 10 美元为限,但对当月交割的交易没有价格限制。价格变动的升降单位为 10 美元,开市时间为东部标准时间 9:25~14:30。合约的交割期限为当月、下两个月,或从本月开始的 23 个月内的 2 月、4 月、6 月、8 月、10 月、12 月。黄金的交割,可由合约卖方选择在合约规定月份里的任一交易日进行。黄金的存放地点必须是持有纽约商品交易所许可证的金库。

买卖黄金期货合约须交付保证金,保证金的数额通常约为交易额的 10%。一旦黄金市场的金价变动对合约持有人不利,保证金的数额就会相应提高。如果黄金市价的金价变动对合约持有人有利,他就可以收回超额保证金。

(二) 芝加哥商业交易所

芝加哥商业交易所(Chicago Mercantile Exchange,CME)建于 1919 年,是一家商品期货交易所。1972 年 5 月 16 日,该交易所设立了"国际货币市场"(International Monetary Market,IMM),开始办理货币期货业务。1974 年年底,随着黄金交易合法化,黄金期货业务也开始发展。该所的黄金期货合约以 100 盎司 10 美元。交割期化为即期交割或每年 3 月、6 月、9 月、11 月,最长可达 18 个月。交割的地点为纽约或芝加哥的专门的金库。

(三) 芝加哥农产品交易所

芝加哥农产品交易所(Chicago Board of Trade,CBT)建立于1848年,是最古老、最大的商品期货交易所。该所于1975年开始经营黄金期货业务,具体做法与芝加哥商业交易所类似。

(四) 美国中西部商品交易所

美国中西部商品交易所建于1868年,是美国第四大期货交易所,其特点是可进行小额黄金交易。每笔交易额可为其他交易所的 1/5~1/2。合约以 1 kg 的金条为一手,成色为 99.5%。开市时间为美国中西部标准时间 8:45~13:40。

四、其他黄金市场

(一) 香港黄金市场

香港黄金市场已有90多年的历史,其黄金大多业自欧洲和澳大利亚等地,主要的需求是东南亚国家和地区。香港黄金市场由三部分组成:一是传统的香港金银贸易市场;二是20世纪70年代中期才逐渐形成的当地伦敦金市场;三是80年代才开业的黄金期货市场。所以,香港被称为混合型黄金市场。

香港黄金市场的主要特点:① 香港是个自由港,有大量经验丰富的贸易商人,信誉可靠;② 香港具有转运、储藏、调拨黄金的便利,既可做现货交易,又可做期货交易,对客户很有吸引力;③ 在世界各大市场中,只有香港市场在星期六不停业,照常开市,这也是能够吸引从事黄金买卖的客户到香港来进行交易的一个重要原因;④ 香港市场一直与伦敦市场保持密切的联系,同时在20世纪80年代后又与美国黄金市场形成纽约(芝加哥)—香港黄金集团。香港的地理位置、时差因素以及与英国、美国市场密切的业务合作,使香港黄金市场具有得天独厚的发展空间。

(二) 东京黄金市场

东京黄金市场于1982年成立,是日本政府正式批准的唯一黄金期货市场,会员绝大多数为日本的公司。黄金市场以每克日元叫价,交收标准金成色为99.99%,重量为1千克,每宗交易合约为1千克。

(三) 新加坡黄金所

新加坡黄金所成立于1978年11月,目前时常经营黄金现货和2个月、4个月、6个月、8个月、10个月的5种期货合约。标准金为100盎司的99.99%纯金,设有停板限制。

阅读材料 7-1

外汇与黄金的"亲密关系"

外汇市场与黄金市场的价格波动都受到一些相同因素的影响。当前世界经济全球化和一体化趋势不断加强,带来世界金融市场的大融合,国际资本能在各个市场间自由迅速地流动,从而进一步将世界范围内各个市场紧密联系在一起,各个市场的价格涨落,彼此都息息相关。对于世界第一大市场——外汇市场(从成交量衡量)和最具历史的黄金市场来说,两者具有密不可分的联系,各自的价格波动和市场变化,对另一市场都有一定的影响。

由于世界黄金市场以美元标价,因此,外汇市场上美元汇率的波动,对黄金价格有很大的影响。一般来说,美元涨,黄金跌;美元跌,黄金涨。原因主要有两个。一是美元的涨跌代表市场对美元资产信心的大小。美元涨,能吸引资金买入美元计价的资产,以获取利润;而美元跌,则是部分资金对美元资产失去信心,转而买入黄金以求保值获利。二是美元下跌,表示欧元、日元等货币的汇率上涨,那本国黄金市场以欧元和日元标价的黄金价格就显得相对便宜,并吸引投资者买入。这些资金的流入,自然而然就推动了黄金价格的上涨。

黄金价格的波动对外汇市场的影响主要体现在对商品货币的影响上。商品货币国家的主要特征是高利率、出口占据国民生产总值比例较高、为某种重要初级产品的主要生产和出口国、其货币汇率与某种商品(或者黄金价格)同向变动。主要的商品货币有澳元、加元、新西兰元、挪威克郎、南非兰特。黄金作为一种重要的商品,其价格的涨跌对商品货币也有一定的影响。

资料来源:韩国文,《金融市场学》,清华大学出版社,2014年。

本章关键词

黄金市场　黄金价格　伦敦黄金市场　苏黎世黄金市场　美国黄金市场　香港黄金市场

思　考　题

1. 简述黄金的期货交易和现货交易。
2. 简述影响黄金的价格因素。
3. 简述世界四大黄金市场的特点。
4. 与一般金融产品相比,黄金交易有何特点?

第八章 金融机构体系

> **本章导读**
>
> 金融机构体系是有关资金的集中、流动、分配和再分配的一个系统。它由资金的流出方(资金盈余单位)和流入方(资金短缺单位),连接这两者的金融中介机构和金融市场,以及对这一系统进行管理的中央银行和其他金融监管机构共同构成。金融体系关系到资金的流向,它的有效运转是经济健康发展的一个关键。在这一章中,我们首先对金融体系作一个概略的介绍,内容包括资金融通过程、金融中介机构、金融工具和各国金融机构体系。

第一节 金融机构概述

一、金融机构的概念

凡专门从事各种金融活动的组织,均称为金融机构。在间接融资领域中的金融机构,是作为资金余缺双方进行金融交易的媒介体,如各种类型的银行和非银行金融中介机构;在直接融资领域中的金融机构,是为筹资者和投资者双方牵线搭桥的证券公司、证券经纪人以及证券交易所等。要说明的是,像证券公司、证券经纪人和交易商等,在金融市场上或为买卖双方撮合,或代客买卖证券,有时本身也参加买卖,其身份也是买卖双方的中间人。那么,它们与间接融资领域中的金融媒介、中介有何区别呢?其最根本的区别在于:间接融资的媒介要通过各种负债业务活动集聚资金,然后再通过各种资产业务活动分配这些资金;直接融资的机构则主要是促成贷款人与借款人接上关系,而并非主要在借贷双方之间进行资产负债的业务经营活动。

二、金融机构的功能

金融机构通常提供以下一种或多种金融服务。

(1)在市场上筹资从而获得货币资金,将其改变并构建成不同种类的更易接受的金融资产,这类业务形成金融机构的负债和资产。这是金融机构的基本功能,行使这一功能的金融机构是最重要的金融机构类型。

(2) 代表客户交易金融资产,提供金融交易的结算服务。

(3) 自营交易金融资产,满足客户对不同金融资产的需求。

(4) 帮助客户创造金融资产,并把这些金融资产出售给其他市场参与者。

(5) 为客户提供投资建议,保管金融资产,管理客户的投资组合。

上述第一种服务涉及金融机构接受存款的功能;第二和第三种服务是金融机构的经纪和交易功能;第四种服务被称为承销功能,提供承销的金融机构一般也提供经纪或交易服务;第五种服务则属于咨询和信托功能。

三、主要商业性金融机构

(一) 商业银行

商业银行又称为存款货币银行或存款银行,在西方国家传统的金融体系中,商业银行以其机构数量多、业务渗透面广和资产总额大而处于举足轻重的地位,特别是在实行全能型银行体制的国家,商业银行可以经营包括存贷款业务和证券业务在内的各种金融业务,因而地位更加重要。

(二) 投资银行

投资银行是承销发行债券、股票的金融机构。投资银行的名称通用于欧美西方国家,在英国被称为商人银行,在日本则称证券公司。

投资银行除了为工商企业代办发行或包销债券和股票外,还参与企业的创建和改组活动,包销本国政府和外国政府的债券,为企业提供投资及兼并的财务咨询服务等。

投资银行与商业银行和储蓄机构不同,其资金主要来源于自己发行的股票和债券,英国的商人银行可以接受存款,但也主要是定期存款。它们可以向其他银行借款,但这不是主要的资金来源。

(三) 保险公司

在西方国家,保险业十分发达,保险公司的种类也很多,但大致可分为两类:人寿保险公司和财产与意外保险公司。相比之下,人寿保险公司的规模较大。人寿保险对投保人来说兼有储蓄的性质,因为即使是定期人寿保险,投保人在投保期内未发生任何意外也可以得到一笔可观的偿付,所以人寿保险公司可以说是一种特殊形式的储蓄机构。

保险公司的保费收入经常远远超过它的赔付金额,从而聚集起大量的货币资金,保险公司通常将它用于长期投资,如购买国债及公司债券和股票,发放不动产抵押贷款。此外,为满足投保人意外的资金需求,西方的人寿保险公司往往也对投保人提供短期贷款。

近年来,人寿保险公司受到来自各种投资基金的挑战。在美国,尽管人寿保险公司仍然在资本市场上发挥着重要的作用,但由于人们对更具流动性的资产的兴趣上升,人寿保险公司的资金来源大受影响。

(四) 养老基金

养老基金是一种向加入基金计划的人们提供养老金的金融机构。其资金来源于两方面：一是雇主的缴纳和雇员工资的扣除，雇主的缴纳往往是主要的；二是基金收入的投资收益，即将筹集的资金用于长期投资的收益。养老基金的资产与保险公司类似。

养老基金是从第二次世界大战后才在西方各国发展起来的。西方国家关于养老基金的立法和税收优惠对它的发展起了极大的推动作用。到 20 世纪 80 年代末期，美国的养老基金的资产规模已超过人寿保险公司。

第二节　我国金融机构体系

一、我国金融机构体系的形成

经过三四十年的改革开放，我国现已基本形成了以中国人民银行为领导，国有独资商业银行为主体，多种金融机构并存，分工协作的金融机构体系格局。我国金融机构体系经历了以下发展历程：

（1）初步形成阶段(1948—1953 年)，中国人民银行成立，标志着新中国金融机构体系的开始。

（2）"大一统"的金融机构体系(1953—1978 年)，中国人民银行是全国唯一一家办理各项银行业务的金融机构，集中央银行和普通银行于一身。

（3）初步改革和突破"大一统"金融机构体系(1979—1983 年 8 月)，中国银行、中国农业银行、中国建设银行相继恢复或成立，但中国人民银行仍然集货币发行与信贷于一身。

（4）多样化的金融机构体系初具规模(1983 年 9 月—1993 年)，形成了以中国人民银行为核心，以工、农、中、建四大专业银行为主体，其他各种金融机构并存和分工协作的金融机构体系。

（5）建设和完善社会主义市场金融机构体系的阶段(1994 年至今)，形成了由"一行三会"为主导、大中小型商业银行为主体、多种非银行金融机构为辅翼的较完备的金融机构体系。

二、我国金融机构体系的现状

我国现阶段的金融机构体系结构如下：中央银行，也称货币当局；政策性银行；国有商业银行；其他商业银行；农村和城市信用合作社；其他非银行金融机构；保险公司。

（一）中国人民银行

作为我国中央银行的中国人民银行，是在国务院领导下制定和实施货币政策，对金融业实施监督管理的国家机关。它具有世界各国中央银行的一般特征：通货发行的银行、银行的银行和政府的银行。

中国人民银行的分支机构根据履行职责的需要而设立，作为派出机构，它们根据中国人民银行的授权,负责其辖区内的金融监督管理,承办有关业务。

(二) 政策性银行

政策性银行是由政府投资设立的,根据政府的决策和意向专门从事政策性金融业务的银行。它们的活动不以营利为目的,并且根据具体分工的不同,服务于特定的领域,所以也有政策性专业银行之称。

1994年以前,我国没有专门的政策性金融机构,国家的政策性金融业务,分别由四家国有专业银行承担。1994年,适应经济发展需要以及把政策性金融与商业性金融相分离的原则,相继建立了国家开发银行、中国进出口银行和中国农业发展银行三家政策性银行。

国家开发银行,其主要任务是:按照国家法律、法规、方针、政策,筹集和引导境内外资金,向国家基础设施、基础产业和支柱产业的大中型基本建设和技术改造等政策项目及其配套工程发放贷款,从资金来源上对固定资产投资总量进行控制和调节,优化投资结构,提高投资效率。

中国进出口银行,其主要任务是:执行国家产业政策和外贸政策,为扩大机电产品和成套设备等资本性货物出口提供政策性金融支持。

中国农业发展银行,其主要任务是:按照国家的法律、法规和方针、政策,以国家信用为基础,筹集农业政策性信贷资金,承担国家规定的农业政策性金融业务,代理财政进行支农资金的拨付,为农业和农村经济发展服务。

以上三家政策性银行在从事业务活动中,均贯彻不与商业性金融机构竞争、自主经营与保本微利的基本原则。

(三) 国有独资商业银行

处于我国金融机构体系中主体地位的是四大国有商业银行:中国工商银行、中国农业银行、中国银行和中国建设银行。它们的前身就是政策性银行组建前的国家四大专业银行。

四大国有商业银行的主体地位是在其作为专业银行时期就已经奠定。目前,四大国有商业银行无论在人员、机构网点数量上,还是在资产规模及市场占有份额上,均处于我国整个金融领域绝对举足轻重的地位,在世界上的大银行排序中也处于较前列的位置。有必要说明,简单地以人员、机构数量是不能全面说明四大国有商业银行的主体特征的。现有的四大国有商业银行是从计划体制下的同一银行体系,通过改革,演化过来的。

按照我国《商业银行法》的规定,四大国有商业银行的业务经营范围包括:(1)吸收公众存款;(2)发放短期、中期和长期贷款;(3)办理国内外结算;(4)办理票据贴现;(5)发行金融债券;(6)代理发行、代理兑付、承销政府债券;(7)买卖政府债券;(8)从事同业拆借;(9)代理买卖外汇;(10)提供信用证服务及担保;(11)代理收付款项及代理保险业务;(12)提供保管箱服务;(13)经中国人民银行批准的其他业务。

中国工商银行是我国规模最大的商业银行,其业务优势,无论是吸收储蓄存款,还是发放中、短期贷款,或是办理结算业务量,在国有商业银行中的市场占有率均是最大的。其发展的总体方针:一是积极开拓、稳健经营;二是以效益为中心、集约化经营。

到 2017 年三季度，全行总资产已达 25.8 万亿元。《银行家》杂志是全球知名的银行金融业杂志之一，它按照一级资本排名公布了 2015 年全球 1 000 家大银行排名，其中中国工商银行位居第一。

中国农业银行的市场定位概括为：不放弃农村，但不局限于农村。前者是指利用固有优势，继续服务农村经济的发展。具体就是以支持农业产业化经营为基础，将经营重心转移到高效行业和企业。后者则是实行城乡联动的市场定位，走出农村，拓展城郊与城区的业务，支持城乡经济一体化的发展。与此同时，也注意积极创造条件进入国际金融市场。

中国银行在其作为国家外汇外贸专业银行时期，在发展国际金融业务方面就已奠定了良好的基础。现在，作为外汇指定银行，继续充分发挥着在支持外贸事业发展、提供国际结算服务、提供进出口融资便利及对外筹资主渠道作用等方面的业务优势。改革开放以来，中国银行实现了从亚洲到欧洲，继而登陆大洋彼岸，跻入美洲市场的战略目标。至 2016 年年底，海外机构发展到 578 家，分布在全球 50 个国家与地区，2016 年年末，海外实现利润总额 113.29 亿美元，对集团利润的贡献度为 33.88%。

中国建设银行在经历了十几年财政、银行双重职能并行的阶段后，1994 年进入向国有商业银行转变的新阶段。1996 年 3 月将其原名中国人民建设银行改名为中国建设银行。由于该银行过去长期从事基本建设业务，在与大行业、大企业的密切联系中积累了一定的管理经验，因此继续发挥优势，实施为大行业、大企业服务是其经营战略，从而在银行群体中形成自己的经营特色。

（四）其他商业银行

1986 年国家决定重新组建股份制商业银行——交通银行后，在四大国有商业银行之外，陆续建立了一批商业银行：中信银行、中国光大银行、华夏银行、中国投资银行、中国民生银行、广东发展银行、深圳发展银行、招商银行、兴业银行、浦东发展银行等。

这些商业银行，在筹建之初绝大多数是由中央政府、地方政府、国有企业集团或公司、集体或合作组织等出资创建，近几年先后实行了股份制改造。交通银行筹建伊始，即明确为股份银行：原定国家股份 50%；公开招股 50%，由地方政府、企事业单位和个人认购入股，个人股在资本总额中不得超过 10%，但个人股一直未征集。再如，中国民生银行，它是我国第一家民营银行，其股份构成主要来自民营企业、集体企业、乡镇企业或公司等，服务对象也以民营企业等为主。

（五）其他非银行金融机构

目前，我国的非银行金融机构主要包括信托投资公司、证券公司、保险公司、财务公司、金融租赁公司和邮政储蓄机构。

1. 信托投资公司

我国的信托投资公司是在经济体制改革后开始创办起来的。比如，现已发展为金融、投资、贸易、服务相结合的综合性经济实体的中国国际信托投资公司，就是创办于改革之初的 1979 年。以后又陆续设立了一批全国性信托投资公司，如中国广大国际信托投资公司、中国民族国际信托投资公司、中国信息信托投资公司、中国教育信托投资公司等，以及为数众多的地方性信托投资公司与国际信托投资公司。

从我国信托投资公司的初创归属看，相当大部分曾属于银行系统所办，此外，或是国务院，或是各主管部委，更多的则是各级地方政府，以及计委、财政等部门出面组建的。自1995年以来，根据分业经营与规范管理的要求，陆续展开对信托投资公司的调整改组、脱钩及重新登记工作。到目前为止，银行系统所属的信托投资公司、信托投资公司所属的银行都已基本脱钩完毕，其中绝大部分信托投资公司直接被撤销、转让或转为银行的分支机构。2017年前三季度，全国68家信托公司管理的信托资产规模为24.41万亿元，同比增长34.33%，较2016年前三季度16.33%的增速有所上升。

目前信托投资公司的业务内容主要是：(1) 信托业务，如信托存款、信托贷款、信托投资等；(2) 委托业务，如委托存款、委托贷款、委托投资等；(3) 代理业务，如代理保管、代理收付、代理有价证券的发行和买卖、信用担保等；(4) 咨询业务，如资信咨询、项目可行性咨询、投资咨询和金融咨询等；(5) 兼营业务，如金融租赁、证券业务、房地产开发、国际融资性租赁项目下的进出口业务等；(6) 外汇业务，如外汇信托存贷款、投资以及在境内外发行和代理发行、买卖和代理买卖外币有价证券等。

2. 证券公司

初设时的我国证券公司，或是由某一家金融机构全资设立的独资公司，或是由若干金融机构、非金融机构以入股形式组建的股份制公司。在要求证券机构彻底完成与其他种类金融机构脱钩的同时，鼓励经营状况良好和实力雄厚的证券公司收购、兼并业务量不足的证券公司。截至2016年12月31日，129家证券公司总资产为5.79万亿元，净资产为1.64万亿元，净资本为1.47万亿元，客户交易结算资金余额（含信用交易资金）1.44万亿元，托管证券市值33.77万亿元，资产管理业务受托资金总额17.82万亿元。

我国证券公司的业务范围一般有：代理证券发行业务；自营、代理证券买卖业务；代理证券还本付息和红利的支付；证券的代保管和签证；接受委托代收证券本息和红利；接受委托办理证券的登记和过户；证券抵押贷款；证券投资咨询业务等。

3. 财务公司

我国的财务公司是由企业集团内部集资组建的，其宗旨和任务是为本企业集团内部各企业筹资和融通资金，促进其技术改造和技术进步，如华能集团财务公司、中国化工进出口财务公司、中国有色金属工业总公司财务公司等。

财务公司的业务有存款、贷款、结算、票据贴现、融资性租赁、投资、委托以及代理发行有价证券等。从今后规范要求的角度看，财务公司的特点就是为集团内部成员提供金融服务，其业务范围、主要资金来源与资金运用都应限定在集团内部，而不能像其他金融机构一样到社会上去寻找生存空间。

财务公司在业务上受中国人民银行领导、管理、监督与稽核，在行政上则隶属于各企业集团，是实行自主经营、自负盈亏的独立企业法人。截至2017年第三季度，我国财务公司资产合计4.87万亿元。

4. 金融租赁公司

我国的金融租赁业起始于20世纪80年代初期。金融租赁公司创建时大多是由银行、其他金融机构以及一些行业主管部门合资设立，如中国租赁有限公司、东方租赁有限公司等。目前,金融租赁公司的主要业务:(1)用于生产、科、教、文、卫、旅游、交通运输设备等动产、不动产的租赁、转租赁、回租租赁业务;(2)前述租赁业务所涉及的标的物的购买业务;(3)出租物和抵偿租金产品的处理业务;(4)向金融机构借款及其他融资业务;(5)吸收特定项目下的信托存款;(6)租赁项目下的流动资金贷款业务;(7)外汇及其他业务。

(六)保险公司

保险业是一个极具特色从而具有很大独立性的系统。这一系统之所以往往被列入金融体系,是由于经办保险业务的大量保费收入,世界各国的通例,是用于各项金融投资。运用保险资金进行金融投资的收益又可积累更为雄厚的保险基金,促进保险事业的发展。

保险公司的业务范围为两大类:一是财产保险业务,具体包括财产损失保险、责任保险、信用保险等业务;二是人身保险业务,具体包括人寿保险、健康保险、意外伤害保险等业务。根据我国《保险法》的规定,同一保险人不得同时兼营上述两类保险业务。现行规定,对保险公司的资金运用,除用于理赔给付外,其余只限于银行存款、买卖政府债券、金融债券和国务院规定的其他资金运用形式,而不得用于设立证券经营机构和向企业投资。

截至2016年11月20日,中保协共有会员377家:(1)保险公司187家(占全行业98.88%),含集团(控股)公司12家、财产保险公司78家、人身保险公司74家、再保险公司9家、资产管理公司14家;(2)保险中介机构126家,含专业保险经纪公司50家、专业保险公估公司29家、专业保险代理公司47家;(3)地方保险协会(含中介协会)43家;(4)保险相关机构21家。

第三节 西方国家金融机构体系

一、西方国家金融机构体系的形成

适应高度发达的市场经济的要求,西方国家都各有一个规模庞大的金融体系。对其种类繁多、形式各异的金融机构,概略地看,是众多银行与非银行金融机构并存的格局,其中银行机构居支配地位。

关于银行机构,西方各国的具体设置形式不尽相同,甚至对同类性质的银行也有不同的称谓,或对性质有别的银行竟用同一称谓。就全部银行机构的组成来看,主要的分为中央银行、存款货币银行和各式各样的专业银行三大类。

至于非银行金融机构,也称为其他金融机构,其构成更为庞杂。比如,保险公司、投资公司、信用合作组织、基金组织、消费信贷机构、租赁公司等都包括在内。证券交易所也可归属于这一类。

就最初的划分标准来看,银行这类金融机构,主要从事存款、放款、汇兑业务的经营,从不少西方国家的商业银行、存款银行以及某些专业银行的业务活动中即可看出这种典型的特征。至于大多数非银行金融机构,初始并不经营存款等业务。对不同金融机构的业务经营所施加的限制性管理方针各国是不同的。在德国、瑞士等实行全面型银行制度的国家,几乎无所限制,银行可以经营包括存贷业务和证券业务在内的各种金融业务;而在美国、英国、日本等国,则是以长短期信用业务分离、一般银行业务与信托业务、证券业务分离为特点。近年来,金融机构分业经营的模式被不断打破。市场竞争日趋激烈,技术进步以及新技术在金融业的广泛运用等,使各种金融机构的业务不断交叉、重叠。这就使原有各种金融机构的差异日趋缩小,相互间的界限越来越模糊,形成由专业化经营转向多元化、综合性经营的总趋势,而且进程不断加速。

二、西方国家金融机构体系的构成现状

具体来说,西方国家的金融机构体系由以下十一个部分构成。

(一) 中央银行

多数国家只有一家中央银行,但个别国家,如美国,设有12家联邦储备银行,都起中央银行作用。

(二) 存款货币银行

存款货币银行习惯称为商业银行,也有称存款银行、普通银行的,是西方各国金融机构体系中的骨干力量。它们以经营工商业存、放款为主要业务,并为顾客提供多种服务。其中通过办理转账结算实现着国民经济中的绝大部分货币周转,同时起着创造存款货币的作用。

存款货币银行在西方国家银行体系中,以其机构数量多,业务渗透面广和资产总额比重大,始终居于其他金融机构所不能代替的重要地位。

(三) 投资银行

投资银行是专门对工商企业办理投资和长期信贷业务的银行。投资银行的名称,通用于欧洲大陆及美国等国家,在英国称为商人银行,在日本则称证券公司。此外,与这种银行性质相同的还有其他各种各样的形式和名称,如长期信贷银行、开发银行、实业银行、金融公司、持股公司、投资公司等。

投资银行的主要业务有:对工商企业的股票和债券进行直接投资;为工商企业代办发行或包销股票与债券;参与企业的创建和改组活动;包销本国政府和外国政府的公债券;提供投资及合并的财务咨询服务。有些投资银行也兼营黄金、外汇买卖及资本设备或耐用商品的租赁业务等。

(四) 储蓄银行

这里指办理居民储蓄并以吸收储蓄存款为主要资金来源的银行。与我国几乎所有的金融机构均经营储蓄业务的情况不同,在西方不少国家储蓄银行大多是专门的、独立的。对储蓄银行也大多有专门的管理法令。其主要内容:一方面是旨在保护小额储蓄人的利益;另一方面则是规定它们所聚集的大量资金应该投向何处。

储蓄银行的具体名称各国有所差异,有的甚至不以银行相称,往往外文中并无"银

行"字样而在我们的翻译习惯中加上了这两个字。不论名称如何，功能基本相同。比如有互助储蓄银行、储蓄放款协会、国民储蓄银行、信托储蓄银行、信贷协会等名称。不少国家的邮政系统都办理储蓄业务；有的从居民住宅的角度发展起建房储蓄银行等。

西方国家的储蓄银行既有私营的，也有公营的，有的国家绝大部分储蓄银行都是公营的。储蓄银行所汇集起来的储蓄存款余额较为稳定，所以主要用于长期投资。例如，发放不动产抵押贷款（主要是住房贷款）；投资于政府公债、公司股票及债券；对市政机构发放贷款等。有些国家明文规定必须投资于政府公债的比例。储蓄银行的业务活动所受到的约束，如不得经营支票存款，不得经营一般工商贷款等，近些年来已有所突破。

（五）农业银行

农业银行是向农业提供信贷的专业银行。农业受自然因素影响大，对资金的需求有强烈的季节性；农村地域广阔，农户分散，资本需求数额小、期限长、利息负担能力低；抵押品大多无法集中，管理困难，有不少贷款只能凭个人信誉。这些都决定了经营农业信贷具有风险大、期限长、收益低等特点。因此，商业银行和其他金融机构一般都不愿承做这方面的业务。为此，西方许多国家专设了以支持农业发展为主要职责的农业银行。例如，美国的联邦土地银行、合作银行；法国的土地信贷银行、农业信贷银行；德国的农业抵押银行；日本的农林渔业金融公库等。

农业银行的资金来源，有的完全由政府拨款，有的则靠发行各种债券或股票，也有以吸收客户的存款和储蓄来筹措资金的。农业银行贷款方向一般几乎涵盖农业生产方面的一切资金需要，从土地购买、建造建筑物，到农业机器设备、化肥、种子、农药的购买等，无所不包。有的国家对农业银行的某些贷款给予利息补贴、税收优待等。

（六）抵押银行

不动产抵押银行，是专门经营以土地、房屋及其他不动产为抵押的长期贷款的专业银行。它们的资金主要不是靠吸收存款，而是靠发行不动产抵押证券来筹集。贷款业务大体可分为两类：一类是以土地为抵押的长期贷款，贷款对象主要是土地所有者或购买土地的农业资本家；另一类是以城市不动产为抵押的长期贷款，贷款对象主要是房屋所有者或经营建筑业的资本家。法国的房地产信贷银行、德国的私人抵押银行和公营抵押银行等，均属此类。此外，这类银行也收受股票、债券和黄金等作为贷款的抵押品。

（七）进出口银行

这是通过金融渠道支持本国对外贸易的专业银行，一般是政府的金融机构，如美国的进出口银行、日本的输出入银行等。也有的是半官方性质的，如法国的对外贸易银行，就是由法兰西银行与一些商业银行共同出资组建的。

创建进出口银行的目的是政府为促进商品输出而承担私人出口商和金融机构所不愿意或无力承担的风险，并通过优惠出口信贷增强本国的出口竞争能力。同时，进出口银行往往也是执行本国政府对外援助的一个金融机构。所以，这类银行在经营原则、贷款利率等方面都带有浓厚的政治色彩。

（八）保险公司

西方国家的保险业十分发达，各类保险公司是各国最重要的非银行类金融机构。

在西方国家,几乎是无人不保险、无物不保险、无事不保险。为此,西方各国按照保险种类分别建有形式多样的保险公司,如财产保险公司、人寿保险公司、火灾和事故保险公司、老年和伤残保险公司、信贷保险公司、存款保险公司等。其中,普遍的又以人寿保险公司的规模为最大,人寿保险公司兼有储蓄银行的性质。实际上,保险费的缴纳等于储蓄。所以也可以说,人寿保险公司是一种特殊形式的储蓄机构。

由于保险公司获得的保费收入经常远远超过它的保费支付,因而聚集起大量的货币资本。这些货币资本比银行存款往往更为稳定,是西方国家金融体系长期资本的重要来源。保险公司的资金运用业务,主要是长期证券投资,如投资于公司债券和股票、市政债券、政府公债,以及发放不动产抵押贷款、保单贷款等。

西方国家保险公司的组织形式有:(1)国营保险公司,它们往往主要办理国家强制保险或某种特殊保险;(2)私营保险公司,它们一般是以股份公司的形式出现,也是西方国家中经营保险业务的主要组织形式;(3)合作保险,是社会上需要保险的人或单位采取合作组织形式,来满足其成员对保险保障的要求,如相互保险公司,就是保险人办理相互保险的合作组织;(4)个人保险公司,即以个人名义承保业务,目前只有英国盛行;(5)自保保险公司,这是一些大企业或托拉斯组织,为了节省保费,避免税赋负担,成立专为本系统服务的保险公司等。

(九) 信用合作社

这是在西方国家普遍存在的一种互助合作性金融组织,有农村农民的信用合作社,有城市手工业者等特定范围成员的信用合作社。这类金融机构一般规模不大。它们的资金来源于合作社成员缴纳的股金和吸收存款,贷款主要用于解决其成员的资金需要。起初,信用合作社主要发放短期生产贷款和消费贷款;现在,一些资金充裕的信用合作社已开始为解决生产设备更新、改进技术等提供中、长期贷款,并逐步采取了以不动产或有价证券为担保的抵押贷款方式。

(十) 养老或退休基金会

这是一种向参加养老金计划者以年金形式提供退休收入的金融机构。它们提供退休年金的资金主要来自:(1)劳资双方的积累,即雇主的缴款以及雇员工资中的扣除或雇员的资源缴纳;(2)运用积聚资金的收益,如投资于公司债券、股票以及政府债券的收益等。

这类基金会是第二次世界大战后才迅速发展起来的,目前普遍存在于西方各国。西方国家政府关于要求建立养老金计划的立法以及纳税优惠,对这类基金会的建立和发展起了推动作用。有些国家,如英国,养老基金、退休基金业务相当大的部分由保险公司经办。

(十一) 投资基金

这是一种间接的金融投资机构或工具,在不同的国家也有不同的称谓,比如在美国称为共同基金或互助基金,在英国则称为单位投资信托。投资基金通过向投资者发行股份或受益凭证募集社会闲散资金,再以适度分散的组合方式投资于各种金融资产,从而为投资者牟取最高利益。在这里,投资者把资金投入基金,购买基金股份,是一种间接投资,而基金的股份可以随时买进或卖出,也可以视之为金融工具的一种。可见,投资基金的机制特点,即其优势是投资组合、分散风险、专家理财、规模经济。

本章关键词

金融机构　商业银行　保险公司　养老基金　投资基金　投资银行　政策性银行　证券公司　财务公司　抵押银行　进出口银行

思 考 题

1. 金融机构通常提供哪些金融服务?
2. 中国人民银行具有哪些职责?
3. 国家开发银行的主要业务范围包括哪些?
4. 信托投资公司的业务内容主要包括哪些?

第九章　商业银行

> **本章导读**
>
> 本章我们将集中探讨最重要的金融中介机构——商业银行的业务和管理。本章的内容包括：商业银行的历史和发展趋势，其产生、发展和未来走向，以及中国银行业的发展过程；商业银行的资产与负债，通过商业银行的资产负债表来考察商业银行的主要业务；商业银行的中间业务和表外业务，其未体现在资产负债表中的其他盈利活动；商业银行的管理，重点在其资产负债管理。

第一节　商业银行发展概述

一、商业银行的历史

银行业是一个古老的行业，它起源于古代的银钱业和货币兑换业。早在公元前2000年的古巴比伦，以及古希腊和罗马，就有了银钱业主和货币兑换商。这些早期的金融活动家通常聚集在寺庙的周围，为各国的朝拜者兑换当地的货币，或者替他们保管货币。除了货币的兑换和保管之外，他们还为往来的客商提供异地支付的服务。例如，甲地的某一客商要向数百公里外乙地的某一客商支付一笔款项，他就可以直接把钱交给甲地的银钱业主，由该银钱业主开具文书，通知他在异地的代理人向乙地客商支付这笔款项，从而避免了甲地客商长途携带货币到乙地去的风险和麻烦。

银钱业主和货币兑换商通过从事货币的兑换、保管及异地支付业务，积聚了大量的货币。由于所有存款人不会同时提取他们所托管的货币，所以银钱业主只需将所收存款的一部分留在自己手中，以备日常的提款需要，其余的则可以贷放出去，收取利息。为了获得更多的资金来发放更多的贷款，他们开始向存款者支付利息，而不是向他们索要保管费。贷款利率和存款利率之间的差额，便是银钱业主的利润。当他们这样做时，古代的银钱业也就慢慢开始向商业银行转变。

现代意义上的银行起源于文艺复兴时期的意大利。当时的意大利是欧洲各国商业贸易的中心。随着商业的发展，在威尼斯和其他几个城市出现了一些专门从事货币兑换的人。他们除了买卖外国货币外，还接受活期和定期存款。活期存款的过户通常是根据存款人的口头通知进行的。这些经营货币的商人通常坐在长板凳上进行交易,所以意大利人便把他们称为"banco"——坐在长板凳上的人。英文的"bank"一词便是由此而来的。

英国的银行家则起源于为顾客保管金银的金匠。这些金匠们发现,顾客一般不会在同一时间内要求提款,所以他们可以将一部分金银贷放出去,而只保留一定比例的储备量来应付顾客的提款要求。他们还为存款人开出收据,这些收据可以兑现也可以转让。渐渐地,为了转让的方便,这些收据的金额开始走向标准化,并最终演变成了整数金额的私人银行券,即由银行家发行且可以随时兑现的流通券。

早期的商业银行,由于规模小、风险大,所以经营成本比较高,贷款利率也就比较高,不能满足工商企业的发展需要。1694 年,在政府的支持下,英国出现了第一家股份制商业银行——英格兰银行。它规定的正式贴现率只有 4.5%～6%,大大低于早期银行业的贷款利率。这动摇了高利贷在金融领域的垄断地位。到 18 世纪末 19 世纪初,各主要的资本主义国家都纷纷建立了规模巨大的股份制商业银行。这些银行由于资金雄厚,业务全面,有很强的规模经济效益,所以收取的利率较低,极大地促进了工商业的发展。与此同时,商业银行在整个经济体系中的地位也日益提高,成为最重要的经济部门之一。

二、中国商业银行的产生与发展

(一)中国银行业的起源

追溯中国的银行业,仍然要从古代的银钱业开始,我国的银钱业具有悠久的历史。中国关于银钱业的记载,较早的是《周礼》中的"泉府"的记载,"泉府"即办理赊贷业务的机构。其次是春秋战国时的借贷活动及南北朝时的寺庙典当业。有关这方面的大量记载始于唐朝。到了商业发达的唐代,出现了经营典质业的质库(即当铺)、保管钱财的柜房、打制金钱饰物和经营金银买卖的金银铺。唐代还出现了类似汇票的"飞钱",这是我国最早的汇兑业务,不仅有商人经营,更主要的是由官府经营,此外,还有专门放债收息的官府机构。北宋真宗时,由四川富商发行的交子,成为我国早期的纸币。经过宋、元、明、清,随着钱庄、银号、票号的先后兴起,我国的银钱业得到了长足发展。宋朝设置的"便钱务",金代的"质典库",元代的"解典库",明代的"钱庄"和清朝的"票号",都是从事货币经营业务的机构。到了明清以后,当铺是中国主要的信用机构。明末,一些较大的经营银钱兑换业的钱铺发展成为银庄。银庄产生初期,除兑换银钱外,还从事贷放,到了清代,才逐渐开办存款、汇兑业务,但最终在清政府的限制和外国银行的压迫下,走向衰落。由于封建社会的长期停滞,中国古老的银钱业一直未能实现向现代银行业的演变。

阅读材料 9-1

日升昌票号

票号是清代出现的一种金融机构,又称为汇兑庄或票庄,开始主要承揽汇兑业务,后来也进行存放款等业务。开办最早的票号是日升昌票号,是中国历史上第一家

新编货币金融学

私人银行,是现代各式银行的鼻祖。

日升昌票号的前身是西域城颜料庄,总庄设在山西平遥。当时,中国商品经济发展迅速,商业资本异常活跃,各地商帮纷纷崛起。由于山西人在外地做生意的很多,年终结账,往往老家捎钱多让镖局起镖运现款,不仅运费高,而且屡出风险,常有丢失,于是有人将银钱交北京西裕成分号,由经理写信给总号,在平遥总号取款。起初不过朋友、亲戚,两相投兑,无汇费和手续费。以后乡民感觉此法方便保险,都要求进行汇款,并愿付一定汇费。西域城颜料庄总号掌柜雷履泰认为这是生财之道,大有发展的必要,便集成和借鉴历史上的汇票经验,开始兼营京晋之间的商业汇兑,盈利丰厚。道光初年,雷履泰与东家共商创设日升昌票号,逐渐放弃颜料生意,专营汇兑,并先后在汉口、天津、济南、西安、开封、成都、重庆、长沙、厦门、广州、桂林、南昌、苏州、扬州、上海、镇江、奉天(今沈阳)、南京等地设票号分庄。雷履泰此举将我国只做存放业务的账局银钱业,向前大大推进了一步,创建了专营汇款和拆借资金业务的票号。山西票号业的蓬勃发展,对我国金融业以及商品经济和信用制度的发展具有积极的促进作用。

后因信用危机,日升昌票号于民国二年(1913年)停业清理,民国十四年(1925年)改组为日升昌钱庄。

资料来源:吴少新、许传华主编,《货币金融学》,高等教育出版社,2014年。

我国近代银行业,是在19世纪中叶外国资本主义银行入侵之后才兴起的。中国出现最早的现代银行是外国的在华银行,它是英国于1845年在香港成立的丽如银行,即后来的东方银行,其后各资本主义国家纷纷来华设立银行。这些外商银行,在华经营一切银行业务,控制了中国金融业,进而控制中国的经济财政命脉。在华外国银行虽给中国国民经济带来巨大破坏,但在客观上也对我国银行业的发展起到了一定的刺激作用。为了摆脱外国银行的支配,清政府于1897年在上海成立了中国通商银行,它的英文名称是 Imperial Bank of China,即中华帝国银行。中国通商银行的组织制度和经营管理办法模仿汇丰银行,在业务上除了经营存款、放款外,还兼办代收库银的业务,并被清政府授予发行纸币的特权。中国通商银行形式上虽然是以商办的民族资本银行面目出现,实际上是受控于官僚、买办的银行。它是中国第一家股份制银行,它的成立标志着中国现代银行的产生。

(二)中国银行业的发展

中国的商业银行发展至今已有100多年的历史。

(1) 1949年以前的商业银行。中国通商银行成立之后,一些官商合办、股份集资和私人独资兴办的商业银行纷纷建立起来。民国时期,官僚资本垄断全国金融机构,逐步建立了以中央银行(1924年成立)、中国银行(1912年由户部银行改组成立)、交通银行(1908年成立)、中国农民银行(1935年改组成立)、中央信托局(1935年成立)、邮政储金汇业务(1930年由邮政局改编)和中央合作金库(1946年成立)组成的"四行二局一库"为主体,包括省、市、县银行及官商合办银行在内的金融体系,并由国民党政府直接控制。1935年,全国有商业银行165家,到1945年8月,银行总行达416家,分支行达2 575个。除日本设在东北的一批地方性小银行外,1936年即抗日战争爆发前一年,在华的外国大银行有32家。

(2) 1949—1978年的"大一统"银行体系时期。新中国成立初期的银行体系,是在解放区银行机构的基础上,通过接受官僚资本金融业、整顿私人资本金融业而建立起来的。1948年12月1日,为了适应形势的需要,共产党领导的政府在合并了解放区的华北银行、北海银行和西北农民银行的基础上,于河北省石家庄市成立了中国人民银行,并开始发行各解放区统一流通的货币——人民币。此后,将各解放区银行改组为中国人民银行在各地的分支机构,同时没收了官僚资本银行,改造了私人银行与钱庄,取消了外国在中国的特权等。同时,增设了农业银行、中国银行、中国人民建设银行和农业信用合作社等专业银行和其他金融机构,由此形成了新中国的银行体系,中国人民银行是这个体系中的核心和骨干。

从1953年开始,我国开始实行高度集中的计划管理体制。与之相适应,在金融制度安排上,也采取了结构单一的"大一统"的银行体制,即一切信用集中于中国人民银行的制度。

在1966—1976年"文化大革命"期间,银行的制度被废除,业务活动无法正常开展。银行的作用被削弱,货币被批判,商业性金融机构被撤销,中国人民银行被并入财政部。

(3) 1979年改革开放以来的银行体系。1978年12月召开的中国共产党十一届三中全会开始全面纠正"文化大革命"及其以前的"左"倾错误,使我国进入了改革开放的新时期。我国的银行业逐步走上了改革开放的道路。

从1979年开始,中国农业银行和中国银行先后从中国人民银行分设出来。随后,中国人民建设银行也从财政部分离出来,成为独立的经济实体。在1986年7月交通银行重组成以公有制为主的股份制全国性综合性银行,之后中信实业银行、兴业银行、民生银行等全国性或区域性股份制银行相继成立,使我国银行体系快速发展壮大起来。

1993年11月中共十四届三中全会提出要"加快金融体制改革""建立政策性银行,实行政策性业务与商业性业务分离"。同年12月,《国务院关于金融体制改革的决定》出台,要求中国人民银行要成为真正的中央银行,要求国有专业银行逐步向商业银行转化,严格界定政策性业务,并将国有专业银行中的政策性业务分离出来。1994年,国家开发银行、中国农业发展银行、中国进出口银行三家政策性银行先后成立。1995年,正式实施《中国人民银行法》和《中华人民共和国商业银行法》,整个银行业改革发展步入了法制轨道。1997年,我国召开第一次全国金融工作会议,明确指出国有商业银行改革的重要性。1999年,为减轻国有商业银行的历史包袱,剥离不良贷款,促进国有企业改革,信达、华融、东方、长城等四家金融资产管理公司相继成立,集中处理银行的不良贷款,这对促进国有商业银行的改革起到了极大的推动作用。

自2003年起,国有银行的改革进入实质性阶段。通过金融资产管理公司剥离不良贷款、政府注入资本、资本市场上市三个步骤,工、农、中、建四大国有银行均已完成股份制改造。现在,中国银行、中国工商银行、中国建设银行、中国农业银行、交通银行等已经成为上市银行,工、农、中、建还实现了在香港上市。截至 2013 年 11 月,在上海证券交易所、深圳证券交易所上市的金融机构已经达到 40 家。通过上市改造,我国银行体系开始向西方成熟的银行经营模式转变。

根据银监会发布的《中国银行业监督管理委员会 2015 年报》,截至 2015 年年底,我国银行业金融机构共有法人机构 4 262 家,其中农村信用社 1 373 家,村镇银行 1 311 家,农村商业银行 859 家,城市商业银行 133 家,股份制商业银行 12 家、民营银行 5 家。

第二节　商业银行的资产与负债

资产负债表的左边代表商业银行持有的各项资产(即资金运用);右边代表商业银行的负债(即资金来源),它又可分为银行负债和银行资本两大类。资产负债表的左右两边始终是相等的,即

$$资产总额＝负债总额＋银行资本$$

商业银行所做的工作,就是在拥有一定量资本的前提下,通过发行对自身的债权(即负债)来获得资金,然后用这些资金去购买资产;通过从资产上获得的收益,来弥补发行各种负债的费用,并且获得一定的剩余(即利润)。

一、资产

(一) 准备金

准备金是指商业银行为应付日常的提款要求而保留的流动性最高的资产。它由银行的库存现金和商业银行在中央银行的存款两部分组成,其中后者占主要部分。对于商业银行来说,准备金是收益最低的资产,因为多数国家的中央银行都不为商业银行在中央银行的存款支付利息(中国除外),至于银行的库存现金,更不会有利息收入。但是,准备金却是商业银行维持正常经营所必需的。如果商业银行把所有的资金都贷放出去了,那么当存款人要求提款时,它便会无力支付,从而陷入流动性危机。为了防止这种情况的出现,各国的银行法一般都要求银行保持一个最低的准备金率,即法定存款准备金率。一般流动性越高的存款,法定准备金率也越高。中央银行有权在一定范围内变动法定准备金率。但是,商业银行并不需要在所有时间内都符合法定准备金要求,而只需在一段时间内的平均数额达到规定标准即可。超过法定准备金的那部分准备金叫超额准备金。超额准备金可以用来应付提款、发放贷款,或者购买证券。

(二) 收款过程中的现金

它是指在支票清算过程中,已记入商业银行的负债,但实际上商业银行还未收到的那部分资金。例如,当存款人将一张由 A 银行开出的支票存入 B 银行时,B 银行将在其资产负债表的负债方记上该存款人相应金额的存款。假定与此同时,这笔资金也迅

速由 A 银行的账户转到了 B 银行账户上,那么 B 银行只需在其资产方的准备金账户上增记相应金额就可以了。事实上,支票的清算是需要一定时间的,在 B 银行实际收到这笔金额之前,其准备金并没有增加,因而只能在资产负债表上资产方的"收款过程中的现金"项下记入相应的金额。待收到资金后,再把它转入准备金账户。

(三) 在其他银行的存款(同业存款)

许多小银行在大银行,即它们的代理行存款。作为回报,大银行将为它们提供支票清算、外汇交易,以及证券购买等方面的服务,这种制度被称为代理行制。另外,大的商业银行通常与其他国家的商业银行存在代理关系,以便于彼此之间进行跨国的支票清算。

上述三项资产通常被合称为"现金项目"。现金项目的流动性很高,是商业银行的一级储备。

(四) 证券

证券投资是银行重要的收入来源之一。除德国、瑞士、奥地利等少数实行全能商业银行制的国家之外,多数国家都明文禁止商业银行购买工商企业的股票,因此商业银行证券投资的对象主要是各种债券,包括政府债券、政府机构债券、地方政府债券和公司债券、金融债券等。商业银行投资于证券有三方面的好处:(1)灵活运用闲置资金,获取投资收益。证券投资的收益包括证券的利息和资本利得两个方面。(2)加强流动性。保持资产的流动性是商业银行追求的目标之一。由于有价证券大多有发达的二级市场,当银行面临现金不足时,可随时将它们出售。特别是短期政府债券,安全性和流动性都非常高,它通常被当作商业银行的二级储备。(3)降低风险。通过选择多样化的证券组合,商业银行可以有效地分散风险。此外,证券投资还可能带来其他一些好处,如通过购买地方政府发行的债券,商业银行可以密切同地方政府的合作关系。因为这些原因,证券投资在商业银行资产业务中的比重在过去几十年中有明显的上升。

(五) 贷款

贷款是流动性比较低的一种银行资产,因为在贷款到期日之前,银行很难将它收回。相应地,它的利率在各种资产中也是最高的,构成了商业银行最主要的收入来源(约占美国商业银行收入的 60%)。

贷款可以从多个角度加以划分。在中国,按照贷款的用途,可以将它分为流动资金贷款和固定资金贷款;按照贷款的期限,可以将它分为短期贷款(1 年以内,含 1 年)、中期贷款(1~5 年,含 5 年)和长期贷款(5 年以上);按照贷款的保障形式,可以将它分为信用贷款、担保贷款(含保证贷款、抵押贷款和质押贷款)和票据贴现贷款;按照贷款的占用形态,可以把它分为正常贷款、逾期贷款、呆滞贷款和呆账贷款(后三类即所谓的不良贷款)。

(六) 其他资产

其他资产包括商业银行拥有的实物资产(如建筑、设备)等。

二、负债

负债代表商业银行的资金来源,与此相关的业务被称为负债业务。

(一)存款负债业务

商业银行的存款负债属于被动负债,是指商业银行通过吸收存款形成其资金来源的业务。这是商业银行最主要的资金来源,一般占总的资金来源的70%以上。正是基于这一点,商业银行也被视为存款银行的代表。商业银行存款总额的多少以及增长速度的快慢,是其经营成败的主要标志之一。

商业银行存款按不同的方法可划分为不同的类型。最常见的分类方法是根据存款的性质、所有权、安全度来进行划分。

1. 按存款的性质分为活期存款、定期存款与储蓄存款

活期存款也叫支票存款,是流动性最高的一种负债。支票存款的所有者可以随时要求提取账户中的余额,也可以向第三者开除支票,由第三者凭支票到开户银行要求付款。定期存款是法人存款户与银行预先约定存款期限的存款,到期前一般不能支取,但银行往往允许存款户提前支取。储蓄存款是商业银行针对居民个人积蓄货币之需所开办的一种存款业务。

2. 按存款的所有权分为政府机构存款、银行同业存款与私人存款

政府机构存款是指所有权属于各级政府的存款,包括中央政府、地方政府及其下属机构的存款。银行同业存款是指所有权属于其他银行的存款。它是其他银行存入本行的资金,供同业之间资金结算时使用。私人存款是指个人、合伙企业、公司以及其他私人机构拥有的存款。

3. 按存款的安全度分为担保存款与非担保存款

担保存款是银行必须对客户承诺安全保证的存款。政府机构存款一般都是担保存款,银行必须通过抵押做担保用的证券来确保这些存款的安全。非担保存款是银行没有提供特别资产以保证其安全性的存款。

(二)非存款负债业务

商业银行的非存款负债属于主动负债,是指商业银行以借入款形式形成资金来源的一项负债业务。随着金融业的发展,商业银行为了拓展其资产规模和灵活调度资金,在努力吸收存款的同时大力发展借款业务,从而导致商业银行借入资金迅速增加。

1. 向中央银行借款

商业银行资金不足,必要时可向中央银行借款。一般来说,商业银行向中央银行借款,其主要的、直接的目的在于缓解本身资金暂时不足的境况,而非用来谋利。商业银行向中央银行借款主要有两种形式:第一,再贴现。商业银行把自己所持有的、未到期的票据,如商业承兑汇票、国库券等,转卖给中央银行,取得所需资金。第二,直接借款。商业银行用自己持有的合格票据、政府公债等有价证券作为抵押品向中央银行取得抵押贷款。

2. 银行同业拆借

银行同业拆借是商业银行之间相互融通短期资金的一项传统业务,它是商业银行用于调剂头寸余缺的主要手段。银行同业拆借的期限均为短期,有的只有1天,所以同业拆借又称隔夜放款、买新卖新等。

3. 发行金融债券

金融债券是商业银行为了筹措中长期稳定资金而发行的一种债务凭证。对于金融债券的购买者来说,它是一种债权证书,债券持有者有权从发行债券的银行取得固定利息,并到期收回本金;对于银行来说,则可以筹措一部分资金,形成银行的一项重要资金来源。

4. 债券回购

债券回购是债券交易的双方在进行债券交易的同时,以契约方式约定在将来某一日期以约定的价格,由债券的卖方(正回购方)向买方(逆回购方)再次购回该笔债券的交易行为。债券回购是存款类金融机构短期借款的重要方式。与纯粹以信用为基础的同业拆借方式相比,债券回购的风险要小得多。对信用等级相同的金融机构来说,债券回购利率一般低于同业拆借利率。因此,债券回购的交易量要远大于同业拆借的交易量。

5. 结算过程中的短期资金占用

商业银行在为客户办理转账结算等业务过程中不可避免会占用客户的资金,从而形成其资金来源。

第三节 商业银行经营管理

商业银行在开展经营活动中,往往会发生存款外流、资产损失,导致流动性不足,影响其正常经营活动的开展等情况。对此,商业银行平时必须加强经营管理。

一、商业银行经营的基本原则

商业银行经营的基本原则是安全性、流动性和盈利性,即"三性"原则。商业银行的"三性"原则是由其经营对象的特殊性以及商业银行在社会经济活动中的地位所决定的。

(一) 安全性原则

安全性原则是指商业银行在经营活动中必须保持足够的清偿能力,经受得起重大风险和损失,能随时应付客户提现。商业银行保证其安全性的要求是:必须合理安排资产规模和结构,注重资产质量,通过保持一定比例的现金和持有一定比例的优质有价证券来改善商业银行的资产结构,提高抗风险能力;提高自有资本在全部资本中的比重;遵纪守法,合法经营,一旦发生风险可以得到中央银行的援助而免受更大的风险打击。

(二) 流动性原则

流动性原则是指商业银行随时保证可以以适当价格取得可用资金的能力,以便随时应付客户提存及银行支付的需要。流动性包括资产的流动性和负债的流动性两大方面。商业银行要保持足够的流动性,以适当的价格取得可用资金的方法有两种:一是实现资产的变现;二是通过负债的途径或者以增资的方式取得资金,或者以吸收存款或借款方式筹得资金。资产的流动性是指资产的变现能力,衡量资产流动性的标准有两个：一是资产变现的成本,某项资本变现的成本越低,则该项资产的流动性越强;二是资产变现的速度,某项资产变现的速度越快,则该项资产的流动性越强。商业银行提高负债的流动性主要是通过主动性负债来实现的。

(三) 盈利性原则

盈利性原则是商业银行的最终经营目标。这一经营目标要求商业银行的经营管理者在可能的情况下,尽量追求利润最大化。商业银行实现盈利的主要途径：(1)尽量减少现金资产,扩大盈利资产的比重；(2)以尽可能低的成本获得更多的资金；(3)减少贷款和投资损失；(4)加强内部经济核算,节约管理费用开支；(5)严格操作规程,完善监管机制,减少事故和差错,防止内部人员因违法和犯罪活动而造成银行的重大损失。

遵循"三性"原则是由商业银行实现自身微观经济效益和宏观经济效益相一致的要求所决定的。但是,在遵循这些原则时又存在一定的矛盾。遵循安全性原则要求商业银行扩大现金资产,减少高风险、高盈利资产,而实现盈利性目标则要求商业银行尽可能减少现金资产。协调矛盾的正确做法是在对资金来源和资产规模及各种资产的风险、收益、流动性全面衡量的基础上,首先考虑安全性,在保证安全性的前提下,争取最大的利润。实现安全性和盈利性的最好选择是提高银行经营的流动性。

二、商业银行经营管理的基本内容

(一) 资本充足性管理

1. 资本的构成

商业银行的资本是指其为了正常的经营活动而投入的货币资金和保留的利润。出于三方面的原因,商业银行必须保有一定规模的资本：第一,银行资本可以预防银行破产；第二,资本的规模影响了银行所有者(股东)的汇报；第三,满足金融监管当局对银行资本的最低规模的要求。

关于资本的构成,《巴塞尔协议》有明确规定。该协议将资本划分为核心资本和附属资本两类。

(1)核心资本。核心资本又叫一级资本,是商业银行资本中最稳定、质量最高的部分,银行可以永久性占用,可以长期用来消化银行在经营管理过程中所产生的损失。核心资本由股本和公开储备构成。公开储备是指通过保留盈余或其他盈余的方式在资产负债表上明确反映的储备,如股票发行溢价、未分配利润和公积金等。

(2)附属资本。附属资本又叫二级资本,是商业银行资本中质量次于核心资本的部分。附属资本由未公开储备、资产重估储备、普通准备金、混合资本工具和刺激长期债券构成。

2. 资本的功能

(1)经营性功能。商业银行的资本在其经营所需的固定资产和流动资金方面提供了最初的投入,为商业银行的注册、组织营业以及存款进入前的经营提供启动资金。

(2)保护性功能。当商业银行资产业务发生损失时,其资本可以在一定程度上弥补经营亏损,提高抗风险的能力,保护存款者的利益。

(3) 管理型功能。货币当局通过建立适量资本标准,限制商业银行任意扩张其资产规模,促使商业银行稳健经营。

3. 资本充足性管理内容

自 2008 年金融危机以来,按照 G20 领导人确定的改革方向,金融稳定理事会和巴塞尔委员会积极推进国际金融改革,完善银行监管制度。2010 年 11 月,G20 首尔峰会批准了巴塞尔委员会起草的《巴塞尔协议Ⅲ》,确立了全球统一的银行业资本监管新标准,要求各成员国从 2013 年开始实施,2019 年前全面达标。各国参照《巴塞尔协议Ⅲ》的要求,根据自己的实际制定出具体的资本管理办法。

我国银监会自 2011 年以来,认真借鉴国际金融监管改革的成果,结合我国银行业的实际情况,着手起草了《商业银行资本管理办法(试行)》(简称《资本办法(试行)》),分别对监管资本要求、资本充足率计算、资本定义、信用风险加权资产计量、市场风险加权资产计量、操作风险加权资产计量、商业银行内部资本充足评估程序、资本充足率监管检查和信息披露等进行了规范。2012 年 6 月 7 日,银监会正式公布了《资本办法(试行)》,2013 年 1 月 1 日起实施。《资本办法(试行)》的主要内容有以下五个方面。

(1) 建立统一配套的资本充足率监管体系。《资本办法》参考《巴塞尔协议Ⅲ》的规定,将资本监管要求分为四个层次:第一层次为最低资本要求,核心一级资本充足率、一级资本充足率和资本充足率分别为 5%、6% 和 8%;第二层次为储备资本要求和逆周期资本要求,分别为 2.5% 和 0~2.5%;第三层次为系统重要性银行附加资本要求,为 1%;第四层次为第二支柱资本要求。《资本办法(试行)》实施后,正常时期系统重要性银行和非系统重要性银行的资本充足率要求分别为 11.5% 和 10.5%。多层次的资本监管要求既体现了国际标准的新要求,又与我国商业银行现行的资本充足率要求基本保持一致。

(2) 严格明确资本定义。《资本办法(试行)》根据国际统一规则,明确了各类资本工具的合格标准,提高了资本工具的损失吸收能力。

(3) 扩大资本覆盖风险范围。《资本办法(试行)》确定的资本覆盖风险范围包括信用风险、市场风险和操作风险,并明确了资产证券化、场外衍生品等复杂交易性业务的资本监管规则,引导商业银行审慎开展金融创新。

(4) 强调科学分类,差异监管。《资本办法(试行)》根据资本充足率水平将商业银行分为四类,对满足最低资本要求但未达到其他层次资本要求的商业银行进行细分,明确了对各类银行的相应监管措施,提升资本约束的有效性。同时,按照审慎性原则重新设计各类资产的风险权重。下调小微企业贷款和个人贷款的风险权重,引导商业银行扩大小微企业和个人贷款投放,更有效地服务实体经济。下调公共部门实体债权的风险权重,适度上调商业银行同业债权的风险权重。

(5) 合理安排资本充足率达标过渡期。《资本办法(试行)》于 2013 年 1 月 1 日开始实施,商业银行应在 2018 年年底前全面达到《资本办法(试行)》规定的监管要求,并鼓励有条件的银行提前达标。同时,《资本办法(试行)》设置了资本充足率过渡期内的分年度达标目标。

> **阅 读 材 料 9-2**
>
> ### 《巴塞尔协议》
>
> 《巴塞尔协议》是 1988 年 7 月在瑞士巴塞尔通过的《关于统一国际银行的资本计算和资本标准的协议》的简称。该协议第一次建立了一套完整的国际通用的、以加权方式衡量表内与表外风险的资本充足率标准,有效地遏制了与债务危机有关的国际风险。
>
> 2004 年 6 月 26 日巴塞尔银行监管委员为(巴塞尔委员会)通过的《新巴塞尔资本协议》,保持了与《巴塞尔协议》的连续性、一贯性,同时又有新的发展。《新巴塞尔资本协议》将风险扩大到信用风险、市场风险、操作风险和利率风险。巴塞尔委员会建立了一套国际通用的以加权方式衡量表内和表外风险的资本充足率标准,并提出"三大支柱":一是最低资本要求,二是监管当局对资本充足率的监督与检查,三是银行业必须满足的信息披露要求。
>
> 2010 年制定的《巴塞尔协议Ⅲ》规定,提高商业银行各个级别的资本充足率比率。一级资本充足率下限由 4% 提高至 6%,由普通股构成的核心一级资本由 2% 提高至 4.5%,同时计提 2.5% 的资本保护缓冲资金,这也就意味着实际有效的核心一级资本充足率达到了 7%。《巴塞尔协议Ⅲ》的具体执行时间为 2013 年 1 月到 2019 年 1 月。
>
> 资料来源:吴少新、许传华主编,《货币金融学》,高等教育出版社,2014 年。

(二) 资产管理

1. 资产管理理论

20 世纪 60 年代以前,由于资金来源渠道固定,工商企业资金需求单一,加之金融市场发达程度的限制,商业银行经营管理的重点放在资产方面,也就是通过对资产结构的恰当安排来满足安全性、流动性和盈利性的要求。在资产管理理论的发展过程中,先后出现了商业性贷款理论、资产可转换理论和预期收入理论。

(1) 商业性贷款理论。该理论认为,商业银行的资金来源主要是流动性很强的活期存款,因此其资产业务应主要集中于短期自偿性贷款,以保持与资金来源高度流动性相适应的资产的高度流动性。

(2) 资产可转换理论。该理论认为,银行流动性的强弱取决于其资产的迅速变现能力,因此保持资产流动性的最好方法是持有可转换的资产。

(3) 预期收入理论。该理论认为,银行资产的流动性取决于借款人的预期收入,而不是贷款的期限长短。只要借款人的预期收入有保障,期限较长的贷款也能安全收回;如果借款人的预期收入不稳定,期限短的贷款也会丧失流动性。

2. 资产管理方法

与资产管理理论相适应,商业银行先后采用过三种主要的资产管理方法。

(1) 资金总库法。商业银行通过将各种渠道的资金集中起来,形成资金池,将资金池中的资金视为同质的单一来源,将其按照资产流动性大小进行梯次分配。商业银行的资金来源是多种多样的,有活期存款、定期存款、储蓄存款、资本金等。尽管这些资金来源自身有不同的特性,但资金总库法不看重资金来源流动性差异,将不同特性的资金来源集中起来,再按照第一准备金、第二准备金、贷款的顺序配置资金(第一准备金是现金和存款,第二准备金是短期流动性的证券)。

(2) 资金分配法。商业银行在配置资金时,按照不同资金来源的流动性以及法定准备金要求,决定资产的分配方法和分配比例,建立资产项目与负债项目的对应关系,通过流动性和资金周转速度两个尺度将资产和负债有机联系起来,使两者在规模和结构上保持一致。资金分配法相对于资金总库法有了很大的改进。

(3) 线性规划法。线性规划法主要是通过建立线性规划模型来解决商业银行的资产分配。在运用这种方法时,一般采取三个步骤:建立目标函数、确定约束条件和求解线性模型。商业银行通常把利润作为该模型的目标,然后根据资产的收益率来选择不同的资产组合,以实现利润目标的最大值。

(三) 负债管理

1. 负债管理理论

进入20世纪60年代后,由于西方主要国家都发生了严重通货膨胀,市场利率大幅度飙升,而商业银行筹集资金仍受有关当局严格的利率管制,商业银行存款的实际收益率呈现负值,导致"脱媒"现象。面对严峻的市场形势,负债管理理论应运而生。负债管理理论认为,银行应该积极、主动地通过借入资金的方式来维持资产的流动性,支撑资产规模的扩张,获取更高的盈利水平。负债管理理论主张通过主动负债的方法来保证银行的流动性需要,使银行的流动性与盈利性之间的矛盾得到了协调,使银行在管理手段上有了质的变化,增强了银行的主动性和灵活性,提高了银行资产的盈利水平。

2. 负债管理方法

(1) 储备头寸负债管理方法。储备头寸负债管理方法是指商业银行通过借入资金补足一线储备,以满足存款提取和贷款需要。储备头寸负债管理方法意味着用借入资金满足短期流动性需要。与资产管理的各种方法相比较,储备头寸负债管理方法使商业银行可以持有较高比例的盈利性资产。因此,商业银行的预期收入提高了,但同时增加了两种风险:一是借入资金的成本不能确定,二是有时可能借不到资金。

(2) 全面负债管理方法。全面负债管理方法是指商业银行通过借入资金持续扩大资产负债规模。全面负债管理方法实施的前提是借入资金有较大的供给弹性,其条件是市场有足够的资金和参与者,单个商业银行的活动并不会对整个市场利率水平造成影响。因此,实施全面负债管理方法的最大风险是得不到足够的资金来源,中央银行的货币政策一旦收缩,实施全面负债管理方法的小银行就会面临较大的流动性风险。

(四) 商业银行经营管理的核心

商业银行经营的流动性充足与否直接关系到其经营的安全性高低,而流动性不足则是困扰商业银行的最主要问题,流动性管理是商业银行经营管理的核心内容。比如,当储户从其支票账户或储蓄账户中支取现金,或将签发的支票存入另一家银行时,我们来考察一家典型的商业银行(如工商银行)如何应付由此引起的存款外流、流动性不足的问题。假设工商银行在存款准备金率为10%时,其资产负债表如表9-1所示。

表 9-1 资产负债表

资产		负债	
准备金	1 000 万元	存款	1 亿元
贷款	9 000 万元	银行资本	1 000 万元
证券	1 000 万元		

当发生 1 000 万元的存款外流时,资产负债表如表 9-2 所示。

表 9-2 存款变动后的资产负债表

资产		负债	
准备金	0 元	存款	9 000 万元
贷款	9 000 万元	银行资本	1 000 万元
证券	1 000 万元		

存款和准备金减少 1 000 万元后,银行将面临法定准备金(9 000 万元)不足的问题。为了弥补这个缺口,银行可以有四种选择:

第一,通过同业拆借方式借入 900 万元来弥补准备金缺口。但能否借入,还要看市场资金状况及利率水平。

第二,出售价值 900 万元的证券,并将销售所得款项存入中国人民银行。但银行出售证券时需要支付经纪人手续费和其他一些交易成本。

第三,通过向中国人民银行办理贴现或贷款获取 900 万元准备金。贴现贷款的成本即为向央行支付的利息。

第四,减少 900 万元贷款并将其存入中国人民银行,从而增加 900 万元准备金,以应付存款外流。减少贷款是商业银行在存款外流时获取准备金成本最高的办法。

对此,当商业银行发生存款外流时,为了避免以上四个方面的成本,商业银行通常会保留足够的超额准备金。超额准备金是对存款外流所引起成本的保险,存款外流所引起的成本越高,银行愿意持有的超额准备金就越多。

但是,持有过多的超额准备金势必影响商业银行的盈利性资产业务的开展,降低商业银行的盈利能力与市场竞争力。为此,银行家们从商业银行产生之时,就致力于流动性管理方法的研究。

第四节 互联网银行

一、互联网银行概述

传统的商业银行一直是金融系统的核心支柱之一,互联网技术的发展带来了银行业的变革。20世纪90年代,出现了没有实体网络、通过互联网技术来提供服务的银行,我们将其称为"互联网银行1.0"。近年来,互联网银行模式进一步创新,出现了完全基于移动手机应用开展银行服务的数字银行,我们将其称为"互联网银行2.0"。在"互联网银行1.0"的基础上,"互联网银行2.0"进行了纵深发展,它们普遍没有独立的银行牌照,而是选择与传统银行合作开展业务。"互联网银行2.0"类似于一个完全与银行联通业务,附在银行体外的提供创新技术服务、改善用户体验的外包式公司。

二、互联网银行1.0

"互联网银行1.0"一般是指直营银行,即这些银行不通过传统的营业网点和柜台,而是通过电话、信件和ATM,以及后来通过互联网和移动终端来提供银行服务。直营银行最早出现在20世纪80年代末的欧美国家。后来由于互联网技术发展和应用的优势,美国的互联网银行脱颖而出,数量最为集中,也基本代表了互联网银行发展的状况和趋势。

这些直营银行在过去十几年内经历了飞速发展。2003年,直营银行存款总额是657亿美元,2015年增长为4 731亿美元,年复合增长率为17.88%,而同期传统银行只实现了5.89%的年复合增长。直营银行的存款总额在2015年占到了美国银行业存款总额的3.88%,而在2003年仅为1.10%。

综合来看,直营银行具有以下特色。

(1) 利用低成本进行高息揽储:直营银行由于没有实体网点,所需要的资产和工作人员都比传统银行少,因此降低了运营成本。直营银行依靠这一成本优势,可以提供更高的存款利息以吸引客户,这也是直营银行得以快速发展的原因。例如,Barclays Bank Delaware 向用户提供了1%的存款利率,远远高于美国银行业0.11%的平均水平。

(2) 提供零售产品和业务:直营银行主要面向对利率敏感的中低收入群体,向他们提供标准化的金融产品和服务,包括活期及定期存款、大额存款、转账汇款、网上交易支付、按揭贷款和理财投资等。

(3) 母公司多为金融集团:从依托机构来看,绝大多数直营银行都是依托母公司建立的子公司。这其中,母公司为金融集团的又占了很大的比例。

阅读材料 9-3

Ally Bank:专业放贷的互联网银行

Ally Bank 是 Ally Financial 的全资子公司,其前身为通用汽车金融公司。通用汽车金融公司成立于1919年,当时是通用汽车公司的全资子公司,主要向消费者及汽车经销商提供贷款。1985年通用汽车金融公司成立全资子公司汽车银行。2006年,GMAC Automotive Bank 更名为通用汽车金融公司银行。受次贷危机波及,2008年公司正式向美国联邦储备委员会申请救助,并在其直营银行 GMAC Bank

的基础上重组委银行控股公司。2009年GMAC Bank更名为Ally Bank。目前Ally Bank拥有超过150万个储蓄账户。截至2015年年末,总资产规模达1 585.8亿美元,存款总额662亿美元。

作为一家互联网直营银行,Ally Bank有其鲜明的经营特点。

(1) 全天候服务。提供每周7天每天24小时通过电话或者互联网的真人客户服务,客户甚至还能浏览打进客服电话的等候时间。

(2) ATM无费用。全国范围内使用ATM不收费,甚至还补贴其他银行的收费。

(3) 无账户费用。没有年费或者月费,也不要去账户最低余额。

(4) 手机银行。可以实现转账以及ALLY和非ALLY账户之间的转账。

(5) 远程存款。客户可以扫描支票并发送实现存款,如果是邮寄支票,Ally Bank还提供邮费。

(6) 其他服务。免费的支票、借记卡以及安全软件等。

资料来源:廖理著,《全球互联网金融商业模式:格局与发展》,机械工业出版社,2017年。

阅读材料 9-4

微众银行:腾讯牵头发起设立的银行,金融机构与互联网平台的连接者

深圳前海微众银行股份有限公司由中国银监会核准,于2014年12月16日成立,现注册资本42亿元人民币。微众银行是我国首批民营互联网银行之一,由深圳市腾讯网域计算机网络有限公司、深圳市百业源投资有限公司和深圳市立业集团有限公司等国内知名民营企业联合发起成立。腾讯是微众银行最大的股东,其持有微众银行30%的股份,在营销渠道、风险控制及IT技术建设方面为微众银行提供了重要支持。

微众银行以"个存小贷"作为业务定位。微众银行无营业网点及营业柜台,为客户提供纯线上银行服务。2015年8月15日,微众银行推出首款独立App形态的产品,正式以银行App的形式为用户提供便捷高效的互联网银行服务。目前,微众银行的主要产品包括面向微信和QQ用户的消费金融产品、与其他互联网平台合作推出的平台金融产品以及通过微众银行App代销的合作金融机构的理财产品。

微众银行的商业模式特点鲜明,依托腾讯这个互联网巨头积累的海量客户和数据,微众银行从创设开始,其业务模式就定位为互联网平台和金融机构的连接者。

资料来源:廖理著,《全球互联网金融商业模式:格局与发展》,机械工业出版社,2017年。

三、互联网银行2.0

"互联网银行2.0"是在"互联网银行1.0"的基础上纵深发展而来的。"互联网银行2.0"也被称作数字银行,完全基于移动手机应用开展银行业务。而且,这些互联网银行普遍并没有取得独立的银行牌照,而是选择与传统银行合作,用户的存款享受与合作银行存款相同的保护。"互联网银行2.0"类似于一个业务完全与银行联通、附在银行体外、提供创新技术服务、改善用户体验的外包式公司。

"互联网银行2.0"提供的主要服务如下:

(1) 基于手机移动端,远程开户办卡与销户销卡。用户只需要在移动端进行开户申请,提交自己的个人信息,包括上传自己的身份证和驾驶照片,然后通过视频验证,就可以实现远程开户,之后互联网银行将银行卡邮寄给用户,或者用户自己在与互联网银行合作的线下机构认领。通常这些银行卡上都是互联网银行本身的标志,并非合作银行的标志。

(2) 存取款、转账及支付。部分"互联网银行2.0"平台选择与线下非银行机构合作,用户可在合作机构存取现金,如 Bluebird 的用户可在 Walmart 超市收银台存入现金,德国的 Number26 的用户可以在德国各大超市和药店柜台进行现金存取款。银行为用户提供电话、邮箱免费同行转账,跨行、跨境转账收取低廉费用。用户可以通过银行卡、支票等进行支付。支票可通过拍照上传完成账户划转。

(3) 基于移动 App 的其他服务。提供多种便捷服务,如搜索附近自动取款机、提供财务管理功能、提供特定功能的锁定。

阅读材料 9-5

Moven:CRED 信用分数与大数据应用,引导用户健康消费

Moven,2011 年 4 月由 Brett King 在美国纽约创立,是一家专门从事手机移动金融业务的银行服务商。和美国绝大多数 Digital Bank 一样,Moven 本身并没有银行牌照,其运营模式下去的是 Moven 作为金融科技企业负责运营,联合美国传统银行 CBW Bank(受美国 FDIC 支持)代为管理存款的合作模式,因而客户存入 Moven 的存款可以享受美国 FDIC 提供的最高 25 万美元赔偿额的存款保险保障。经过 5 年的发展,Moven 不仅在美国站稳了脚跟,也在全球范围选择加拿大和新西兰这两个试点国家推广业务。截至 2016 年 8 月,Moven 在全球三个国家(美国、加拿大、新西兰)合计拥有注册用户 50 万人,其中美国境内用户数已达 55 000 人。2015 年 Moven 也成功入选 2015 年全球最具影响力的科技金融公司。

目前 Moven 基于手机 APP 面向客户提供的服务主要有如下十一项:

(1) 只能财务管理功能;

(2) 测试客户信用分数;

(3) 财务个性测试；

(4) 非接触式支付功能；

(5) 朋友间转账功能；

(6) 异常消费实时提醒功能；

(7) 直接存款功能，即工资和各项社会福利收入可关联 Moven 账户；

(8) 支票存款功能；

(9) 账单支付功能；

(10) CRED 积分奖励功能；

(11) ATM 机免费取，客户在美国境内 42 000 台 Moven 合作的 ATM 机均可免费取现。

资料来源：廖理著，《全球互联网金融商业模式：格局与发展》，机械工业出版社，2017年。

本章关键词

直营银行　互联网银行2.0　准备金　负债　中间业务　流动性原则　安全性原则　盈利性原则　核心资本

思　考　题

1. 直营银行有哪些特色？
2. 简述商业银行的资产业务。
3. 简述商业银行的中间业务。
4. 简述商业银行经营的基本原则。
5. 简述商业银行经营管理的基本内容。

第十章　投资银行

> **本章导读**
>
> 提及投资银行，人们马上会想到美国的华尔街，想到高盛、美林、摩根士丹利这些曾有着耀眼光芒的金融机构。高薪、投机、奢华是人们对投资银行家的评价，在汤姆·沃尔夫的《虚荣的篝火》中，投资银行家甚至被称为"宇宙的主宰"。至于什么是投资银行，查理斯·R·吉斯特在《金融体系中的投资银行》中认为："投资银行仍然是一个极其神秘的金融中介机构。尽管谈论的人很多，但却很少能说清楚这种机构的业务范围、功能以及它在经济活动中扮演的角色。"

第一节　投资银行简介

投资银行起源于欧洲，于19世纪传入美国，在西方发达国家已经经历了几百年的发展历程，并在美国达到了空前的繁荣。投资银行业不断出现新领域、新产品、新机构，特别是20世纪90年代，世界范围内投资银行业务和商业银行业务出现了融合的发展新趋势，使投资银行成为现代资本市场上最具活力的因素。

一、投资银行的定义

由于法律法规和传统习惯的不同，当前世界各国对投资银行的称谓不尽相同，美国和欧洲大陆称之为投资银行（investment bank），英国称之为商人银行（merchant bank），日本称之为证券公司（security firm）。随着金融管制的放松，投资银行和商业银行的业务交叉愈来愈多，两者之间的业务分界越来越模糊。

对投资银行的定义，通常是根据投资银行的业务范围确定的。美国著名的金融投资专家罗伯特·库恩曾根据投资银行业务的发展和趋势对投资银行作出了如下四种定义。

（1）最广泛的定义：凡是经营华尔街金融业务的银行，都可以被称为投资银行。此定义所包含的金融机构最为广泛，它不仅包括从事证券业务的金融机构，甚至还包括保险公司和各类不动产经营公司。

（2）第二广泛定义：只有经营部分或全部资本市场业务的金融机构，才能被称为投资银行。此处所指的资本市场是指期限在1年以上(包括1年)的中长期资金市场。因此,证券发行与承销、兼并与收购、各种投资咨询服务、基金管理、风险资本、证券私募发行以及风险管理和风险工具的创新等都属于投资银行业务,但是不动产经纪、保险、抵押除外。

(3) 较狭义的定义:较为狭义的投资银行业务仅包括部分资本市场业务,如证券承销业务、兼并与收购,但是基金管理、风险资本、风险管理工具的创新等资本市场业务则被排除在外。

(4) 最狭义定义:只有在一级市场承销证券、筹集资金和在二级市场上交易证券的金融机构才是投资银行。该定义显然已经不符合投资银行业务迅猛扩张时代的趋势,排除了过多的当前各国投资银行现实中正在经营的业务。

罗伯特·库恩认为第二广泛定义最符合美国投资银行业的现实情况,是目前投资银行的最佳定义。同时,他根据"以为公司服务为准"的原则指出,那些业务范围仅限于帮助客户在二级市场上出售或买进证券的金融机构不能称作投资银行,而只能叫做"证券经纪公司"或者"证券公司"。罗伯特·库恩对投资银行和证券经纪公司的区分是有其深刻道理的,因为投资银行在一国经济中最根本和最关键的作用是其在资金短缺者和资金盈余者之间的纽带和媒介作用,而证券(经纪)公司在证券市场中,仅起到了"交易润滑剂"的作用,故不能称作投资银行。

本章也以此定义为基准,将投资银行界定为主要从事证券发行、承销、交易、企业重组、兼并与收购、投资分析、风险投资、项目融资等业务的金融中介机构。依此定义,我国的投资银行还处于发展的初期阶段,大多数的证券公司还仅是经营投资银行最基本的证券承销和交易业务,只有少数综合性大型证券公司开展了兼并收购、基金管理、风险投资、资产证券化、金融工程等创新业务。

二、投资银行与商业银行的区别

投资银行和商业银行是现代金融市场中两类最重要的中介机构,从本质上来讲,投资银行和商业银行都是资金盈余者与资金短缺者之间的中介,一方面使资金供给者能够充分利用多余资金以获取收益,另一方面又帮助资金需求者获得所需资金以求发展。从这个意义上来讲,两者的功能是相同的。但是,投资银行不能通过发行货币或者创造存款增加货币资金,也不能办理商业银行的传统业务,不参与形成一国的支付体系,它的经营资本主要依靠发行自己的股票或债券来筹措,因此投资银行和商业银行存在本质的区别。

(一) 本源业务不同

投资银行业务范围很广,包括证券承销、证券交易、并购、基金管理、风险资本、项目融资等,其中证券承销是其本源业务,它是投资银行成为证券市场心脏的关键。

商业银行的业务基本上可以分为三类:负债业务、资产业务和表外业务。负债业务以吸收存款和借入资金为主;资产业务以贷款、投资、租赁业务为主;表外业务则是在资产负债业务的基础上,利用商业银行资金、信息、人才、技术等金融优势发展起来的金融中介服务。其中,存贷款业务是其本源业务,其他各种业务都是在此基础上衍生和发展起来的。

(二) 融资手段不同

投资银行是直接融资的金融中介。作为资金供需双方的媒介,投资银行为筹资者寻找合适的融资机会,为投资者寻找合适的投资机会。在一般情况下,投资银行并不介入投资者和筹资者之间的权利和义务之中,只是收取佣金,投资者与筹资者直接拥有相应的权利和承担相应的义务。例如,投资者通过认购企业股票投资于企业,这时投资者就直接与企业发生了财产权利与义务关系,投资银行并不介入其中。因此,这是一种直接融资过程。

商业银行是间接融资的金融中介。在资金筹集过程中,商业银行同时具有资金需求者和资金供给者的双重身份:对于存款人(资金盈余者)来说,它是资金的需求方,存款人是资金的供给者;对于贷款人(资金短缺者)而言,银行是资金供给方,贷款人是资金的需求者。在这种情况下,资金盈余者与资金短缺者之间并不直接发生权利与义务关系,而是通过商业银行直接发生关系。因此,这是一种间接信用过程。

(三) 利润来源和构成不同

投资银行的利润来源包括三个方面:一是佣金,包括一级市场上承销证券获取的佣金,二级市场上作为证券交易经纪商收取的佣金,以及金融工具创新中资产及投资优化组合管理中收取的佣金;二是资金运营收入,包括投资收益与其他收入,是投资银行参与债券、股票、外汇以及衍生金融工具投资,参与企业兼并、包装、上市和资金对外融通而获取的收入;三是利息收入,它既包括信用交易中的证券抵押贷款的利息收入,又包括客户存入保证金的存差利息收入。其中,佣金收入是投资银行业务中的主要利润来源。

商业银行的利润来源包括三方面:一是存贷利差;二是资金运营收入,主要来自产业投资和证券投资;三是佣金收入。商业银行主要通过开展表外业务收取中介费或佣金,表外业务主要包括承诺业务、担保业务和金融衍生工具业务等。从收入结构看,商业银行的核心收入是存贷利差,排在商业银行收入的第一位,表外的佣金收入则排在次要位置,尽管表外业务的利润有逐渐增长的趋势。

(四) 经营管理风格不同

投资银行的经营突出稳健和创新并重的策略。一方面,在证券一级市场的承销或者在兼并中的投资,都属于高风险业务,而证券二级市场的经纪业务,要随时防范证券市场的价格波动的风险。另一方面,投资银行的主要利润来源于佣金,必须有创新精神,对人才具有综合的要求,以便向客户提供优质而专业的服务。

商业银行由于资产来源和运用的特殊性,必须保证资金的安全性和流动性,坚持稳健的管理风格,力求避免挤兑现象,保证银行安全。

(五) 宏观管理不同

投资银行的监管机构一般是证券监管机构,如我国的中国证券监督管理委员会(证监会)、美国的证券交易委员会等。为了保障投资者的利益,各国普遍设立证券投资者保护基金等制度。

商业银行的监管机构多是中央银行和银行业监管机构,如我国的中国银行业监督管理委员会(银监会)和中国人民银行,美国的美联储、联邦存款保险制度(FDIC)和货币监理署(OCC)等。为了保障存款人的利益,各国普遍设立存款保险制度。

综上所述,可将商业银行与投资银行的区别整理列示如表10-1所示。不过,值得注意的是:随着金融管制的放松,投资银行和商业银行在许多业务领域里出现了交叉、融合、相互竞争的现象,因此以上这些区别呈日益模糊的趋势。

表10-1 投资银行与商业银行的主要区别

项 目	投 资 银 行	商 业 银 行
本源业务	证券承销	存贷款业务
融资手段	直接融资	间接融资
利润主要来源	佣金	存贷利差
经营管理风格	在控制风险的前提下,注重创新	"三性"的结合,必须坚持稳健性的原则
宏观管理	主要是证券监管机构	主要是中央银行和银行业监管机构

三、投资银行的发展模式

根据商业银行和投资银行关系紧密的不同,可将投资银行的发展模式分为以下两种。

(一) 分离型模式

所谓分离型模式是指商业银行和投资银行在经营业务方面有严格的界限,各金融机构实行分业经营、分业管理的经营模式。20世纪90年代以前,美国、日本、英国等国是这种模式的典型代表,他们都实行银证分离的经营模式。

1929—1933年,席卷资本主义世界的经济大危机导致美国大量银行连锁倒闭(仅1930—1933年美国就有7 763家银行倒闭),金融体系严重混乱。为此,美国越来越深刻地认识到投资银行与商业银行混业经营的弊端与危害,并于1933年在美国国会通过了《格拉斯-斯蒂格尔法》,在投资银行和商业银行之间筑起了一道"防火墙",从此确立了投资银行与商业银行分离经营的模式。

该法案规定:任何以吸收存款为主要资金来源的商业银行,除了可以进行投资代理、交易指定的政府债券,最多可用自有资本的10%进行股票和其他非政府债券的买卖,以及从事中短期贷款、存款等银行业务;不能从事发行、买卖有价证券等投资银行业务,而投资银行不得从事经营吸收存款等商业银行业务。同时,该法案还规定商业银行也不能设立从事证券投资的子公司,而投资银行不能设立吸收公众存款的分公司。

《格拉斯-斯蒂格尔法》实施后,许多大银行将两种业务分离开来,成立了专门的投资银行和商业银行,如摩根银行便分裂为摩根士丹利和J.P.摩根。有些银行则根据自身的情况选择经营方向,例如,花旗银行和美洲银行成为专门的商业银行,而所罗门兄弟公司、美林证券和高盛则选择了投资银行业务。《格拉斯-斯蒂格尔法》就有效地控制了商业银行的经营风险,保证了美国金融与经济在相对稳定的条件下持续发展。

日本在第二次世界大战之后的1948年颁布了《证券交易法》,将商业银行与投资银行的业务明确分开。该法明确规定,银行不得承购国债、地方债券和政府债券以外的证券,严格禁止银行兼营有价证券的买卖活动或充当证券买卖的中间人、经纪人和代理人,这类业务只能由证券公司经营。野村、日兴、山一及大和四家证券公司就是分业经营的产物。

英国一开始就实行专业化的存款银行和投资银行(商人银行)分开发展的模式,业务交叉并不多。因此,20世纪30年代大危机之后,虽然英国实行商业银行和投资银行分业经营、分业管理的体制,但却没有像美国、日本那样严格、明确的划分,这主要是由于英国在进行金融管理时历来注重市场参与者的自我管理与自我约束,较少依靠立法进行限制的结果。

(二) 混合型模式

所谓混合型模式是指在金融经营业务方面没有界限划分,各种金融机构实行综合业务发展的经营模式。从实践来看,混合经营模式主要存在两种类型:全能银行型和金融控股公司型。

1. 全能银行型

德国是"全能银行制度"的典范。在全能银行制下,一个金融机构可以全盘经营存贷款、证券买卖、租赁、担保等商业银行和投资银行的业务,投资银行与商业银行的关系也最为紧密,前者是作为后者的一个业务部门而存在,不是一个自负盈亏的法人实体,其最终决策权属于银行。此外,银行与企业长期建立密切联系,形成以大银行为核心,产业资本和金融资本相互渗透的垄断财团,这种模式混业程度最彻底。

在德国,实力最雄厚的全能银行——德意志银行、德累斯顿银行和德国商业银行三家银行,不仅在存贷款总额、清算服务金额等商业银行业务方面稳居德国银行榜首,而且还掌握了全国大部分证券发行和证券交易业务,它们集投资银行与商业银行业务于一身,成为各金融市场的活动主体。正是这种"全能银行制度"保证了德国金融体系的稳定和发展。

2. 金融控股公司型

根据国际三大金融监管机构巴塞尔银行委员会、国际证券联合会、国际保险监管协会的定义,金融控股公司是指,在同一控制权下,完全或主要在银行业、证券业、保险业中至少两个不同的金融行业中大规模提供服务的金融集团。在金融控股模式下,投资银行和商业银行同属于某一金融控股公司,两者是一种兄弟式的合作伙伴关系,虽然保持着一定距离,但业务上的相互支持较分离型模式紧密了许多。因此,该模式本质上是一种介于全能银行型和分离型之间的模式,具有"集团混业、经营分业"的特点。

世界各国金融控股公司的发展进程总体呈现由金融分业经营向混业经营过渡的趋势。美国、日本和英国本来在20世纪30年代大危机后实行分离型模式,但是由于20世纪60—70年代以来,伴随着金融自由化浪潮和金融创新的层出不穷,商业银行面临巨大的竞争压力,为此商业银行为规避风险、规避监管,提升其市场竞争能力,大量采用一系列创新金融工具,突破《格拉斯-斯蒂格尔法》和其他分业法案的限制。这些创新工具的运用使得商业银行和投资银行的业务界限逐渐模糊,于是在1999年美国国会通过了《金融服务现代化法案》,废止了《格拉斯-斯蒂格尔法》,使美国混业经营模式也从法律上得以确认,从此结束了商业银行与投资银行分业经营的局面,世界银行业步入混业经营的时代。

第二节 投资银行的产生与发展

投资银行是金融业和金融资本发展到一定阶段的产物。20世纪80年代以来,随着金融业向国际化、证券化、创新化、工程化、综合化方向发展,以及金融监管体系、监管手段的不断完善,金融业发展到了一个新的历史阶段,投资银行与商业银行重新走向融合已是大势所趋。

一、19世纪以前欧洲商人银行的发展

追本溯源,投资银行的原始形态产生于大约3 000多年前的美索不达米亚平原上的金匠。随着国际贸易的兴起,早期投资银行应运而生。早期投资银行的主要业务为汇票的承兑与贸易贷款,并多为实力雄厚、声名显赫的大家族所承揽。最著名的商人银行是美第奇商行,美第奇家族位于佛罗伦萨,在15世纪中叶就开始了国际性的商人银行业务,其运营的场所包括伦敦、日内瓦、里昂,并遍布意大利。随着时间的推移,在18世纪后期,伦敦成为国际金融中心。

总之,这一阶段欧洲投资银行业的特点主要表现为:一是业务主要源自国际贸易的发展,其经营相对较简单,主要是票据承兑和以抵押品作担保发放一部分贷款,这与当时商业银行业务有相似之处;二是投资银行业为少数家族所主宰,如巴林、罗斯柴尔德等;这些主要的家族除了经营商人银行业务,也承销经营债券,例如,在法国战争期间从事法国公债交易,美国历史上著名的拿破仑与美国之间的"路易斯安那州交易"等。

二、19世纪至20世纪初投资银行的发展

进入19世纪,随着美洲大陆殖民扩张和贸易的发展,美国的投资银行业务崭露头角。美国的投资银行与其欧洲同行的不同之处在于,它们是在与证券业的互动发展中壮大起来的。在政府信用扩张和工业大量筹资的情况下,美国投资银行迅速拓宽了业务领域,不仅从事承兑、持有汇票为贸易融资,而且紧跟美国经济发展占领了大批证券承销业务领域,而英国的商人银行显然已暮气沉沉。家族统治的没落加之英国经济的衰落,使19世纪末这一行业的重心已开始移到美国。在这百年的历史中,经过以下两个阶段的发展,投资银行业在华尔街的声望和地位有了显著的提高。

第一阶段：美国内战期间及其前后出现的大量政府债券和铁路债券塑造了美国特色的投资银行。18—19世纪，资本主义国家为解决经济发展给基础设施带来的巨大压力，掀起了建设基础设施的高潮，投资银行在筹资和融资中扮演了重要角色，其自身也得到了突飞猛进的发展。例如，摩根公司1879年在伦敦承销25万股纽约中央铁路公司的股票，与此同时，它也获得了在中央铁路委员会中的代表权，取得了银行业对铁路的控制权。

第二阶段：19世纪末20世纪初，企业兼并和工业集中挖掘出了投资银行的巨大潜力。1898—1902年，发生了美国历史上第一次并购浪潮，其特征是横向并购。在企业兼并大量融资的过程中，投资银行家凭借其信誉和可行的融资工具为企业筹集了大量的资金。投资银行家是这一时期美国产业中几乎每一个重要部门托拉斯的接生员。这次浪潮之后，投资银行开拓了其在企业收购、兼并方面的业务，成为重整美国工业结构的策划者，改变了大部分美国的工业形式。例如，通用电气公司、美国钢铁公司和国际商船公司就是这一期间在摩根公司的领导下创建的。

阅 读 材 料 10-1

世界债主——约翰·皮尔庞特·摩根

世界上的人都知道美国纽约是世界金融中心，而华尔街更是纽约金融界的晴雨表，它是美国经济繁荣的象征。华尔街的真正大佬就是约翰·皮尔庞特·摩根（John Pierpont Morgan，简称 J. P. 摩根，1837年4月17日—1913年3月31日）。发展到今天，摩根财团已经是有百年历史的世界富豪。虽然世界经济几度风云变幻，但是摩根财团的地位并没有动摇。摩根财团有这样的地位，应该首先归功于它的创始人——摩根。1857年，刚刚大学毕业的摩根旅行来到新奥尔良，靠咖啡生意大赚了一笔。为此，老摩根对儿子的能力大加赞赏，为儿子在华尔街开了一家摩根商行，在这里，摩根开始了他的发迹生涯。19世纪后半期，铁路的发展速度很快，摩根对几大铁路运营商进行重新规划。到1900年，在摩根直接间接控制之下的铁路长达10.8万公里，差不多占当时全美铁路的2/3。这种构想，石油大王洛克菲勒此前也有过，但并没有成功。摩根并没有比洛克菲勒更雄厚的财力，但却完成了，因为他能调度掌控的资金往往高达几十倍甚至成百倍。若没有十分高明的手腕，是不可能运转自如的。后来洛克菲勒都承认，摩根调集资金的能力是自己所不能企及的。据美国国会1913年发表的《货币托拉斯调查报告书》，1912年，摩根财团控制着53家大公司，资产总额达127亿美元，包括：金融机构13家，30.4亿美元；工矿业公司14亿家，24.6亿美元；铁路公司19家，57.6亿美元；公用事业公司7家，14.4亿美元。摩根后代继续扩张，财团雄风未减，霸业更加显赫。摩根留下一个显赫的家族，留下首创的"联合承购国债"的华尔街的惯例。摩根家族的财富首先来源于金融业务，然后，转向对企业进行投资，占领美国支柱产业，维持巨大的财富来源，反过来又加强了摩根家族的金融霸权地位。摩根开创了"摩根时代"，即金融寡头支配企业大亨的时代。

三、1933年开始的金融管制下的投资银行

1929年经济大崩溃前,投资银行业基本上是没有法制监管的。投资银行业在自由的环境中高速发展,必然导致一些银行家的投机取巧。1929年10月28日,高涨的股市撕下了繁荣的面具,从此狂跌不止,拉开了20世纪30年代整个世界大萧条的序幕。股市危机的连锁反应是银行业危机,大批投资银行纷纷倒闭,证券业凋敝萎靡。经过对这场危机的沉痛思考后,受命于危难的罗斯福政府上台,开始了对金融业的立法监管,其内容之一便是严格确立了美国投资银行业在今后几十年中所遵循的业务范围。在一系列的银行法和证券法中,最著名的《格拉斯-斯蒂格尔法案》将商业银行和投资银行严格分离。它规定了存款保险制度,禁止商业银行从事投资银行业务,不允许其进行包销证券和经纪活动;同时,禁止投资银行从事吸收存款、发放贷款、开具信用证和外汇买卖业务。

从第二次世界大战结束直至20世纪70年代,美国经济相对平稳成长,美元坚挺,利率稳定,通货膨胀率降低。这一期间投资银行和商业银行基本遵循《格拉斯-斯蒂格尔法案》的规定,分别在证券领域和存贷领域巩固了各自的地位。

阅读材料 10-2

1929年美国股灾导致世界经济危机

20世纪20年代,美国证券市场兴起投机狂潮,"谁想发财,就买股票"成为一句口头禅,人们像着了魔似地买股票,梦想着一夜之间成为百万富翁。疯狂的股票投机终于引发一场经济大灾难。1929年10月24日,纽约证券交易所股票价格雪崩似地跌落,人们歇斯底里地甩卖股票,整个交易所大厅里回荡着绝望的叫喊声。这一天成为可怕的"黑色星期四",并触发了美国经济危机。然而,这仅仅是灾难的开始。28日,史称"黑色星期一",当天,纽约时报指数下跌49点,道琼斯指数狂泻38.33点,日跌幅达13%。29日,最黑暗的一天到来了,早晨10点钟,纽约证券交易所刚刚开市,猛烈的抛单就铺天盖地席卷而来,人人都在不计价格地抛售,经纪人被团团围住,交易大厅一片混乱。道琼斯指数一泻千里,至此,股价指数已从最高点386点跌至298点,跌幅达22%,纽约时报指数下跌41点。当天收市,股市创下了1641万股成交的历史最高纪录。一名交易员将这一天形容为纽约交易所112年历史上"最糟糕的一天",这就是史上最著名的"黑色星期二"。

这次美国股票市场的崩溃使得纽约证券交易所受到了前所未有的灾难性的冲击。1929—1930年,纽约证券交易所上市股票的价值从897亿美元狂跌到156亿美元。1929年10月前,当时最热门的美国钢铁公司股票价格高达262美元,到1932年仅值21美元。美国电报电话公司股票市场价格从310美元跌到70美元,通用汽车公司股票市场价格从92美元跌至7美元,当时受到股票跌价损害的不仅是第

一流的大公司,许多中小公司和企业上市的股票跌得更惨,大量股票跌得一文不值,众多投资者,包括股票市场经纪人更是深受其害。在这场股灾中,数以千计的人跳楼自杀,欧文·费雪这位大经济学家几天之中损失了几百万美元,顷刻间倾家荡产,从此负债累累,直到1947年在穷困潦倒中去世。

一夜之间,"繁荣"景象化为乌有,一场空前规模的经济危机终于爆发,美国历史上的"大萧条"时期到来。1929—1933年,美国国民生产总值从2 036亿美元降为1 415亿美元(按1958年价格计算),降幅高达30%。私营公司纯利润从1929年的84亿美元降为1932年的34亿美元。工商企业倒闭86 500多家,1931年美国工业生产总指数比1929年下降了53.8%,进出口贸易锐减。危机最严重时,美国主要工业企业基本停止运行,汽车业开工率仅为5%,钢铁业也仅有15%。农业也惨遭劫难,谷物价格下降2/3,农业货币总收入由1929年的113亿美元减少为47.4亿美元。到1933年3月,美国完全失业工人达1 700万,半失业者不计其数。农民的现金收入从每年162美元下降到48美元,约有101.93万农民破产,沦为佃农、分成制农民和雇农,许多中产阶级也纷纷破产。银行系统损失惨重,破产数高达10 500家,占全部银行的49%,到1933年3月时整个银行系统陷入瘫痪。一直到第二次世界大战爆发以后的1941年,美国国民生产总值才超过危机前的1929年。

由于美国大量抽回对德国的投资,德国经济跟着全面崩溃。英国在德国也有大量投资,英国证券市场应声倒地,英国经济陷入危机。法国经济的独立性相对高一些,但也有摆脱不了对国际市场的依赖,而且此前法国经济本身也早已出现投资过热,到1930年,法国终于陷入危机。这种多米诺骨牌效应导致了一场席卷全球的大萧条。1933年,整个资本主义世界工业生产下降40%,各国工业产量倒退到19世纪末的水平,资本主义世界贸易总额减少2/3。美、德、法、英共有29万家企业破产。资本主义世界失业工人达到3 000多万,无业人口颠沛流离。经济危机使资本主义国家之间的矛盾激化,引出一连串的关税战、倾销战和货币战,也引起了资本主义各国政局的动荡。

四、20世纪70年代之后经济全球化及管制放松下投资银行的发展趋势

进入20世纪70年代,石油危机使世界经济形势发生动荡,通胀加剧,利率变动剧烈,金融业活动日益复杂化。金融业的激烈竞争、金融环境的变化、金融业务不断创新等,冲击了在金融管制下较为封闭的投资银行和商业银行。加之工业和金融业的国际化趋势,为了保住市场寻求新的利润点,投资银行和商业银行在开始创新服务的同时,逐渐渗入对方的业务领域。20世纪80年代以后,伴随着金融综合化经营趋势的日益明显,国际投资银行业的发展出现了一些新的发展趋势。

(一)综合化趋势

1933年美国开始的分业管理的格局一直持续了50多年。虽然《格拉斯-斯蒂格尔

法案》的颁布为美国投资银行业的发展提供了稳定的法律基础,但随着投资银行业的快速发展,其缺点逐步显现出来:投资银行在面临资本市场较高风险的同时,但经营范围由于受到制约,盈利空间受到限制,从而影响投资银行的长足进步。在这种情况下,发达国家纷纷以立法的方式确认混合经营模式:1986年英国实行"金融大爆炸",在英国银行业实行了自由化;1989年欧共体发布"第二号银行业务指令",明确规定了欧共体内部实行全能银行制度;在日本,1992年颁布的《金融制度修正法》同样也允许投资银行的混业经营。实际上,国际投资银行界早已经开始了从分业经营到混合经营的过渡。如1986年,美国的高盛公司接受了日本的住友银行9亿美元的投资,此后投资银行与商业银行分业经营界线开始有所改变;以传统商业银行为主的J. P. 摩根和美国银行也开始逐步涉入高等级投资债券、高收益债券及股票承销等投资银行业务;1996年所罗门兄弟公司收购了仅次于美林的零售商史密斯·邦尼,而它自己又被美国旅行者保险集团收购,旅行者收购所罗门后,又与花旗银行合并,组成花旗集团。1999年,美国国会通过了《金融服务现代化法案》,废止了《格拉斯-斯蒂格尔法案》,使美国混合经营模式也从法律上得以确认。

(二) 集中化趋势

为最大程度发挥规模经济优势,无论是早期的投资银行,还是现代的投资银行,都经历了一个由小到大、由强变弱、由分散到集中的发展过程。在日本,1949年有1 152家投资银行,到1977年只剩下257家。在美国,曾经的美林证券、摩根士丹利、所罗门兄弟等超级投资银行几乎都是通过兼并联合形成的。20世纪90年代以后,美国投资银行兼并联合呈加速之势,规模也越来越庞大。1997年2月,摩根士丹利与添惠公司合并,创造了一个总市值210亿美元的特大型投资银行;同年9月,旅行者集团以90亿美元收购所罗门兄弟公司,并与史密斯·邦尼公司合并,新组建的所罗门·史密斯·邦尼公司一跃成为美国第二大投资银行;1998年,花旗银行与旅行者集团的合并是美国有史以来最大的一起企业兼并案,合并后组成的新公司成为"花旗集团",其商标为旅行者集团的红雨伞,合并后花旗集团的总资产达到7 000亿美元,净收入为500亿美元,营业收入为750亿美元。通过与旅行者集团的合并,花旗集团成为世界上规模最大的全能金融集团公司之一,由1997年《财富》杂志世界500强排名第58位一跃升至1998年的第16位。西方投资银行兼并联合的直接后果是整个行业的高度集中。从20世纪70年代到90年代,美国前10名投资银行的资本金规模及利润规模,由占全行业的1/3增长到2/3。

(三) 业务多元化趋势

进入20世纪70年代,随着金融业务的不断创新和国际金融的全面发展,投资银行已突破了单纯证券商的身份,广泛参与了与企业融资活动有关的金融服务,如企业兼并收购、项目融资、资产管理和金融工程等。尤其到1975年,美国政府取消了固定佣金制,各投资银行为竞争需要纷纷向客户提供佣金低廉的经纪人服务,并且创造出新的金融产品。这些金融产品中具有代表性的是利率期货与期权交易,这些交易工具为投资银行抵御市场不确定性冲击提供了有力的保障。投资银行掌握了回避市场风险的新工具后,将其业务领域进一步拓宽,如从事资产证券化业务,这种业务使得抵押保证证券市场迅速崛起。总之,随着技术手段的进步、金融业的日益自由化以及国际资本市场一体化的发展,西方投资银行的业务发生了巨大的变化,传统的证券承销、经纪和自营业务占比不断减少,而并购重组、资产管理、投资咨询、项目融资、风险投资、资产证券化、金融衍生工具等业务则大力发展。

(四)专业化趋势

国际投资银行在逐渐走向集中化、业务经营多元化的同时,一些规模相对较小的投资银行的专业化趋势也日益明显。显然,综合化经营并不代表每一个投资银行都必须经营所有的投资银行业务,激烈的市场竞争也使得各投资银行根据自身特点寻找自身的业务优势,在此基础上才能兼顾其他业务的发展,这点和社区银行比较类似。虽然美国有很多大型的商业银行机构,但社区银行业务拓展却依然如火如荼,这是因为社区银行具有大型商业银行所不具备的优势,如更了解客户、机构更灵活等。对投资银行而言也是如此,美国一些小型投资银行纷纷开展专业化及有针对性的服务,从而确立市场地位,例如,佩韦伯在美国牢牢占据了私人客户投资服务领域,Ameri-trade、E-trade和嘉信等在网上证券交易方面拥有优势。即使是以综合服务为主的大型投资银行,在业务发展商也各具特色。例如,摩根在证券承销发行能力方面居全球前列,美林在零售客户服务和资产管理方面享有盛誉,高盛以研究能力及大型企业融资业务领域而闻名,所罗门兄弟以商业票据发行和公司购并见长,第一波士顿则在组织辛迪加和安排私募方面居于领先地位。分工的专业化促进了投资银行业服务水平的提高。

(五)全球化趋势

在世界经济高度一体化的今天,全球金融市场已经基本上连成了一个再也不可简单分割的整体。与此相适应,投资银行已经彻底地跨越了地域和市场的限制,经营着越来越广泛的国际业务。从20世纪60年代开始,世界各大投资银行纷纷向海外扩张,纽约、伦敦、巴黎、东京、日内瓦等国际金融中心成立了大批国外投资银行分支机构。到了20世纪90年代,投资银行的国际化进程明显加快,许多投资银行都成立了管理国际业务的专门机构,如摩根士丹利的财务、管理和运行部,高盛的全球协调与管理委员会等。

五、2008年金融危机之后投资银行的特点

2007年4月,以美国第二大次级房贷公司新世纪金融公司破产时间为标志,美国爆发了房地产次级按揭贷款危机。进入2008年9月,这场由房地产泡沫引发的金融危机愈演愈烈,并迅速蔓延到全球,直至导致全球实体经济衰退,美国投资银行业格局发生了巨变。在危机中,拥有85年历史的华尔街第五大投行贝尔斯登低价出售给摩根大通;拥有94年历史的美林被美国银行收购;拥有158年历史的雷曼向美国法院申请破产保护;拥有139年历史的高盛和73年历史的摩根士丹利同时改旗易帜,转为银行控股公司。这场金融危机给美国乃至全球的投资银行业格局带来了巨大的影响,主要表现在以下三方面。

（一）混合经营模式难以逆转

在美国次贷危机恶化之前，金融机构的混合经营模式仍然广受质疑，而现在看来，这种观点已被完全颠覆了。一些综合化经营的大型金融集团，虽然在次贷危机中也损失惨重，但其应对危机的能力较强，目前都还没陷入生存危机。此次国际金融危机说明，混合和综合化经营模式具有更强的生存力，在危机后将主导国际金融业的发展，这必将对国际投资银行业的未来走向产生深刻的影响。从全球范围来看，分离型投行模式未来很有可能会消失，大多数纯粹的投资银行将被商业银行合并，混合型的经营模式将更受欢迎，由商业银行主导的混合经营将成为未来金融业发展的主流模式。因为和投资银行相比，商业银行的资金来源更加充裕，运作更加透明，风险管理和控制系统更加严密，受到监管部门的严格监管和存款保险机制的保护，同时，业务综合化经营有利于平抑经营收益的大幅波动。总之，全球金融机构混合经营已是大势所趋。

（二）面临更加规范的监管

随着国际金融业不断向混合经营和寡头化方向发展，分业监管模式将有可能被取代，同时，在今后较长的一段时间内，国际投资银行业将面临更加严厉的监管。面对此次国际金融危机，为了适应混合经营的发展趋势，世界各国已纷纷对金融监管机构进行了整合，向混合统一监管模式转变，以消除监管盲区或真空地带，增强监管能力，提高监管水平和效率。目前，日本和大多数欧洲国家已对金融业实行统一监管。2010年7月21日，美国总统奥巴马签署了金融监管改革法案《多德-弗兰克华尔街改革与消费者保护法》。该法案致力于提高美国金融系统的稳定性，防止银行类金融机构为追求利润过度承担风险，避免金融危机的再次发生，被认为是自20世纪30年代"大萧条"以来最全面、最严厉的金融改革法案，将成为与美国《1933年银行法案》中"格拉斯-斯蒂格尔法案"相比肩的一块金融监管基石。

（三）金融创新动力依旧

开展金融创新，有助于提高金融资源的配置效率和利用效率，是培育和提升金融机构核心竞争力的持续源泉和强大动力，也是美国金融业构筑比较竞争优势、主导世界金融业发展的重要手段。此次金融危机以前，金融创新大多由投资银行主导，并在一定程度上被各国政府特别是美国政府所默许。但是，过度的、脱离实体经济发展需要的、不受监管和控制的金融创新，不仅没有起到促进经济发展的作用，反而会给国际金融业和实体经济发展带来巨大的灾难，使之遭受惨重的损失。金融创新过度、结构化金融产品过于泛滥，就是此次金融危机爆发的直接原因。未来金融创新除了会面临更加严厉的监管外，还会受制于金融机构自身的审慎经营理念和策略。因此，过度的金融创新将受到一定程度的遏制，但金融创新的动力不会丧失，金融创新将有可能变得更加谨慎和稳健。

第三节 投资银行的主要业务

2007年美国次贷危机的爆发以及由此引发的全球金融危机对投资银行业产生了

巨大的影响,伴随着贝尔斯登的垮台、美林证券被接管、雷曼兄弟破产、摩根士丹利和高盛向商业银行的转型,美国华尔街五大投行几乎全军覆没,投资银行的发展前景受到人们的普遍关注。然而,无论独立的投资银行发展前景如何,只要证券市场存在,只要直接融资方式存在,投资银行所从事的业务就不会消失,其特有的功能也不会消亡。现代投资银行已经突破了传统的证券发行与承销、证券交易与经纪等业务,企业并购、资产管理、财务顾问、风险投资、衍生品交易等都已经成为投资银行的核心业务。

一、证券承销业务

证券承销是投资银行最为传统与基础的业务,它是指投资银行帮助证券发行人就发行证券进行策划,并将公开发行的证券出售给投资者以筹集到发行人所需资金的业务活动。时至今日,该项业务仍然是投资银行的主营及核心业务之一,在美国,对投资银行的专业能力与实力的排名都是依据其所完成的承销额来评判的。投资银行承销证券的范围相当广泛,包括本国中央政府、地方政府、政府部门发行的债券,各种企业发行的债券和股票,外国政府和外国公司发行的证券,以及国际金融机构发行的证券等。

标准的证券承销包括三大步骤:首先,投资银行就证券发行的时间、条件、方式、种类等向发行人提出建议。投资银行在进行调查研究的基础上,再结合丰富的经验,向证券发行人提出最佳的发行方案,并提示发行方案的利弊和风险等信息。其次,当证券发行方案确定并经证券管理机关批准后,发行人与投资银行签订承销证券协议,投资银行帮助发行人销售证券。最后,双方签订协议之后,进入实质性的证券分销阶段。为了销售证券,投资银行通常组成一个规模庞大的承销团,形成庞大的销售网络,迅速地向投资者推销证券。

投资银行在对证券进行承销的操作中一般会按照所承销的金额与风险的大小来选择相应的承销方式,通常会采用的方式有代销和包销两种。

(一)代销

代销是证券代理销售的一种形式,由发行人与投资银行签订代销协议,按照协议条件,投资银行在约定的期限内销售所发行的证券,到约定的期限,部分未售的证券退还发行人,投资银行不承担责任。代销实际上是发行人和投资银行之间的一种委托代理关系,因投资银行不承担销售风险,因此代销的佣金较低。

(二)包销

1. 全额包销

全额包销是指由投资银行与发行人签订协议,由投资银行按约定价格买下发行的全部证券,然后以稍高的价格向社会公众出售,即低价买进高价售出,中间差额为投资银行赚取的利润。如果到期投资银行不能将证券全部销售出去,则投资银行承担相应的风险。

2. 余额包销

余额包销是指投资银行与发行人签订协议,在约定的期限内发行证券,并收取佣金,到约定的销售期满,售后剩余的证券,由投资银行按协议价格全部认购。余额包销实际上是先代理后包销。

投资银行证券承销业务的利润来源有两块：一是价差，即投资银行支付给证券发行者的价格和投资银行实际销售的价格之间的差额；二是佣金，即投资银行按照发行金额的比例提取的佣金。一般而言，承销金额的大型、发行的难易程度、竞争者的价格、成本状况，辛迪加成员的意见都是影响投资银行承销业务利润的决定因素。

二、证券交易与经纪业务

证券交易与经纪业务也是投资银行的一项基本业务，它是证券承销业务的延续业务。证券交易所作为场内交易市场，通常规定只有交易所会员才能入场进行交易，普通投资者要想买卖证券交易所上市证券，必须通过投资银行等经纪商，由其代为买卖证券，这就是证券的经纪业务。在经纪业务中，投资银行与客户是一种委托代理关系，客户是委托人，投资银行是受托人。投资银行必须严格按照客户的交易指令（包括证券的种类、数量、价格和指令的有效时间等要素）买卖证券，不能擅自更改客户的交易指令。投资银行不承担证券交易中的风险，以向客户收取佣金作为报酬。除了经纪业务，投资银行还会动用自有资金参与证券交易，通过赚取买卖价差而获利，这是投资银行的交易业务。

三、并购业务

并购业务即兼并与收购业务，对企业的兼并与收购业务已成为投资银行除承销与经纪业务外最为重要的业务种类。并购业务被视为投资银行业中"财力与智力的高级结合"。国际著名投资银行都有规模庞大的并购部门，而一些中小投资银行更是以并购业务作为主要业务甚至专营业务，这与并购业务能够为投资银行带来巨额收益分不开。

兼并是指由两个或两个以上的企业实体形成新经济单位的交易活动。收购是指两家公司进行产权交易，由一家公司获得另一家公司的大部分或全部股权以达到控制该公司的交易活动。企业的兼并与收购业务是一项专业性极强又十分繁杂的交易活动，投资银行利用其专长为进行此项交易活动的任何一方提供价值评估、策划咨询、设计并购方案、协助融资和反收购等相关专业服务活动，从而获取报酬收入。

在并购业务中，投资银行的业务主要有两大类：一是投资银行充当并购策划和财务顾问，以中介人的身份，为并购交易的主题和目标企业提供顾问、策划和相应的融资业务；二是投资银行是并购的主题，将并购活动作为一种股权投资行为，先买下企业，后进行整体转让，或分拆卖出，或包装上市卖出股权，以进行套现。

投资银行在并购业务中对参与各方有着积极且重要的影响。对并购方来说，投资银行帮助它以最优的方式、用最优惠的条件收购合适的目标企业，从而实现自身最优的发展；对被并购方来说，投资银行帮助它以尽可能高的价格将标的企业卖给最合适的买主。在敌意收购中，投资银行反并购业务帮助目标企业及其大股东以最低的代价取得反收购的成功，捍卫其自身正当的权益。

四、资产管理业务

资产管理业务是投资银行在传统业务的基础上发展起来的新兴业务,在成熟的证券市场上,该业务已经成为投资银行的核心业务。资产管理业务的产生源于企业及个人的财富积累和谋求资产增值的市场需求。在发达国家资本市场中,投资者愿意将自己的资产委托给专业机构进行理财管理,从而避免自身由于缺乏相关投资知识及实践的非专业认识进行投资而招致的损失。为了满足这样的市场需求,投资银行开办资产管理业务,以受托人的身份根据与委托人(投资者)签订的相关资产委托管理的协议,为委托人的资产提供理财服务,依靠其专业能力为委托人控制风险,获取投资收益,从而使委托人实现资产的增值。在典型的资产管理业务中,投资银行和客户的关系是委托代理关系,即"受人之托,代人理财"。

资产管理业务中的"资产",从理论上来说,涵盖一切形式的资产,包括现金、证券、股权、债权、实物资产等,当然通常是货币、证券等金融资产。本节主要介绍资产管理业务的两种主要业务:现金管理业务和基金资产管理业务。

现金管理业务是投资银行为客户提供的现金管理服务,其目的在于解决企业在日常经营中因不得不持有大量现金资产而产生的流动性和盈利性之间的矛盾,即让企业在保持其金融资产足够流动性的前提条件下,将企业持有现金的机会成本降到最低。也就是说,通过现金管理,企业能够从留存的现金中获取较大的资产收益。现金管理通常的做法是由投资银行对企业的财务统计数据进行分析和预测,建立数学模型,确立企业日常经营中所需要的最佳现金存量;制定有关的现金收支计划,通过收账、短期借债,对财务进行动态管理,尽可能地增加企业的可用现金,从而为企业构建出一种最佳的现金流动组合。

基金资产管理业务是指在基金投资目标和投资原则的指导下,按照一定的投资规则和程序,把通过发行基金份额募集的资金,分散投资到证券、不动产、实业及实物等资产中去,取得投资收益。投资银行作为基金资产的管理人,其主要职责包括:与投资者签订委托契约,按照约定条款进行投资管理;通过专业的资产管理活动,构造投资组合,实现资产的保值与增值;定期编制并公布基金的相关财务报告;接受投资者和基金监管机构的监督。

五、财务顾问与咨询业务

投资银行的财务顾问业务是投资银行所承担的对公司尤其是上市公司的一系列证券市场业务的策划和咨询业务的总称,主要指投资银行在公司的股份制改组、上市、在二级市场再筹资以及发生兼并收购、出售资产等重大交易活动时提供的专业性财务意见。根据内容的不同,投资银行主要提供重组并购顾问、投资咨询、管理咨询等服务。

(一)重组并购顾问业务

在企业的重组并购过程中,企业的战略规划、经营策略、财务管理、业务重组等需要

重新考虑。在这一过程中,投资银行充当企业的咨询顾问,并提供下列服务:

(1) 帮助企业进行财务分析,找出当前危机的根源所在,并找出解决危机需首先解决的问题。

(2) 根据企业的现状和资源禀赋,重新制定企业发展战略和经营战略,使企业发展目标明确。

(3) 协助企业进行融资,补充企业进一步发展所需要的资金。

(4) 根据客观的现状,重新分析企业的经营计划,并排列出业务的主次,剔除不熟悉或不盈利的业务,以便集中利用有限的资源。

(5) 咨询审查企业的组织结构和分支机构,对于那些对企业发展无影响甚至有负面作用的分支机构作出撤销、销售处理。

(二) 投资咨询业务

习惯上常将投资银行的投资咨询业务的范畴定位在对参与二级市场的投资者提供投资意见和管理服务,主要包括债券投资咨询业务和股票投资咨询业务两大类。

(1) 在债券投资咨询业务中,投资银行帮助客户选择债券种类、选择与收益率相对应的债券价格、帮助客户分析债券投资的风险等。

(2) 在股票投资咨询业务中,投资银行帮助客户分析股票市场行情、树立正确的投资理念并指导客户形成正确的投资方法。

投资咨询业务本身充满了风险,一旦建议严重失误,就会给客户带来很大的经济损失,因此投资银行从业人员素质的高低是关键。

(三) 管理咨询服务业务

投资银行通过管理咨询服务定期或不定期向企业提供专业的管理建议。管理咨询内容相当广泛,主要包括企业的发展战略、组织架构、激励体系、信息流动、市场和财务状况以及客户资源管理等。同时,投资银行结合企业的行业运行特点及发展趋势,从第三方角度对企业管理框架进行规划,逐步从人员结构及管理框架优化上提升企业的发展后劲。

六、风险投资业务

风险投资又称创业投资,是指对新兴公司在创业期和拓展期进行的资金融通,表现为风险大、收益高。新兴公司一般是指运用新技术或新发明、生产新产品、具有很大的市场潜力、可以获得远高于平均利润的利润、却充满了极大风险的公司。由于高风险,普通投资者往往都不愿涉足,但这类公司又最需要资金的支持,因而为投资银行提供了广阔的市场空间:第一,采用私募的方式为这些公司筹集资本;第二,对于某些潜力巨大的公司进行直接投资,成为其股东;第三,设立"风险基金"或"创业基金",向这些公司提供资金来源。

七、资产证券化业务

资产证券化是指将缺乏流动性的资产转换为在金融市场上可以出售的证券的行

为。投资银行参与资产证券化,使流动性差的资产能够转化为可以公开买卖的证券,成为融资市场又一次重大的创新。进行资产转化的公司,即资产证券化发起人,把其持有的流动性较差的金融资产,如住房抵押贷款、信用卡应收款等,分类整理为一批资产组合,出售给特定的交易组织,即金融资产的买方,再由特定的交易组织以买下的金融资产为担保发行资产支持证券,用于收回购买资金。资产证券化的证券为各类债务性债券,主要有商业票据、中期债券、信托凭证、优先股票等形式。资产证券的购买者与持有人在证券到期时可获本金、利息的偿付。证券偿付资金来源于担保资产所创造的现金流量,即资产债务人偿还的到期本金与利息。如果担保资产违约拒付,资产证券的清偿也仅限于被证券化资产的数额,而金融资产的发起人或购买人无超过该资产限额的清偿义务。

八、项目融资业务

项目融资是对一个特定的经济单位或项目策划安排的一揽子融资的技术手段,借款者可以只依赖该经济单位的现金流量和所获收益用作还款来源,并以该经济单位的资产作为借款担保。投资银行在项目融资中起着非常关键的作用,它将与项目有关的政府机构、金融机构、投资者与项目发起人等紧密联系在一起,协调律师、会计师、工程师等一起进行项目可行性研究,进而通过发行债券、基金、股票或拆借、拍卖、抵押贷款等形式组织项目投资所需的资金融通。投资银行在项目融资中的主要工作是项目评估、融资方案设计、有关法律文件的起草、有关的信用评级、证券价格确定和承销等。

九、证券私募发行业务

私募是相对于证券的公开发行而言的。为了规避公开发行的种种限制或快速筹资的需要,发行者不公开发行证券,只将其售给特定投资者,如共同基金、保险公司等。期间需要投资银行为发行者寻找投资人,或将其证券包销后再推销给机构投资者。由于私募发行不受公开发行的章程限制,就证券发行的种类、价格和条件等,发行者和机构投资者可在投资银行的安排下进行协调。私募市场因此成为许多金融创新的源生地和实验场所。

十、金融衍生工具的创造与交易业务

投资银行是创造和交易新金融工具的重要机构,风险控制工具就是创新金融工具中最重要的一种。常见的风险控制工具有期货、期权、互换等,通常我们把这类风险控制工具也叫作金融衍生工具,利用金融衍生工具能为投资银行拓展业务空间和资本收益。首先,投资银行可以作为经纪商,代理客户买卖这类金融工具,并向其收取一定佣金,这与经纪人为顾客买卖股票和债券获取佣金的方式完全一样。其次,投资银行也可以获得一定的差价收入,因为投资银行往往作为客户的对方进行衍生工具的买卖,接着它寻找另一客户作相反的抵补交易,获取差价收入。最后,这些衍生工具还可被用来保护投资银行自身免收损失。

本章关键词

投资银行　分离型模式　混合型模式　证券承销　代销　包销　并购　资产管理业务　财务顾问业务

思　考　题

1. 简述投资银行与商业银行的主要区别。
2. 简述投资银行的发展模式。
3. 简述投资银行的产生与发展历史。
4. 简述投资银行的主要业务。
5. 标准的证券承销包括哪些步骤?

第十一章 保险公司

> **本章导读**
>
> 我国保险公司与国外保险公司一样,是非银行金融机构的一种形态。保险公司之所以被定位为金融机构,是因为其拥有巨额的保险基金可用于货币市场和资本市场融资,而且几乎表现为资金的融通,并成为金融市场金融支柱之一。保险公司与商业银行不同,它的融资活动主要是在资本市场,而不是货币市场。

第一节 保险公司的性质及其功能

一、保险公司的性质

保险公司是非银行金融机构的一种形态。保险公司之所以是金融机构,是因为其拥有巨额的保险基金可用于货币市场和资本市场融资投资,而且几乎承现为资金的融出。保险公司是金融市场的支柱之一。

俗话说:"天有不测风云,人有旦夕祸福。"人们在生产和生活过程中都可能遭受自然灾害和意外事故而蒙受损失。我们都生活在一个非常不确定的世界里,这就是风险。管理风险的办法之一就是购买保险。保险是分摊意外损失的一种财务安排。

二、保险公司的功能

保险公司的功能可分为两组:一是作为组织保险经济活动和经营保险业务的专业公司的功能,有组织保险经济赔偿功能、掌管保险基金功能和防灾防险功能;二是作为金融机构的保险公司的功能,有融通资金和吸收储蓄的功能。所谓金融型保险公司,是组织经济补偿和融通资金这两个基本功能的统一。

(一)组织经济补偿功能

组织经济补偿的功能与分散风险和补偿损失这两个基本功能相对应,并由保险公司的这两个基本功能决定。同时,组织经济补偿功能又是两个基本功能实现的条件。

保险公司通过承保业务把被保险人的风险集中在自己身上,出险时则履行赔偿义务,实现了保险的补偿损失功能;另一方面,它又通过扩大承保面和再保险把风险分散出去。在被保险人和保险人之间进行风险的分摊,从而实现了保险分散风险损失的功能。保险公司这种集散风险的操作能力,就是保险公司组织经济补偿的功能。

保险公司是集散风险的中介,集中风险是商业保险公司经营保险的特有方式。诸如合作保险和相互保险等组织形式,都不存在风险集中问题,因为,在这两种组织形式中,被保险人和保险人是合二为一的。

(二)掌管保险基金功能

保险公司为了实现其组织经济补偿的功能,通过收取保费,建立赔付或给付准备金。保险费的收入表现为货币单方面转移,保单相当于有条件的"债权证书",所以尽管保险公司所积累的保险基金归保险公司所有,但是从保险分配关系的本质看,是保险公司的或有债务。保险公司的这种负债,就是其掌管保险基金的功能。该功能由保险的继续保险基金功能所决定,同时又是保险积蓄保险基金功能实现的条件。

保险公司的经营不同于银行,银行的收入来源于存贷利差,而保险公司的收入却直接来源于保费收入的一部分。所以,为了防止保险公司把"债"转化为收入,保障被保险人的合法权益和保证保险公司在巨额损失下的偿付能力,必须对保险公司采取"限利政策",有效的办法就是监督其按承保总量扩充总准备金,令其承保业务与其偿付能力相适应。

(三)防灾防险功能

保险公司是专门与灾险打交道的行业,它在承保时,通过对危险因素的调查和识别,提出危险处理的方案;在承保期间,通过对危险因素的监督检查,提出整改和防范措施;在标的出险时,通过对出险原因的检验核查,总结防灾防险的经验;凭借自己跟危险打交道的丰富经验,开展危险管理的咨询服务等。保险公司所具有的这种为保障国家、经济单位和个人财产安全及维护人民身体健康和生命安全提供服务的能力,即为保险公司的防险防灾功能。该功能是保险监督危险功能的要求和实现的条件。

(四)融通资金功能

保险公司把积累的暂时不需要赔付或给付的巨额保险基金用于短期贷放或投资,这种把补偿基金转化为生产建设基金资金的能力,就是保险公司的融通资金功能。显然,保险公司的这种融通资金的功能是基于保险公司掌管保险基金的功能,或者说是后者的派生功能。此时的保险公司相当于基金管理公司。

融资功能对于保险公司来说是相当重要的,它可以极大地降低保险公司整体经营和积累保险基金的机会成本,实现保险基金的保值和增值,增加保险公司盈利,同时还可为降低保险费率提供物质条件。所以,融通资金功能是保险公司的基本功能之一,也是保险公司之所以被称为金融机构的条件。

(五)吸收储蓄功能

严格地说,只有寿险公司才具备该项功能。我们知道,单纯的死亡保险和单纯的生存保险无疑是纯粹的保险,又都带有极强的射幸性和逆选择,顾客有限。基于寿险可提供长期性资金,同时也为了迎合和吸引顾客,保险公司设计了诸如生死两全保险、年金保险、儿童保险、婚嫁保险等名目繁多的带有储蓄性质的险种,从而将保险与储蓄巧妙地结合起来,这就使保险公司具备了吸收储蓄的功能。

在这里提的是"吸收储蓄功能",而不是"储蓄功能",因为储蓄是货币信用的范畴,既非保险的功能,亦非保险公司的功能。保险公司的吸收储蓄的功能,是保险公司向金融领域扩张的一种强有力的手段,形成了保险业与金融业之间竞争储蓄资源的格局。

第二节 保险公司的业务分类

从整体上看,保险的标的无非是两种:一是经济生活的主体,即人身;一是经济生活的客体,即财产。所以,不论在理论上还是实践中,保险业务通常被区分为人身保险与财产保险。这种传统的保险业务分类模式持续了几个世纪。随着社会关系不断变化和保险经营技术的不断改进,责任保险与信用保证保险日益受到重视,并逐渐从传统保险业务中分离出来,成为独立的保险业务种类。于是,现代保险业务的框架便由财产保险、人身保险、责任保险、信用保证保险四大部分构成。

一、财产保险

财产保险是指一财产及其相关利益为保险标的、因保险事故的发生导致财产的损失,以金钱或实物进行补偿的一种保险。财产保险有广义与狭义之分。广义的财产保险包括财产损失保险、责任保险、信用保险、保证保险等;狭义的财产保险是以有形的物质财富及其相关利益为保险标的的一种保险。本节所要分析的是狭义的财产保险,其内容包括七个方面。

(一)火灾保险

火灾保险,简称火险,是指保险人对于保险标的因火灾所导致的损失负责补偿的一种财产保险。火灾是财产面临的最基本和最主要的风险,早期的财产保险主要是针对火灾对于各种财产所造成的破坏。随着保险经营技术的改进,保险人开始将火灾保险单承保的责任范围扩展到各种自然灾害和意外事故对于财产所造成的损失,但国际保险市场习惯上仍将对一般的固定资产和流动资产的保险称为火灾保险。

我国的火灾保险曾经采用西方国家通用的火灾保险条款。1951年中国人民保险公司制订新的火灾保险条款。由于保险责任在火灾保险责任基础上有所扩大,以火灾保险单的名义承保显得名不符实,所以改为财产保险,包括企业财产保险和家庭财产保险等。

(二)海上保险

海上保险,简称水险,是指保险人对于保险标的物因海上危险所导致的损失或赔偿责任,提供经济保障的一种保险。在所有保险中,海上保险的历史最为悠久,其保险标的随着保险经营技术的发展而不断变化。早期的海上保险,经营范围仅限于海上,其保险标的为船舶、货物和运费三种。承保的风险也仅为海上固有的风险。19世纪末,随着商品贸易的发展和运输方式的变革,海上保险的范围开始扩大,承保的保险标的种类逐步增加。如果说在此之前海上保险的保险范围是以航海为限,实行的是"海上风险"承保原则,那么,此时的海上保险开始突破传统界限,形成凡是与航海有关的财产、利益或责任均可成为海上保险的标的,在范围上包括了与航海有关的内河或陆上的损失等。20世纪,特别是近几十年来,海上保险的内容与形式进一步发生变化。其保险标的已由原来的与海上运输有关的财产、利益和责任,扩展至一些与海上运输没有直接关系的海上作业、海上资源开发等工程项目,如海上石油开发保险、海上养殖业保险、船东保赔保险等。与此同时,海上保险的保障范围也从原来的海上风险与责任,发展至陆上运输、航空运输,以及国际多式联运的风险与责任。于是传统的名实相符的海上保险变得名不符实,这种名不符实的海上保险,被称为广义的海上保险。其内容包括两个方面:一是承保包括一部分陆上危险在内的原来意义上的海上保险,叫做内陆运输保险。需要指出的是,在现实生活中,并不是所有国家都采纳上述解释。同样是内陆运输保险概念,美国作广义的解释,日本则作狭义的解释。在日本看来,内陆运输保险仅指陆上货物运输保险。这种保险与海洋运输保险、航空运输保险齐名。

(三) 汽车保险

汽车保险的内容包括汽车损失保险和汽车责任保险。前者主要承保汽车车身的损失,有时也承保医疗费用风险。此种医疗费用风险,是指被保险汽车在使用过程中发生意外事故,致使被保险人或同车乘客直接受到身体伤害时,由被保险人支付医疗费用的风险。后者承保被保险人因汽车对第三者所负的赔偿责任,故称第三者意外责任保险。汽车第三者意外责任险通常又被区分为第三者人身伤害责任险、第三者财产损害责任险等。被保险人对于汽车损失保险与汽车责任保险,可以合并投保,也可以分开投保。汽车保险在保险市场上地位日益突出,当今世界非寿险保费收入的60%以上为汽车险的保费。汽车保险在我国被称为机动车辆保险。

(四) 航空保险

航空保险是一个统称,在国际保险市场上,其保障范围包括一切与航空有关的风险。航空保险与海上保险、汽车保险一样,在国际上通常将其单独命名。航空保险的保障对象有财务和人身之分。以财务为保险标的的航空保险,主要有飞机保险与空运货物保险;以责任为保险标的的航空保险则有旅客责任险、飞机第三者责任险和机场责任险等。这样的飞机保险划分也有例外,在美国空运货物保险被包括在内陆运输保险范围之内。

(五) 工程保险

工程保险是指对进行中的建筑工程项目、安装工程项目及工程运行中的机器设备等面临的风险提供经济保障的一种保险。工程保险在性质上属于综合保险,既有财产风险的保障,又有责任风险的保障。与普通财产保险相比,工程保险的特点在于:首先,工程保险承保的风险是一种综合性风险,表现为风险承担者的综合性、保险项目的综合性和风险范围的综合性。其次,工程保险承保的风险是一种巨额风险。现代工程项目本身投资巨大,加之先进的设计和科学的施工方法在工程中的应用,使工程项目变成高技术的集合体。保险标的的价值高昂,工程项目风险复杂。最后,工程保险承保的风险是一种高科技风险。现代工程项目的技术含量高,专业技术强,而且设计多种学科或多项技术领域,从而对工程保险的承保技术、承保手段和承包能力提出了更高的要求。

(六) 利润损失保险

利润损失保险在英国保险市场上被称为灾后损失险;在美国保险市场上被称为营业中断险。利润损失保险对传统的财产保险中不承保的间接后果的损失提供损失补偿。它承保由于火灾等自然灾害或意外事故使被保险人在一定时期内停产、停业或营业受到影响所造成的间接的经济损失,包括利润损失和灾后营业中断期间仍需开支的必要费用等损失。

利润损失保险是一种附加险,它是依附在火灾或财产保险基本保单上的一种扩大责任的保险。由于利润损失保险所保风险与火灾或财产保险所保的风险是一致的,所以只有在财产遭受保险事故发生物质损失,而该种物质损失已经或可以获得保险赔偿的情况下,保险人才负责赔偿该事故所造成的利润损失。

(七) 农业保险

农业保险是以种植业和养殖业为保险标的,对其在生长、哺育、成长过程中因遭受自然灾害或意外事故导致的经济损失提供损失补偿的一种保险。种植业保险包括生长期农作物保险、收获期农作物保险、森林保险、经济林和园林苗圃保险等。养殖业保险包括大牲畜保险、家畜家禽保险、水产养殖保险和其他养殖保险等。

由于农业风险较大、农业的经济收入偏低等客观因素的制约,农业保险不适宜采用商业保险经营方式。国际上的商业保险公司较少涉足农业保险,即使经营农业保险亦不采取严格的商业保险经营准则。

二、人身保险

人身保险是以人的身体或生命为保险标的的一种保险。根据保障范围的不同,人身保险可以区分为人寿保险、意外伤害保险和健康保险。

(一) 人寿保险

人寿保险是以人的寿命为保险标的,当发生保险事故时,保险人对被保险人履行给付保险金责任的一种保险。人寿保险包括死亡保险、生存保险和生死合险。

1. 死亡保险

死亡保险是在保险有效期内被保险人死亡,保险人给付保险金的一种保险。死亡保险又分为定期死亡保险和终身死亡保险。定期死亡保险习惯上称为定期保险,它是一种以被保险人在规定期限内发生死亡事故而由保险人给付保险金的保险。终身死亡保险,又称终身人寿保险或终身保险,它是一种被保险人按约定定期交付保费,保险人在被保险人死亡时给付保险金的保险。

2. 生存保险

生存保险是以被保险人在规定期限内生存作为给付保险金的条件的一种保险。有年金保险和定期生存保险之分。年金保险也称养老金保险,该保险的被保险人按约定定期支付保险费后,保险人对被保险人生存期间承担自约定期开始按期给付同一金额的年金的责任,直至被保险人死亡为止。如果被保险人在保险期内死亡,保险合同即告终止。定期生存保险是以某一特定期间为限,并以被保险人在此期间生产作为给付年金条件的一种生存保险。定期生存保险的年金给付受到两个条件限制:一是被保险人在保险约定期内死亡,保险责任即告终止;二是被保险人生产到保险期满,年金停止给付。

3. 生死合险

生死合险又称两全保险,它是生存保险与死亡保险的混合险种。生死合险的保险责任范围包括了生存保险与死亡保险两者的责任范围,即无论被保险人在保险有效期内是生存还是死亡,保险人均应承担给付保险金的责任。

(二) 意外伤害保险

意外伤害保险是指被保险人在保险有效期内因遭遇非本意的、外来的、突然的意外事故,致使其身体蒙受伤害因而残废或死亡时,保险人按照合同约定给付保险金的一种人身保险。意外伤害保险可以单独办理,也可以附加于其他人身险合同内作为一种附加保险。该险种主要有两大类,即普通意外伤害保险和特种意外伤害保险。前者作为一种独立的险种,专门为被保险人因各种意外事故导致身体伤害而提供保险保障的一种保险。后者保障范围仅限于特种原因或特定地点所造成的伤害,如电梯乘客意外伤害保险、旅游伤害保险等。

(三) 健康保险

健康保险是指被保险人因疾病、分娩而造成的经济损失由保险人提供经济保障的一种保险。按经济损失的形式可将健康保险分为三类:第一类是被保险人由于疾病或分娩所致残废或死亡,由保险人给付残废保险金或死亡保险金的一种健康保险;第二类是医疗费用保险,即由于疾病和分娩所发生的医疗费用支出,由保险人给予保障的一种健康保险;第三类是工作能力丧失收入保险,被保险人由于疾病所致的全部工作能力丧失或部分工作能力丧失,而使其不能获得正常收入,由保险人分期给付保险金的一种健康保险。

三、责任保险

责任保险是以被保险人依法应负的民事损害赔偿责任或经过特别约定的合同责任为保险标的的一种保险。责任保险的主要种类包括四类。

(一) 公众责任保险

公众责任保险,又称普通责任保险或综合责任保险,它是责任保险中独立的、适用范围极为广泛的保险类别,主要承保企业、机关、团体、家庭、个人以及各种组织,在固定的场所因其疏忽、过失行为而造成他人的人身伤害或财产损失,依法应承担的经济赔偿责任的一种保险。公众责任保险包括场所责任保险、个人责任保险等。

(二) 产品责任保险

产品责任保险是承保产品制造者、销售者,因产品缺陷致使他人的人身伤害或财产损失而依法应由其承担的经济赔偿责任的一种保险。产品责任保险的四个特点是:第一,强调以产品责任法为基础。因为受害者与致害者之间并无契约关系,如果没有一定的法律规定,受害者的索赔将无依据,产品责任亦不易划分,产品责任保险将成为无源之水。第二，产品责任保险虽不承担产品本身的损失，但它与产品有着内在的联系。产品质量越好，其风险就越小；反之亦然。第三，由于产品是连续不断地生产和销售，所以产品责任保险的保险期限虽为一年，但它强调续保的连续性和保险的长期性。第四，产品责任事故须发生在制造、销售场所范围之外的地点。

（三）职业责任保险

职业责任保险是承保各种专业技术人员，因工作上的疏忽或过失造成合同对方或他人的人身伤害或财产损失而依法应承担经济赔偿责任的一种保险。职业责任保险一般由提供各种专业技术服务的单位（如医院、律师事务所、会计师事务所、设计院）投保，它适用于医生、药剂师、工程师、设计师、律师、会计师等专业技术工作者。现今国际保险市场上主要有医疗责任保险、律师责任保险、会计师责任保险、建筑工程技术人员责任保险及其他职业责任保险等。

（四）雇主责任保险

雇主雇佣劳工需要承担数种责任，其中代价最高的是按照劳工赔偿法或雇主责任法对雇员因工作而遭受的伤亡和疾病应当承担的法律赔偿责任。雇主通过参加雇主责任保险来遵守这一法律规定。雇主责任保险承保被保险人（雇主）的雇员在受雇期间从事业务时，因遭受意外事故导致伤、残、死亡，或患有与职业有关的职业性疾病而依法或根据雇用合同应由被保险人承担的经济赔偿责任。雇主所承担的这种责任包括其自身的故意行为、过失行为乃至无过失行为所致的雇员人身伤害赔偿责任，但为控制风险并于社会公共道德准则相一致，被保险人的故意行为被保险人列为除外责任。雇主责任保险的两个特点是：第一，以民法和雇主责任法或雇主与雇员之间的雇佣合同作为承保条件；第二，被保险人是雇主，保险人与被保险人的雇员之间不存在保险关系，但该保险所保障的则是雇员的权益。

四、信用保证保险

信用保证保险是一种以经济合同所制定的有形财产或预期应得的经济利益为保险标的的保险。信用保证保险是一种担保性质的保险。按担保对象的不同，信用保证保险可分为信用保险和保证保险两种。

信用保险是权利人要求保险人担保对方的信用的一种保险。信用保险的投保人为信用关系中的权利人，由其投保他人的信用。例如，卖方担心买方不付款或不能如期付款而要求保险人保险，保证其在遇到上述情况而受到损失时，由保险人给予赔偿，如出口信用保险等。

保证保险则是被保证人根据权利人的要求，请求保险人担保自己的信用的一种保险。保证保险的保险人代被保证人向权利人提供保担保，如果由于被保证人不履行合同义务或者有犯罪行为，致使权利人受到经济损失，由其负赔偿责任。例如，工程承包合同规定，承包人应在和业主签订承包合同后 20 个月内支付工程项目，业主为能按时接收完工项目，要求承包人提供保险公司的履约保证，保证承包人不能如期完工而使业主受到经济损失时，由保险公司给予赔偿。保证保险一般由商业保险公司经营，但有些国家如美国规定,该业务必须是政府批准的具有可靠偿付能力和专业人员的保险公司才能经营。比如,履约保证保险承保工程所有人因承包人不能按时、按质、按量交付工程而遭受的损失。再如,忠诚保证保险承保雇主因雇员的不法行为,如盗窃、贪污、伪造单据、挪用款项等行为而使雇主受到的经济损失。忠诚保证保险按照雇主的要求可以投保其所有雇员,也可投保其指定的某些雇员。

除上述险种外,还有其他保险,如原子能保险、核电站保险、地震保险、航天保险等,这些保险主要是对巨灾风险提供保障,由于它们的历史短、业务量小,不具有广泛的代表性,在此不作详细介绍。

第三节 互联网保险

互联网与保险的结合从初期以渠道为切入点,逐步发展到产品设计、营销创新,在2016年延伸到以服务的角度切入创新商业模式。

作为金融行业的重要组成部分,互联网保险在我国的发展逐渐与国际接轨。2015年,我国互联网保险发展迅猛,互联网保险保费规模实现跨越式发展。据中国保险行业协会数据统计,2015年我国互联网保险保费收入高达2 234亿元,相比2014年858.9亿元的保费收入上涨了1 375.1亿元,收入规模比2011年增长近69倍,互联网保费在总保费收入中占比上升至9.2%。其中,互联网人身险累计保费收入1 465.6亿元,同比增长3.15倍;互联网财产险累计保费收入768.36亿元,同比增长51.94%。2016年上半年累计实现保费收入1 431.1亿元,是2015年上半年816亿元的累计保费收入的1.75倍,与2015年互联网人身保险全年保费水平接近,占行业总保费的比例上升至5.2%。

从开展互联网保险业务的公司数据来看。中保协数据显示:截至2016年2月,共有61家公司开展互联网人身险业务,新增9家;在71家财产险会员公司中,共有49家公司开展互联网财产险业务,占比69%。相比2015年6月开展互联网保险业务的99家,新增了11家。截至2015年11月,在保监会上备案开展互联网保险业务的保险经纪代理公司达到105家。

目前,互联网保险的商业模式主要有传统保险公司互联网化和互联网保险公司,互联网保险公司又有互联网保险经纪与代理公司和互联网保险服务公司等。

一、传统保险公司互联网化

互联网浪潮中,传统保险公司借助互联网技术进行创新,推动企业互联网化进程。具体来看,传统保险公司互联网化体现在产品创新、渠道创新和服务创新三大方向。

(一) 产品创新

车险和健康险等传统产品通过与大数据集合,推出了差别化定价保险产品,注重保险产品与场景的结合。

(二) 渠道创新

网络已经成为保险销售必不可少的渠道。目前,在发达国家,网络销售已经成为保险销售的重要渠道;新兴市场仍以代理人销售为主,但网络销售也仍然呈增长趋势。

(三) 服务创新

结合互联网的发展趋势,传统保险公司的服务呈现向移动化、增值化、社交化等三大方向综合发展。

> **阅读材料 11-1**
>
> **State Farm:推行 UBI 车险降低承保赔付率**
>
> State Farm 成立于 1922 年,公司总部位于美国伊利诺伊州的布卢明顿,由一名退休农民创建成立的相互汽车保险公司,后扩展到其他类型保险服务,如房屋保险和人寿保险。
>
> State Farm 拥有广泛的业务,个人车险一直是其主营业务,投保覆盖全美超过 20% 的车辆。为了继续保持其竞争力,State Farm 利用移动互联的发展,将传统车险与手机移动结合,实时采集投保人的行为数据,推出了创新的 UBI 车险。
>
> UBI 车险是基于使用者的个人行为数据的新型保险。通过在车辆上安装远程车载设备或者通过手机传感器,保险公司可以追踪记录驾驶员行驶行为习惯,收集如超速、夜间行驶、转弯速度、急刹等数据。根据移动设备反馈的驾驶者开车行为数据,保险公司可以对驾驶行为的安全程度进行分析,并对应地给予不同折扣的保费减免,从而实现差别化定价。
>
> State Farm 与车联网厂商休斯通信公司展开合作,推出基于驾驶数据的保费折扣模式,取名 DDS,并于 2011 年期起开始推广,正式进军 UBI 市场,该模式已推广到 20 余个州。
>
> UBI 车险通过采集人、车、地三维数据,有助于保险公司深入认识风险,通过大数据分析,具体细化风险到个人,清楚了解每个客户的风险状况,根据个性数据区别定价,有效控制风险,改变用户驾驶习惯,减轻保险赔付成本;为个人提供更为合理的定价模式,鼓励用户改变驾驶习惯,从而实现保费的减免;UBI 车险的多方优势使得其在全球有着蓬勃的发展。据不完全统计,截至 2015 年 10 月,全球有 60 家保险公司主要运营 UBI 项目。

二、互联网保险公司

互联网思维贯穿整个保险创新发展过程,纯粹的互联网保险公司诞生,即全新线上保险公司商业模式出现。

(一) 互联网保险经纪与代理公司

保险经纪/代理公司根据客户需求向其推荐保险公司的产品,或者代理保险公司向客户出售保险产品，是传统保险行业中的重要参与者。在互联网保险经纪/代理公司中，保险经纪/代理人并不通过线下与客户进行销售沟通，所有产品销售和服务均通过线上实现。目前，互联网保险经纪与代理公司已经呈现出多样化的发展趋势，如比价销售平台、市场细分销售、客户定制销售、P2P保险及其他创新商业模式。

阅读材料 11-2

意时网：从保险切入线下服务行业

意时网成立于2011年，属于扬子江保险经纪公司旗下，注重移动互联网保险产品设计并渗透至生活场景之中。在2013年，意时网提出了"零险"概念，后又推出移动端App"保险黑板擦"，于2014年5月27日上线。2015年继提出"保险＋"商业模式口号后已陆续在手机和旅游领域推出"PaTica"和"漫鱼"两个子产品和服务。目前意时网累计为2 500万客户服务，合作机构有腾讯、百度、穷游、去哪儿、途牛、天安财险、中国人寿保险、太平保险和阳光保险。

（一）产品业务

意时网将保险销售与移动化结合，通过App出售创新的零元保险产品。通过保险产品切入服务行业，打造自己独特的优势吸引客户，同时形成多个盈利点，增加公司竞争力。

1. 保险黑板擦

"保险黑板擦"是意时网销售保险产品的移动平台，上面的产品多以零元创新保险产品为主，设计贴近生活场景。例如，"家用空调修修乐"，保期90天；"海淘退运乐"，保期30天；"意时降雨乐"，保期7天等。保险产品的份额有限制，需要用户在线抢购投保。理赔方式采用在线快速理赔模式。意时网已经开始在全国成立分公司，线下自建保险后续服务团队。

2. 漫鱼

漫鱼为用户提供境外旅游保险和Wi-Fi两大业务。境外旅游保险包括公共交通意外、履行意外保障、医药补偿、履行期间航班延误、行李延误、旅程取消、个人财务损失和证件遗失等，最高赔付额为200万元。此外，提供7×24小时全天候SOS全球救援服务、95种语言翻译服务。Wi-Fi服务是为用户提供境外随身Wi-Fi设备，可在境外随时上网。漫鱼境外自由行可在"保险黑板擦"上购买，保期5天，售价69元。

3. PaTica

PaTica手机服务是由深圳意时网络推出的高品质生活服务类应用。为用户提供手机维修、回收手机、购置新机等服务。PaTica手机服务与意时网旗下的"碎乐险"相关联，用户购买50元的全年"碎乐险"后可以获得屏幕维修保障赔付。屏幕维修合作商即为PaTica手机服务。

（二）商业模式——从保险出发到入驻线下服务

意时网从保险产品的出售切入服务子行业，在保险与传统产业链之间形成服务闭环。为用户提供更完整的用户体验之余，增加公司的盈利渠道。以"碎乐险"为例，"保险黑板擦"初期"零元"出售"碎乐险"，保险有效期为自购买之日起 90 天。申请"碎乐险"后，在有效期内，一旦保险购买者手机屏幕破碎，即可获得赔付维修抵扣券。前期通过零元体验引流后，"保险黑板擦"开始出售售价为 50 元的"碎乐险"，有效期为 1 年，产品由中国人民财产保险股份有限公司承保。目前保险黑板擦提供上门"PaTica 维修"服务，该服务采用自营模式培训维修工程师。借由保险出售，保险黑板差打通了线下手机维修服务，线下服务亦成为"保险黑板擦"的一个盈利创新点。

（二）互联网保险服务公司

随着大数据与人工智能的快速发展，市场上涌现出了一些互联网保险服务公司。这些互联网服务公司具体可分为两类：一类是通过大数据、人工智能等技术为保险公司提供相应的数据分析服务，以节省保险公司的运营成本，并提升其运营效率；另一类是基于投保人的需求，通过与保险公司合作，以方便用户投保、核保和理赔，同时还能为保险公司带来更多的客户资源。

阅读材料 11-3

Snapsheet：提供自主车险理赔以及维修比价的保险服务公司

2010 年，Snapsheet 成立于美国芝加哥，前身为公司 BodyShopBids，一家为用户提供车辆维修比价的服务公司。2011 年业务开始转型，与保险公司开展合作，更名为 Snapsheet，在保有员业务为用户提供维修费用比价基础上，重心转向帮助汽车车主通过 App 完成线上保险理赔。至 2016 年 1 月，Snapsheet 先后进行了 7 轮融资，其中 3 轮公布的融资额总计为 1 125 万美元。目前合作的保险公司有 Farmers Insurance Group、USAA、MetLife、National General 等。

1. 运营模式

Snapsheet 的服务主要通过 App 实现，旗下多款 App 是 Snapsheet 分别和几家大型保险公司合作推出，针对的是该保险公司的汽车保险用户。

当事故发生时，用户将手机拍摄的事故车辆照片和车辆的 VIN 码上传到 Snapsheet 的 App。Snapsheet 在大都会人寿（MetLife）、哈特福德保险公司（Hartford），以及 USAA 等保险公司办事的估价师团队收到照片后，将会在线评估事故车辆的损毁状况，并将损毁情况上报给多家汽车修理厂，以取得相同损毁程度的事故车辆在多家车辆维修厂的报价。取得报价之后，估价师团队将会把这一系列维修数据在线传递给 Snapsheet 使用者，帮助其根据不同车辆维修厂的维修报价做出最合适的选择。用户确定维修费用后，需要预先支付此费用，理赔步骤完成后，保险运营商会通过 APP 退款给用户。

2. 盈利模式

Snapsheet 盈利主要通过促成每笔保险理赔后，向汽车保险商收取一定的代理费用。由于大型保险公司很难单独做到即时维修评估,汽车修理厂也没有办法在第一时间给车主算出维修费用,必须等到司机将损坏的车拉到修理厂。对希望快速完成索赔和维修的车主来说,Snapsheet 提供的服务是必需的。同时,Snapsheet 拥有一整套由客户专家和保险评估师组成的高水平团队,提供细致周到的客户支持和后台服务。通过高质量的服务保持对原有客户的黏性,同时吸引更多的车主选择 Snapsheet 来进行维修评估。

3. 三方共赢

Snapsheet 的自主车险理赔和维修报价对比服务,帮助汽车车主和保险商简化汽车损毁维修的流程以及保险赔付服务,降低成本,也帮助汽车修理厂增加客户来源,实现三方共赢。

(1) 对于用户。首先,线上直接申请理赔,相比传统渠道更为便捷快速。其次,可以用简单直接的方式迅速获得维修评估结果,节省了原来烦琐的步骤。维修比价减少用户对于车辆维修市场价格的不了解,可以极大地减少市场信息不对称性。

(2) 对于保险公司。首先,线上理赔可以节省保险公司人工成本,加速理赔流程。其次,Snapsheet 的评估结果可以帮助其缩短理赔周期,节约成本,提高客户的满意度。官网数据披露,Snapsheet 评估只需要 2.5 天,比保险公司现有过程快 70%。通过 Snapsheet 比价后,赔付费用比传统的保险公司渠道节省 50%。

(3) 对于汽车修理厂。与 Snapsheet 的合作提供维修报价可以带来更多的客户资源,增加了销售渠道。

在 2016 年 6 月 17 日第五届芝加哥 Moxie Awards 大会上,Snapsheet 是获得奖励的 14 家数字技术公司之一。可见,Snapsheet 成功地由原来提供单一维修比价业务的线上平台转型为提供自主车险理赔以及维修比价的保险服务公司。与保险公司建立密切合作且同时为保险公司、消费者、汽车维修厂家三方提供价值信息,搭建汽车车主、保险公司和汽车修理厂三者之间的桥梁。

2015—2016 年,互联网保险从星星之火发展成为燎原之势,大量涌现的创新型保险公司通过互联网技术和大数据运营,正改变着传统保险行业的产品设计、定价、销售及服务方式。2016 年互联网在相互保险、医疗健康、大数据运用以及产业融合等方面均有着显著发展。

(三) 互联网保险公司的经营特征

1. 产品设计体现互联网特征

这与传统保险互联网化的产品创新是相同的。第一,在车险或健康险中,通过各类移动设备远程采集客户相关行为数据,进行出险评估,实现精准定价。第二,发掘因互联网经济产生的全新保险需求,基于互联网应用创设全新产品。

与传统保险公司的产品创新相比,互联网保险公司在第二类"基于互联网应用的全新产品创设"中更为开放和灵活。

2. 销售线上化并结合大数据实现精准营销

无传统保险经纪/代理人和线下实体店,用户线上自主购买保险产品。结合销售线上化,互联网保险公司实现了精准营销。例如,通过客户线上浏览产品的行为数据进行分析,有针对性地推荐保险产品。

3. 售后服务和承包理赔线上化

售后服务一客户为核心,提供手机移动端线上服务,通过电话沟通或线上上传理赔资料等方式实现在线承保理赔。

众安保险:中国首家互联网保险公司

2013年11月,中国首家互联网保险公司——众安在线财产保险股份有限公司在上海注册成立,由蚂蚁金服、腾讯、平安、携程等企业联合发起。

众安保险是一家以技术创新带动金融发展的金融科技公司,业务流程实现全程在线,全国均不设任何分支机构,完全通过互联网进行在线承保和理赔服务。

经过三年左右的发展,保费收入基本处于平稳增长状态,截至2016年9月累计总保费收入为53.47亿元人民币。2015年全年保费收入为22.83亿元人民币,较2014年同比增长188.6%,在国内73家财产保险公司中列入第31位。2015年实现净利润为1.68亿元人民币,较2014年同比增长517.3%,增长极为迅速。

针对互联网海量数据复杂处理的特点,众安保险首创了金融业领先的基于海量交易的互联网架构平台,成为全球首家将核心系统建立在云计算平台上的金融机构。众安保险通过金融科技,让保险更可被人获得,更易让人接受,并让成本更低,让服务更有效。

1. 众安保险创新型产品

作为中国首张互联网保险专业牌照的持有公司,众安保险定位于服务互联网生态,目标客户包括所有互联网经济的参与方,如互联网电商、互联网社交及互联网金融等公司和个人客户,着重创新推出基于互联网经济中参与者的保险需求的全新保险。

众安目前出售的保险产品可大致分为以下五大方面,即互联网电商、互联网理财、互联网支付、O2O应用及其他碎片化保险产品。

2. 众安保险开放性合作平台

众安开放平台是众安为企业提供的线上平台。企业可主动提出自己的保险需求,与众安合作,共同商议设计出符合企业需求的保险品种。

表11-1 开放性合作平台产品分类

	适用于O2O平台	河狸家:意外伤害险 爱大厨:意外伤害医疗费用保险和法律诉讼费用保险
O2O平台保障	上门服务保障,O2O上门意外	聚达人:意外伤害险和财产损失保险 领美科技:千单

(续表)

食品安全	适用于食品交易平台	美团外卖：食品安全责任险
	为食品安全提供保障	
天气保险	适应于受极端天气影响的企业	携程：迪士尼"好心情"游园天气险
3C 延保	适用于电子产品	小米手机：意外损失保修责任保险
	延长保修期，意外保障	
支付安全	适用于金融机构、第三方支付、电子平台	百度：百付安 支付宝：账户安全险 中信银行：信用卡盗刷险 小米支付：账户盗刷险
	账户信息资金安全	
旅游出行	适用于商旅平台、旅游网站、个人、航空公司	浦发银行：航空延误险 中信银行：航空延误险 携程：航空意外险、综合交通意外险
	航空延误、交通意外	
医师综合保障	适用于医生	可爱医生：意外伤害险、医师个人职业责任保险、易付诊
	创建和谐医患关系	

本章关键词

财产保险　人身保险　责任保险　信用保证保险　汽车保险　航空保险　工程保险　农业保险　死亡保险　生存保险　生死两全保险　意外伤害保险　健康保险

思 考 题

1. 简述保险公司的功能。
2. 简述财产保险的种类。
3. 简述人身保险的种类。
4. 简述责任保险的种类。
5. 简述互联网保险的种类。

第十二章 中央银行

> **本章导读**
>
> 中央银行制度在300多年前独特的历史背景下诞生,经历了初创阶段、普遍推行阶段和强化阶段而不断发展,在全球经济与金融体系中发挥着越来越重要的作用。中央银行与商业银行和其他金融机构及行政机构都有着诸多的不同,这些差异既体现在其特有的性质与职能上,又表现在其资产负债表中具体的业务上。

第一节 中央银行的产生与发展

一、中央银行产生的背景与原因

中央银行的历史起源可以追溯到三百多年前的17世纪中后期。当时的欧洲工商业和新式农业占据社会发展的主导地位,商品经济发展迅速,而之后的工业革命则使社会经济发展步入了快车道。与此同时传统的货币经营商及高利贷者无法满足社会对于资本的需求,这导致银行业逐步兴盛起来。商品经济的迅猛发展和银行的普遍设立,促进了货币、信用和经济的融合。银行业的快速发展在促进商品经济不断走向繁荣的同时,各自独立、缺乏统一协调的银行体系也遇到严重挑战,新的矛盾不断产生和积累。在这样的社会经济发展的历史背景之下,中央银行的产生具有了历史的必然性。

(一)统一发行货币的需要

银行券是在商业票据流通的基础上产生的,是由银行发行的一种债务凭证。银行券只是一种信用货币,其流通支付能力取决于它的兑换金属货币的能力,即取决于发行银行的信誉。如果每家银行都能保证自身发行的银行券随时兑现,那么银行券给商品经济发展带来方便的同时不至于引发大的问题。事实上,随着银行数量的增加及竞争的加剧,银行因经营不善而无法保证自己所发行银行券及时兑现的情况时有发生,给社会经济发展带来了极大的混乱。同时,众多银行各自独立发行银行券,由于发行银行的实力、资信状况、经营状况和分支机构设立状况的不同,其被接受程度和适用范围也是不同的,因此市场上银行券的多样性给社会生产和流通带来困难,制约了经济的进一步发展。并且,多种银行券同时流通而兑换时又必须回到原发行银行兑换也给使用者带来新的不便。上述诸多问题的存在,客观上要求信用货币的发行权应该走向集中统一,由资金雄厚并且具有权威的银行发行能够在全社会流通的信用货币。

(二) 统一票据交换和业务清算的需要

随着经济货币化程度的提高,社会经济生活各方面的联系越来越多地表出现为金融机构之间的业务往来。一方面,银行数量增多,银行之间的债权债务关系也日趋复杂,票据交换业务日趋繁重。另一方面,不断增长的票据交换和清算业务同原有的各银行自行轧差当日结算的方式间的矛盾日趋激化,不仅异地结算时间延长,速度减缓,即使同城结算也遇到很大困难。虽然中央银行产生之前已经有一些大城市的银行、同业协会自发地成立了票据交换所来协调处理票据交换和债权债务关系,但由于这些机构缺乏权威性和统一性,不能为全部银行所接收。因此,这在客观上要求建立一个全国统一和公正的权威性机构,作为金融支付体系的核心,能够快速结清银行间票据,从而便利资金流通。

(三) 保障银行支付能力的需要

随着商品生产和流通的扩大,融资需求日益旺盛,融资期限也日益延长。为满足借款人的资金需求,同时为获取更高利润,商业银行往往尽量降低持有准备金,并且扩大银行券发行量。但是,这将会为商业银行带来流动性风险,当贷款无法准时返还或发生存款人挤兑的意外时,银行就会面临资金周转困难。在缺乏外部保护和管理的条件下,单个银行的储备体制是十分脆弱的,难以抵御大的市场风险。为了保护存款人的利益和金融体系的稳定,客观上需要有一家权威机构集中银行的一部分现金准备,充当银行的"最后贷款人"。

(四) 金融业监督管理的需要

随着经济的发展,金融业在国民经济中的重要性日益提升,并逐渐成为现代经济的核心。金融的稳定运行需要公平的规则和健全的机制。银行的运作一般是依据各自的经营原则进行,尽管在运行过程中各银行之间也会形成某些约定,但这些约束的效力非常有限,所以金融活动经常出现无序甚至混乱状况。因此,成立一个专门机构对金融业进行监督管理是必要的。这个机构不仅要在业务上与银行有着密切联系,而且可以依据政府意志制定金融政策和监管条例,对整个金融业实行监督和管理,对宏观经济进行调节,以此来统筹、管理和监督整个国家的金融活动。

(五) 政府融资的需要

为了弥补财政赤字,或者满足特殊时期资金需求,政府经常需要从银行获得资金融通。在各自独立发展的银行体系中,政府要与多家银行建立联系,不过这种联系大多是极其松散的,从而给政府融资带来不便。特别是政府需要巨额资金的情况下,由于资金需求规模过大,勉强满足政府的要求又有可能对银行本身的经营产生不良影响。为了保证和方便政府融资,建立一个与政府有着密切联系、能够直接或变相为政府筹资或融资的金融机构逐步成为政府着力解决的重要问题。

二、中央银行制度的形成与发展

(一) 中央银行制度的初创时期

从世界范围看,中央银行的产生和中央银行制度的形成与发展迄今已经历了

300多年的历史。总的来看,从1656年最早成立中央银行的瑞典国家银行开始算起,到1913年美国联邦储蓄体系的建立,中央银行制度经历了257年的初创时期。在此期间,约有29个国家建立了中央银行,其中欧洲有19家,美洲有5家,亚洲有4家,非洲有1家。

1. 瑞典国家银行

瑞典国家银行被公认为历史上最早形成的中央银行,是由于瑞典国家银行最先享有货币发行特权,最先由国家经营。其前身是瑞典里克斯银行,它在成立之初是一家私人银行,1661年开始发行银行券,1668年由政府出资对其进行改组,成为对国会负责的国家银行。然而,1830年以后,在瑞典拥有发行权的银行多达28家。直到1897年,瑞典政府才将发行权归国家银行独有,此后通过模仿英格兰银行的经营模式,逐步发展成为真正意义上的中央银行。

2. 英格兰银行

英格兰银行是现代中央银行的鼻祖,是世界上最早全面发挥中央银行职能的银行。1694年7月27日,伦敦1 268家商人出资合股建立了著名的英格兰银行。英国国会确定英格兰银行为国家银行,授予其在不超过资本总额的限度内发行银行券和代理国库的特权。英国先后通过法案确定了其货币发行权和清算银行的地位,使其成为商业银行的中心。英格兰银行是历史上第一家真正意义上的中央银行。

3. 美国联邦储备体系

美国联邦储备体系是政府直接组建中央银行的典型代表。1791年美国建立第一联邦银行,总部设在费城。其职能主要有吸收存款、发放贷款、独占货币发行权、代理联邦政府基金收付保管业务、向政府提供资金融通等。可见,美国第一银行实际上行使了中央银行的某些职能。在经营期满后,美国第一银行被全部解散。1816年,美国政府成立第二联邦银行,其在很多方面与第一银行类似,但规模大很多。事实上,第二银行并没有真正发挥中央银行职能,且在1836年期满时被撤销。在此之后的很长一段时间内,美国金融进入了更为混乱的自由竞争制度时期。1908年美国国会成立了国家货币委员会,调查与研究各国中央银行制度。1913年国会通过《联邦储备法》,1914年成立

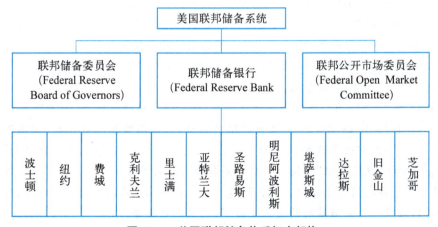

图12-1 美国联邦储备体系权力架构

联邦储备银行体系,标志着美国中央银行制度的正式形成。

在中央银行的初创时期,各国的中央银行大多是由普通商业银行逐渐演变而成的,国家的货币发行权逐步集中,政府对整个银行体系的控制不断加强。

(二) 中央银行制度的普遍推行时期

中央银行制度的普遍推行时期,是从19世纪末20世纪初,到第二次世界大战结束为止。第一次世界大战爆发后,许多国家先后放弃金本位制,从而导致恶性通货膨胀频发,各国金融领域剧烈动荡。因此,各国政府和金融界人士普遍意识到必须加强对中央银行的控制和对信用货币的管理。在第一次世界大战与第二次世界大战之间的30多年间,世界各国纷纷改组和设立中央银行。这一时期的中央银行制度具有以下特点:大多数中央银行都是政府迫于通货膨胀的压力而组建,并非由商业银行演变而成;停止对政府直接贷款,稳定币值成为中央银行的首要任务;存款准备金制度得到进一步巩固和强化,并成为中央银行管理金融的重要手段。

(三) 中央银行制度的强化时期

第二次世界大战结束后,世界政治经济形势发生了重大变化,中央银行制度也在这一过程中不断发展和完善。欧美国家的中央银行发展主要体现在改组和功能完善上,美洲少数前期未设立中央银行的国家在这一时期也都建立了自己的中央银行,而亚洲和非洲的中央银行制度也逐步形成,这也完成了中央银行制度在全世界范围内的扩展。目前除极少数的殖民地、附属国外,几乎所有国家都设立了自己的中央银行,中央银行制度普遍成为世界各国的一项基本经济制度。在这一时期,各国纷纷开始实行中央银行的国有化,将中央银行的资本全部收归国有;中央银行逐渐成为国家调控国民经济的工具;货币政策也从单一运用向综合运用转化;世界各国中央银行之间的金融合作不断增强。

> **阅读材料 12-1**
>
> #### 中国人民银行的建立
>
> 中国人民银行是伴随着解放战争的胜利和迎接新中国的诞生而建立的。
>
> **1947年下半年** 中共中央决定成立华北办事处(以下简称"华北财办"),负责统一华北各解放区财经政策,协调华北五个解放区的货币贸易和财税收支关系。
>
> **1947年9月14日** 中共华东局工委华北财办:"建议立即成立联合银行或解放区银行,以适应战争,愈快愈好。"
>
> **1947年12月2日** 华北财办致电中央,建议组建中央银行,统一发行货币。
>
> **1947年12月18日** 中央复电:"银行名称,可以用中国人民银行。""中国人民银行"这个名称,即表示这个银行的性质是中国人民的,又是将来国家的中央银行。据此,华北财办决定成立"中国人民银行筹备处",华北财办副主任南汉宸兼筹备处主任,开始紧张地进行货币设计和机构筹建工作。在华北人民政府与陕甘宁边区政府、晋绥边区政府和山东省政府的大力支持下,经过一年的努力完成了各项筹备工作。

> 1948年10月3日　中共中央电华北人民政府,就中国人民银行发行人民币事宜作了指示。
>
> 1948年12月1日　华北人民政府颁布关于建立中国人民银行和发行人民币的公告,决定将解放区的华北银行、北海银行和西北农民银行合并,组建中国人民银行,以原华北银行为总行,任命南汉宸为总经理,胡景沄、关学文为副总经理,总行所在地设在河北省石家庄市。根据当时拟订的《中国人民银行组织纲要草案》,确定中国人民银行的主要职能是:(1)发行货币,并整理地方货币;(2)调剂各解放区金融;(3)管理发行准备(回笼计划、物资筹调及现款管理);(4)指导各解放区对敌货币斗争;(5)代理金库;(6)企业投资。
>
> 1949年2月　中国人民银行由石家庄迁入北平。
>
> 1949年10月　中国人民银行被纳入政务院序列,直属中央人民政府,具有发行货币、管理全国金融并全面办理各项银行业务的职能,中央人民政府任命南汉宸为中国人民银行行长,胡景沄为副行长。
>
> 资料来源:金融博览,1998(12):7。

三、中央银行的组织结构

(一)中央银行的资本结构

1. 国家所有形式

目前大多数国家中央银行的资本金是国家所有,并且存在两种情况:一是国家通过购买中央银行资本中原本属于私人的股份而拥有了中央银行的全部股权;二是中央银行成立时,国家就拨付了全部资本金。

2. 非国家所有形式

这一类中央银行国家不持有股份,全部资本由其他股东投入,经政府授权,执行中央银行的职能。主要有美国、意大利和瑞士等少数国家。

3. 公私混合所有形式

这类银行的资本由国家和私人混合所有,其中国家资本大多占50%以上,非国家资本即民间资本的股份低于一半,如:日本银行,政府拥有55%的股份,民间持有45%;墨西哥的中央银行国家资本占53%,民间资本占47%。

4. 多国所有形式

跨国中央银行的资本不为某一国家所独有,而是由跨国中央银行的成员国所共有,资本金由各成员国按商定比例认缴,各国以认缴比例拥有对中央银行的所有权,如欧洲中央银行等。

5. 无资本形式

韩国的中央银行是目前唯一没有资本金的中央银行。银行成立之初,根本没有资本,而由国家授权执行中央银行的职能。其运用的资金,主要是各金融机构的存款和流通中的货币,自有资金只占很小部分。

(二) 中央银行的内部组织结构

中央银行履行其职能是通过其内部机构进行的,它包括以下三大部门。

(1) 行使中央银行职能的部门。这是中央银行内部结构的核心部分,包括货币发行部门、办理与金融机构的业务往来的部门、组织清算的部门和货币政策操作部门。

(2) 为中央银行有效行使职能提供支援和后勤保障的部门,包括行政管理部门、服务部门和后勤部门。

根据履行职责的需要,中国人民银行总行内设13个职能司(厅),包括办公厅、条法司、货币政策司、银行监管一司、银行监管二司、非银行金融机构监管司、合作金融机构监管司、统计司、会计财务司、支付科技司、国际司、内审司、人事教育司。

(3) 为中央银行行使职能提供咨询、调研和分析的部门,包括统计分析部门、研究部门等。

为了保证中国人民银行能科学制定和实施货币政策,有效实行金融监管,中国人民银行总行还设立了研究局、货币金银局、国库局、保卫局、培训中心,作为支持服务体系。

(三) 中央银行的分支机构设置

中央银行的分支机构是中央银行体系中的重要组成部分,是中央银行全面行使职能和履行规定职责所必需的组织保证。

> 《中华人民共和国中国人民银行法》第二章第十三条规定:
> 中国人民银行根据履行职责的需要设立分支机构,作为中国人民银行的派出机构。中国人民银行对分支机构实行统一领导和管理。
> 中国人民银行的分支机构根据中国人民银行的授权,维护本辖区的金融稳定,承办有关业务。

中央银行分支机构的设置大致有3种情况。

1. 按经济区域设置分支机构

按照这个原则设置分支机构,主要考虑各地经济金融发展状况和中央银行业务量的多少,根据实际需要进行设置。分支机构一般设置在该区域的经济金融中心,机构规模大小也视实际情况而定。目前大多数国家的中央银行都是按照这个原则设置分支机构的。

2. 按行政区划设置分支机构

这种设置模式一般是为了与计划经济体制相适应,如苏联的中央银行和1998年以前的中国人民银行。在这种模式下,中央银行的分支机构设置与国家行政区划一致,逐级设置分行或支行,并规定分支机构的行政级别。分支机构的规模与业务量无关,而与行政级别有关。分支机构之间根据行政级别发生垂直隶属关系。

3. 以经济区域为主,兼顾行政区划设置分支机构

这种模式是按照经济区域设置分行,并考虑行政区划的因素。日本银行把全国

47个都道府县划分为33个业务区,每区设立一个分行。中国也在1998年对中国人民银行的分支机构设置进行了改革,改按行政区划设置分支机构为以经济区域为主,兼顾行政区划的模式。

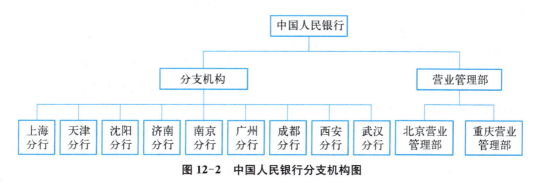

图 12-2 中国人民银行分支机构图

第二节 中央银行的性质与职能

一、中央银行的性质及其独立性

中央银行的性质是指中央银行自身所具有的特有属性,是由其业务活动的特点和所发挥的作用来决定的。

从中央银行业务活动的特点来看,中央银行与商业银行不同,是特殊的金融机构。商业银行以追求利润最大化为经营目标,而中央银行不以盈利为目的,不经营商业性业务,不与一般公众发生业务关系,只与特定的对象如政府机构、商业银行打交道。另外,国家还赋予了中央银行垄断货币发行、集中存款准备金、经理国库、管理黄金和外汇储备、维护支付清算系统的正常运行等权利与义务。

从中央银行发挥的作用来看,它是保障金融稳健运行、调控宏观经济的国家行政机构,但它又与一般的行政机关有很大的不同。

(1) 中央银行的职责履行主要通过特定金融业务,对经济金融活动的管理调控基本上采用经济手段为主,如调整利率和准备金率、在公开市场上买卖有价证券等,这些手段的运用更多地具有银行业业务操作的特征,而与主要依靠行政手段进行管理的国家机关有着明显的不同。

(2) 中央银行对宏观经济的调控是分层次实现的,即通过货币政策工具操作调节金融机构的行为和金融市场运作,然后再通过金融机构和金融市场影响到各经济部门,其作用比较平缓,市场的回旋空间比较大,这也与一般国家机关行政决定直接作用于各微观主体而又缺乏弹性有较大不同。

(3) 中央银行在政策制定上具有一定的独立性,不受其他部门或机构的行政干预和牵制。

中央银行独立性是指中央银行履行自身职责时法律赋予或实际拥有的权利、决策与行动的自主程度。其实质是中央银行与政府之间的关系问题。

> 《中华人民共和国中国人民银行法》第一章第七条规定：
> 　　中国人民银行在国务院领导下依法独立执行货币政策，履行职责，开展业务，不受地方政府、各级政府部门、社会团体和个人的干涉。

由于中央银行在金融体系和国民经济中所处于的特殊地位，其工作的特殊专业性和重要性要求法律授权，使中央银行具有一定的独立性，防止政府滥用职权。中央银行保持一定的独立性，是保持经济、金融稳定和维护社会公众信心的一个必要条件。但是，中央银行的独立性又是相对的。在现代经济体系中，中央银行是国家实施宏观经济管理的重要工具，因此，中央银行不能完全独立于政府之外，凌驾于政府之上，不受政府的任何制约，而应该在国家总体经济政策指导下和政府的监督下，独立地制定和实施货币政策。

二、中央银行的职能

中央银行的职能是中央银行性质的具体体现，按中央银行承担的任务来划分，中央银行的职能可概括为发行的银行、国家的银行和银行的银行。

(一) 发行的银行

中央银行是发行的银行是指中央银行被国家赋予了集中于垄断货币发行的特权，是国家唯一的货币发行机构，这是中央银行最基本最重要的标志，也是发挥其全部职能的基础。

中央银行垄断货币发行的基本职责：(1) 根据经济发展的需要，掌握货币发行，调节货币的流通；(2) 掌握货币发行准备，控制信用规模，调节货币供应量；(3) 根据流通的需要，印刷、铸造或销毁票币，进行库款调拨，调剂地区间的货币分布和面额比例，满足社会对票币提取和支付的不同要求。

(二) 国家的银行

中央银行是国家的银行是指中央银行与政府关系密切，根据国家法律授权，制定和实施货币金融政策，通过办理业务为政府服务，在法律许可范围内向政府提供信用、代理政府债券，满足政府的需求。

(1) 代理国库：国家财政收支一般不另设机构经办具体业务，而是交由中央银行代理，主要包括按国家预算要求代收国库库款、拨付财政支出、向财政部门反映预算收支执行情况等。(2) 代理政府债券发行：中央银行代理发行政府债券，办理债券到期还本付息。(3) 为政府融通资金：在政府财政收支出现失衡、收不抵支时，中央银行具有为政府融通资金以解决政府临时资金需要的义务。(4) 为国家持有和经营管理国际储备。国际储备包括外汇、黄金、在国际货币基金组织中的储备头寸、国际货币基金组织分配的尚未动用的特别提款权等。首先，对储备资金总量进行调控，使之与国内货币发行和国际贸易等所需的支付需求相适应;其次,对储备资产结构特别是外汇资产结构进行调节;再次,对储备资产进行经营和管理,负责储备资产的保值增值;最后,保持国际收支平衡和汇率基本稳定。(5)代表政府参加国际金融活动,进行金融事务的协调与磋商,积极促进国际金融领域的合作与发展。(6)为政府提供经济金融情报和决策建议,向社会公众发布经济金融信息等。

(三) 银行的银行

中央银行是银行的银行,一方面是指中央银行处于商业银行和其他金融机构之上,居于领导地位,并对其进行监督管理;另一方面是指中央银行的业务对象是商业银行和其他金融机构,集中准备金,并对其提供信用,办理商业银行和金融机构之间的资金结算等。因此,银行的银行这一职能最能体现中央银行是特殊的金融机构的性质,也是中央银行作为金融体系核心的基本条件。

具体表现在三个方面:(1)中央银行根据银行法的规定,要求商业银行和其他金融机构按法定比率向中央银行缴纳存款准备金,即中央银行具有为各经营存款业务的金融机构集中保管一部分准备金的特权;(2)中央银行充当金融机构的"最后贷款人",即当商业银行和其他金融机构发生资金短缺,周转不灵,需要补充资金时可以向中央银行通过票据再贴现和再抵押放款的方式请求资金融通;(3)商业银行和其他金融机构都在中央银行开立账户,并在中央银行拥有存款,它们之间应收应付的票据可以在中央银行主持的票据交换所内通过存款账户划拨款项来办理结算,从而清算彼此之间的债权债务关系,也即中央银行组织、参与和管理全国的清算。

《中华人民共和国中国人民银行法》第一章第四条规定:

中国人民银行履行下列职责:

(一)发布与履行其职责有关的命令和规章;

(二)依法制定和执行货币政策;

(三)发行人民币,管理人民币流通;

(四)监督管理银行间同业拆借市场和银行间债券市场;

(五)实施外汇管理,监督管理银行间外汇市场;

(六)监督管理黄金市场;

(七)持有、管理、经营国家外汇储备、黄金储备;

(八)经理国库;

(九)维护支付、清算系统的正常运行;

(十)指导、部署金融业反洗钱工作,负责反洗钱的资金监测;

(十一)负责金融业的统计、调查、分析和预测;

(十二)作为国家的中央银行,从事有关的国际金融活动;

(十三)国务院规定的其他职责。

阅读材料 12-2

中央银行概览

1. 香港金融管理局

隶属于中华人民共和国香港特别行政区,行使中央银行部分职能,除了 10 元纸钞的发行由它负责外,发钞权由汇丰银行、渣打银行及中国银行负责。

2. 澳门金融管理局

隶属于中华人民共和国澳门特别行政区,1989 年 6 月 12 日成立,行使中央银行的部分职能,发钞权由大西洋银行和中国银行澳门分行负责。

3. 欧洲中央银行

欧洲中央银行(European Central Bank,ECB,简称欧洲央行),总部位于德国法兰克福,成立于 1998 年 6 月 1 日,其负责欧盟欧元区的金融及货币政策。根据 1992 年《马斯特里赫特约》的规定于 1998 年 7 月 1 日正式成立,是为了适应欧元发行流通而设立的金融机构,同时也是欧洲经济一体化的产物。

4. 英格兰银行

英格兰银行(Bank of England,香港称英伦银行,BOE)成立于 1694 年,英国的中央银行,最初的任务是充当英格兰政府的银行,这个任务至今仍然有效。英格兰银行大楼位于伦敦市的 Thread Needle(针线)大街,因此它有时候又被人称为"针线大街上的老妇人"或者"老妇人"。

5. 瑞士国家银行

瑞士国家银行(Swiss National Bank,SNB)是瑞士的中央银行,是根据 1905 年联邦宪法创建的联合股份银行。资本额为 5 000 万瑞士法郎,实收资本 2 500 万瑞士法郎,多数股份由州政府和州银行持有,其余股份由私人持有。1907 年在伯尔尼、巴塞尔、日内瓦、苏黎世、圣加伦开始营业。董事会大部分人选由联邦政府指派,向联邦议院负责。

6. 德意志联邦银行

德意志联邦银行(德语 Deutsche Bundes Bank,DB)是德国的中央银行,同时也是欧洲中央银行系统(ESCB)的一部分。由于它的实力和规模,德意志联邦银行是此组织中最有影响力的成员,德意志联邦银行和欧洲中央银行同位于德国法兰克福。

7. 美国联邦储备委员会

美国联邦储备委员会(FRB),联邦储备系统的核心机构是联邦储备委员会(Federal Reserve Board,简称美联储;它的全称叫 The Board of Governors of the Federal Reserve System,即联邦储备系统管理委员会,也可以称之为联邦储备系统理事会),它是一个联邦政府机构,其办公地点位于美国华盛顿特区(Washington D.C.)。

资料来源:根据各央行官方网站资料整理。

第三节 中央银行的主要业务

一、中央银行资产负债表

中央银行的资产负债表是反映其基本业务的综合会计记录,是中央银行发挥职能的基本体现。现代各国中央银行的任务和职责大致相同,业务大同小异,所以资产负债表的基本内容也相近。各国中央银行一般在编制资产负债表时主要参照国际货币基金组织的格式和口径,如表 12-1 所示。

表 12-1 中央银行资产负债表

资　　产	负　　债
国外资产 　　对非居民债权 　　减：对非居民负债 国内资产 　　对其他存款性公司债权 　　对中央政府净债权 　　对中央政府债权 　　　　减：对中央政府负债 　　对其他部门债权 其他资产	基础货币 　　流通中的货币 　　对其他存款性公司负债 　　纳入广义货币的负债 　　其他存款 其他负债与资本项目

（一）资产

1. 国外资产

主要包括中央银行持有的黄金储备、可自由兑换外币、地区货币合作基金、不可自由兑换的外汇、国库中的国外资产、其他官方的国外资产、对外国政府和国外金融机构贷款、未在别处列出的其他官方国外资产、在国际货币基金组织中的储备头寸、特别提款权持有额等。

2. 国内资产

主要由中央银行对其他存款性公司、对中央政府和对其他部门的债权构成。

（二）负债

1. 基础货币

基础货币,又称为储备货币。这是货币当局负债中的主要项目,包括流通中的现金、其他存款性公司在中央银行的存款(法定存款准备金和超额准备金)和纳入广义货币的存款。

2. 其他存款

其他存款(不包括在广义货币内),主要是其他金融性公司在中央银行的存款、特定机构和私人部门在中央银行的存款等。其中,私人部门存款许多国家不允许中央银行收存,有些国家允许收存但数量非常小。

3. 其他负债

其他负债,主要是中央银行发行的债权,包括自由债务,向其他存款性公司和其他金融性公司发行的债券、票据以及向公众销售的货币市场证券等。也包括对外负债,即对非居民的所有本币和外币的负债,如从国外银行的借款、对外国货币当局的负债、使用基金组织的信贷额和国外发行的债券等。

4. 中央银行的资本项目

中央银行的资本项目,包括中央银行的实收资本、留存收益、准备金等。

表 12-2 中国人民银行资产负债表　　　　单位:亿元人民币

项　　目	2016 年 8 月	2016 年 9 月
国外资产	242 070.04	238 943.29
外汇	232 483.50	229 108.68
货币黄金	2 516.27	2 530.43
其他国外资产	7 070.28	7 304.17
对外政府债权	15 274.09	15 274.09
其中:中央银行	15 274.09	15 274.09
对其他存款性公司债权	56 536.77	61 905.21
对其他金融性公司债权	6 657.69	6 657.69
对非金融性部门债权	75.16	71.69
其他资产	13 322.49	12 098.46
总资产	333 936.25	334 950.43
储备货币	285 240.13	290 706.67
货币发行	69 714.12	71 920.48
其他存款性公司存款	215 526.01	218 786.19
不计入储备货币的金融性公司存款	5 350.06	5 712.91
发行债券	1 664.00	764.00
国外负债	3 538.16	3 786.76
政府存款	32 908.89	29 920.44
自有资金	219.75	219.75
其他负债	5 015.25	3 839.89
总负债	333 936.25	334 950.43

资料来源:中国人民银行。

二、资产业务

中央银行的资产,是指中央银行所持有的各种债权,主要包括再贴现业务、贷款业务、证券买卖业务、国际储备业务以及其他资产业务。

(一) 再贴现业务

中央银行的再贴现业务是指商业银行将尚未到期的已贴现商业票据提交中央银行以融通资金的票据行为。商业银行必须以已办理贴现的未到期的合法票据,即根据购销合同进行延期付款的商品交易所开具反映债权债务关系的票据申请再贴现。中央银行通常根据国家发展战略和宏观调控导向为依据,支持来源于国家重点产业、行业和产品目录的商业票据,以再贴现的方式为持票银行融通资金。

(二) 贷款业务

中央银行贷款业务是指中央银行采用信用放款或者抵押放款的方式,对商业银行等金融机构、政府以及其他部门进行贷款。它是中央银行的主要资产业务之一,在中央银行的资产负债表中,尤其是在原来实行计划经济的国家里,贷款是一个大项目,它充分体现了中央银行作为"最后贷款人"的职能作用。在商业银行资金周转不灵或资金紧缺时,中央银行发放贷款就能改变其资金营运状况,甚至起死回生。同时,它也是中央银行向社会提供基础货币的重要通道。当社会经济发展需要增加货币供应时,中央银行发放贷款;当社会货币供应过量,出现通货膨胀时,中央银行则收回贷款,从而起到稳定经济的作用。按照贷款对象划分,中央银行贷款可以分为:对商业银行等金融机构的贷款;对政府的贷款;其他贷款,这包括对非金融部门的贷款和对外国政府与外国金融机构的贷款等。

(三) 证券买卖业务

证券买卖业务是指中央银行作为市场参与者中的一员,在公开市场进行有价证券的买卖。中央银行用自己发行的货币买入证券实为通过市场向社会投放货币;反之,卖出证券实为向社会回笼货币,是运用货币政策工具调节货币供求的业务。中央银行在证券的买卖过程中会获得一些证券买进或卖出的价差收益,但就中央银行自身的行为而言,目的在于通过货币量的调节,以影响整个宏观经济,而不是盈利。

(四) 黄金外汇储备业务

黄金外汇储备业务是中央银行代表国家管理国际储备的具体形式。世界各国之间的经济往来带来了国与国之间的债权债务关系,这种债权债务在一定时期内需要用国际通用货币进行清算,黄金和外汇是主要清算手段。所以,各国都会把黄金和外汇作为储备资产,一般由中央银行保管和经营,以便在国际收支发生逆差时,用来清偿债务。中央银行保管和经营黄金外汇储备货币的意义:(1)稳定币值,中央银行能利用持有的黄金外汇储备从国外进口商品或直接向社会售出国际通货,以回笼货币,平抑物价,保持币值稳定;(2)稳定汇率,中央银行可以通过买进或抛售国际通货使汇率保持在合理的水平上,以稳定本国货币的对外价值;(3)灵活调节国际收支,国际收支发生逆差时,可动用储备弥补进口所需外汇的不足,顺差时可将多余的储备用来偿债或对外投资。

国际储备的构成主要有四种形式：黄金储备、外汇储备、在国际货币基金组织（IMF）的储备头寸和 IMF 创设的特别提款权（SDRs）。一国在保有上述国际储备时，一般需要考虑它们构成的比例问题。因为国家保有国际储备的最终目的是在必须使用时作为国际支付手段，这就要求国际储备必须具备安全性、收益性和灵活兑现性。

表 12-3　2016 年 7 月各国储备资产情况

	美　国	中　国	日　本	英　国
外汇储备（单位：百万美元）	42 642.1	3 201 057.0	1 193 875.0	115 494.1
黄金储备（单位：万盎司）	26 150	5 879	2 460	998
特别提款权（单位：百万美元）	49 964.6	10 094.6	17 294.1	9 720.5
普通提款权（单位：百万美元）	16 763.4	10 038.5	12 008.1	7 098.2

资料来源：IMF 官网

三、负债业务

中央银行的负债是指金融机构、政府、个人和其他部门持有的对中央银行的债权。中央银行的负债业务主要是由存款业务、货币发行业务、其他负债业务和资本业务组成。

（一）存款业务

存款是中央银行的主要负债业务之一。中央银行的存款一般可以分为商业银行等金融机构的准备金存款、政府存款、非银行金融机构存款、国外存款、特定机构和私人部门存款等。中央银行可以通过存款业务来调控信贷规模和货币供应量。中央银行通过对法定存款准备金比率的规定，直接限制商业银行创造信用的规模。另一方面通过存款业务集中资金有利于中央银行在金融市场上主动开展再贴现业务和公开市场操作，从而增强中央银行调控社会货币供应量的能力，并且也能起到维护金融稳定，减少金融风险的作用。中央银行作为全国的支付清算中心，通过收存金融机构的存款，有利于商业银行等金融机构之间债权债务关系的顺利清算，从而加速全社会资金的周转。

中央银行性质、职能和地位的特殊性决定了其存款业务不同于一般商业银行的存款业务。（1）存款原则的特殊性，中央银行的存款业务具有一定的强制性，商业银行等金融机构需要遵循金融法规制度，按规定比率上交存款准备金；（2）存款动机的特殊性，中央银行吸收存款是出于金融宏观调控和监督管理的需要，是执行中央银行职能的需要；（3）存款对象的特殊性，中央银行不直接面对个人、工商企业，而是吸收商业银行、非银行金融机构、财政等政府部门的存款；（4）存款当事人关系的特殊性，中央银行与存款当事人之间除经济关系之外，还存在行政性的管理者和被管理者之间的关系。

(二) 货币发行业务

统一货币发行权是中央银行制度形成的最基本动因,各国中央银行均在立法基础上垄断着本国的货币发行权。因此,货币发行是中央银行最初和最重要的负债业务。

狭义的货币发行是指货币从中央银行的发行库,通过各家商业银行的业务库流到社会进入流通的过程。广义的货币发行是指中央银行货币投放数量大于货币回笼数量,最终引起货币供应量净增加的过程。货币发行分为经济发行和财政发行两种,前者是指根据国民经济发展的客观需要增加货币发行,后者是指因弥补国家财政赤字而进行的货币发行。中央银行货币发行的渠道是通过再贴现、贷款、购买证券、收购金银和外汇等中央银行的业务活动,将货币注入流通,并通过同样的渠道反向组织货币的回笼,从而满足国民经济发展、商品生产与流通扩张和收缩对流通手段和支付手段的需求。

(三) 其他负债业务

除了存款业务、货币发行业务等主要业务之外,还有如发行中央银行债券、对外负债和资本业务等其他业务也可以成为中央银行的资金来源,并引起中央银行资产负债表负债方的变化。

发行中央银行债券是央行的主动负债业务,一般情况下是为了调节金融机构多余流动性,面向金融机构发行的债务凭证,具有短期性,一般期限为3个月至1年。为突出其短期性的特点,中央银行债券也叫中央银行票据,简称央行票据。

中央银行的对外负债业务主要包括国外银行借款、对外国中央银行的负债、国际金融机构的贷款、在国外发行的中央银行债券等。各国对外负债的目的一般是为了平衡国际收支,维持本币汇率的既定水平以及应付货币危机或金融危机。

(四) 资本业务

中央银行的资本业务是中央银行筹集、维持和补充自有资本的业务,与中央银行的资本金筹集有关,而中央银行资本来源决定了一国中央银行的资本业务。中央银行的资本来源主要有四个途径:政府出资、地方政府或国家机构出资、私人银行或部门出资、成员国中央银行出资。为了保持增资以后股权结构不变,中央银行补充自有资本的渠道和方法也受其出资方式所决定。由于中央银行的特殊地位和法律特权,其资本金的作用实际上比一般金融机构要小得多,有的国家中央银行甚至没有资本金。因此,中央银行资本业务的重要性不能与一般金融机构相提并论。

第四节 中央银行的其他业务

一、经理国库业务

国库是国家金库的简称,现代意义上的国库是指国家在预算编制和执行过程中,在单一账户制度基础上,对财政资金收支及政府相关财务行为进行管理和控制的一系列经济活动的总称。作为政府的银行,中央银行负有办理和管理国库业务的重要职责。

通过经理国库,确保国家预算资金的及时收付、准确核算及库款安全,对于灵活调度资金实现财政收支平衡、沟通财政和金融之间的联系、组织财政政策和货币政策的协调配合具有重要意义。

从世界各国对国家财政预算收支的组织管理及业务实施情况来看,国库制度可大致分为独立国库制和委托国库制两种基本的国库制度。前者是指国家特设经营国家财政预算的职能机构,专门办理国家财政预算收支的保管、出纳工作,目前世界上有少数国家采用独立国库制,如法国自办国库,芬兰设立国库董事会。后者是指国家不单独设立经管国家财政预算的专门机构,而是委托银行(主要是中央银行)代理国库业务,银行根据国家的法规条例,负责国库的组织建制、业务操作及管理监督。目前,世界上大多数国家实行委托国库制度,如美国、英国和中国等国家。

国家通常以颁布法令、条例的形式规定国库的职责。

> 根据2002年6月21日发布的《中华人民共和国国家金库条例》的规定,国库的基本职责包括:
> 准确、及时地收纳国家各项预算收入;
> 为财政机关开立账户,审查并办理国家预算支出的拨付;
> 对各级财政库款和预算收入进行会计账务核算,正确反映财政收支情况;
> 协助财政税收部门组织预算收入及时缴库,按照国家财政制度规定办理库款退付;
> 组织、管理和指导下级国库和国库经收处的工作;
> 办理国家交办的与国库有关的其他工作,如代理国家进行国债和其他政府债券的发行与兑付。

二、会计业务

中央银行的会计业务是针对中央银行的职能特点及业务范围,按照会计的基本原则制定核算形式和方法,体现和反映中央银行职能,监督、管理、核算财务的会计业务。中央银行会计业务是金融系统会计的重要组成部分,是由中央银行的特有地位和职能所决定的一种专业会计。一般而言,会计核算的对象即经济活动中的资金和资金运动。中央银行的会计对象是中央银行行使职能、办理各项业务、进行金融宏观调控等活动所引起的资金变化与运动的过程和结果。

由于中央银行行使的职能和其业务活动的特殊性,中央银行会计不同于其他行业会计,也不同于金融行业企业会计,有其自身的特点。

(1)中央银行作为国家的金融权力机关,负有制定和执行货币政策,为政府和其他金融机构提供诸如支付清算、经理国库、代理国家发行和兑付国债、金融统计与分析等各种服务,由此产生的资金变化和财务活动,需要有适应中央银行职能和业务特征的会计核算形式与核算方法进行连续、系统、全面的反映和监督。

（2）中央银行为贯彻、执行国家经济和金融政策，需要采取相应的调控手段和措施，由此而引起的货币发行与回笼、存贷款的增减变化以及其他资金变动，必须通过会计核算加以体现和完成，如货币政策实施业务的核算、联行往来及联行资金清算核算、货币发行与现金出纳业务核算、金银业务核算、外汇业务核算、经理国家金库及代理发行和兑付国家债券业务核算、内部资金和损益核算等。因而，中央银行会计从核算内容、核算方法到会计科目、会计报表乃至会计凭证的设置，均不同于金融企业会计，体现着金融宏观管理的职能特征。

（3）中央银行除承担自身会计核算任务以外，还担负着指导、管理、监督商业银行及其他金融机构会计核算的职责，需要按照金融宏观调控和金融监管的需要，建立体现中央银行职能的会计体系。

三、调查统计业务

中央银行的调查统计业务是中央银行获取经济金融信息的基本渠道，在中央银行的职能行使及业务活动中发挥着不可或缺的信息支撑功能，是国民经济统计核算体系的重要组成部分。

中央银行的统计信息体系主包括金融统计和经济调查统计两部分，其中金融统计处于核心位置，是中央银行调查统计活动的最主要内容。金融统计是对金融活动及相关的系统记录与整理，包括各级金融机构根据统一规则定期进行的金融统计；各级金融机构就金融活动的某一领域金融的专项调查；各级金融机构逐级上报的有关金融运行中的突出事件及动态反映等。金融统计工作遵循客观性、科学性、统一性、及时性及保密性的原则，对金融信息进行统计程序处理，确保统计质量与统计数据的准确性。除金融统计之外，为及时、准确地反映国民经济的发展态势，为制定货币政策、宏观经济调控提供更加综合、全面的信息依据，中国人民银行逐步建立了经济调查统计制度，对完善中央银行的统计信息体系具有重要意义。我国的经济统计调查主要包括工业景气调查统计、银行家问卷调查、城乡居民储蓄问卷调查统计和物价调查统计。经济调查统计能够使我们把握宏观、微观经济形势，在此基础上进行分析、预测，形成对经济、金融形势的判断，提出政策建议，并对政策实施效果进行反馈，从而构成完整的中央银行决策的信息支持系统。

四、征信管理业务

现代市场经济是建立在法制基础上的信用经济，社会信用体系是市场经济体制中的重要制度安排。为有效识别和防范信用风险，授信人需要对受信人的偿债能力、偿债意愿等进行全面了解、分析和判断，这就需要对企业或个人等市场主体进行征信。征信是一项具有特定目的的调查活动，现代征信活动的基本流程是：征信机构根据相关法律法规，通过一定的技术手段，对于有关企业和个人的信用信息进行搜集、调查，建立信用信息数据库系统，建立信用记录，并对信用信息进行加工、分析，形成信用报告、信用评分或信用等级等征信产品,为市场主体提供信用信息服务。

征信体系是现代金融体系运行的基石,是金融稳定的基础,对社会诚信建设具有非常深远的意义。它能够有效解决金融机构与企业之间的信息不对称问题,大大地降低银行信用风险,并且能促进个人消费信贷业务的开展,有利于企业和个人信用财富,促进社会诚信制度的建立。

社会信用体系是市场经济发展的必要产物。经过上百年的市场经济发展,发达国家形成了相对比较完善的社会信用体系。但是,由于各国社会经济、文化、历史不同,不同国家形成了不同的社会信用体系模式。从国际发达国家的经验看,征信体系模式主要有市场主导、政府主导和会员制三种模式。美国、加拿大、英国和北欧国家采用市场主导型模式,政府主导型模式的代表是法国、德国、比利时、意大利等欧洲国家,日本则采用会员制模式。我国的征信体系发展时间不长,但随着我国《征信业管理条例》的实施,征信业开始步入有法可依的轨道,发展速度也进一步加快,征信体系也正在不断完善。

阅读材料 12-3

中央银行的数字货币

1. 央行数字货币研讨会

2016 年 1 月 20 日,中国人民银行在北京举行了数字货币研讨会,来自中国人民银行、花旗银行和德勤公司的数字货币研究专家分别就数字货币发行的总体框架、货币演进中的国家数字货币、国家发行的加密电子货币等专题进行了研讨和交流。会议认为,随着信息科技的发展以及移动互联网、终端安全存储、区块链等技术的演进,全球范围内支付方式发生了巨大变化,数字货币的发展正在对中央银行的货币发行和货币政策带来新的机遇和挑战。发行数字货币可以降低传统纸币发行、流通的高昂成本,提升经济交易活动的便利性和透明度,减少洗钱、逃漏税等违法犯罪行为,提升央行对货币供应和货币流通的控制力,更好地支持经济和社会发展,助力普惠金融的全面实现。长远来看,数字货币发行、流通体系的建立还有助于我国建设全新的金融基础设施,进一步完善我国支付体系,提升支付清算效率,推动经济提质增效升级。会议要求,人民银行数字货币研究团队要积极吸收国内外数字货币研究的重要成果和实践经验,在前期工作基础上继续推进,建立更为有效的组织保障机制,进一步明确央行发行数字货币的战略目标,做好关键技术攻关,研究数字货币的多场景应用,争取早日推出央行发行的数字货币。数字货币的设计应立足经济、便民和安全原则,切实保证数字货币应用的低成本、广覆盖,实现数字货币与其他支付工具的无缝衔接,提升数字货币的适用性和生命力。中国人民银行首 20 次宣告要"争取早日推出数字货币",这一重大决策无疑会对货币发行、货币政策、支付清算、金融格局、互联网金融发展乃至国际货币体系等方面产生极其深刻的影响。

2. 数字货币的含义

央行数字货币的含义具体是指什么?近年来,"数字货币"一词被频繁应用,但概念并不统一。有的指现有货币体系下基于清算方式的改进而出现的现钞之外的"记账货币";也有的指互联网上出现的非货币当局发行的、限于一定范围使用的代用币或电子货币(如QQ币);还有的指利用网络加密技术推出的、在网络上流通更广的虚拟货币(如比特币)。实际上,货币形态是与清算方式密切相关的。随着社会上资金清算由以货币实物(如现钞)清算为主,越来越转化为以清算机构的记账清算为主(需要相应的清算工具和信息传递方式的创新支持),货币形态也由现钞(实物货币)更多地表现为存款(记账货币),流通中现钞在货币总量中的比重不断降低。到 2015 年年末,我国人民币广义货币 M_2 余额为 139.23 万亿元,而流通中的现金 M_0 余额仅为 6.32 万亿元,需要由央行印制和发行的纸币数量在货币总量中的占比已经降低到 5% 以下。降低现钞在货币总量中的占比,减少现钞发行和流通,是全世界的共同潮流和必然趋势。

3. 数字货币的优势

现钞不仅印制成本高(需要特殊的原材料和加密印制技术),而且在发行、收兑、清点(包括鉴别)、保管、回收、销毁等环节,还要占用大量的人力物力,有悖于绿色金融理念。此外,现钞实物的转移和流通经常失去监控,在反洗钱、反恐怖、反假冒、反偷税漏税、反商业贿赂等方面存在诸多漏洞和隐患,也增加了金融监管的成本,因此,随着信息科技的发展和清算工具的创新,加强现钞使用的监管,控制甚至停止现钞的流通,大力推进记账清算和货币数字化,已经成为未来各国货币发展的必然选择。上述货币数字化,是在现有货币体系下的改进或改良,可以大大降低货币发行和流通的成本,有效提升支付清算的效率和资金流动的监控,但并不是对现有货币体系的革命或颠覆。可以肯定的是,这种货币数字化(记账货币)并不是此次中国人民银行宣告要研究推出的数字货币,它不是指现有货币体系下的货币数字化,而应该是基于互联网新技术,特别是区块链技术,推出全新的加密电子货币体系,这无疑是一场货币体系的重大变革。

资料来源:王永利,央行数字货币的意义,中国金融,2016(8):19—20。

本 章 关 键 词

中央银行 性质与职能 独立性 发行的银行 银行的银行 国家的银行 资产负债表 资产业务 负债业务

思 考 题

1. 中央银行产生的历史必然性?
2. 如何认识中央银行的独立性?
3. 中央银行的职能?
4. 中央银行保管和经营黄金外汇储备的目的与意义?

第十三章 货币政策

本章导读

货币政策作为宏观经济间接调控的重要手段,在整个国民经济宏观调控体系中居于十分重要的地位。货币政策目标的正确选择、决策程序的科学合理和政策工具的正确使用是货币政策作用有效发挥的重要前提。

第一节 货币政策及最终目标

一、货币政策的内涵

货币政策是国家宏观调控的重要组成部分。对货币政策的理解有广义和狭义之分。狭义的货币政策专指中央银行为实现一定宏观经济目标,运用各种工具调节和控制货币供应量,进而影响宏观经济的方法和措施的总和,包括货币政策目标、货币政策工具、货币政策传导机制以及货币政策效果等。广义的货币政策指中央银行、政府及其他相关部门所有有关货币方面的规定及其采取的影响货币数量的一切措施,包括有关建立货币制度的规定、有关金融体系的规范和旨在提高效率的金融体制改革的措施,以及政府借款、国债管理、财政收支等可能影响货币数量的行为。

与其他经济政策相比,货币政策具有宏观性、间接性、透明性和调节社会总需求等显著特征。宏观性是指货币政策是一种总量调节和结构调节相结合、以总量调节为主的宏观经济政策。间接性是指货币政策为了保证市场机制的有效发挥,在调节经济过程中一般不宜采取直接的行政手段,而是通过各种货币政策工具的运用,调节货币供应量、信用总量、利率水平等经济变量,影响经济活动主体的行为,进而影响总需求,并最终影响整个经济,实现间接调整。透明性是指中央银行通过向公众说明其对经济运行的判断、货币政策策略等,能够使公众更好地理解和预知中央银行的货币政策,增强公众对货币政策的可预见性,降低公众预期的不稳定因素。调节社会总需求是指货币政策通过调节货币供应量来影响利率、汇率和金融资产价格水平,并进一步对消费、投资、进出口等产生影响,使社会总需求发生变化。

根据对总产出的影响方面,可以把货币政策分为扩张性的和紧缩性的两种。积极的货币政策是通过提高货币供应增长速度来刺激总需求,在这种政策下取得信贷更为容易,利息率会降低。因此,当总需求与经济生产能力相比很低时,使用扩张性的货币政策最合适。消极的货币政策是通过削减货币供应的增长率来降低总需求的水平,在这种政策下取得信贷较为困难,利息率也随之提高。因此,在通货膨胀较为严重时,采取紧缩性的货币政策较为合适。

二、货币政策目标体系

货币政策目标是指中央银行采取调节货币和信用的措施所要达到的目标。中央银行在制定和实施货币政策时,首先要有货币政策目标,确立了目标才能选择和运用合适的操作指标和政策工具,进而建立货币政策体系,运用货币来调控经济。按照中央银行对货币政策目标的影响程度、速度及施加影响的方式,货币政策目标可以划分为最终目标、中介目标和操作目标3个层次,这3个层次有机组合构成货币政策目标体系。

最终目标,一般也称货币政策目标,是指中央银行通过货币政策的操作在较长一段时期内所要达到的最终宏观目标。中央银行不能对最终目标直接控制,必须建立一套便于决策和控制的操作指标和中介指标,将货币政策工具的操作和最终目标联系起来,通过货币政策工具的运用,间接地对其施加影响。

操作目标,是与货币政策工具紧密联系的,它是中央银行通过货币政策工具能够有效准确实现的直接政策变量,如准备金、基础货币等。这些变量对货币政策工具的变动反映较为灵敏,是政策工具操作直接引起变动的指标,也是在中央银行体系内首先变动的指标。

中介目标,处于最终目标和操作目标之间,是中央银行在一定时期内和某种特定的经济状况下,能够以一定的精度达到的目标,主要有货币供应量和利率,在一定条件下信贷量和汇率等也可以充当中介目标。这些中介指标是政策工具操作后,经由中央银行体系内部指标变化,引起整个金融体系指标变化的指标。中介目标与货币政策的最终目标联系紧密,其变动可以较好地预告最终目标可能出现的变动。

最终目标、中介目标和操作目标的宏观性从强到弱,可控性从弱到强构成了一个重要的目标体系。中央银行通过对操作目标、中介目标再到最终目标的跟踪,可以及时有效地监测和控制货币政策效果。

三、货币政策最终目标

(一)物价稳定

物价稳定的实质是币值稳定,是指一般物价水平在短期内不发生显著的或急剧的波动,呈现基本稳定的状态。从定义看,物价稳定的含义非常丰富。首先,物价指的是一般物价水平,而非个别商品或劳务价格的变动。其次,物价稳定并非绝对静止,而是可以有一定的波动,但波动不能过大,所以货币政策目标不是简单地抑制物价上涨,而是以保持物价水平在一定时期内相对稳定为目标。通货膨胀率并非越低越好:一方

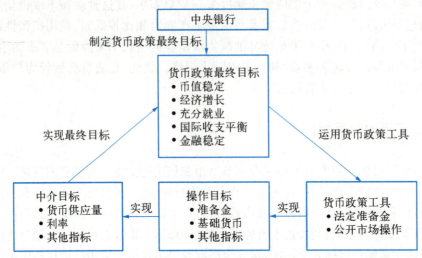

图 13-1 货币政策目标体系

面,一定幅度的通货膨胀是经济增长时期的正常表现;另一方面,负通货膨胀率往往会带来通货紧缩,同样也会制约经济增长。总之,物价稳定的实质就是要控制通货膨胀,防止物价普遍地、持续地、大幅地上涨。

表 13-1 是我国 2005—2014 年各类价格指数变动情况表,表中数据可以反映我国各层次居民消费价格、商品零售价格以及工业生产价格等指数变化趋势,较为全面直观地反映了我国近十年的物价变动概况。

表 13-1 我国 2005—2014 年各类价格指数变动情况

指标	2005年	2006年	2007年	2008年	2009年	2010年	2011年	2012年	2013年	2014年	趋势
居民消费价格指数(1978=100)	464	471	493.6	522.7	519	536.1	565	579.7	594.8	606.7	
城市居民消费价格指数(1978=100)	503.1	510.6	533.6	563.5	558.4	576.3	606.8	623.2	639.4	652.8	
农村居民消费价格指数(1985=100)	343	348.1	366.9	390.7	389.5	403.5	426.9	437.6	449.9	458	
商品零售价格指数(1978=100)	359.3	362.9	376.7	398.9	394.1	406.3	426.2	434.7	440.8	445.2	
工业生产者出厂价格指数(1985=100)	333.2	343.2	353.8	378.2	357.8	377.5	400.2	393.4	385.9	378.6	

(续表)

指标	2005年	2006年	2007年	2008年	2009年	2010年	2011年	2012年	2013年	2014年	趋势
工业生产者购进价格指数(1990=100)	281.6	298.5	311.6	344.3	317.2	347.7	379.3	372.5	365.1	357.1	
固定资产投资价格指数(1990=100)	219.1	222.4	231.1	251.8	245.8	254.6	271.4	274.4	275.2	276.6	

数据来源：国家统计局

(二) 经济增长

经济增长是提高社会生活水平的物质保障，经济增长也是保护国家安全的必要条件。一个国家的经济实力，是决定其在激烈的国际经济、政治、军事竞争中竞争能力的重要因素。因此，加速经济发展，对发展中国家而言尤为重要。一国经济若能快速增长，必须有效利用资源，并为增加生产潜力而进行投资。低于潜在水平的增长将会导致资源的浪费，高于潜在水平的增长将会导致通货膨胀和资源的破坏。

> 《中华人民共和国中国人民银行法》第一章第三条规定：
> 货币政策目标是保持货币币值的稳定，并以此促进经济增长。

(三) 充分就业

充分就业是指任何愿意并有工作能力的人都可以找到一个有报酬的工作，这是政府宏观经济政策的重要目标。非充分就业，表明存在社会资源特别是劳动力资源的浪费，失业者生活质量下降，并导致社会的不稳定。因此，许多国家都把充分就业作为最重要的宏观经济目标之一。但是，充分就业并不是追求零失业率，由于自然失业的存在，一定程度的失业在经济正常运行中是不可避免的。自然失业包括摩擦性失业、自愿性失业、结构性失业、季节性失业和过渡性失业。由于总需求不足所导致的失业则是货币政策关注的重点，因此充分就业的目标就是把失业降低到自然失业率水平。图13-2是我国近20年失业率变动情况，总体而言我国失业率水平大致维持在较为合理的水平。

(四) 国际收支平衡

保持国际收支平衡是保证国民经济持续稳定增长、经济安全甚至是政治稳定的重要条件。一国国际收支失衡，无论是顺差还是逆差，都会给该国经济带来不利影响。巨额的国际收支逆差可能导致外汇市场对本币信心的急剧下降，资本的大量外流，外汇储备的急剧下降，本币的大幅贬值，并导致严重的货币和金融危机。20世纪90年代的墨西哥金融危机和东南亚金融危机的大爆发就是最好的例证。长期的巨额国际收支顺差，不仅会造成大量的外汇储备闲置，造成资源的浪费，而且为购买大量外汇而会导致本国货币增发，可能造成国内通货膨胀。此外，巨额的经常项目顺差或逆差还可能加剧贸易摩擦。

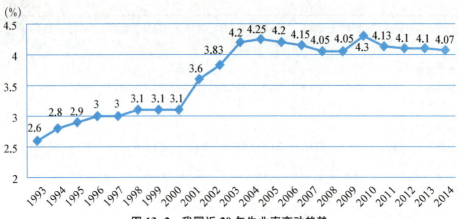

图 13-2　我国近 20 年失业率变动趋势

资料来源：IMF

要同时实现货币政策的上述四个目标是非常困难的。因为这四个目标之间并非完全协调和统一，彼此有时会表现出一定的矛盾性，从而影响货币政策的效果。例如，失业率与经济增长之间通常存在负相关关系，因而充分就业与经济增长之间通常存在正相关关系。但是，由于经济增长可以采取劳动密集型、资本密集型或者资源密集型、知识密集型等不同的发展模式，除劳动密集型外，其他几种增长模式都与充分就业有一定的矛盾。过高的通货膨胀将破坏正常的经济秩序，从而迫使经济进行紧缩调整，从而导致经济增长与就业水平的下降。币值稳定和汇率稳定，有利于国际收支平衡。但是，为了贸易平衡而对外贬值则可能导致国内通货膨胀加剧。因此，在实施货币政策时，中央银行必须注意这些目标之间的统一性和矛盾性，在突出重点目标的同时适当兼顾其他目标。

表 13-2　各国不同时期央行政策变动表

国　别	20 世纪 50—60 年代	20 世纪 70—80 年代	20 世纪 90 年代以后
美　国	以充分就业为主	以货币稳定为主	以反通胀为唯一目标
英　国	以充分就业兼顾国际收支平衡为主	以货币稳定为主	以反通胀为唯一目标
加拿大	充分就业、经济增长	以物价稳定为主	以反通胀为唯一目标
德　国		稳定通货兼顾对外收支平衡	
日　本	对外收支平衡	物价稳定、对外收支平衡	
意大利	经济增长、充分就业	货币稳定兼顾国际收支平衡	

资料来源：中国人民银行金融研究所《货币政策有效性研究》课题组，《战后西方国家货币政策目标比较》，载《金融研究》，1997(6)

从表 13-2 可见，西方几个大国第二次世界大战结束后货币政策的主要目标非但有所不同，而且在 20 世纪 70 年代以前和 90 年代以后发生了很大的变化。主要原因是各国面临的经济形势和任务不同,政府和央行所奉行的理论存在较大差异。

第二节 货币政策中介目标和操作目标

一、选择标准和客观条件

货币政策中介目标和操作目标的选择必须满足一定的标准和条件,才能更有效地与最终目标联系起来,才能保障货币政策实施的效果。

(一) 相关性

作为中介目标的金融指标必须与最终目标密切相关,作为操作目标的金融指标也必须与中介指标密切相关,它们的变动必然对最终目标或中介目标产生可预测的影响。例如,作为中介目标的货币供应量和利率,必须与作为最终目标的经济增长、币值稳定和充分就业等指标之间具有可预测的影响力。通过对货币供应量或利率的控制,即可实现对最终目标的控制。

(二) 可测性

中央银行需要能够迅速获得这些指标的准确数据,并且便于观察、分析、判断和检测。例如,利率资料很容易获取并且能够进行汇集,中央银行能在任意时点对市场利率水平和结构进行观察分析。就货币供应量而言,由于我国目前的金融对外开放及金融自由化进程仍处于抑制阶段,因而货币供应量各层次定义的内涵和外延较为明确、稳定。

(三) 可控性

选取的金融指标能够在足够短的时间内受到货币政策工具的影响,中央银行能有效地进行控制和调节其变动情况和发展趋势。被选取的操作目标和中介目标的变量必须是中央银行运用货币政策工具就可以对其进行有效控制的金融指标,否则就无法取得货币政策预期的效果。

(四) 抗干扰性

选取必须是那些受外力干扰程度较低的金融指标。因为货币政策在实施过程当中常常受到一些外来因素或非政府因素的干扰,以致降低政策的执行力度和实施效果。

各种经济指标之间的关系,受到经济管理体制、市场发育程度、经济发展水平等因素的制约和影响。因此在选择中介目标和操作目标时,不仅要注意应尽量满足其选择标准,还应注意各个国家各个时期的客观条件。另外,操作目标的选择还受到中介目标的选择制约,不同的中介指标与不同的操作指标相联系。

二、可供选择的中介目标

(一) 货币供应量

货币供应量是指一国在一定时点上为社会经济运转服务的货币存量,它由包括中央银行在内的金融机构供应的存款货币和现金货币两部分组成。一定时期的货币供应量代表着当时的社会有效存量需求,当货币供应量不足时,社会总需求大于总供给,必然导致物价上涨,影响经济发展;反之,当货币供应量过大时,社会总需求小于总供给,必然导致物价下降,经济紧缩。中央银行控制货币供应量,就是要控制和调节社会总需求,保证经济、金融可持续发展。

货币供应量作为货币政策中介目标的优点主要有:(1)货币供应量的变动能直接影响经济活动。(2)中央银行能够控制货币供应量的变动。(3)与货币政策意图联系密切。货币供应量增加,表示货币政策扩张;货币供应量减少,表示货币政策紧缩。(4)不易将政策性效果与非政策性效果相混淆。但是,以货币供应量作为中介目标也存在一些缺点,主要是中央银行对货币供应量的控制能力不是绝对的。另外,由于货币供应量是一个多层次概念,以其作为货币政策的中介目标,就存在以哪一层次的货币供应量作为指标的问题。对此各国做法不一,但从发展趋势来看,越来越多的国家把控制重点从 M_1 转向 M_2。

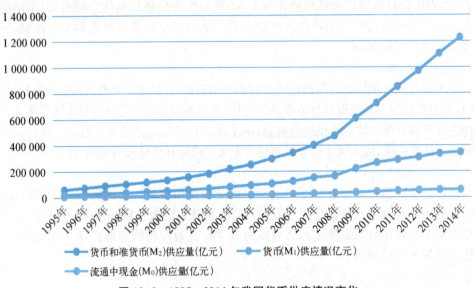

图 13-3 1995—2014 年我国货币供应情况变化

资料来源:中华人民共和国国家统计局

我国在 20 世纪 90 年代初期和中期是以 M_1 作为货币控制的重点,而从 20 世纪 90 年代末期开始则逐步将控制重点转向 M_2。目前,我国中央银行每年年初对外公布 M_2 的控制目标。

(二)利率

利率分为短期利率和长期利率,短期利率一般指 1 年以内,长期利率一般指 1 年以上。短期利率属于货币市场上的利率,主要对货币市场资金供求状况比较敏感。从各国经济现实看,再贴现利率和同业拆借利率是比较重要的短期利率,对其他短期利率的影响较大。因此,也有一些经济学家将短期利率归于货币政策操作目标,将长期利率归于货币政策中介目标。

利率作为货币政策的中介目标,具有以下特点:(1)不仅能够反映货币与信用的供给状态,而且能够表现供求状况的相对变化,利率上升表明银根趋紧;反之则表明银根趋松;(2)中央银行能够运用货币政策工具加以较为有效的控制;(3)数据易于获取;(4)作用力大,影响面广,与货币政策诸目标间的相关性高。但是,同时利率作为中介目标也存在缺点:(1)中央银行能够控制的是名义利率,面对经济运行产生实际影响的是预期实际利率。预期实际利率等于名义利率减去通货膨胀预期。由于预期通货膨胀率难以加以计量,因此很难得到实际利率的数据,自然也就很难对其加以有效的控制。(2)利率对经济活动的影响更多地依赖于市场主体经济收益变动的敏感性,即对货币需求的利率弹性。货币需求的利率弹性大,则利率变动对经济活动影响就大;反之则小。货币需求的利率弹性既受经济体制的影响,也受金融市场发育程度及经济运行状况等诸多因素的影响。

三、可供选择的操作目标

(一) 准备金

准备金是中央银行各种货币政策工具影响中介目标的主要传递指标:法定准备率的变动直接导致准备金的变动,再影响到中介目标;再贴现率的变动即通过昭示作用影响市场利率,也通过影响再贴现贷款数量影响商业银行借入储备;公开市场业务则通过债券的买卖影响商业银行的非借入储备,再影响中介目标。商业银行准备金越多,其增加贷款的能力就越强;反之,就越弱。准备金的增加,意味着市场银根宽松;反之,则意味着市场银根紧缩。因此,以准备金为操作目标,有利于监测政策工具的调控效果,及时调节和有效控制其方向和力度。

(二) 基础货币

基础货币也是中央银行可选择的重要操作目标。基础货币也被称为"强力货币"或"高能货币",充分显示了其在货币创造中的重要作用。由于货币供应总量等于基础货币乘以货币乘数,在货币乘数一定的情况下,或货币乘数变动可预测的情况下,控制基础货币也就相当于控制了货币供给总量。

基础货币是由准备金和流通中的现金组成,两者均是货币创造的基础。因而,作为操作目标,综合考虑两者在内的基础货币比只考虑其中之一的准备金更为有利。特别是在金融市场发育程度较低,现金流通比例较高的情况下,控制基础货币显然比单纯控制准备金更为重要。但是,中央银行对于基础货币的控制也不是完全的,相比而言,由公开市场业务形成的基础货币中央银行控制力较强;其余部分,即由再贴现和贷款创造的那部分基础货币中央银行控制力相对较弱。

基础货币也是我国现行的货币政策操作目标。由于我国目前货币乘数相对稳定,基础货币在货币供应总量中具有关键性作用,对存款货币银行的存款能力有决定性影响。在基础货币中,随着现金改革的逐步推进,其可控性越来越低,尽管我国目前仍实行现金管理,但这种管理的有效性正在递减。鉴于此,我国目前将现金纳入货币供应量的层次目标体系之中进行监控。

第三节 货币政策工具

中央银行货币政策目标是依靠货币政策工具的运用来实现的。货币政策工具是中央银行为达到货币政策目标而采取的各种手段。中央银行可以直接运用货币政策工具作用于货币政策操作目标,并通过影响中介目标,以实现货币政策最终目标。货币政策工具多种多样,分类方法也有很多,按操作对象划分,可分为一般性货币政策工具、选择性货币政策工具和其他货币政策工具。

一、一般性货币政策工具

一般性货币政策工具是对货币供给总量或信用总量进行调节和控制的政策工具,主要包括法定存款准备金政策、再贴现政策和公开市场业务三大政策工具,俗称"三大法宝"。

(一)法定存款准备金政策

法定存款准备金政策是指中央银行对商业银行等存款货币机构的存款规定存款准备金率,强制要求商业银行等存款货币机构按规定比率上缴存款准备金。中央银行通过调整法定存款准备金率以增加或减少商业银行的准备金,以收缩或扩张信用,实现货币政策所要达到的目标。

法定存款准备金政策能够保证商业银行等存款货币机构资金的流动性。倘若没有法定存款准备金制度规定,商业银行可能受较好的贷款条件的诱惑而将大量资金贷出,从而影响银行的流动性和清偿力。法定存款准备金制度的建立,强制银行将准备金存入中央银行,可从制度上避免这种情况发生,以保证银行资金的流动性。同时,法定存款准备金政策集中一部分信贷资金,使中央银行能够履行其职能,办理银行同业之间的清算,向金融机构提供信用贷款和再贴现贷款,以调节不同地区和不同银行间短期资金的余缺。同时,法定存款准备金政策为中央银行提供了一个调节货币供给总量,实施货币政策的强有力工具。法定存款准备金制度的建立为商业银行等存款货币机构派生存款固定了一个量的界限。法定存款准备金率的调整将直接影响商业银行等存款货币机构创造派生存款的能力,从而影响货币乘数。

法定存款准备金政策作为一种货币政策工具,其优点在于:它对所有存款货币银行的影响是平等的,对货币供给量具有极强的影响力,力度大、速度快,效果明显。它也有其一定的局限性:其一是它对经济的振动太大,由于整个银行存款规模巨大,并且通过货币乘数的放大作用,法定存款准备金率的轻微变动将带来货币供应量的巨大变动,甚至可能带来经济的强烈震荡;其二是法定存款准备金率的提高,可能使超额准备金较低的银行立即陷入流动性困境。由于法定存款准备政策对经济的极大冲击力,因而中央银行使用时一般都比较慎重。

(二)再贴现政策

再贴现政策是指中央银行通过提高或降低再贴现率的办法,影响商业银行等存款货币机构从中央银行获得的再贴现贷款和超额准备,达到增加或减少货币供给量,实现货币政策目标的一种政策措施。再贴现政策一般包括两方面的内容:一是再贴现率的调整;二是规定向中央银行申请再贴现的资格。前者主要着眼于短期,即中央银行根据市场的资金供求状况,随时对再贴现率进行调整,以影响商业银行借入资金的成本,刺激或抑制对贴现资金的需求,从而调节货币供应量。后者则着眼于长期,对要再贴现的票据种类和申请机构加以规定,并区别对待,以起到抑制或扶持票据出票人或持票人的作用,改变社会资金的流向。

再贴现政策主要通过四种途径影响一国金融和经济:(1)影响商业银行的借款成本,以影响商业银行的融资意向。(2)利用"告示效应",以影响商业银行及社会公众的预期行为。也就是说,中央银行调整再贴现率,实际上是为整个经济社会提供了一种有关货币政策的信息。例如,当中央银行降低再贴现率时,就意味着中央银行实行的是一种扩张性的货币政策;而当中央银行提高再贴现率时,就意味着中央银行实行的是一种紧缩性的货币政策。(3)影响经济结构调整。如规定再贴现票据的种类,对不同用途的信贷加以支持或限制,促进经济发展中需要扶持的行业部门的发展;还可以对不同票据实行差别再贴现率,从而影响各种再贴现票据的再贴现规模,使货币供应结构符合中央银行的政策意图。(4)影响市场利率水平。在利率市场化的条件下,中央银行的再贴现率通常被视为一个国家的基准利率,市场利率将围绕这一基准利率上下波动。

再贴现政策最大的优点是中央银行可利用它来履行最后贷款人的职责,并在一定程度上体现中央银行的政策意图,既可以调节货币总量,又可以调节信贷结构。它同样存在着一定的局限性:调整贴现率的告示效应是相对的,有时并不能准确反映中央银行货币政策的意向;具有一定的波动性,当中央银行把再贴现率定在一个特定的水平上时,市场利率和再贴现率中间的利差将随市场利率的变化而发生较大的波动,这些波动可能导致再贴现规模乃至货币供给量发生非政策意图的较大波动;利用再贴现率的调整来控制货币供给量的主动权并不完全在中央银行,中央银行能够调整再贴现率,但不能强迫商业银行借款。

(三) 公开市场业务

公开市场业务又称公开市场操作,是指中央银行与指定交易商进行有价证券和外汇交易,吞吐基础货币,调节市场流动性,实现货币政策调控目标的货币政策工具。根据买卖证券范围的不同有广义和狭义之分。广义的公开市场业务是指中央银行除了买进或卖出政府公债之外,还买卖地方政府债券、政府担保的证券以及银行承兑汇票等,以达到调节信用和控制货币供应量的目的。狭义的公开市场业务是指中央银行在公开市场上只买进或卖出政府公债和国库券,以实现调节信用、控制货币供应量的目的。

根据中央银行实施公开市场业务目的的不同,公开市场业务分为被动性公开市场业务、主动性公开市场业务和混合性公开市场业务三种。被动性公开市场业务是指为了避免包括税收和政府支出等在内的中央银行无法控制的因素对银行体系准备金和基础货币所产生的影响而开展的公开市场业务。主动性公开市场业务是指中央银行根据经济发展情况,积极开展公开市场业务,以实现中央银行货币政策的目标。从各国实践来看,由于上述两种目的是同时存在的,因此实际的公开市场业务也可以称为混合性公开市场业务,即一国在同一时间进行公开市场业务的因素既包括被动因素也包括主动因素。

公开市场业务通常具有三方面的作用:调控存款货币银行准备金和货币供应量;影响利率水平和利率结构;与再贴现政策配合使用,以提高货币政策效果。与其他货币政策相比,公开市场业务具有其优点:(1)公开市场业务的主动权完全在中央银行,其操作规模大小完全受中央银行自己控制,而不像再贴现贷款规模不完全受中央银行控制;(2)公开市场业务可以灵活精巧地进行,用较小的规模和步骤进行操作,以较为准确地达到政策目标,不会像存款准备金政策那样对经济产生过于猛烈的冲击;(3)公开市场业务可以进行经常性、连续性的操作,具有较强的伸缩性,是中央银行进行日常性调节的较为理想的工具;(4)公开市场业务具有极强的可逆性,当中央银行在公开市场操作中发现错误时,可立即逆向使用该工具,以纠正错误;(5)公开市场业务可迅速地操作。正是由于公开市场业务存在的许多优点,它已成为大多数国家中央银行经常性使用的货币政策工具。当然,公开市场业务作为一种货币政策工具,也不可避免地存在其局限性,主要是:公开市场操作较为细微,缺乏政策意图的告示作用,其对公众预期的引导作用较差;各种市场因素的变动可能减轻或抵消公开市场业务的影响力;需要以较为发达的有价证券市场为前提,若市场发育程度不够,交易工具太少等都将制约公开市场业务的效果。

二、选择性货币政策工具

选择性货币政策工具是指中央银行针对个别部门、个别企业或某些特定用途的信贷所采用的货币政策工具。与一般性货币政策工具不同,选择性货币政策工具通常可在不影响货币供应总量的条件下,影响金融体系的资金投向和不同贷款的利率水平。常见的选择性货币政策工具主要包括消费信用控制、证券市场信用控制、不动产信用控制、优惠利率和进口保证金制度。

(一) 消费信用控制

消费信用控制是指中央银行对消费者不动产以外的耐用消费品分期购买或贷款的管理措施。目的在于影响消费者对耐用消费品有支付能力的需求。消费信用控制的主要内容:(1)规定分期付款等消费信用形式购买各种耐用消费品时,第一次付现的最低金额;(2)规定分期付款等消费信用方式购买耐用消费品的最长限期;(3)规定分期付款等消费信用方式购买耐用消费品的种类,并规定哪些耐用消费品可以分期付款购买;(4)以分期付款等消费信用方式购买耐用消费品时,对不同的耐用消费品规定不同的放款期限。

(二) 证券市场信用控制

证券市场信用控制是指中央银行对有价证券的交易,规定应支付的保证金限额,目的在于限制用借款购买有价证券的比重。这是对证券市场贷款量实施控制的一项特殊措施,在美国货币政策史上最早出现,目前仍继续使用。

中央银行规定保证金限额的目的:一方面是为了控制证券市场信贷资金的需求,

稳定证券市场价格；另一方面则是为了调节信贷供给结构，通过限制大量资金流入证券市场，使较多的资金用于生产和流通领域。我国改革开放以来，证券市场从无到有，发展迅速，但也出现了大量信贷资金流入股市、债市和期货市场，导致证券市场过热，出现金融资产泡沫的不良运行状况。为解决该问题，我国实行了证券业和银行业分业经营的管理体制，采取一系列措施限制信贷资金流入股市，限制证券经纪公司向客户透支炒股等，对于我国金融市场的稳定，抑制金融泡沫，避免金融危机发挥了重要作用。

（三）不动产信用控制

不动产信用控制是指中央银行对商业银行等金融机构办理不动产抵押贷款时实行限制性的管理措施。其主要内容：规定银行不动产贷款的最高限额和最长期限；规定购买不动产首付款的最低金额；规定每次分期还款的最低金额。不动产信用控制的主要目的在于限制房地产投机，抑制房地长过快增长产生泡沫。由于不动产，特别是住房消费具有投资额大、期限长的特点，它对经济增长具有乘数作用，与宏观经济走势密切相关。因此，实施不动产信用控制能够控制不动产信贷规模，抑制过度投机，避免经济过热。

（四）优惠利率

优惠利率是指中央银行对国家拟重点发展的某些部门、行业和产品规定较低的利率，以鼓励其发展，有利于国民经济产业结构和产品结构的调整和升级换代。优惠利率主要配合国民经济产业政策使用。例如，对急需发展的基础产业、能源产业、新技术、新材料的生产，出口创汇企业和产品的生产等，制定较低的优惠利率，提供资金方面的支持。

实行优惠利率有两种方式：其一，中央银行对这些需要重点扶持发展的行业、企业和产品规定较低的贷款利率，由商业银行执行。其二，中央银行对这些行业和企业的票据规定较低的再贴现利率，引导商业银行的资金投向和投量。优惠利率多为发展中国家所采用。我国在此方面也使用较多。

（五）进口保证金制度

进出口保证金制度类似于证券保证金，即中央银行要求进口商预缴相当于进口额一定比例的存款，以抑制进口规模的过快增长。这一措施多为国际收支经常出现逆差的国家采用。

在货币政策的具体实践中，除了以上所述的一般性货币政策工具和选择性货币政策工具以外，中央银行还可根据本国的具体情况和不同时期的具体要求，运用一些其他的货币政策工具。这些政策工具很多，既有直接的信用控制，也有间接的信用控制。

直接信用控制，是指中央银行从质和量两个方面以行政命令或其他方式对金融机构尤其是商业银行的信用活动进行直接控制。其手段包括利率最高限额、信用配额、流动性比率管理和直接干预。除此之外，中央银行还可通过道义劝告和窗口指导的方式对信用变动方向和重点实施间接指导。道义劝告是指中央银行利用其声望和地位，对商业银行和其他金融机构经常发出通知、指示或与各金融机构的负责人进行面谈、交流信息、解释政策意图，使商业银行和其他金融机构自动采取相应措施来贯彻中央银行的政策。窗口指导则是中央银行根据产业行情、物价趋势和金融市场动向,规定商业银行的贷款重点投向和贷款变动数量等。间接信用指导的优点是较为灵活,但其发挥作用的大小,取决于中央银行在金融体系中是否具有较强的地位、较高的威望和信用,以及足够的法律权利和手段。

本章关键词

货币政策　最终目标　中介目标　操作目标　货币政策工具　法定存款准备金政策　再贴现政策　公开市场业务　选择性政策工具

思 考 题

1. 简述货币政策的最终目标。
2. 选择货币政策中介目标和操作目标的主要标准与客观条件有哪些?
3. 请比较中央银行三大基本政策工具各自的优缺点及其适用条件。
4. 选择性货币政策工具有哪些?

第十四章　通货膨胀与通货紧缩

本章导读

自 20 世纪 60 年代以来，通货膨胀逐渐成为一种常规性、世界性的现象。而通货膨胀的成因是复杂多变的，主要有需求拉上、成本推动及结构因素等。对于通货膨胀的经济效应，各国学者也都莫衷一是，存在着各种不同的观点与学派。治理通货膨胀的措施主要包括了需求政策、供给政策、收入政策和结构政策等。

通货紧缩作为一种社会经济现象在 20 世纪 30 年代之后逐渐开始被人们所研究，目前通货紧缩理论主要包括费雪的"债务—通货紧缩"理论、凯恩斯的通货紧缩理论、克鲁格曼的通货紧缩理论和货币主义的理论。

第一节　通货膨胀概述

一、通货膨胀的概念

简单来说，通货膨胀是指因纸币发行量超过商品流通中的实际需要的货币量而引发的纸币贬值、物价上涨的现象。

通货膨胀是一个复杂的社会现象，因此有众多关于通货膨胀的定义。哈耶克认为，通货膨胀是指货币数量的过度增长，这种增长导致物价的上涨。弗里德曼认为，物价普遍上涨就是通货膨胀。萨缪尔森则加上时期概念来看待通货膨胀，他认为，通货膨胀是指物品和生产要素的价格普遍上升的时期。罗宾逊夫人对通货膨胀的解释是，通货膨胀是由于对同样经济活动的工资报酬率的日益增长引起的物价上升。此外，还有其他对通货膨胀概念的诠释。

一个普遍较能接受的定义是：通货膨胀是商品和劳务的货币价格总水平明显持续上涨的过程。这个定义实际上强调了三层含义：(1) 通货膨胀不是指个别商品价格的上涨，而是指价格指数的上涨。(2) 通货膨胀是价格指数持续上涨的一个过程，短暂或复苏性价格上涨不能算是通货膨胀。(3) 通货膨胀是价格指数明显上涨，轻微的价格指数上升不能算是通货膨胀。总之，通货膨胀总是表现为过多的货币在追逐过少的商品。

二、通货膨胀的类型

基于对通货膨胀的认识程度不同,人们将通货膨胀划分为多种类型。

(一)按市场机制的作用进行分类

通货膨胀可以分为公开型通货膨胀和隐蔽型通货膨胀。

公开型通货膨胀是指物价总水平明显地、直接地上涨;隐蔽型通货膨胀则是指货币工资水平没有下降,物价水平也未上升,但居民世纪消费水平却下降的通货膨胀。造成隐蔽型通货膨胀的原因主要是当消费品供不应求时,政府对工资和物价进行了严格的控制,以致经济体系中的供求失衡无法通过市场价格的调节予以消除,因此短缺的经济往往形成限制供应(凭票等方法)和黑市盛行。

(二)按物价上涨速度进行分类

通货膨胀可以分为爬行通货膨胀、温和通货膨胀、严重通货膨胀和恶性通货膨胀。

爬行通货膨胀是指物价总水平上升的年率为1%~3%,且不存在通货膨胀预期的情形。温和通货膨胀是指物价总水平上升的年率在3%以上,比爬行通货膨胀高,但尚未达到两位数的通货膨胀。严重通货膨胀是指物价总水平上升的年率在两位数以上,物价总水平上涨猛烈,且有较快的发展速度。恶性通货膨胀是指物价总水平上升的年率为三位数甚至更高的情形。在恶性通货膨胀下,货币完全丧失了价值储藏功能,也部分丧失了交易媒介功能,成了"烫手山芋",持有者总是想要尽快将手中的货币用出去。其结果是严重破坏了正常的生产和流通秩序,造成货币制度的崩溃和国民经济的完全瘫痪。

(三)按通货膨胀的原因进行分类

通货膨胀可以分为需求拉上型通货膨胀、成本推动型通货膨胀、供求混合推进型通货膨胀和结构型通货膨胀。

表14-1 通货膨胀类型

分 类 标 准	类　　别
市场机制作用	公开型通货膨胀 隐蔽型通货膨胀
价格上涨速度	爬行通货膨胀 温和通货膨胀 严重通货膨胀 恶性通货膨胀
通货膨胀原因	需求拉上型通货膨胀 成本推动型通货膨胀 供求混合推进型通货膨胀 结构型通货膨胀

津巴布韦币沦为垃圾货币

津巴布韦是一个矿产资源丰富,土地肥沃的非洲南部国家,于 1980 年独立,曾经经济实力仅次于南非,曾被誉为"非洲面包篮",来自津巴布韦的粮食养活了非洲的饥民。然而,自总统穆加贝在 2000 年推行激进的土地改革,强行没收白人农场主的土地分配给自己的"黑人兄弟"以后,津巴布韦的农业、旅游业和采矿业一落千丈,经济逐渐濒临崩溃。津巴布韦币最早比美元值钱,1980 年独立的时候,津巴布韦币与美元汇率为 1∶1.47。在土改以后,由于经济崩溃,政府财政入不敷出,于是开始疯狂印钞。回顾从 2001 年到 2015 年的津巴布韦通货膨胀过程,各种混乱的数据超出了一般人的理解能力。动辄百分之几百、几千的通货膨胀,最后甚至只能以指数来衡量。恐怕只能用货币面值才能让人理解了:

2006 年 8 月,津巴布韦央行以 1 比 1 000 的兑换率用新元取代旧币。

2008 年 5 月,津巴布韦央行发行 1 亿面值和 2.5 亿面值的新津巴布韦币,时隔两周,5 亿面值的新津巴布韦币出现(大约值 2.5 美元),再一周不到,5 亿、25 亿和 50 亿新津巴布韦币纸币发行。7 月,津巴布韦央行发行 100 亿面值的纸币。8 月,政府从货币上勾掉了 10 个零,100 亿津巴布韦币相当于 1 新津巴布韦币。

2009 年 1 月,津巴布韦央行发行 100 万亿面值新津巴布韦币。4 月津巴布韦政府宣布,新津巴布韦币退出法定货币体系,以美元、南非兰特、博茨瓦纳普拉作为法定货币,以后的几年中,澳元、人民币、日元、印度卢比又加入到津巴布韦法定货币体系。

从 2001 年开始,100 津巴布韦币可以兑换 1 美元到 2009 年 10 的 31 次方的新津巴布韦币才能兑换到 1 美元,不到 10 年的时间,津巴布韦币彻底沦为了垃圾货币。

资料来源:搜狐财经

三、通货膨胀的衡量

根据通货膨胀的定义,通货膨胀的程度可以用物价上涨幅度来衡量。目前世界各国普遍采用"一般物价水平"这个概念来说明物价变动情况,并根据"一般物价水平"的上升情况确定通货膨胀的程度。所谓"一般物价水平"是指全社会所有的商品和劳务的平均价格水平,而该平均价格是通过编制物价指数来计算的,因而物价指数就成了衡量通货膨胀的尺度。目前,各国编制的能用来反映通货膨胀的物价指数主要有消费物价指数(CPI)、批发物价指数(WPI)或生产者价格指数和国民生产总值平减指数(GNP Deflator)等。

(一)消费物价指数

消费物价指数也称为居民消费价格指数或零售物价指数,是对一个固定的消费品篮子价格的衡量,主要反映消费者支付商品和劳务的价格变化情况,以百分比变化为表达形式。构成该指数的主要商品共分 8 大类,其中包括食品和酒及饮品、住房、衣服、教育和通信、交通、医药健康、娱乐、其他商品及服务。消费物价指数是一个滞后性的数据,但它往往是市场经济活动与政府货币政策的一个重要参考指标,也是一种度量通货膨胀水平的工具。

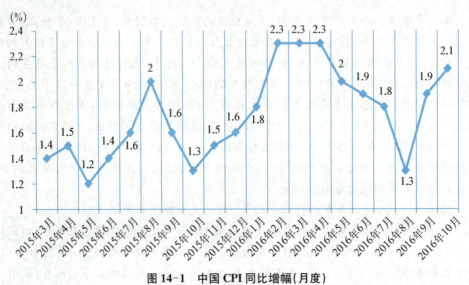

图 14-1　中国 CPI 同比增幅(月度)

资料来源:中国金融信息网。

(二) 批发物价指数

批发物价指数是根据大宗物资批发价格的加权平均价格编制而得到的物价指数,包括在内的产品有原料、中间产品、最终产品与进出口产品,但不包括各类劳务。批发物价指数只计算了商业在生产环节和批发环节上的价格变动,没有包括商品最终销售时的价格变动,其波动幅度通常小于居民消费价格指数。批发物价指数是讨论通货膨胀时最常提及的物价指数之一,可以作为通货膨胀的征兆。

(三) 国民生产总值平减指数

国民生产总值平减指数又称国民生产总值缩减指数或国民生产总值折算指数,是用报告期价格计算的国民生产总值除以基期不变价格计算的国民生产总值得出的。国民生产总值平减指数是衡量一国在不同时期内所生产的最终产品和劳务的价格总水平变化程度的价格指数。国民生产总值平减指数的优点是包括的范围广,除了消费品和劳务外,还包括有资本品和进出口商品,所以它能较全面地反映一般物价水平的变动趋势,而其缺点是编制国民生产总值平减指数需要收集大量的资料,而且需要投入大量的时间,很难及时更新和公布,在时效上无法满足经济决策的需要。

四、通货紧缩

尽管在 20 世纪 30 年代以前,世界上很多国家多次发生过通货紧缩,但是西方经济学家对它的研究还是不多。到了 20 世纪 30 年代世界经济发生大萧条后,通货紧缩才成为经济学研究的重要课题。然而,第二次世界大战以后因很少发生通货紧缩,相反是持续发生通货膨胀,所以在20世纪60年代后出版的西方经济学教科书,以及20世纪80年代或90年代不少流行的宏观经济学教程中有专章介绍通货膨胀理论,却连通货紧缩这个名词都几乎难以看到,即使有,也只是在论述通货膨胀时顺便提及,而未加以重点分析。

萨缪尔森和诺德豪斯在其《经济学》第十六版中是这样定义通货紧缩的:通货紧缩是指物价水平的持续下跌。斯宾塞在《当代经济学》中对通货紧缩的定义是:所有商品和服务的一般价格水平的下降,或者说,单位货币购买力上升。斯蒂格利茨、巴罗、布兰查德、戈登、雷诺兹等在其各自所著的《宏观经济学》中对通货紧缩的定义基本上都表述为一般物价水平的持续下跌。

在西方流行的经济学辞典中,货币主义代表人物D·莱德勒在《新帕尔格雷夫财政金融大辞典》中对通货紧缩的定义是:通货紧缩是一种价格下降和货币升值的过程,它是和通货膨胀相对的。托宾在《经济学百科全书》中对通货紧缩的解释是:通货紧缩也是一种货币现象,它是每单位货币的商品价值和商品成本的上升。再次,他把通货紧缩表述为货币升值。

综上所述,通货紧缩可以定义为:通货紧缩是指一般物价水平持续下跌、币值不断升值的一种货币现象。

阅读材料 14-2

日本的通货紧缩

一、背景介绍

"泡沫经济"破灭以后,日本除了出现经济停滞以外,还陷入了严重的通货紧缩,被称为"失去的十年""失去的二十年"甚至是"失去的三十年"。

二、日本的通货紧缩

1998年以前,日本各界并没有对通货紧缩引起足够重视,然而面对越来越严峻的经济形势,直到2001年4月,日本内阁府在每月例行经济报告中才首次承认,日本已于两年前即1999年出现了物价持续下跌,陷入缓慢的通货紧缩状态。从月度数据来看,根据日本总务省公布的数据CPI共有7次连续半年及以上负增长,其中1999年9月至2003年9月连续49个月,2009年2月至2010年9月连续20个月负增长。根据日本银行公布的数据,PPI也有次连续一年及以上负增长,如1992年1月至1997年3月连续63个月、2000年9月至2003年12月连续40个月、1998年3月至1999年12月连续22个月负增长。

三、通货紧缩对日本经济的影响

长期的通货紧缩对日本经济影响很大,物价的持续降低压缩了企业收益和工资水平,投资、消费减少,从而导致物价进一步下滑,这种恶性循环使日本经济长期处于回升乏力的状态。首先,经济增速大幅下降,20世纪90年代GDP平均增速仅1.47%,21世纪前十年平均增长0.6%,与80年代平均4.4%的增长相比,显示出极低增长率。其次,员工工资下降,从 1998 年起,日本企业名义工资总额同比出现负增长,同时受金融危机影响,2009 年更大幅下滑 3.6%,实际工资也下降 2.6%。最后,企业设备投资减少以及大量企业破产倒闭。

资料来源:魏加宁、杨坤,《日本的泡沫经济与通货紧缩》,开放导报,2016 年第 4 期。

第二节 通货膨胀的成因

通货膨胀的成因是复杂的,许多学者从不同角度进行了分析,主要包括需求拉上型、成本推动型、供求混合型等。

一、需求拉上型通货膨胀

需求拉上型通货膨胀是一种流传较广和影响较大的通货膨胀理论。它是用总供给与总需求的失衡来解释通货膨胀的成因。在现实生活中,供给表现为市场上的商品和服务,需求则体现在货币的支付上。当市场处于供不应求时,也就成了"过多的货币追逐过少的商品"。凯恩斯认为:货币数量的变动对物价的影响是间接的,货币数量的增加是否具有通货膨胀性,要看经济体系是否达到充分就业。

在达到充分就业点之前,货币数量增加时,就业量会随着有效需求增加而增加,其原因是由于存在闲置的劳动力和生产资源,因此供给具有弹性,增加有效需求就有刺激产量的作用。此时,货币数量增加不具有十足的通货膨胀性,而是一方面增加就业量和产出量,另一方面也使物价逐渐上涨。这种情况,凯恩斯称之为"半通货膨胀"。

当达到充分就业后,由于各种资源已充分利用,供给已经没有弹性,货币数量增加后虽然有效需求会增加,但已无增加产量的作用,仅使成本单位价格随有效需求同比例上涨,此种情况可称之为真正的通货膨胀。

如图 14-2 所示,横轴代表总产出或国民收入(Y);纵轴代表物价水平(P);社会总供给曲线 AS 可按社会的就业状况分为 AB、BC、CS 段,Y_4 为充分就业条件下的国民收入。

AB 阶段的社会总供给曲线呈水平状况,这意味着供给弹性无限大。这是因为社会上存在着大量的闲置资源或失业,故总供给的增加能力很大。当总需求从 D_1 增至 D_2,国民收入便从 Y_1 增至 Y_2,

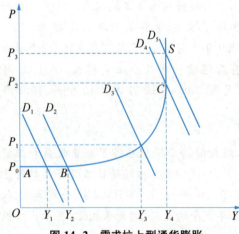

图 14-2 需求拉上型通货膨胀

而物价并不上涨。

BC 阶段的社会总供给曲线则表示社会逐渐接近充分就业,这意味着社会上闲置的资源已很少,故总供给的增加能力也较小,此时为扩大产量而增加的需求会促使产量和生产要素价格的上涨。因此,当总需求从 D_2 增至 D_3 时,国民收入虽也增加,但增加的幅度减缓,同时,物价开始上涨由 P_0 增加到 P_1,再由 P_1 增至 P_2。

CS 阶段的社会总供给曲线则表示社会上的生产资源已经达到了充分利用的状态,即不存在任何闲置资源,其总供给曲线就成为无弹性的曲线。在这种情况下,当总需求从 D_4 增至 D_5 时,只会导致物价的上涨,物价由 P_2 增加到 P_3。

二、成本推动型通货膨胀

按照凯恩斯关于通货膨胀理论的解释,在达到充分就业以前,有效需求在带动物价上升的同时还能增加就业量和产出量。但到了 20 世纪 50 年代后期,一些国家却出现了物价持续上升而失业率却居高不下的状况。对此,需求拉上型通货膨胀理论显然无法解释。因而,一些经济学家提出了成本推动型的通货膨胀理论。该理论认为,通货膨胀是由于供给因素变动而形成的,即当成本上升时,供给曲线会向上移动。具体而言,主要有两个因素会引起供给曲线向上移动。

(一) 工资成本的变化

在工资增长率高于劳动生产率增长的情况下,企业就会因人力成本的加大而提高产品的价格以维持盈利水平。这就是从工资提高开始而引发物价上涨。工资提高引起物价上涨,物价上涨又引起工资的提高,在西方经济学中,称为工资-物价螺旋上升(wage-price spiral)。

(二) 原料价格或垄断价格的上升

当由于原料价格上升时,企业会以涨价的方式转嫁成本上升的负担;一些企业具有垄断市场的能力时,也会以垄断价格的方式带来价格上升。

该理论解释了不存在需求拉上的条件下,也能产生物价上涨。所以,总需求给定是假设前提。既然存在这样的前提,当物价水平上涨时,取得供求均衡的条件只能是实际产出的下降,相应的则必然是就业率的降低。因而,在这种条件下的均衡是非充分就业的均衡。

成本推动型通货膨胀也从一个侧面解释了"滞胀"现象。

图 14-3 中 AD 表示总需求曲线,AS_0 表示总供给曲线的初值,并假定二者为经济充分就业条件下的供求均衡点,由此得到初始时的价格水平 P_0 和收入水平 Y_f。当成本增加时,企业会在同等产出水平下提高价格,或在同等价

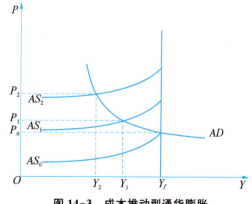

图 14-3 成本推动型通货膨胀

格水平上只提供较少的产出,因而总供给曲线会由 AS_0 向上移动至 AS_1,甚至 AS_2。当总需求不变时,价格水平则由 P_0 上升至 P_1 甚至 P_2,而收入水平则下降到 Y_1,甚至 Y_2。

三、供求混合型通货膨胀

供求混合型通货膨胀理论是将供求两个方面的因素综合起来考察通货膨胀的成因。这种观点认为,在现实经济社会中,通货膨胀的动因既有需求方面的因素,也有供给方面的因素。比如,通货膨胀从成本推进方面开始,造成了物价上升的同时产出减少和失业增加,在政府干预经济的情况下,为了避免失业和经济恶化,政府采取扩张性的财政、货币政策,相应地扩大总需求,这样,失业和产出量可以恢复到原有水平,而物价则进一步上升。

如图 14-4 所示,假定最初由于生产领域的某些原因引起成本上升,供给曲线 AS 由 AS_0 向左上方移动到 AS_1,AS_1 与最初的需求曲线 AD_0 交于 e_1 点,价格水平由 P_0 上升到 P_1,为了阻止实际产出的减少和防止失业率增加,政府必然采取鼓励投资和刺激消费的政策,需求曲线由原来的 AD_0 上升到 AD_1,这样就使原来由成本推动的价格上升进一步发展到需求拉动的价格上升,价格由 P_1 上升到 P_2,AS_1 和 AD_1 交于 e_2。需求拉动的价格上升又会进一步提高企业成本,导致供给曲线由 AS_1 上升到 AS_2,与 AD_1 相较于 e_3 点,与其相对应的价格为 P_3。这样的过程持续下去,就会表现出一种供给曲线与需求曲线相互推进的机制,短期的均衡点则不断变化,价格则呈"螺旋形"持续上升。

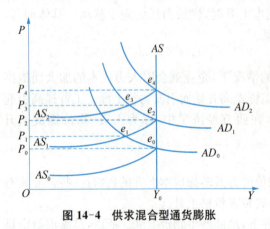

图 14-4 供求混合型通货膨胀

> 阅读材料 14-3

第一次世界大战后德国恶性通货膨胀的原因

第一次世界大战后初期,德国之所以出现严重的通货膨胀,其原因之一在于国家的巨额财政赤字。战争结束后,德国百废待举,财政极为吃紧。首先,第一次世界大战中德国战费支出巨大其中 70% 是靠国内借款筹措的。1919 年 3 月,国内战债高达 1 540 亿马克,对这笔战债还本付息无疑是一项沉重的财政负担。其次,凡尔赛和约要求德国在 1921 年 5 月 21 日前同协约国赔偿 200 亿金马克。1921 年 4 月,协约国伦敦会议确定德国的赔款总额为 1 320 亿金马克。按规定,除每年交纳 20 亿金马克的固定赔款外,还必须交付德国出口的 26% 为不固定赔款,两项合计每年须赔款

30亿金马克。如此巨额的赔偿使德国财政难以承受。此外,遣散60万人的军队,解散庞大的军工企业,供养数以万计的战争伤残者及阵亡家属,赔偿平民的损失,重建东部遭战争破坏的地区等,无一不需要政府的财政花费。在国家财政支出骤然增加的同时,由于经济破坏严重,海外投资丧失,关税在很大程度上为协约国控制,政府的财政收入却明显减少。据估计,1919年德国政府财政赤字为50亿马克,几乎等于1913年的全部财政。在此情况下,如何平衡国家的财政预算呢?作为战败国,当时德国无法从国外得到贷款。赤裸裸地宣布国家财政破产,一笔勾销国内债务,拒不接受协约国的赔款要求,对于刚刚建立且政治上极不稳定的魏玛共和国来说,则无异于政治自杀。1920年6月,财政部长马蒂亚斯·埃茨贝格尔主持了重大财政改革,试图通过加强中央政府的税收权力、征收10%的薪金附加税来改善财政状况,但这一举措可悲地失败了。一是"当时德国已承受着比其他国家更重的税收",增税必然会引起人民的反对;二是人们的"纳税道德低下","欠缴税金的一方对今后货币贬值有兴趣"。因此,平衡财政预算的途径仅剩下了一条,即政府向帝国银行贷款,不断印发新钞票。例如,在1920年4月到1924年3月的4个财政年度中,政府2/3的支出是通过制造通货膨胀和急剧增加债务解决的。

通货膨胀的另一个原因是德国的国际收支逆差。第一次世界大战后,德国经济凋残零落。一方面,4年的战争耗费了大量的人力、物力和财力;另一方面,"骇人听闻的掠夺性的和约",进一步恶化了德国的经济形势和地位,为了解决当时所面临的粮食危机和恢复经济所急需的原料,只好依靠大量进口,致使国际贸易逆差严重。1919—1923年德国贸易进口273.59亿马克,出口199.1亿马克,贸易逆差为74.49亿马克。其中,从美国的进口总值是14.09亿美元,出口4.58亿美元,贸易逆差达9.51亿美元。为填补由贸易逆差造成的国际收支漏洞,德国不得不大量兑换美元甚至出售国内证券,由此导致马克在国际外汇市场上比价下降。马克贬值又使进口价格上扬,生产成本增加,减弱了德国商品在国际市场上的竞争力,进一步加剧了国际支付逆差的恶性循环。此外,还应看到,国际支付逆差也是交付高额战争赔款的恶果之一。从理论上讲,德国支付赔款将有三种途径:一是接受债权国订货,向债权国提供所需货物;二是支付给债权国马克现款,由债权国或者经债权国转手的第三国在德国市场上自由购货;三是将马克兑换成外汇,各债权国支付外汇。由于债权国有着较发达的国民经济,接受实物赔偿或者购买德国货物必然会影响本国经济的发展,因此,债权国真正感兴趣的是偿付外汇现款。这就需要德国在外汇市场上购买外汇特别是美元,这种超经济的国际支付势必推动马克贬值和通货膨胀。

除上述财政经济上的原因外,通货膨胀的恶性发展则是由法国和比利时占领鲁尔区直接造成的。1923年1月11日,法、比以德国欠缴赔偿为借口,出兵占领了德国的工业心脏鲁尔区,第二天德国政府向法、比提出抗议。1月13日,古诺总理在国会发表演说,宣布实行"消极抵抗"政策,这一政策包括:停止向法国和比利时付款和供货,在整个占领区内,只有德国行政当局的命令才有效,矿山、企业、铁路运输部门、通信部门的职工和企业主要对占领当局的各项措施进行抵制,停工停产。为支持鲁尔区的消极抵抗,政府设置了"援助鲁尔基金",对参加消极抵抗而受到损失的企业提供补偿,为被解雇和驱逐的工人提供食品和生活补助。在长达 8 个月的消极抵抗中,政府每月提供补助金为 2 亿金马克,为此动用了价值 5 000 万美元的黄金储备。因此说,正是法、比占领鲁尔和消极抵抗的巨大花费将德国原有的通货膨胀推向了灾难,使 1923 年成为"德国历史上不幸的年代"。

资料来源:刘新利,王肇伟,《论 1918—1923 年德国的通货膨胀》,山东师大学报(社会科学版),1996 年第 3 期。

第三节 通货膨胀的经济效应

一、通货膨胀的经济增长效应

关于通货膨胀对经济增长的效应,西方经济学界在 20 世纪 60 年代曾有过激烈的争论,形成三种观点:一是促进论,认为通货膨胀可以促进经济增长;二是促退论,认为通货膨胀会损害经济增长;三是中性论,认为通货膨胀对经济增长既有正效应,也有负效应。从图 14-5 我国的数据,也可以看出经济增长与 CPI 增长率之间的关系并不是简单的正相关或者负相关。

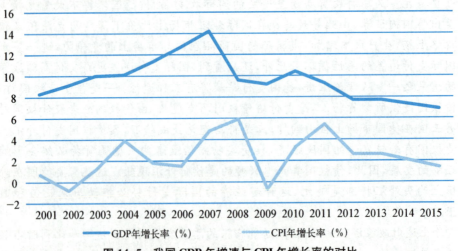

图 14-5 我国 GDP 年增速与 CPI 年增长率的对比

资料来源:IMF

促进论者认为,适度的通货膨胀有利于促进经济的增长。在 20 世纪 70 年代以前,人们普遍持有这种观点。其中,尤其以凯恩斯学派相关理论为代表。他们认为,资本主义经济长期处于有效需求不足、生产要素尚未充分利用、劳动者来充分就业的状态,实际经济增长率低于潜在经济增长率。因此,政府可以采用通货膨胀政策,用提高货币供给增长率、增加财政赤字、扩张投资支出等手段来刺激总需求,带动总供给的增加,从而促进经济的增长。也有经济学家认为,通货膨胀促进经济增长的效果在发展中国家表现得尤为明显。原因是:

(1) 发展中国家政府税收不足,可以通过财政向中央银行借款的方式扩大财政投资,并采取措施保证私人部门的投资不会减少。此种措施可能导致通货膨胀,但同时也会因实际投资增加而促进经济增长。

(2) 通货膨胀是一种有利于富裕阶层的收入再分配,而富裕阶层的储蓄倾向较高,因此通货膨胀会通过提高储蓄率而促进经济增长。

(3) 在通货膨胀初期,名义工资的调整通常较大程度地落后于物价的上涨,这时企业利润会提高,从而刺激投资增加,促进经济增长。

促退论者则认为,通货膨胀会损害经济增长。针对促进论者的观点,他们认为,适度或低度的通货膨胀对经济增长的刺激作用只能存在于有效需求不足的情况下,并取决于两个条件:一是存在闲置的社会资源,呈现供大于求的状态;二是公众对通货膨胀预期小于实际通货膨胀。即使在有效需求不足的情况下,通货膨胀对经济增长的刺激作用也是十分短暂的。实际情况表明,相对较低或中度的通货膨胀可能不会使经济增长率在当期迅速下降,但它可能导致更高的通货膨胀,最终导致经济低增长或负增长。此外,持续的通货膨胀还会降低经济运行的效率,并进而阻碍经济的成长。首先,通货膨胀会降低投资成本,诱发过度的投资需求,从而迫使金融机构加强信贷配额管制,降低金融体系的融资效率。其次,较长期的通货膨胀会增加生产性投资的风险和经营成本,从而导致资金更多地流向非生产性投资,生产性投资减少。最后,持续的通货膨胀最终可能迫使政府采取全面的价格管制措施,从而降低经济的活力。

中性论是一种认为通货膨胀对经济增长既无正效应也无负效应的理论。这种理论认为,由于公众预期,在一段时间内他们会对物价上涨做出合理的行为调整,因此通货膨胀各种效应作用就会相互抵消。

二、通货膨胀的收入再分配效应

通货膨胀除了影响经济增长,还会引起国民收入再分配的效应,具体表现在如下四个方面。

(一) 固定收入者受损,浮动收入者得利

那些领救济金、退休金的人,以及白领阶层、公共雇员以及靠福利和其他转移支付维持生活的人,在相当长的时间内他们所获得的收入是固定不变的。实际收入因通货膨胀而减少,生活水平必然降低。浮动收入者,收入上涨,如果在企业价格水平和生活费用上涨之前,则会从通货膨胀中得到好处。如果产品价格比工资和原材料价格上升快,企业主就能从通货膨胀中获得好处,增加利润。

(二) 债务人得利，债权人受损

债务人获得货币进行即期使用，提高购买力，待其偿还时，由于通货膨胀，同量货币的实际购买力下降。通货膨胀靠牺牲债权人的利益而使债务人获利。如果通货膨胀被预期到，在借贷合同中附加通货膨胀条款，则这种再分配效应就不存在了。

(三) 实际财富持有者得利，货币财富持有者受损

实际财富包括不动产、贵金属、珠宝、古董、艺术品等。股票代表实际财富的所有权，有时和实际财富一样，在通货膨胀时期价格上涨；而货币财富包括现金、银行存款、债券，其实际价值因物价上涨而下降。因而，通货膨胀会降低储蓄倾向。

(四) 国家得利，居民受损

国家通过通货膨胀税占有一部分实际资源。货币是政府的负债，同时，政府通过发行公债，已欠下居民大量的债务，通货膨胀将其债务的实际价值缩减了。另外，由于累进税制，通货膨胀能提高税基，纳税等级上升，政府税收增加。

三、通货膨胀的资源配置效应

通货膨胀时期，整个社会资源配置紊乱，运作效率降低，以致总产出减少，国民生活水平下降。

(一) 价格信号失真易导致资源配置决策失误

通货膨胀时期价格表现出不稳定性，在不同产品中，因价格调整滞后而对通货膨胀率的反映也不尽相同，微观经济信号可能被扭曲。相对价格的变化会引起资源转移，在价格信号失真的情况下，资源配置容易发生决策上的失误。特别是在通货膨胀高涨时期，价格信号失真可能表现得更为剧烈。

(二) 合同短期化的频繁谈判导致资源耗费

在劳动力市场和金融市场中，合同的短期化使资源的使用受到影响。由于通货膨胀的存在，为了规避风险，企业和个人倾向于签订短期合同。在证券市场上，短期货币资金占的比重越来越大，影响了上市公司的财务与投资决策。在劳动力市场上，由于合同期越来越短，更多的时间和精力被耗费在频繁合同谈判上，从而用于生产和服务的资源相对减少。

(三) 财务的频繁料理导致资源浪费

通货膨胀侵蚀了货币的余额，因此人们总是尽量地缩减手头的存款与现金这类货币财产，同时力图保有那些能在通货膨胀中盈利的资产作为财富。这就需要更多的时间料理财务，从而造成本来应当用于生产服务或享受闲暇的时间被占用。从整个社会角度看，这种经历的损耗也是资源的浪费，人们通常将通货膨胀的这类代价叫"鞋底成本"。另外，由于通货膨胀，使得企业公司人员的注意力和精力从生产活动中引向非生产性活动，如在商品期货市场和远期外汇市场上进行套期保值，以规避价格剧烈波动带来的风险。

总之，通货膨胀对资源配置的影响就是资源配置的成本增加。特别是当通货膨胀演变为恶性的时候，这种代价就非同小可了。

第四节 通货膨胀的治理

通货膨胀对社会经济生活的影响是多方面的。鉴于通货膨胀的不利影响和后果,各国都把反通货膨胀作为一个重要的宏观经济目标。通货膨胀的发生是一个极其错综复杂的社会经济现象,因此需要有针对性地采取各种手段,加以综合治理。

一、需求政策

这一政策主要是针对需求拉上型通货膨胀。根据需求拉上的通货膨胀理论,通货膨胀是由总需求超过总供给而引起的,因此通过宏观紧缩政策来控制社会需求是各国治理通货膨胀的主要手段。

(一) 紧缩性货币政策

紧缩性货币政策是指中央银行实行紧缩银根的政策,即通过减少流通中的货币供应量的方法来提高货币的购买力。一般而言,通货膨胀主要是由于货币供应无节制扩张所引起的。因此,应采取紧缩性货币政策来减少社会总需求,促使总需求与总供给趋于一致。紧缩货币供给量的方法有提高法定存款准备金率、提高再贴现率、在公开市场上出售有价证券。

(二) 紧缩性财政政策

紧缩性财政政策主要是通过增加税收、减少政府支出等手段,来限制消费和投资,抑制社会总需求,其主要手段有以下三种。

1. 增加税收

税收的增加,一方面可以增加政府的财政收入,弥补财政赤字,减少因财政赤字增加的货币发行,另一方面又直接减少企业和个人的利润、收入,从而减少企业投资,降低消费者的消费支出。

2. 削减政府支出

一是削减购买性支出,包括政府投资、行政事业费等;二是削减转移性支出,包括各种福利支出、财政补贴等。这样,可以尽量消除财政赤字,达到消除通货膨胀隐患的目的。

3. 发行公债

发行公债,可以利用其"挤出效应",减少民间部门的投资和消费资金,从而降低民间部门的投资和消费资金,抑制社会总需求。

二、收入政策

收入政策是指政府在通货膨胀期间用来限制货币收入水平和物价水平的经济政策。收入政策的理论基础主要是成本推进型通货膨胀理论,因为成本推进型通货膨胀是由于供给方面原因引起。为此,通过对工资和物价进行干预,以阻止工会和垄断企业互相抬价而引起工资、物价轮番上涨,其目的在于力图控制通货膨胀而又不引起失业增加。收入政策的主要手段如下:

(一) 规定工资和物价水平增长率的标准

规定工资增长率与劳动增长率保持一致。对于每个部门,由于劳动生产率与全国平均劳动生产率的差距引起的成本变动允许其通过价格浮动来消除。

(二) 工资—价格指导

通过各种形式的政府说服工作,使企业和工会自愿执行政府公布的工资—价格指导线。工资—价格指导线是指政府当局在一定年份内允许货币收入增长的目标数值线,并据此相应地采取控制每个部门工资增长率的措施。

(三) 工资和物价管理

对工资和物价实行强制性冻结,如有违反,政府予以处罚。

(四) 以纳税为基础的收入政策

政府以税收作为奖励和惩罚的手段来限制工资和物价的增长。如果工资和物价的增长保持在政府规定的幅度范围之内,政府就以减少个人所得税作为奖励;如果超过政府规定的界限,就以增加税收为惩罚。

一些经济学家认为如果一国的通货膨胀是由成本推进形成的,或由成本推进和需求拉上相互作用造成的,则非紧缩性的货币政策与财政政策所能克服。那么政府采取管制工资和物价尚不失为可行的办法。然而,也有一些经济学家反对实行收入政策。其主要理由为:物价工资管制使价格体系扭曲,降低资源配置效率;物价工资管制可能将公开的通货膨胀转为隐蔽的或抑制的通货膨胀;物价工资管制还可能影响劳动者的积极性。不过即使是持赞同意见的大多数经济学家也认为若是工资、物价非管制不可时,其时间应短,范围应窄。

三、供给政策

供给政策是指以积极刺激生产的办法增加供给,同时压缩总需求来抑制通货膨胀的政策。推行这种政策的学派被称为供给学派,在20世纪70年代中期盛行于美国,主要倡导者是美国经济学家拉弗。其政策的核心是强调增加供给在治理通货膨胀中的作用。

实施供给政策的主要措施:一是大幅度降低税率,尤其是降低个人所得税和公司所得税的边际税率;二是减少国家对经济的干预和对企业经营活动的限制;三是在采取上述刺激供给措施的同时,也要减少政府支出,主要是减少福利支出,实施平衡预算,限制货币量增加率,通过这些来压缩总需求。

20世纪70年代,美国爆发严重的通货膨胀,美国政府根据凯恩斯主义经济政策采取了一系列应对措施,交替使用紧缩和扩张的财政政策及货币政策,刺激或抑制投资和消费需求,同时配合实施削减政府开支、增税、管制或限制物价和工资的上涨等应急性政策措施,并未取得较好的效果。到70年代末卡特政府执政后期,通货膨胀率又上升到 1979 年的 13.3% 和 1980 年的 13.5%,并使美国经济于 80 年代初再次陷入了第二次世界大战后最严重的经济衰退。80 年代里根总统上台后,政府接受了供应学派和货币学派的一些主张,实行了减税和扩张性的财政政策以刺激投资和储蓄。

四、结构调整

考虑到通货膨胀的结构性,一些经济学家建议应该使各产业部门之间保持一定的比例,从而避免某些产品供求因结构性失调而推动物价上涨,特别是某些关键性产品,如食品、原材料。

实行微观财政、货币政策,应先调整需求和供给的结构,以缓和结构失调而引起的物价上涨。微观政策包括税收政策和公共支出结构政策。税收结构政策不是指变动税收总量,而是指在保证一定的税收总量的前提下,调节各种税率和实行范围等。同样,公共支出结构政策是指在一定的财政支出总量前提下,调节政府支出的项目和各种项目的数额。在当代西方国家,各执政党为了政治上的需要,把提高国民福利待遇作为其争取选民的一种收单。财政支出的这种结构性变化,不仅失去了刺激生产、扩大就业的作用,而且使得失业者不急于寻找工作,扩大了就业队伍。降低财政支出中转移支付的比重、增加公共工程等投资性支出,可以扩大就业,增加产出,降低通货膨胀率。

微观货币政策包括利率结构和信贷结构,旨在通过各种利差的调整,以及通过各种信贷数额和条件的变动来影响存款和贷款的结构和总额,提高资金使用效率,鼓励资金流向生产性部门,遏制消费资金的扩张。

五、收入指数化政策

收入指数化是将工资、储蓄和债券的利息、租金、养老金、保险金和各种社会福利津贴等名义收入与消费物价指数紧密联系起来,使各种名义收入按物价指数滑动或根据物价指数对各种收入进行调整。这一政策措施在巴西、以色列、芬兰以及其他一些工业化国家被广泛采用,也是 20 世纪 70 年代以后,货币学派极力鼓吹的政策之一。

20 世纪 70 年代,为了对付滞胀,西方各国都不同程度地推行了收入政策。弗里德曼对此强烈反对。他认为,制止通货膨胀的办法只有一个,即减少货币的增长。他认为,只有把货币供应增长率最终下降到接近经济增长率的水平,物价才可望大体稳定下来。而后政府采用单一规则控制货币供应量,就能有效地防止通货膨胀。至于其他制止通货膨胀的办法,诸如控制物价和工资都是行不通的。因为,为了反通货膨胀的目的而控制物价和工资是不利于生产的。控制破坏了价格结构,降低了价格系统作用的有效性,引起生产下降,从而加重了而不是减轻了医治通货膨胀的副作用。与此同时,实施减轻其副作用的措施,就能够更快地制止通货膨胀。措施之一就是收入指数化。弗里德曼认为,收入指数化有两个功效:① 能够抵消物价波动对收入的影响,消除通货膨胀所带来的收入不平等现象;② 剥夺各级政府从通货膨胀中捞取的非法利益,从而杜绝人为制造通货膨胀的动机。

六、改革收入分配制度

改革收入分配制度是消除工资推动型通货膨胀根源的办法。改革收入分配制度与管制工资-物价的收入政策不同。改革收入分配制度是要实现收入的合理化和均等化,而不是维持现存的收入分配结构。管制政策一般是无效的,其结果只能使收入分配的失调状况用行政和法律的办法固定下来,除加剧通货膨胀和带来经济停滞外,别无所获。

改革收入分配制度主要有五项措施:(1) 通过合理的税收制度,例如实行累进税率来改变收入分配不均的状况。通过提高遗产税等方法减轻私人财产的集中程度。(2) 给予低收入者以适当补助。(3) 提高失业者的文化技术水平,增加其就业机会。(4) 制定逐步消除赤字的财政政策和实际工资增长率政策。(5) 奖励出口,限制进口,为国内增加就业机会。

阅读材料 14-4

新中国成立初期通货膨胀治理的主要措施及成效

一、实行紧缩的财政政策

1. 整顿税收,增加财政收入

政府根据当时的经济情况采取了"多收税少发钞票"的办法。1950年1月30日,政务院发布《关于统一全国税政的决定》,并附发了《工商业税暂行条例》和《货物税暂行条例》,全国税收制度自此统一。此后,国家的税收收入逐渐增加,税收稳定在国家财政总收入的50%左右,绝对税额也不断上升,财政赤字逐渐缩小,国家治理通胀的能力显著增强。

2. 发行公债

1950年,人民币胜利折实公债发行,由于准备充分,预测准确,组织到位,新中国第一次公债发行比较顺利,对于回笼纸币,抑制膨胀,筹集资金,发展生产起到了重要的作用。公债的发行初始效应缓解了人们对通货膨胀的焦虑心理,改变了人们抢购实物的心态,缓解了一部分通胀压力,从而导致了物价的稳定。

二、实行紧缩的货币政策

1. 控制货币投放

1949年11月5日,中央财政经济委员会决定紧急冻结未进入市场的人民币10天,检查各银行存款,紧缩贷款。11月13日,中财委明令"除中财委及各大区财委认为特殊需要而批准者外,其他贷款,一律暂停,在此期间,应按约收回贷款。""地方经费中凡属可以迟发半月或20天者,均应延缓半月或20天。"通过这些措施,流通中的货币数量大大减少,缩小了市场上货币与物资之间的差额,有效抑制了通货膨胀,保证了产品价格的稳定。

2. 增加存款

1949年4月20日,中国人民银行公布定期储蓄存款暂行章程,广泛开办折实储蓄。折实储蓄的实行,保证了当地的储蓄者不因物价波动而遭受损失,规避了通货膨胀的风险,促进了存款的增加。另外,中国人民银行还调整利率,对定期存款给与优惠的利息,这使市场的游资迅速减少,银行存款迅速增加,大量纸币回笼,从而抑制了通货膨胀。

三、努力恢复生产,增加社会供给

1. 对农业采取的措施

政府进行土地改革,削减农业税,在未实行土地改革的地区实行减租减息,调动农民的生产积极性,扩大农业生产,提高产量,增加供给。另外,大力兴修水利工程、修筑堤坝、开挖水渠、疏通河道,使农业生产的基本条件得到了保障,粮食产量大幅上升,总供给的增加缩小了总需求与总供给之间的差额,稳定了商品价格,有效抑制了通货膨胀。

2. 对工商业采取的措施

新中国成立初期国家财政极度困难,要把财力集中使用于建设的主要方面,放在能使我国经济起重大变化的方面。鼓励私人企业从事有利于国计民生的生产事业,给这些企业提供便利条件,使处于停工或者半停工状态的私营企业恢复生产,从而增加商品供给。在这一措施下,我国经济迅速恢复,市场供给量显著上升,物价得以稳定下来。

四、打击投机行为

1. 从各地调运物资,集中统一抛售

政府实行计划收购和计划供应,在合适的时间大量抛售商品,从而打击投机分子,平抑物价。1949年11月25日,全国各大城市一致行动,将粮食和纱布集中起来,连续抛售了十多天。这一措施严厉打击了投机分子的嚣张气焰,拖住了物价,回笼了大量货币,许多投机分子纷纷亏本出售,倒闭破产,很多资本家跳楼自杀或者圈起铺盖逃往香港,国内物价迅速稳定下来。

2. 加强市场管理

对私营工商业实行登记管理,未获批准者不能擅自开业;加强交易市场的规范管理,集中主要物资于交易所进行交易;制定各项交易规则,统一交易时间,对几种主要商品禁止场外交易,对于场内交易一律实行现金支付。这些措施对于规范市场秩序,减少投机行为,稳定物价,壮大国营商业的力量具有重要的意义。

五、加强金融管理

颁布金银和外币管理方法,禁止金银、外币自由流通,由中国人民银行负责收兑。同时,开展反对和打击金银、外币投活动,封锁了投机分子操纵银圆市场的大本营——上海证券交易所,逮捕了一批主要投机分子,还取缔了从事金融投机的26家"地下钱庄"及其他非法信用机构。对一般私营银行,政府引导其将资本投向生产事业。这些措施限制了金融投机活动,私营银行业务逐渐受控于国家银行,通货膨胀的局势得到有效的控制。

资料来源:刘章涵,《试论建国初期通货膨胀治理及启示》,科技经济导刊,2016年第19期。

本章关键词

通货膨胀　通货紧缩　需求拉上　成本推动　消费物价指数　促进论　促退论　收入再分配　资源配置　紧缩的货币政策

思 考 题

1. 如何理解通货膨胀这一概念。
2. 分析成本推动型通货膨胀的原因。
3. 分析需求拉上型通货膨胀的原因。
4. 通货膨胀促进经济增长的理由有哪些？促退论的理由有哪些？
5. 简述通货膨胀的治理措施。

第十五章 外汇与汇率制度

本章导读

如果你在一家进出口企业工作，货币汇率的变动会对你所在企业的经营产生重要的影响；如果你有机会出国，最重要的事情之一是到银行去兑换一些外币；如果你有闲散资金想作投资，炒汇也是一种不错的选择。在经济全球化的今天，外汇和汇率对一国经济的影响无处不在。国际货币制度先后经历了国际金本位制度、布雷顿森林体系和牙买加体系，欧洲货币联盟是国际货币体系的创新。

第一节 外汇与汇率

一、外汇概述

（一）外汇的概念

国际货币基金组织对外汇（foreign exchange）的定义：外汇是货币行政当局以银行存款、财政部库券、长短期政府证券等形式所保有的在国际收支逆差时可以使用的债权，包括外国货币、外币存款、外币有价证券（政府公债、国库券、公司债券、股票）、外币支付凭证（票据、银行存款凭证、邮政储蓄凭证）等。

从形态上说，外汇可分为动态外汇和静态外汇。动态外汇，又称"国际汇兑"，是指把一国的货币兑换成另一国的货币的过程，以此清偿国际间债权债务关系的一种经济行为和经济活动。这并不一定表现为直接运送现金，而是采用委托支付或债权转让的方式，结算国际间的债权债务，如进出口企业收付贷款、办理结汇等。静态外汇是指以外币表示的用于国际结算的支付凭证。

对外汇的定义一般都是从静态的角度来界定的。我国于2008年8月1日国务院第20次常务会议修订通过的《中华人民共和国外汇管理条例》第三条对外汇也是采用静态的含义。要注意的是，静态外汇不仅仅是指外币现钞，还包括用外币表示的能用来进行国际结算的凭证或资产，比如可用于国际结算的银行存款、商业汇票、银行汇票，可用于国际清偿的外国政府国库券、长短期政府证券，可用于国际清偿的公司债券、股票、息票等都属于外汇。

按照静态外汇的含义,一项外币资产要成为外汇必须具备三个条件:可支付性、可偿性和可兑换性。可支付性是指在国际市场上该项外币资产是能够普遍被接受的;可偿性是指这种外币资产是可以保证得到偿付的;可兑换性是指该项外币资产能够兑换成其他任何国家的货币资产或其他各种外汇资产。

(二) 外汇的特征

由外汇的定义可知外汇须具有以下三个基本特征。

1. 外汇是一种金融资产

资产是指具有货币价值的财物或权利,即用货币来表现的经济资源。实物性资产如土地、机器等;金融资产如现金、存款、商业票据、有价证券等。外汇只能以货币形态得到表现,因此它必然属于金融资产。实物资产和版权、专利权等无形资产不能构成外汇。

2. 外汇必须以外币表示

世界上少数国家的货币,如美国的美元,由于种种特殊原因而在国际间被普遍接受,美国居民可以直接用美元对外支付,但对美国居民而言,美元只是本币,不能将其作为外汇。

3. 用作外汇的货币必须具有较充分的可兑换性

货币的可兑换性是指一种货币能够不受限制地兑换成其他国家的货币的特性。由于人们持有外汇的最基本动机是用于对外支付,由于各国(或地区)的货币制度不同、外汇管制的松严程度不同以及政府维持货币主权的要求,一国货币一般不能在另一国流通使用,所以外汇必须具有可兑换性。

货币按其兑换性的强弱,可分为三类:一是完全的可自由兑换货币,政府对本币兑外币的行为没有严格限制;二是有限的或部分可兑换货币,在有些方面政府对货币兑换设有一定的条件,如居民身份的限制、资金用途的限制等;三是不可兑换货币,有些国家对贸易收支、劳务收支和资本项目收支都实行严格的外汇管制,境内没有外汇市场,所有的本外币兑换行为都必须经政府审批。

(三) 外汇在国际金融中的表示方法

根据国际标准化组织 ISO-4217 的定义,外汇在国际金融活动中都是以三个英文字母表示的,一般前两个字母表示国家或地区的名称,最后一个字母表示货币单位。常用国家或地区的货币符号如表 15-1 所示。

表 15-1　世界主要货币名称

国家或地区	货币名称	ISO 字母代号	惯用符号(缩写)
中　国	人民币	CNY	CN¥
香　港	港　币	HKD	HK$
澳　门	澳门元	MOP	Pat/P
美　国	美　元	USD	$ 或 $
欧元区	欧　元	EUR	Euro

(续表)

国家或地区	货币名称	ISO字母代号	惯用符号(缩写)
英 国	英 镑	GBP	£
日 本	日 元	JPY	Yen
瑞 士	瑞士法郎	CHF	SF
加拿大	加拿大元	CAD	Can $
澳大利亚	澳大利亚元	AUD	A $
新加坡	新加坡元	SGD	S $
韩 国	韩 元	KRW	W
泰 国	泰 铢	THB	B
马来西亚	林吉特	MYR	M $

二、汇率概述

(一) 汇率的概念

汇率(exchange rate),又称汇价,是一国货币折算成另一国货币的比率或比价,也可以说是用一国货币所表示的另一国货币的价格。国际上的经贸和资金往来必然会引起国与国之间的货币收付,由于世界各国货币名称和币值的不同,不同货币之间会有一个兑换率,即汇率。

(二) 汇率的标价方法

两国货币之间的比价,必须明确以哪个国家的货币作为计价的标准。由于确定的计价货币标准不同,因而产生了直接标价法和间接标价法两种不同的汇率标价方法。

1. 直接标价法

直接标价法(direct quotation)是指一国以一定单位的外国货币折算成一定数量的本国货币的汇率表示方法,又叫应付标价法。一定单位的外币折算的本国货币减少,说明外汇汇率下跌,即外币贬值或本币升值;反之,一定单位的外币折算的本国货币增加,说明外汇汇率上升,即外币升值或本币贬值。我国和绝大多数国家都采用直接标价法。

2. 间接标价法

间接标价法(indirect quotation)又称应收标价法,是指一国以一定单位的本国货币折算成一定数量的外国货币的汇率表示方法。在间接标价法下,用外国货币来表示本国货币的价格,又称应收标价法。如果本币金额不变,其折合成外币的数额则随着两种货币相对价值的变化而变动。如果一定数额的本币能兑换成更多的外币,说明外汇汇率下降,即本币升值或外币贬值;反之,如果一定数额的本币能兑换成更少的外币,说明外汇汇率上升,即本币贬值或外币升值。在间接标价法下,汇率数值的上下起伏波动与相应的外币的价值变动在方向上刚好相反,而与本币的价值变动在方向上却是一致的。

目前，除了英国、美国、澳大利亚和欧元区外，国际上绝大多数国家都采用直接标价法。从历史上看，英镑曾长期用作国际结算的主要货币，因此伦敦外汇市场一直采用间接标价法。

直接标价法和间接标价法之间存在着一种倒数关系，即直接标价法的汇率数值的倒数就是间接标价法下的汇率数值；反之亦然。例如，根据我国中国银行按直接标价法挂牌的 100 美元＝682.38 元人民币，可以很方便地推算出 1 元人民币＝100/682.38＝0.146 5 美元，即 100 元人民币＝14.65 美元。又如，根据伦敦外汇市场上的 1 英镑＝1.268 2 美元，运用倒数关系，即可将外汇市场的间接标价法换成直接标价法，即 1 美元＝1/1.268 2＝0.788 5 英镑。由于在不同的标价法下，汇率涨跌的含义恰恰相反，因此，在谈论某种货币汇率的变动时，必须说明具体的标价方法，否则就容易引起歧义。我们也可以在汇率之前加上外汇或本币等限定词以说明外汇汇率或本币汇率的变动情况，如外汇汇率上升或本币汇率下跌。

三、汇率的决定

两种货币之间为什么会按某一汇率水平来折算及买卖？决定和影响这一汇率水平高低的因素是什么？在不同的货币制度中，汇率的决定基础有很大的差异。

（一）国际金本位制度下的汇率决定基础

19 世纪初，英国确立了金本位制度，接着其他西方国家也纷纷效仿。由于各国金本位制度之间存在完全的一致性，所以在这种共同的基础上就形成了所谓的国际金本位制度。在国际金本位制度，尤其是金币本位制度下，各国均规定了每一单位货币所包含的黄金重量与成色，即含金量。这样，两国货币间的价值就可以用共同的尺度，即各种的含金量多寡来进行比较。金本位条件下两种货币的含金量之比叫作铸币平价，铸币平价是决定两种货币汇率的基础。例如，在 1929 年的"大萧条"之前，英国规定每 1 英镑含纯金 7.322 4 克，美国规定每 1 美元含纯金 1.504 656 克，这样按含金量对比，英镑与美元的铸币平价为 7.322 4/1.504 656＝4.866 5，即 1 英镑＝4.866 5 美元。这一铸币平价就构成了英镑与美元汇率的决定基础。

铸币平价虽然是汇率的决定基础，但它只是一个理论概念，不是外汇市场上实际买卖外汇时的汇率。在外汇市场上，由于受外汇供求因素的影响，汇率有时会高于铸币平价，有时低于铸币平价，然而汇率波动并非漫无边际，它是有一定界限的，这个界限就是黄金输送点，简称输金点；黄金输送点之所以能成为汇率上下波动的界限，是由于在金币本位制度下，各国间办理国际结算可以采用两种方法。一是利用汇票等支付手段，进行非现金交易。如果汇率变动导致使用汇票结算对付款方不利时，则可用另一种方法，即直接运送黄金。因此，汇率的波动幅度受到黄金输送点的限制。

可见，在金币本位制度下，汇率波动的界限是黄金输送点，最高不超过黄金输出点，即铸币平价加运费；最低不低于黄金输入点，即铸币平价减运费。汇率的波动幅度是相当有限的，金本位制度下的汇率表现为固定汇率制下汇率稳定的特征。

第一次世界大战后，各国的金币本位制度陷于崩溃。由于黄金储备的大量流失，各国只能实行金块本位制或金汇兑本位制。黄金的自由输出输入受到限制,很少直接充当流通手段和支付手段。在金块和金汇兑本位制度下,货币的含金量之比称为法定平价。实际汇率围绕法定平价上下波动,但汇率波动幅度已不再受制于黄金输送点,因为黄金输送点存在的必要前提是黄金的自由输出入。汇率波动的幅度由政府规定和维护,政府通过设立外汇平准基金来维护汇率的稳定,即在外汇汇率上升时抛售外汇,在外汇汇率下降时买入外汇,以此使汇率的波动限制在允许的幅度之内。显然,与金币本位制度时相比,金块和金汇兑本位制度下的汇率的稳定程度已大大降低。

(二)纸币流通制度下的汇率决定理论

在纸币流通条件下,货币已与黄金脱钩,货币的价值基础已无法通过统一的价值实体得到体现。在这种情况下,汇率是如何决定的?主要有以下五种观点。

1. 国际借贷论

英国学者乔治·葛逊于1861年在其著作《外汇理论》中系统提出了国际借贷论。他认为,外汇汇率是由外汇的供求关系决定,而外汇的供求又是由国际借贷引起的。商品的进出口、债权的买卖、利润与捐赠的收付、旅游支出和资本交易等,都会引起国际借贷。在国际借贷关系中,只有已经进入支付阶段的借贷,即流通借贷,才会影响外汇的供求关系。至于尚未进入支付阶段的借贷,即固定借贷,则不会影响当前的外汇供求,当一国的流动债权(外汇收入)大于流动债务(外汇支出)时,外汇的供应大于需求,因而外汇汇率下降;当一国的流动债务大于流动债权时,外汇的需求大于供应,因而外汇汇率上升;当一国的流动借贷平衡时,外汇收支相等,于是汇率处于均衡状态,不会发生变动。葛逊所说的流动债权和流动债务实际上就是国际收支,所以该理论又被称为国际收支论。

该理论实际上只说明了汇率短期变动的原因,并不能解释在外汇供求均衡时汇率为何处于这一点位,更没有解释长期汇率的决定因素。

2. 汇兑心理论

法国学者阿夫达里昂在其1927年出版的《货币、价格与外汇》一书中系统地提出了汇兑心理论。该理论认为,人们之所以需要外国货币,除了需要购买外国商品之外,还有满足、支付、投资、外汇投机、资本外逃等需要,这种外国货币所带来的效用构成了其价值基础,因此,外国货币的价值决定于外汇供求双方对外币所作的主观评价,即外币价值的高低是以人们主观评价中边际效用的大小为转移的。外汇的边际效用递减,而购买外汇的边际成本递增,市场上的外汇汇率取决于外汇的边际效用与边际成本之比。在一定的汇率水平上,如果人们认为外汇提供的边际效用大于边际成本,就会大量购买外汇,导致外汇汇率上升,直至边际效用等于边际成本;反之,当人们认为外汇提供的边际效用小于边际成本时,就会抛售外汇,促使外汇汇率下降。由于人们对外汇的效用和成本所作的主观评价会随各种情况而不断变化,因此汇率也会相应变动。

汇兑心理论解释了学术界以前所忽视的人们的主观心理活动和预期对汇率的影响作用,因而有其合理性,由该理论演变而来的心理预期论至今还有一定的影响,尤其是在解释外汇投机、资本外逃等因素对汇率的影响方面,该理论有很强的说服力,故而特别适用于国际金融动荡时期。但是,汇兑心理论也只能说明短期汇率,而不是长期汇率的影响因素,且无法据以从数量上确定汇率的实际水平。

3. 购买力平价理论

瑞典学者古斯塔夫·卡塞尔在其1922年出版的《一九一四年以后的货币与外汇》一书中系统地提出了购买力平价论（purchasing power parity），简称PPP或3P理论。这一理论的要点是：人们之所以需要外国货币，是因为它在外国具有商品的购买力，因此，两种货币的汇率主要是由这两国货币各自在本国的购买力之比，即购买力平价决定的。假定一组商品，在英国购买时需要1英镑，在美国购买时需要2美元，两国的货币购买力之比为2∶1，那么，这两种货币的汇率就应该是1英镑=2美元。

由于购买力平价论抓住了货币内在的特性——货币的购买力，即价格水平这一影响汇率的核心因素，并首次使理论汇率的确定得到了量化的尺度，因而长期以来一直深受学术界的推崇，占据主流地位，至今仍有极大影响，尤其是在严重的通货膨胀时期，购买力平价论的可靠性更为突出。

随着整个世界经济货币化程度和经济一体化程度的不断提高，国际间的资本往来和金融交易的金额不断增长，且增长速度已远远超过了经常项目交易额的增长速度。因此，资本项目差额对汇率的影响作用正在日益增强。从发展趋势来看，购买力平价理论作为一种传统的汇率理论，其有效性将会减弱。

4. 资产市场理论

资产论起源于20世纪50年代，至70年代逐步形成完整的体系，因而是一种现代汇率理论。资本市场论把外汇看做是一种金融资产，而不仅仅是货币，从而使外汇的外延得到极大的推广，因为人们需要外汇除了为了在国外购买商品和劳务以外，还可能是为了从事金融投资，以便在风险相对较小的条件下，获得相对较高的收益。资产持有人对外币的数量和币种的需求取决于其资产选择行为。"资产选择"，是指资产持有人调整其持有的有价证券和货币资产的种类和数量，从而选择一套最符合其收益和风险偏好的资产组合。因此，资产市场论又称资产选择论。按照资产市场论，由于利率、国际收支、通货膨胀和经济增长等各种因素的变化，不同金融资产的风险和收益也会随之变化，资产持有人就必须相应调整自己的资产组合，直至各种资产的预期边际收益率相等为止。资产持有人对资产组合的调整意味着其在资产市场，继而在外汇市场上抛售某种货币，买进另一种货币，从而导致汇率的变动。例如，当人们预期美国的股价走势将出现持续上扬时，就会抛售其他资产，并转换成美元，用于购买美国的股票。因此，预期收益率（包括汇率）或相对风险的变动是引起市场汇率变动的根本原因。当整个市场的资产持有人的调整行为都已完成时，资产市场就处于均衡状态，这时的汇率也处于均衡水平，形成均衡汇率。所以，在短期内资产市场的均衡状况决定着汇率水平。一旦资产的风险和收益由于种种原因而出现变化，资产持有人就会更新调整其资产组合，汇率也随之发生变动。

5. 货币理论

美国的货币学派将其基本分析框架推广到了汇率的研究方面，由此形成了货币论。货币论的特点是强调货币市场在汇率决定中的作用，认为汇率是两国货币的相对价格，而不是两国商品的相对价格。按照这种理论，汇率有货币市场的货币存量决定，当货币存量与货币需求相一致时，汇率就会达到均衡。如果一国的货币存量超过货币需求，价格水平就趋于上升,其汇率必然下跌。如果一国的实际国民收入上升,就会出现超额货币需求,若名义货币供应量不变,则价格相对下降,这种货币的汇率就会上升。另外,当两国的货币存量以及货币需求都发生变动时,则比较其增减速度。例如,当货币需求不变时,货币存量的增长速度相对较快的货币汇率就会下降,因为该国的价格水平的上升速度也会较快。

实际中,汇率的变动还会受到许多因素的影响,有五个重要的因素。

(1) 利率。在通常情况下,一国的利率水平较高,在该国表现为债权的金融资产,如存款、贷款、存单、债券、商业票据等的收益率也相对较高。这就会吸引大量国外资金流入,以投资于这些金融资产。结果,在外汇市场上,外汇的供应就急剧增加,从而导致本币汇率上升。反之,一国若降低利率,就会导致短期资本流出国外,该国对外国货币的需求增加,造成本币汇率下降。所以,各国利率的变化,尤其是国内外利差,是影响汇率的一个十分重要的因素。由于国际上追求利息收益的短期资本对利率的高低十分敏感,会对利率变动迅速作出反应,因此利率对汇率的影响可在短期里很快发生作用。从各国的政府行为来看,提高利率往往成为稳定本国货币汇率、防止其大幅度下跌的重要政策手段。

(2) 国际收支。国际收支的变化也是影响汇率的重要因素。一国国际收支发生顺差,意味着外汇收入大于支出,这在外汇市场上就表现为需要卖出的外汇数量大于需要买进的外汇数量,亦即外汇供过于求,外汇汇率就会下跌;若为逆差,则该国对外国货币的需求增加,外汇供不应求,外汇汇率随之上升。可见,国际收支差额及其大小对汇率有很大的影响。但是,由于国际收支差额对汇率的影响须通过外汇市场上供求状况的变化才能逐步体现出来,这就需要一个时间过程,因此国际收支对汇率具有中期的影响作用。

(3) 价格水平。一国价格水平的上升,势必削弱该国商品在国际市场上的竞争能力,对出口不利,反而会鼓励进口,这样将造成进口增加、出口减少,使国际收支出现逆差,以至于外汇市场上出现外汇供不应求的现象、进而导致该国的货币汇率下降。由于价格水平的变动须通过国际收支,进而影响外汇供求才能对汇率产生影响。因此,价格水平对汇率具有长期的影响,往往成为影响汇率变动趋势的因素。

(4) 中央银行的直接干预。由于汇率变动对一国的进出口贸易和资本流动等有着直接的影响,并转而影响到国内的生产、投资和价格等,所以各国中央银行为了避免汇率变动,尤其是短期内的剧烈波动对国内经济造成不利影响,往往会对汇率进行干预,即由中央银行在外汇市场上买卖外汇,当外汇汇率过高时卖出外汇回笼本币,在外汇汇率过低时则买进外汇抛售本币,使汇率变动有利于本国经济。

阅读材料 15-1

国家外汇管理局关于调整金融机构进入银行间外汇市场有关管理政策的通知

为进一步简政放权,丰富市场参与主体,促进外汇市场发展,根据《中华人民共和国外汇管理条例》,现就调整境内金融机构进入银行间外汇市场有关管理政策通知如下。

一、境内金融机构经国家外汇管理局批准取得即期结售汇业务资格和相关金融监管部门批准取得衍生产品交易业务资格后,在满足银行间外汇市场相关业务技术规范条件下,可以成为银行间外汇市场会员,相应开展人民币对外汇即期和衍生产品交易,国家外汇管理局不实施银行间外汇市场事前入市资格许可。

金融机构应将本机构在银行间外汇市场进行人民币对外汇即期和衍生产品交易的内部操作规程和风险管理制度送中国外汇交易中心(以下简称交易中心)备案。

二、金融机构在银行间外汇市场开展人民币对外汇交易,应基于对冲代客和自身结售汇业务风险、在结售汇综合头寸限额内开展做市和自营交易、从事符合规定的自身套期保值等需要,并遵守银行间外汇市场交易、清算、信息等法规、规则及有关金融监管部门的规定。

三、经银行业监督管理部门批准设立的货币经纪公司(含分支机构),可以在银行间外汇市场开展人民币对外汇衍生产品交易、外汇对外汇交易、外汇拆借等外汇管理规定的外汇经纪业务,国家外汇管理局不实施事前资格许可。货币经纪公司开展外汇经纪业务,应遵守银行间外汇市场有关法规、规则。

四、交易中心和银行间市场清算所股份有限公司(以下简称上海清算所)应根据本通知要求,相应调整有关业务规则及系统,做好技术支持与服务工作。交易中心和上海清算所负责银行间人民币对外汇交易、清算的日常监控工作,发现异常交易、清算情况应及时向国家外汇管理局报告。

五、金融机构应遵守职业操守和市场惯例,促进外汇市场自律管理和规范发展。

六、本通知自2015年1月1日起实施。《国家外汇管理局关于中国银行在银行间外汇市场开展人民币与外币掉期交易有关问题的批复》(汇复〔2006〕61号)、《国家外汇管理局关于推出人民币对外汇期权交易有关问题的通知》(汇发〔2011〕8号)、《国家外汇管理局关于调整银行间外汇市场部分业务管理的通知》(汇发〔2012〕30号)、《国家外汇管理局关于调整人民币外汇衍生产品业务管理的通知》(汇发〔2013〕46号)同时废止,其他文件中涉及银行间外汇市场准入管理规定的有关事项以本通知为准。

国家外汇管理局各分局、外汇管理部接到本通知后,应即转发辖内金融机构。

特此通知。

国家外汇管理局
2014年12月5日

资料来源:国家外汇管理局。

第二节 汇率制度

汇率制度又称汇率安排,是指各国或国际社会对于确定、维持、调整与管理汇率的原则、方法、方式和机构等所作出的系统规定。在不同的汇率制度下,汇率的表现形式也有所不同。

一、固定汇率制度

固定汇率制度(fixed exchange rate system)是指政府、货币当局用行政或法律手段确定本国货币和某种参照物之间的比价,再通过各种手段(主要是经济手段)来维持这个比价,参照物可以是黄金、某种外国货币或一篮子外国货币。固定汇率制度的表现形式通常为某国货币和参照物之间存在一个基准汇率,实际汇率围绕基准汇率上下波动。

从历史上看,国际性的固定汇率制度,即被各国普遍实行的固定汇率制度,主要有两种类型:一是金本位制度下的固定汇率制度,即以黄金作为本位币币材、金币为本位币的货币制度,这是全球范围内首次出现的国际货币制度;二是第二次世界大战后的纸币流通制度下的固定汇率制度,即以美元为中心的固定汇率制度。

关于金本位制度下的固定汇率制度已经在上一节有论述,这里主要讨论第二次世界大战后建立的以美元为中心的固定汇率制度。

(一) 布雷顿森林体系的固定汇率制度

第二次世界大战后,西方国家仍沿袭战前建立的纸币流通制度,根据布雷顿森林体系的规定,国际货币基金组织会员国的本国货币都要和美元挂钩,也就是以美元作为本国货币的参照物,而美元又和黄金挂钩,比如第二次世界大战后1美元纸币的含金量为0.888 671克黄金,这样的双挂钩制度其实是以黄金作为各国货币的发行基础。在实际汇率随外汇市场的供求状况不断波动的情况下,各国通过政府的反向干预来维持本国货币和美元的固定汇率。

由于布雷顿森林体系下两国货币的基准汇率由货币当局规定,在一定的情形下可以调整,所以这种固定汇率制度被称为可调整的汇率制度。

(二) 维持固定汇率的措施

纸币本位固定汇率制下各国货币当局为维持固定汇率,通常采取以下经济和非经济措施。

1. 经济手段

(1) 动用外汇储备。外汇储备是一国政府所持有的外汇资产,是国际储备中最重要的部分。动用外汇储备是维持固定汇率最常见的手段,是指政府根据市场汇率变动的趋势做反向操作,通过市场的供需影响汇率,从而维持汇率稳定。例如,假设1美元=7人民币元的固定汇率,当人民币相对于美元要升值时,政府可以将市场上的外汇按原来的汇率买入变成外汇储备。市场上外汇的供给方当然更愿意将外汇卖给政府,因为可以获得较高的本币收入,而市场上外汇的供给将下降,外汇的价格会上升。反之,当人民币要贬值时,政府可通过抛售手中的外汇资产也能达到维持汇率稳定的目的。

(2) 提高贴现率。贴现率是各国中央银行最重要的货币政策工具之一,可以用来调节货币供给量,通过利率和货币供给量的变化来影响汇率。如果人民币和美元实行固定汇率,当人民币相对于美元要升值时,本国降低贴现率,即流通中本国的货币供给将增加,本国的利率和收益率会下降,本国投资者会将本币兑换成美元进行投资,从而增加对美元的需求,美元价格会上升。反之,当人民币要贬值时,提高贴现率会使汇率下降以维持原来的基准汇率。这里要说明的是,贴现率或利率政策有效的前提是资金可以在国际间自由兑换和流动。

2. 非经济措施

经济手段是指通过政府的市场操作,影响货币的供求关系来维持汇率稳定。非经济措施是通过非市场手段,在不影响外汇供求的情况下通过行政、法令等强制手段维持汇率固定。

一旦汇率激剧上升,本币大幅贬值,政府就需要在市场上抛售大量的外汇,如果该国外汇储备不足以稳定汇率,可借助外汇管制或货币法定升值、贬值的措施。非经济措施主要就是外汇管制和实行货币法定升值或贬值。外汇管制是指直接限制某些外汇支出,以影响外汇市场上的供求关系。货币法定升值或贬值是以法令明文宣布改变本国货币和参照物之间的汇率(金本位下是货币的含金量)。由于在本国储备不足时最易出现货币危机,所以通过货币法定贬值来维持固定汇率的可能性远远大于法定升值。

非经济措施通过强制手段能够维持固定汇率,但同时具有很强的消极作用。首先,外汇管制通常使汇率扭曲,不利于资源的合理配置。在发展中国家,汇率扭曲主要表现在本币币值过高。其次,可能会出现外汇黑市,外汇官价和黑市并存可能带来权钱交易。当外汇黑市规模较大时,政府甚至不得不开放外汇调剂市场,使该国出现合法的双轨制汇率。

阅读材料 15-2

索罗斯狙击泰铢

1996年,外国短期资本大量流入泰国房地产、股票市场,导致其楼市、股市出现了明显的泡沫,泰国资产被严重高估,国际金融大鳄们预测泰铢会贬值,开始在金融市场上寻找错误的汇率定价中的获利机会。

1997年2月初,以索罗斯为主的国际投资机构向泰国银行借入高达150亿美元的数月期限的远期泰铢合约,而后于现汇市场大规模抛售。当时泰铢实行与美元挂钩的固定汇率制,索罗斯的狙击导致泰铢迅速贬值,多次突破泰国中央银行规定的汇率浮动限制,引起市场恐慌。泰国央行为维护泰铢币值稳定,买入泰铢,但只有区区300亿美元外汇储备的泰国中央银行历经短暂的战斗,便宣告"弹尽粮绝",最后只得放弃已坚持14年的泰铢钉住美元的汇率政策,实行有管理的浮动汇率制。

泰铢大幅贬值后,国际投资机构再以美元低价购回泰铢,用来归还泰铢借款和利息。索罗斯沽空使他狂赚数十亿美元。泰铢贬值引发了金融危机,沉重地打击了泰国经济发展,成为亚洲金融危机的导火索。

资料来源:新浪财经。

二、浮动汇率制度

浮动汇率制度(floating exchange rate system)是指一种汇率的变动主要由外汇市场的外汇供求决定,因而不受任何指标限制的汇率制度。以美元为中心的固定汇率制度崩溃后,西方各国普遍实行了浮动汇率,由此形成了国际性的浮动汇率制度。在完全的浮动汇率制度下,政府不再规定本国货币与外国货币的黄金平价。不规定汇率波动的上下幅度,中央银行也不承担通过外汇干预维持汇率稳定的责任,汇率根据外汇市场的供求情况自由波动。

(一)汇率浮动的方式

1. 自由浮动和管理浮动

这是根据货币当局是否对汇率波动进行干预来划分的。自由浮动又称不干预浮动,是指货币当局对汇率上下浮动不采取任何干预措施,完全听任外汇市场的供求变化自由涨落。管理浮动又称干预浮动,是指货币当局采取各种措施干预外汇市场,使汇率水平与货币当局的目标保持一致。目前各国普遍实行的浮动汇率制度都是属于管理浮动,货币当局或多或少都会对汇率的变动施加影响,使之符合本国的利益。

2. 单独浮动、钉住浮动和联合浮动

这是根据一国货币是否与他国货币建立稳定关系来划分的。单独浮动是指一国货币的汇率不与其他国家的货币发生固定联系,其汇率根据外汇市场的供求关系而自动调整。钉住浮动包括两种情况:① 钉住某单一货币。通常由于历史、地理、经济等原因,发展中国家的货币会钉住某一发达国家的货币,将被钉住的货币作为"货币锚",相互之间保持稳定的汇率,对其他国家货币的汇率则随该"货币锚"浮动。例如,一些美洲国家的货币钉住美元,一些英联邦国家的货币钉住英镑。② 钉住一篮子货币。有的发展中国家为了稳定与一些国家,而不是某单一国的货币,以加权平均的方法组成一个货币篮,或者直接以特别提款权等作为货币篮,并将本国货币钉住该货币篮,使本国货币与这些外币的汇率保持相对的稳定,而对其他国家的货币则随该货币篮浮动。

联合浮动,是指某些国家处于相互间发展经济关系的需要,组成某种形式的经济联合体(如欧洲经济共同体),建立稳定的货币区,对区内各国货币之间的汇率规定一个比值和上下波动幅度,而对区外国家货币的汇率则采取联合浮动。实行联合浮动的国家主要是原欧洲经济共同体的成员国。

(二)浮动汇率制度的利弊

1. 浮动汇率制度的优势

(1) 有助于发挥汇率对国际收支的自动调节作用。

当一国发生国际收支逆差时,外汇市场上就会出现外汇供不应求的状况,在浮动汇率制度条件下,汇率就会迅速作出反应,通过外汇汇率的上浮,可刺激外汇供应,抑制外汇需求,使国际收支趋于平衡。此外,对外经济管理也变得简便易行、灵活主动。可见,浮动汇率制度可避免货币当局不恰当的行政干预或拖延实行调节措施,以及由此形成的汇率高估或低估,以至于国际收支状况迟迟得不到改善的状况。

(2) 防止国际游资的冲击,减少国际储备需求。

在固定汇率制度下,国际游资尤其是投机资金往往是通过抛售软货币(又称软通货,soft currency),即可能发生贬值的货币,抢购硬货币,即可能出现升值的货币,以便从中牟利。而且,投机者常常表现出一致的行为,即共同抛售某一种货币,抢购另一种货币,形成所谓的"单向投机",破坏力极大。由此会导致软货币国家出现货币危机,国家储备大量流失;而硬货币国家的货币当局则被迫进行外汇干预,收紧外币,投放本币。最终酿成输入型通货膨胀,国际金融市场也会因此而动荡不安。在浮动汇率制度下,由于软货币的汇率会及时下跌,硬货币的汇率会及时上升,从而可化解国际游资的冲击。而且,货币当局没有必须进行外汇干预的义务,因而不必保留过多的国际储备。

(3) 内外均衡易于协调。

当一国经济出现衰退,国际收支存在逆差时,在固定汇率制度下只能通过紧缩性的财政货币政策来改善国际收支。但是,这却会加剧经济衰退。在浮动汇率制度下,国际收支可由汇率来调节,从而实现对外均衡,国内均衡则可依赖财政货币政策,内外均衡就不至于发生冲突。此外,在固定汇率制度下,紧缩政策或扩张政策的效能常常会随着国外资金的流入或流出而受到削弱。在浮动汇率制度下,外汇汇率的急剧下跌使外汇持有人处于不利的汇兑地位,因而可抑制外汇的流入;而在外汇大量流出之际,外汇汇率会相应上升,抑制资金流出,显然浮动汇率可避免资本流动对政策效能的不利影响。

2. 浮动汇率制度的弊端

(1) 不利于国际贸易和投资的发展。

在浮动汇率制度下,汇率的经常波动及其水平难以预测,使国际贸易和投资的成本、收益不易准确核算,原先有利可图的交易会因为汇率的变动而蒙受亏损,因此人们不愿意缔结长期贸易和投资契约。在浮动汇率制度下,进出口商不仅要考虑进出口货价,而且要避免汇率风险。出于要考虑到汇率的变动趋势,往往报价也不稳定,还容易引起借故延期付款或要求减价、取消合同订货等现象,这种状况显然阻碍了国际贸易和投资的发展。

(2) 助长了国际金融市场上的投机活动。

在浮动汇率制度下,虽然"单向投机"不复存在,但汇率波动的频率和幅度的加大却为日常的外汇投机活动提供了机会。随着世界经济的发展和财富的迅速增长,国际投机资金的数额也日趋庞大。这种巨额资金在国际外汇市场上的来回快速流动,无疑加剧了国际金融局势的动荡。

(3) 可能引发竞相贬值。

在浮动汇率制度下,一国往往可通过调低本币汇率的方法来改善国际收支,但这会使其他国家的国际收支处于不利地位。因此,其他国家也会竞相调低本币汇率,引发周而复始的竞相贬值现象。结果,各国的国际收支状况依然如故,国际经济关系却会趋于紧张,国际金融局势也会因这种竞相贬值而剧烈动荡。

(4) 诱发通货膨胀。

在固定汇率制度下,政府为了维持汇率水平,就不能以可能引发通货膨胀的速度增加货币供应量,以免本币受到贬值压力,这就是所谓的"货币纪律约束",但是在浮动汇率制度下,由于国际收支可完全依赖汇率的自由浮动而得到调节,在缺乏货币纪律约束的情况下,货币当局就会偏好采取扩张性政策来刺激国内的经济增长,而不必顾忌其对国际收支的不利影响。本币汇率的下浮固然有助于改善国际收支,但经汇率折算的进口商品的价格却会上扬。因此,又带动国内价格水平的涨升,而在价格刚性的作用下,货币汇率上浮国家的价格水平并不下跌。上述这些因素都会诱发整个世界的通货膨胀。

中国G20声明聚焦经济改革:将继续改善汇率制度

2016年7月24日,为期两天的2016年第三次二十国集团(G20)财长和央行行长会议落下帷幕。会议讨论了当前全球经济形势等16个议题,并发表了会议公报。在全球经济下行风险不减的背景下,中国作为世界第二大经济体,无疑将承担更重要的责任与使命。中国G20声明称,G20成员国将升级经济增长战略,中国将推进全球金融部门改革,继续改善汇率制度。

此次会议上,有关英国脱欧带来的影响无疑是焦点话题之一。会后发表的公报称,G20成员已经做好准备积极应对英国脱欧公投带来的潜在经济和金融影响,希望看到英国今后作为欧盟的密切伙伴。

G20财长和央行行长们经过讨论认为,当前全球经济持续复苏,但仍旧弱于预期,下行风险持续存在。在世界经济疲弱复苏、全球贸易投资表现不佳、地缘政治风险加大的大背景下,英国脱欧所带来的不确定性正在成为全球经济新难题,而这也将为各国货币政策增添更多难题。为提振经济增长,会议重申将各自以及共同使用"所有政策工具",包括货币、财政和结构性改革政策,并承诺采取进一步行动重振全球贸易和提升投资。

受英国脱欧影响的,不仅全球金融市场动荡加剧,人民币汇率走势以及国际化进程也备受关注。数据显示,2016年以来,人民币兑美元汇率出现明显下跌。7月18日,人民币兑美元即期汇率跌破6.7,再创近年新低。

对此,中国声明表示,中国经济面临更加复杂的外部环境,中国政府将维持宏观政策的稳定性和连贯性,继续改善汇率制度,增强政策的透明度,加强与市场的沟通。会议上,中国人民银行行长周小川表示,2016年上半年中国经济增速处于合理区间,物价和就业形势保持稳定。目前,人民币汇率对一篮子货币保持基本稳定,市场信心进一步稳固。未来,中国将继续完善以市场供求为基础、参考一篮子货币进行调节的人民币汇率形成机制,不断提高政策规则性和透明度,加强与市场沟通。

资料来源:搜狐财经。

第三节 国际货币制度

国际货币制度(international monetary system, IMS),又称国际货币体系,是指为

适应国际贸易和国际支付的需要,各国政府对货币在国际间的支付、结算、汇兑和移动所规定的规则、措施以及相应的组织机构的总称。

一、国际货币制度概述

国际货币制度是随着国际经济交往的不断扩大而产生与发展的。由于国际贸易的迅速发展和国际资本流动的日益频繁,需要通过货币在国际间进行结算、支付,从而产生了在国际范围内协调各国货币关系的需求。在全球经济和金融的发展过程中,世界各国在一体化进程中既是互相依赖、互相促进的关系,又各有立场,可能造成世界经济的离析和金融危机的爆发。在这种矛盾的发展中,世界经济和金融究竟是趋于稳定,还是走向混乱,国际货币体系健全与否是其中的一个关键因素。

建立国际货币制度的初衷是从贸易和金融方面协调各国的经济活动,保障国际贸易和支付结算的顺利进行,促进国际贸易和国际信贷的发展,促进世界各国的生产和就业达到更高的水平。国际货币制度涉及国际金融的各个方面,主要包括以下四个方面。

1. 国际收支及其调节机制

通过一系列的制度安排,有效帮助与促进国际收支严重失衡的国家通过各种措施进行调节,尽量降低调节成本,缩短调节时间,并在国际范围内公平地分担国际收支调节的责任和义务。

2. 汇率制度的安排

由于汇率变动将直接影响各国之间经济利益的再分配和国际金融的稳定,因此形成一种较为稳定的、为各国共同遵守的国际间汇率安排,是国际货币制度要解决的核心问题,包括一国货币能否成为可自由兑换货币,同其他货币之间的汇率如何确定与维持,是采用固定汇率制还是浮动汇率制,是自由浮动还是管理浮动等。

3. 国际储备资产的选择

国际货币制度中的一个重要问题是国际储备资产的确定,即在某一特定时期以何种货币作为中心储备货币;各国储备资产的规模和结构如何确定,才能既满足国际清算和支付需要,又可使储备成本降到最低。

4. 国际货币合作与管理

通过 IMF、BIS 等国际金融机构制定为各成员国所认同与遵守的若干规则、惯例和制度,来协调各国的货币金融政策,实现全球经济和金融的稳定发展。

从历史发展的过程来看,国际货币制度先后经历了国际金本位制、布雷顿森林货币体系和牙买加体系三个发展阶段。

二、国际金本位制

国际金本位制(international gold standard)是世界上最早出现的国际货币制度。在金本位制度下,黄金具有货币的全部职能。英国作为最早的发达资本主义国家,于 1816 年便实行了金本位制。到 19 世纪 70 年代以后,欧美的一些主要资本主义国家也都先后在国内实行了金本位制,至此,国际金本位制大致形成。

国际金本位制有三大特点:自由铸造、自由兑换和自由输出入。由于金币可以自由铸造,金币的面值与其所含黄金的价值就可始终保持一致,金币的数量就能自发地满足流通中的需要;由于金币可以自由兑换,各种价值符号(金属辅币和银行券)就能稳定地代表一定数量的黄金进行流通,从而保持币值的稳定;由于黄金可以自由输出入,就能保持本币汇率的稳定。因此,国际金本位制是一种比较稳定的国际货币制度。

国际金本位制度在促进生产发展、保持汇率稳定、自动调节国际收支、促进国际资本流动、协调各国经济政策等方面对于世界经济的发展起了一定的积极作用。

但是,国际金本位制并非十全十美。货币供应受到黄金产量的限制,不能适应世界经济增长的需要;当一国出现国际收支赤字时,往往可能由于黄金输出引起货币紧缩,进而导致经济衰退和劳工的大量失业,这些都是它存在的严重的缺陷。

三、布雷顿森林体系

第二次世界大战使主要西方国家之间的力量对比发生了巨大变化。英国在战争期间受到巨大的创伤,经济遭到严重破坏,但仍想竭力保持其战前的国际地位。战争结束时,美国成为资本主义世界最大的债权国和经济实力最强的国家。战后英美两国政府都从本国利益出发,设计新的国际货币制度。从 1943 年 9 月到 1944 年 4 月,两国政府代表团在有关国际货币计划的双边谈判中展开了激烈的争论,最后双方达成协议,并于 1944 年 7 月在美国布雷顿森林召开的同盟国家国际货币金融会议上通过《国际货币基金协定》和《国际复兴开发银行协定》,从此建立起布雷顿森林体系(the Bretton Woods System)。

(一) 布雷顿森林体系的主要内容

1. 实行黄金—美元本位制

美元直接与黄金挂钩,规定每盎司黄金等于 35 美元,各国政府或中央银行随时可用美元向美国政府按官价兑换黄金;其他国家的货币与美元直接挂钩,规定与美元的比价,从而间接与黄金挂钩。

2. 实行固定汇率制度

协定决定采用一种可调整的钉住汇率制度。各国货币对美元的汇率,一般只能在平价上下各 1% 的幅度内波动,各国政府有义务在外汇市场进行干预活动;但一国在国际收支发生"根本不平衡"时,经国际货币基金组织(International Monetary Fund, IMF)批准,可以进行汇率调整。

3. 取消外汇管制

协定规定,各成员国不得限制经常项目的支付,不得采取歧视性的货币措施,要在兑换性的基础上实行多边支付。

(二) 布雷顿森林体系的作用与缺陷

布雷顿森林体系的运行,促进了第二次世界大战后世界经济的恢复和发展,以及国际贸易的大幅度增长,其作用主要体现在三个方面。

第一,缓解了国际清偿能力的短缺。该体系以黄金为基础,但美元作为最主要的国际储备货币,等同于黄金。在第二次世界大战后黄金产量增长停滞的情形下,美元的供应,可以弥补黄金的不足,这在一定程度上解决了国际清偿能力的短缺问题。

第二,可调整的钉住汇率制度有利于国际贸易和国际投资的发展。享誉全美的投资顾问彼得·伯恩斯坦曾抒情地将布雷顿森林体系概括为"美元与黄金的关系就像天空一颗不动的星,其他所有的星星都不由自主地被它吸引"。在该体系实行的20多年间,可调整的钉住汇率制度使汇率相对固定,这就为国际贸易和国际投资提供了极大的便利,促使战后国际贸易和国际投资的增长不仅大大超过战前,而且也超过同期世界工业生产增长的速度。

第三,IMF融资和推进国际货币协作职能的发挥有利于国际金融的稳定和各国国际收支的平衡。IMF作为国际金融机构,提供了国际磋商与货币协作的平台,因而在建立多边支付体系、稳定国际金融局势方面起了积极作用。IMF提供的各种类型的短期与中期贷款,使有临时性逆差的成员国国际收支的困难得到缓和。

但是,布雷顿森林体系也有一些重大缺陷,使其无法适应国际经济形势的变迁,并最终导致了崩溃。

第一,以一国货币(美元)作为主要储备资产,具有内在的不稳定性。这就是美国耶鲁大学教授特里芬指出:由于黄金生产的停滞,国际储备的增长要能满足世界经济与国际贸易的增长之需,依赖于美国国际收支的持续逆差,如果美国国际收支平衡则会断绝国际清偿能力不足;而如果美国国际收支长期保持逆差,必然使各国愈益对美元缺乏信心、抛售美元、抢购黄金,造成美元危机。这便陷入一个缺乏清偿力与信心的两难困境,美元的清偿力和经济发展不能兼顾,这就是所谓的"特里芬难题"(the Triffin Dilemma)。

第二,各国为了维持国际收支平衡和稳定汇率,不得不丧失国内经济目标。赤字国的货币趋于贬值,为了维持与美元的固定比例,中央银行必须在外汇市场抛出美元购进本国货币,这无异于公开市场业务,缩减了国内货币供给,往往导致衰退和失业;盈余国的货币趋于升值,为了维持与美元的平价汇率,必须在外汇市场抛售本币大量收购美元,这实际上是采取了扩张性货币政策,往往导致通货膨胀。

第三,汇率不能适时调整,缺乏有效的国际收支调节机制。该体系坚持固定的官方平价,而允许在"根本不平衡"时调整汇率,但对什么是"根本不平衡"没有明确的定义,这便使暂时不平衡与根本不平衡很难区分。结果,许多国家往往拖延对汇率的调整。汇率调整的僵化,也导致该体系缺乏有效的国际收支调节机制。随着时间的推移,布雷顿森林体系的种种缺陷愈益暴露无遗,最终导致布雷顿森林体系的崩溃。

四、牙买加体系

布雷顿森林体系崩溃之后,国际金融形势更加动荡不安,各国都在探寻货币制度改革的新方案,IMF更是积极采取改革行动。世界各国就国际货币关系达成了《牙买加协定》,并由此形成国际货币新秩序。

1974年7月,IMF成立了一个"国际货币制度临时委员会",1976年1月,该委员会在牙买加首都金斯敦召开会议,并达成《牙买加协定》,该协定对《国际货币基金协定》作了一些修订。同年4月,IMF理事会议又通过了《国际货币基金协定》的《第二次修正案》,并于1978年4月起生效。

(一) 牙买加协定的主要内容

1. 浮动汇率合法化

协定决定:成员国可以自由选择任何汇率制度,但成员国应与IMF协作,其汇率政策应受IMF的监督。于是,有管理的浮动汇率制度获得了法律上的认可。

2. 黄金非货币化

废除黄金条款,取消黄金官价,使黄金与货币完全脱离联系。取消成员国相互之间以及成员国与IMF之间必须用黄金清算债权债务的义务。

3. 以特别提款权为主要储备资产

以特别提款权(special drawing rights,SDR or SDRs)逐步取代黄金和美元,作为国际货币制度主要的储备资本。协定规定:各成员国之间可以自由进行SDR交易,而不必征得IMF的同意。

4. 修订成员国的基金份额

各成员国对IMF缴纳的基本份额,由原来的292亿SDR增加到390亿SDR,增幅为33.6%。各成员国应缴份额所占的比重也有所改变,主要是石油输出国的比重提高一倍;其他发展中国家维持不变;主要西方国家除西德和日本略增以外,都有所降低。

5. 扩大对发展中国家的资金融通

IMF以出售黄金所得收益设立"信托基金",以优惠条件向最贫穷的发展中国家提供贷款或援助,以解决他们的国际收支困难。同时,IMF扩大信用贷款部分的总额,由占成员国份额的100%增加到145%,并放宽"出口波动补偿贷款"的额度。

(二) 牙买加体系的特点和缺陷

牙买加体系是以美元为中心的多元化国际储备和浮动汇率的体系。其特点如下。

(1) 以美元为中心的多元化国际储备体系。在该体系中,美元仍是最主要的国际储备货币。

(2) 以浮动汇率为主的混合汇率制度。根据1978年IMF协议修正案,IMF成员国可以自行安排其汇率。目前,发达工业化国家多数采取单独浮动或联合浮动,但也有的采取钉住货币篮子或实行某种管理浮动汇率制度。发展中国家则多数采取钉住汇率制度,也有钉住自选货币篮子。

(3) 国际收支不平衡的综合调节。在牙买加体系中,主要通过汇率机制、利率机制、IMF的干预和贷款、国际金融市场的媒介作用和有关国家外汇储备的变动等综合调节各国国际收支的不平衡。

牙买加体系不可能解决国际货币信用危机的基本矛盾,它存在着缺陷和弊端,这些缺陷正日益明显地暴露出来:

(1) 缺乏统一的货币标准。国际储备多元化必然带来一个问题,就是缺乏统一稳定的货币标准,这往往造成外汇市场的动荡混乱、加剧资本主义世界货币信用关系领域的矛盾冲突和危机,从而对世界经济的健康发展构成障碍。

(2) 汇率变动频繁。从 1973 年以来的实际情况看,主要储备货币之间的汇率不仅在短期内经常波动,而且长期看也是大起大落变动不定。如美元的汇率在 70 年代是一路下浮,1980—1985 年第一季度又是持续上浮,而此后至 1987 年年底的三年内又显著下浮,汇率急剧起落,变动频繁。这就严重阻碍了世界经济的发展。

(3) 国际收支调节机制不健全。如前述,在牙买加体系中,存在各种相互补充、配合的国际收支调节机制或方式,然而这些调节手段并未构成统一而健全、具有内在协调的调节机制,故而它们所起的调节作用有限,对国际收支严重失衡调节的效果微弱。

(4) 国际资本大规模流动。在浮动汇率制下,国际资本的流动往往是投机性的,它可使汇率趋向稳定,也可使汇率更加不稳定。如果发生资金逃避的现象,就会对汇率和国际收支发生严重后果。但牙买加体系对此缺乏有效措施。这样,尽管各国金融当局对国际资本流动或多或少采取了一些限制措施,但每每势单力薄,有时各国措施间还互相抵触。

阅 读 材 料 15-4

现行国际货币体系已陷入"三元困境"

2008 年以来,主要国家央行货币政策分化,国际金融市场持续动荡,全球金融脆弱性上升。在此背景下,各国改革现行国际货币体系的呼声再度高涨,各方盼望建立新的国际货币体系,维护全球金融稳定。

概括而言,现行国际货币体系包含四大要素:第一,储备货币的选择。当前美元是全球主要储备货币,欧元、英镑、日元、黄金、特别提款权为补充力量。第二,汇率制度和国际收支的调节。大多数国家实行的是浮动汇率制或盯住美元的汇率制度安排。第三,国际支付和资金跨境流动安排。大部分国家资本账户逐步开放,资本跨境流动频繁。第四,与国际货币金融事务有关的协调机制。国家之间通过沟通对话,采取货币互换、流动性安排等自助措施,维护金融稳定。

不可否认,现行国际货币体系在一定程度上克服了布雷顿森林体系的缺陷,在保持全球流动性、调节国际收支和促进经济一体化发展等方面发挥了积极作用。现行国际货币体系与第二次世界大战后成立的联合国以及关贸总协定(1995 年被 WTO 取代)一起,构成当今国际秩序的三大支柱,促进了世界和平、全球经济发展和金融稳定。

1961—1973 年,全球贸易占全球 GDP 的比例平均为 26%,银行部门提供的国内信贷占全球 GDP 比重平均为 82%。布雷顿森林体系解体之后,这两个指标分别攀升至 44% 和 134%。此外,国际投资也取得了进展,20 世纪 70 年代初,国外直接投资占全球 GDP 的比重不足 0.5%,而 2014 年该比重已经达到 1.2%。可见,在现行国际货币体系下,国际贸易、信贷以及 FDI 都得到了较快发展。

然而,我们不能回避,现行国际货币体系已经陷入了"三元困境",也就是说"国内稳定、外部稳定与全球稳定"三者不能兼得。这主要表现为四个方面。

第一，美元权利和责任不对等，内部稳定与外部稳定出现冲突。布雷顿森林体系解体之后，美元霸主地位并没有受到影响，在国际储备货币中的占比一直保持在60%以上。作为国际货币，美元享受到了铸币税收入、对外融资成本降低和国际支付能力增强等好处，却没有或无力承担相应的责任。一方面，美元具有提供全球流动性的义务，但缺乏限制和监管，流动性过多流向非生产性的金融市场，导致金融泡沫，对世界经济产生了负面影响。另一方面，美元由于具有主导性国际地位，需要对全球经济承担责任。但是，美联储制定货币政策时只考虑国内经济情况，很少顾及国际情况和外溢性，这加剧了国际市场的波动性。

第二，浮动汇率制下汇率波动更加频繁。美、欧、日等主要储备货币国较早地实行了浮动汇率安排，而新兴经济体在经历多次货币金融危机后，也陆续选择了浮动汇率制。人们期望浮动汇率可以为国际收支平衡及总体经济稳定提供稳定性，但现实使这一愿望落空，汇率大幅波动和持续失调成为常态。

自20世纪90年代以来，货币危机层出不穷。1992—1993年的欧洲汇率机制危机，1994年的墨西哥比索危机，2001年的阿根廷比索危机，2002年的巴西雷亚尔危机，2014年的俄罗斯卢布危机以及2015年8月份部分新兴经济体出现的货币危机。

第三，资本流动不稳定，导致银行和货币危机频发。在布雷顿森林体系崩溃之后，资本流动主要受发达经济体货币政策立场推动，时而周期性激增，时而突然崩溃，导致资产价格出现繁荣与萧条，甚至引发金融危机。2015年美联储加息预期就引发了全球资金大规模回流美国，据国际金融协会(IIF)预测，今年主要新兴经济体将面临5 410亿美元资本净流出，是1988年新兴市场概念诞生以来首次出现净流出。

我们看到，跨境资本无序流动使银行和货币危机发生频繁，较布雷顿森林体系时期有所提高。据IMF统计，布雷顿森林体系崩溃之后，银行危机和货币危机年均分别发生2.6起和3.7起，较布雷顿森林体系时期的0.1起和1.7起，均有较大幅度提高。可见，浮动汇率制、更自由的资本流动并没有为全球经济带来稳定。IMF也在2008年金融危机之后意识到了这一点，于2010年提出，各国对资本流动进行一定程度的管制或采取临时性的管制措施是合理的。

第四，缺乏具有约束力的国际治理安排。由于IMF和G20的治理机制比较松散，各国与国际组织之间并不存在隶属关系，缺乏强制性治理规则和制度安排，难以建立有效的国际合作和协调机制。2008年金融危机之后，IMF对其在危机爆发之前的监督不力进行了深入反思。它认识到，由国际货币基金组织发出的警告太过分散而且不具体，不足以引起国内政策响应，更不能触发集体的政策响应。

资料来源：中国银行董事长田国立在"中国国际金融学会学术年会暨2015《国际金融研究》论坛"上的发言。

五、区域货币一体化

第二次世界大战以后,国际货币关系既有矛盾冲突的一面,也有合作协调的一面,主要表现在以国际货币基金组织为中心的国际货币关系内,区域性货币集团的不断发展,欧洲货币体系的形成就是一个例证。另外,非洲、拉美、中东等地区的发展中国家自20世纪60年代以来也积极推行经济和货币一体化,取得明显成效。如中非关税与经济联盟、东非共同体、西非货币联盟及阿拉伯货币基金组织的建立和发展,为各地区实现货币一体化和组成货币联盟创造了一定的条件。在区域货币一体化的实践过程中,最成功的当推欧洲货币一体化。

(一)欧洲货币一体化的概念

欧洲货币一体化(European Monetary Integration),是指欧共体成员国在货币金融领域进行合作,协调货币金融关系,最终建立一个统一的货币体系,其实质是这些国家为了货币金融领域的多方面合作而组成的货币联盟。这种货币一体化有三个显著特征:一是汇率的统一,即成员国之间实行固定汇率制,对外则实行统一的浮动汇率;二是货币的统一,即货币联盟发行单一货币;三是机构的统一,即建立统一的中央货币机构,负责发行共同货币,制定和执行统一的货币政策,规定及保管各成员国的国际储备。

欧洲货币一体化历经1950年的欧洲支付同盟的建立,1969年提出建立欧洲货币联盟的建议,20世纪70年代欧洲记账单位(European Unit of Account,EUA)的设立,1978年欧共体首脑会议上通过了建立欧洲货币体系(European Monetary System,EMS)的决定,并于1979年3月生效,1989年6月的《德洛尔报告》(即《经济与货币联盟研究委员会报告》)和1991年12月的《马斯特里赫特条约》,1998年5月确认欧盟15国为欧元创始国,1999年1月首批加入欧洲单一货币体系,同时成立欧洲中央银行,2002年7月1日起各国货币完全退出流通,欧元取代各国货币成为欧洲统一的货币,欧洲货币一体化的计划完成。欧元诞生是20世纪70年代以来国际金融领域最为重要的事件之一,其作用和意义十分深远。

(二)欧元的特点及对现行国际货币体系的影响

欧元(Euro Dollar,Euro)的产生是世界经济史上一个具有里程碑意义的事件,不仅对欧盟成员国的经济活动,而且对世界其他国家的经济往来及对国际金融市场、国际货币体系的运行与发展,都将产生重大而深远的影响。

1. 欧元的特点

(1)欧元是跨主权国家创造的信用本位币。欧元是一种信用货币,不与黄金挂钩,不规定含金量,其流通基础是人们对欧盟内部高效率的协调能力、经济实力和经济增长潜力所赋予的信心。欧元在国际贸易、国际结算中使用范围日益扩大,在很多国家的储备体系中所占比重不断增加,已成为各国外汇市场外汇交易的主要币种,充分显示了强势货币的风采以及与美元、日元等主要货币分庭抗礼的决心。

(2)欧元区国家财政政策、货币政策的分离可能对欧元价值产生影响。一国范围内的货币和财政政策也会在政策目标、政策措施手段等方面产生矛盾,对跨主权国家货币——欧元来讲,这种矛盾尤为突出,在统一的欧洲央行与独立的各主权国政府之间,很难保证在必要时完全协调一致。所以,各国之间分离的财政政策、货币政策可能会从内部动摇欧元的价值,造成价值的不稳定。

2. 欧元对现行国际货币制度的影响

(1) 欧元对 IMF 协调能力的挑战。历史上,IMF 在缓解石油危机对世界经济的危害、救援 20 世纪 80 年代拉美国家债务危机、化解 20 世纪 90 年代亚洲金融危机、帮助发展中国家进行结构性改革并促进其经济发展等方面,表现出了较强的协调能力。但是,在解决国际清偿力不足、SDR 分配、南北货币关系协调及 IMF 贷款条件等方面,其表现不尽人意,成员国颇有微词。欧洲货币联盟作为同样跨主权国家的国际货币机构,在保证欧元汇率稳定、成员国国际收支平衡等方面发挥了更加出色的协调能力。另外,在货币问题上以一个声音说话的欧洲,德国的力量将大大增强,从而使 IMF 在协调西方发达国家关系问题上难度加大。

(2) 对国际储备的挑战。欧元产生以前,多元化的国际储备体系可概括为以美元为主导的日元、德国马克、瑞士法郎、SDR 及其他硬货币并存的体系。欧元的产生与运营,一是对美元在国际储备体系中的主导地位带来严峻挑战,二是对 SDR 的国际储备地位带来重大影响。

(3) 对国际货币制度的改革和发展及区域货币一体化的示范和启发。汇率制度安排多样化、黄金非货币化和国际政策协调艰难是牙买加体系被称为"非体系的体系"的重要原因。牙买加体系在储备体系、国际收支协调机制、国际资本流动等方面存在的种种缺陷,有待于进一步改革和完善。欧元以其稳定的汇率体系、跨国界的政策协调和统一的中央银行等成功经验为目前的国际货币制度改革提供了参考,对其他地区的货币一体化也具有启发作用。

3. 欧元体系的缺陷

欧元诞生以来的积极作用没有疑义,但 2008 年以来全球金融危机引起的欧洲债务危机,欧元体系的一些固有缺陷也表露了出来。欧洲主权债务危机的导火索是希腊,希腊在 2001 年达到欧盟的财赤率要求,同年加入欧元区。希腊为了尽可能缩减自身外币债务,与高盛公司签订了一份货币互换协议,并且在很长一段时间内要支付给对方高于市场价的高额回报,逐渐地导致了 2009 年的主权债务危机,引起了一连串的连锁反应。主权债务危机暴露出欧元体系深层次的体制性缺陷。

(1) 欧盟国家财政与货币的二元结构。欧元区成立之初,只统一了货币政策,没有统一财政政策,财政大权依然被视为是各国主权范围内的事情。这种二元结构一开始就遭到质疑,但直到债务危机爆发,其危害性才真正显现。长期以来,欧元区在经济方面将货币政策交给欧洲央行,而依靠《稳定与增长公约》来监管成员国的财政政策。欧盟原本希望通过各国的财政自律来实现经济平衡,但各成员国财政政策的溢出效应干扰了统一的货币政策的运作。区内成员国的内在财政赤字扩大,以刺激经济,增加就业。而欧元区缺乏统一的财政控制预算,一国债务只能由本国财政作担保。债务危机凸显出欧元与美元信用基础的差异。

(2) 欧盟国家内部经济结构长期失衡。欧元区各成员国经济发展水平差距较大,经济结构和金融周期不一致。最先出现债务危机的希腊等国属于欧元区中相对落后的国家,其经济更多依赖于劳动密集型制造业出口和旅游业,加入欧元区后,生产要素成本大幅上升,劳动力优势不复存在,而又不及时调整产业结构,国际竞争力不断下降。同时,又加大投资规模,超出自身能力。欧盟作为同一货币的总体,内部一些国家出现债务危机就可能产生连锁反应,导致整个欧元区经济动荡。

本章关键词

外汇　汇率　直接标价法　间接标价法　固定汇率制度　浮动汇率制度　国际借贷论　汇兑心理论　购买力平价论　资产市场论　货币理论　国际货币体系　布雷顿森林体系　牙买加体系　货币一体化

思 考 题

1. 什么是外汇？外汇的基本特征是什么？
2. 何谓汇率的标价？根据不同标价方法如何理解一国货币汇率的升降？试举例说明。
3. 简述外汇汇率的种类。
4. 布雷顿森林体系的主要内容和特点是什么？它在第二次世界大战后起到了什么作用？
5. 欧洲货币体系的主要内容是什么？
6. 欧元面临的挑战是怎样的？

第十六章　开放经济中的均衡

> **本章导读**
>
> 从现实的国际经济交往中,各国之间的商品和资本流动产生国际收支问题,而国际收支的结算又产生了汇率和外汇问题,同时国际收支的失衡又产生了国际储备的数量及构成问题。因此,要全面系统地理解和掌握国际收支的理论与政策体系,需要对国际收支的基本概念与内涵作出界定,运用会计方法对国际收支的内容进行系统记录,对国际收支状况进行分析,并在此基础上分析国际收支失衡的原因及其对一国经济产生的影响。

第一节　国际收支与国际收支平衡表

一、国际收支概述

（一）国际收支概念的演变

国际收支(balance of payment,BOP)概念最初出现于 17 世纪初期。根据当时的国际经济状况,重商主义学派认为经常维持出口超过进口是国家致富的永恒原则,贸易顺差可以聚集金银,国际收支就是一个国家在一定时期内的对外贸易收支。

后来,随着国际经济交易内容和范围的扩大,国际收支的内容中增加了资本收支。凡是国际经济交往(包括国际信贷)中必须通过外汇收支进行清算的交易,都属于国际收支的范围。国际收支是指一国在一定时期内的外汇收支。在很长一段时期内,一直通行这种概念,现在它仍然是分析一国外汇和外汇市场情况变化的重要手段。

第二次世界大战后,随着国际贸易和国际政治、经济、文化的不断发展,国际经济关系也有了新的变化,国际收支的含义更为广泛,包括一个国家在一时期内全部的对外经济交易收支,即除了涉及外汇收支的国际经济交易外,还包括各种不涉及外汇收支的易货贸易、补偿贸易、无偿援助等单方面转移的国际经济交易形式和记账结算等实物交易已经发生但没有外汇收付的经济交易形式。国际收支的概念开始以交易为基础,而不再以支付为基础。

（二）国际收支的概念

从国际收支的演变来看,在世界经济发展的不同阶段,国际收支的内涵有一定程度的差异。狭义的国际收支是以支付为基础的国际收支,仅指一国在一定时期内对外货币收入和支出的总额。广义的国际收支是以交易为基础的国际收支,既包括货币形式的外汇收支,也包括非货币形式的外汇收支,如没有发生货币偿付的各种经济交易、捐款、侨汇等也列入国际收支范畴。目前世界各国普遍采用广义的国际收支概念。

国际货币基金组织于1945年提出了国际收支的定义:在一定时期内,一个经济实体的居民同非居民所进行的全部经济交易的系统记录和综合。我国在编写国际收支平衡表时原则上也采用这个定义。

(三) 关于国际收支概念的三点说明

对于广义的国际收支概念,还有三点需要澄清。

1. 居民的概念

判断一项交易的收支是否应当包括在国际收支的范围内,或者,相对于一国来说,即什么样的经济活动能够被称为"对外经济往来",在国际收支统计规则中给出了明确的定义,国际收支反映的是一国居民与非居民之间的交易,而与交易双方的具体身份及其国籍毫无关系。居民,是指在一国的经济领土内具有经济利益的经济单位,其实际形态包括政府、个人、非盈利团体和企业四种。

要说明的是:(1) 经济领土除一个政府所管辖的地理领土外,还包括该国天空、水域和邻近水域下的大陆架,以及该国在世界其他地方的飞地(如大使馆、领事馆)。(2) 经济利益,表现为经济主体在一国的经济领土内已经有一年(或一年以上的时间)大规模地实际从事或意愿从事经营活动或交易。要注意的是,国际组织是任何国家的非居民。

2. 时期的概念

国际收支反映的一国在一定时期内的对外经济往来,是国际交易中各项内容的余额的统计而非总额的统计。因此,我们经常说广义的国际收支是一个事后的、流量的概念。

3. 交易的概念

国际收支平衡表将一国的对外往来按交易标的具体地分为五类:(1) 金融资产与商品、劳务的交换;(2) 商品、劳务与商品、劳务的交换;(3) 金融资产与金融资产的交换;(4) 无偿的、单向的金融资产转移;(5) 无偿的、单向的商品、劳务转移。简而言之,就是等价交换与单向转移。

二、国际收支平衡表

(一) 国际收支平衡表的概念

一国在一定时期内,居民与非居民之间会发生大量的、各种各样的对外经济活动,这些国际经济交易通过国际收支表现出来。要系统了解一国的国际收支状况及其变化情况,需要对有关数据进行收集和整理,因此需要通过编制国际收支平衡表来完成。

国际收支平衡表(the statement of balance of payment)是各国根据国际货币基金组织《国际收支手册》的规定编制的统计分析各国国际收支状况的会计报表。它是指一个国家或地区在一段时间(一年、半年、一季或一月)内以货币形式表示的对外经济、政治以及文化往来的系统记录和总结的一种统计表。国际货币基金组织于1948年首次颁布了《国际收支手册》第一版,以后又先后于1950年、1961年、1977年和1993年和2018年修改了手册,不断地补充了新的内容。目前,最新版本为第六版,手册名称首次修改为《国际收支和国际头寸手册》(Balance of Payment and International Investment Position Manual),于2018年11月通过,它规定:国际收支是特定时期内的一种统计报表,它反映:(1)一国与他国之间的商品、劳务和收益等的交易行为;(2)该国所持有的货币、黄金、特别提款权的变化,以及与他国债权、债务关系的变化;(3)凡不需偿还的单方转移的项目和相对应的科目,由于会计上的原因,必须用来平衡的尚未抵消的交易,以及不易互相抵消的交易。

通过编写国际收支平衡表,可以集中反映一国一定时期的国际收支状况,使本国政府及时了解和掌握本国外汇资金的来源与运用情况和本国国际储备资产的变化情况,分析国际收支不平衡的原因,从而能够及时制定相关的对外经济政策,用以改善国际收支状况,促进经济发展。还可比较各国的国际收支平衡表,有利于掌握世界经济和贸易的发展趋势和动向。

(二) 国际收支平衡表的记账方法

根据IMF的规定,国际收支平衡表必须按照复式簿记的记账方法进行记录。复式记账法,又称借贷记账法,是在记录每一笔会计对象交易时,都同时涉及借贷两个方面,而总额始终轧平。借方用"-"表示,记录外汇的支出以及资产的增加或负债的减少,贷方用"+"表示,记录外汇的收入、资产的减少或负债的增加。"有借必有贷,借贷必相等"的复式记账原则在处理"等价交换"中可以同时在借方、贷方完整地反映一笔交易的全貌。对于少数"单向转移"的活动特别设立了专门的"虚"账户,以满足复式记账的要求。

我们可以简单将商品和劳务、金融债权以及国际储备的净出口理解为"贷"(+),而将商品和劳务、金融债权以及国际储备的净进口理解为"借"(-)。遵循这一原则,则无须再逐项对其借项和贷项进行具体的定义。

(三) 国际收支平衡表的主要内容

由于世界各国的对外经济情况各有不同,所编写的国际收支平衡表各具特色,均参照IMF于1995年制定《国际收支手册》(第五版)中的"国际收支平衡表标准组成部分"来编制,结合本国情况进行调整。国际收支平衡表的内容包括四大类:经常账户、资本与金融账户、错误与遗漏账户以及储备与相关项目。

1. 经常账户

经常账户(current account)是国际收支平衡表中最基本最重要的账户,是对实际资源在国际间的流动行为进行记录的账户,体现一国的自我创汇能力,是一国对外经济交往的基础。它包括货物、服务、收入及经常转移四个子项目,中间两项也合称无形贸易。

(1) 货物。货物包括一般商品、用于加工的货物、货物修理、各种运输工具在港口购买的货物和非货币黄金。国际货币基金组织建议进出口国均采用离岸价(FOB)来计算,保险费和运费列入服务项。

(2) 服务。服务的具体表现形式多种多样,既包括以体力消耗为主的普通劳务,也包括保险、金融等技术劳动。

(3) 收入。此处的收入指的是生产要素通过国际流动所获得的报酬,即生产领域中价值创造的货币表现,而不是在流通领域中产生的收入。通常的表现形式为劳务报酬——工资,以及资本增值——股本红利和债券利息这两种。

(4) 经常转移。即前文所述:国际收支平衡表中按照复式记账法的原则为了平衡"单向转移"而特别设立的账户的总和,包括政府间的经济合作与民间的无偿捐赠。

2. 资本与金融账户

资本与金融账户(capital and financial account)是对金融债权在国际间的流动行为进行记录的账户,分为资本账户和金融账户两大类。

资本账户包括资本转移,非生产、非金融资产的收买或放弃(各种无形资产如专利、版权、商标、经销权以及租赁和其他可转让合同的交易)。资本账户下的交易标的并不必是看得见、摸得着或者感受得到的事物,而仅仅表现为一种权利的让渡。因为所有权仅仅是受法律规定的一项衍生权,所有权唯有在被行使的时候才能被感觉到,而不是一种真实恒久的存在。无形资产交易合同总是要注明行使权力的相关条件(如年限),一旦违背了受法律约束的承诺条件(如超过规定的年限),那么被受让者就不能合法地使用或转让以获取利益。

金融账户记录的是一经济体对外资产和负债所有权变更的所有交易。金融账户包括直接投资、证券投资(间接投资)、其他投资和储备资产。就投资类的各项目而言,直接投资是以完全掌握所有权为目的的投资,证券投资(间接投资)是以获得一定比例的资产收益的所有权为目的的投资,主要表现为购买非居民的各种证券,除此之外的贸易信贷、贷款、货币及存款等统统归入其他投资。国际储备,是指一国货币当局能随时用来干预外汇市场、支付国际收支差额的资产。一种资产成为国际储备,必须具有三个特征:可得性,流动性(即变现能力),以及在外汇市场和国际清算中的普遍接受性。广义的国际储备即国际清偿力,是国际金融学的重要概念之一,包括一国的自有储备和借入储备。一国的自有储备包括黄金储备、外汇储备、在国际货币基金组织的储备头寸以及在国际货币基金组织的特别提款权余额。借入储备包括备用信贷、互惠信贷和支付协议以及本国商业银行的对外短期可兑换货币资产等项内容。

3. 错误与遗漏账户

错误与遗漏账户(errors and omissions)是认为设置的一个平衡账户,是一个平衡项目。按照复式记账原则,在理论上,表中的借方总额等于贷方总额,借贷双方的净差额为零,但在实际编制中,由于内容多、原因复杂,常会造成编制结果和实际情况发生偏离,出现净的借方或贷方余额,这就需要人为设立一个平衡账户来抵消净的借方或贷方余额。当经常账户、资本与金融账户总计贷方总额大于借方总额,出现贷方余额时,则在错误与遗漏账户下的借方计入与该余额相同的数;反之,当出现借方余额时,则在错误与遗漏账户下的贷方计入相同数额。

4. 储备与相关项目

储备与相关项目(reserves and relative account)实际是平衡经常账户、资本账户和金融账户差额的一个项目,因而也是平衡项目。因此,该项目要反向记录,增加记录借方,减少记录贷方。主要包括以下四项。

(1) 储备资产,也称官方储备或国际储备。储备资产是指一国货币当局为弥补国际收支赤字或维护汇率稳定而持有的在国际间可以被普遍接受的流动资产,包括货币黄金、特别提款权、在 IMF 的储备头寸、外汇资产和其他债权。

(2) 使用 IMF 的信贷和贷款,主要指成员国从 IMF 的提款,但不包括储备部分的提款。

(3) 对外官方负债,是指本国政府和货币当局对非居民的负债。

(4) 例外融资,或称特殊融资,是一国货币当局为平衡其国际收支而采取的资金融通措施。

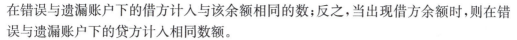

编制和提供国际收支平衡表已成为 IMF 成员国的一项义务,并成为参与其他国际经济组织活动的一项重要内容。下面通过实例来说明国际收支平衡表的编制,现假定发生以下四笔交易:

(1) 中国企业出口设备价值 60 万美元,该企业在海外银行的存款相应增加;

(2) 中国居民到外国旅游花费 20 万美元,费用从该居民的海外存款中扣除;

(3) 中国企业在海外投资所得利润 200 万美元,其中 70 万美元用于当地再投资,80 万美元购买当地商品运回国内,50 万美元结售给政府换取本币;

(4) 中国政府动用 30 万美元储备向国外提供无偿援助,另提供相当于 100 万美元的粮食药品援助。

会计分录如下:

① 借:其他投资——银行存款　　　　　　　　　　　　　　600 000
　　贷:商品出口　　　　　　　　　　　　　　　　　　　　600 000
② 借:服务进口　　　　　　　　　　　　　　　　　　　2 000 000
　　贷:其他投资——银行存款　　　　　　　　　　　　　2 000 000
③ 借:商品进口　　　　　　　　　　　　　　　　　　　　800 000
　　　对外直接投资　　　　　　　　　　　　　　　　　　700 000
　　　外汇储备　　　　　　　　　　　　　　　　　　　　500 000
　　贷:投资收入　　　　　　　　　　　　　　　　　　　2 000 000
④ 借:经常转移　　　　　　　　　　　　　　　　　　　1 300 000
　　贷:外汇储备　　　　　　　　　　　　　　　　　　　　300 000
　　　商品出口　　　　　　　　　　　　　　　　　　　1 000 000

根据以上四笔经济交易所编制的国际收支平衡表的简表,如表 16-1 所示。

表 16-1　中国国际收支平衡表　　　　　　　　　　（单位：万美元）

项　　目	借方（-）	贷方（+）
一、经常账户		
1. 商品	80(3)	60(1)＋100(4)
2. 服务	20(2)	—
3. 收入	—	200(3)
4. 经常转移	130(4)	—
二、资本和金融账户		
1. 资本账户	—	—
2. 金融账户	—	—
直接投资	70(3)	—
证券投资	—	—
其他投资	60(1)	20(2)
3. 储备资产	50(3)	30(4)
合　　计	410	410

阅读材料 16-1

2015 年中国国际收支呈现 8 个特点

国家外汇管理局 2016 年 3 月 31 日发布的《2015 年中国国际收支报告》显示，2015 年，我国经常账户顺差 3 306 亿美元，较上年增长 19%；资本和金融账户逆差 4 853 亿美元，2014 年逆差为 514 亿美元。

2014 年尤其是 2014 年下半年以来，我国经常账户顺差、资本和金融账户逆差的国际收支格局基本形成。具体来看，有以下 8 个特点。

（1）货物贸易顺差增长较快。按国际收支统计口径，2015 年，我国货物贸易出口 21 428 亿美元，进口 15 758 亿美元，分别较上年下降 5% 和 13%；顺差 5 670 亿美元，增长 30%。

（2）服务贸易逆差继续扩大。2015 年，服务贸易收入 2 865 亿美元，较上年增长 2%；支出 4 689 亿美元，增长 4%；逆差 1 824 亿美元，扩大 6%，其中，运输项目逆差收窄 36%，旅行项目逆差延续扩大态势，增长 38%。

（3）初次收入转为逆差。2015 年，初次收入项下收入 2 278 亿美元，较上年下降 5%；支出 2 732 亿美元，增长 21%；逆差 454 亿美元，2014 年为顺差 133 亿美元。其中，雇员报酬顺差 274 亿美元，增长 6%。投资收益逆差 734 亿美元，扩大 4.9 倍，其中，我国对外投资的收益为 1 939 亿美元，微降 7%；外国来华投资利润利息、股息红利等支出 2 673 亿美元，扩大 20%。

(4) 二次收入呈现逆差。2015年,二次收入项下收入359亿美元,较上年下降13%;支出446亿美元,增长12%;逆差87亿美元,2014年为顺差14亿美元。

(5) 直接投资继续表现为顺差。按国际收支统计口径,2015年,直接投资顺差621亿美元,较上年下降57%。其中,直接投资资产净增加1 878亿美元,较上年多增53%,是直接投资顺差下降的主因;直接投资负债净增加2 499亿美元,较上年少增7%。

(6) 证券投资转为逆差。2015年,证券投资为逆差665亿美元,2014年为顺差824亿美元。其中,我国对外证券投资净流出732亿美元,较上年增长5.8倍;境外对我国证券投资净流入67亿美元,下降93%。

(7) 其他投资逆差大幅扩大。2015年,其他投资为逆差4 791亿美元,较上年扩大72%。其中,我国对外的贷款、贸易信贷和资金存放等资产净增加1 276亿美元,下降61%;境外对我国的贷款、贸易信贷和资金存放等负债净减少3 515亿美元,2014年为净增加502亿美元。

(8) 储备资产有所下降。2015年,我国储备资产(剔除汇率、价格等非交易价值变动影响,下同)减少3 429亿美元。其中,外汇储备资产减少3 423亿美元,2014年增加1 188亿美元。截至2015年年末,我国外汇储备余额33 304亿美元,较上年末下降5 127亿美元。

《报告》称,经常账户仍保持较大顺差,且依然处于国际公认的合理区间。2015年,我国经常账户顺差与GDP之比为3.0%,较上年增长0.3个百分点。其中,货物贸易顺差增长较快,与GDP之比为5.2%,上升1.0个百分点;服务贸易逆差与GDP之比为1.7%,与2014年基本持平;初次收入逆差与GDP之比为0.4%,2014年为顺差且相当于GDP的0.1%。其中,货物贸易顺差扩大主要是由于国际市场大宗产品价格下跌导致我国进口商品价格明显回落,这有利于降低我国生产及消费成本;服务贸易尤其是旅行项下持续逆差,主要反映了国内居民收入提高的结果。

《报告》表示,2015年我国跨境资本流动的波动性较大,但对外债务去杠杆化已开启并持续了一段时间,逐步释放了前期积累的短期资本流入风险。2014年下半年至2015年年末,外国来华非直接投资累计净流出3 468亿美元,相当于2003年至2013年持续净流入规模的30%,或相当于在2009—2013年主要发达经济体QE期间净流入规模的43%。也就是说,过去10年左右的非直接投资净流入中已有三四成流出了我国。在我国企业对外贸易总体提升、投融资渠道不断拓宽的情况下,此类境外融资缩减后预计仍将保留一个合理正常的规模。

《报告》还显示,我国对外总资产继续增加,官方储备资产和市场主体对外资产"一降一升"。2014年下半年至2015年,我国对外资产总体增加了2 672亿美元。其中,企业等市场主体的直接投资资产增加2 633亿美元,相当于2003年至2013年11年增加额的66%;证券投资资产增加865亿美元,相当于过去11年间增加额的70%;贷款等其他投资资产增加2 870亿美元,也达到了过去11年间增加额的28%。《报告》表示,以前在人民币升值预期下,我国市场主体不愿意持有对外资产,但在人民币汇率双向波动环境下,增加对外资产的积极性大幅提升,成为储备资产下降的主要原因,这也是"藏汇于民"的必然过程。

资料来源:中国发展网。

第二节 国际储备

一、国际储备概述

(一) 国际储备的概念和特点

国际储备(international reserves)也称官方储备,是指一国政府所持有的用于弥补国际收支逆差和维持本国货币汇率的国际间可以接受的一切资产。能够作为国际储备的资产必须具有以下四个的特点。

1. 官方持有性

国际储备资产必须掌握在一国政府或货币当局手中。非官方金融机构、企业和个人持有的黄金和外汇,虽然也是流动资产,但不能作为国际储备资产。因此,国际储备有时也称官方储备。

2. 普遍接受性

国际储备资产必须能够为世界各国普遍接受、认同和使用,否则就不能作为弥补国际收支逆差时的国际支付手段。

3. 充分流动性

国际储备资产必须是随时能够动用的资产,如存放在国外银行的活期可兑换外币存款、有价证券等,可迅速用来弥补国际收支逆差,或用于干预外汇市场以稳定本国货币汇率。

4. 价值稳定性

国际储备资产的内在价值必须相对稳定,不能因为汇率、利率的变化而发生大幅度的价值下跌。

(二) 国际储备和国际清偿能力

国际清偿能力(international liquidity)又称国际流动性,是指一国的对外支付能力。国际储备和国际清偿能力的共性在于两者都是一国对外支付能力的标志,但又各有特性。

两者的区别在于:国际储备是一国国际清偿能力的核心部分,而国际清偿能力的内涵要比国际储备更广,主要包括:(1)一国政府或货币当局自有的国际储备,包括黄金和外汇储备;(2)一国政府或货币当局的借款能力;(3)一国商业银行所持有的外汇资产。因此,国际储备是一国实际的对外清偿能力,国际清偿能力则是一国实际的对外清偿能力和潜在的对外清偿能力的总和。

（三）国际储备的作用

国际储备是衡量一国经济实力的一个重要指标，各国保持国际储备具有各种各样的目的，其作用主要体现在以下三个方面。

1. 弥补国际收支逆差

这是国际储备的最主要的作用。当一国发生短期的、临时性的国际收支逆差时，可以通过动用国际储备来弥补，而不须采用影响国内经济的财政货币政策，有利于国内经济的稳定发展。当一国发生长期的、巨额的国际收支逆差时，可以先用国际储备来缓冲政策调整所带来的冲击，同时必须以相应的政策措施来调整国民经济。

2. 维持本国汇率稳定

一国政府或货币当局所持有的国际储备反映了该国干预外汇市场、保持汇率稳定的能力。当外汇市场上由于投机等因素导致本国货币汇率出现大幅波动时，一国政府或货币当局可以利用国际储备干预外汇市场，将汇率维持在政府所希望的水平。当本币汇率下跌时货币当局出售外汇购入本币，当本币汇率上升时货币当局出售本币购入外汇，从而使本币汇率保持稳定。

3. 充当对外借款的信用保证

一国的国际储备状况是一个国家金融实力和经济地位的重要标志，充分的国际储备，表明该国的偿债能力比较强，对外借款就比较容易；反之，偿债能力比较弱，对外借款就比较困难。因此，国际储备是一国对外借款和偿还本息的信用保证，是衡量一国对外资信的一项重要指标。

（四）国际储备的构成

国际储备的构成是指用于充当国际储备资产的种类。根据国际货币基金组织的标准，国际储备资产主要有四种形式：黄金储备、外汇储备、在国际货币基金组织的储备头寸和特别提款权。

1. 黄金储备

作为国际储备的黄金是货币黄金，是一国货币当局持有的作为金融资产的黄金。在金本位制下，黄金是全世界最主要的国际储备资产，由于黄金的开产量受自然条件的限制，加之工业和其他用途大，黄金越来越不能满足国际储备的需求，故能自由兑换黄金的货币便成为国际储备的另一形式，并随着时间的推移逐渐成为国际储备的主要形式。

布雷顿森林体系崩溃后，黄金不再作为干预汇价和货币发行的保证，各国货币当局在动用国际储备时，不能直接用黄金对外支付，只能将黄金售出换回可兑换货币进行支付。从这个意义上讲，黄金只是潜在的国际储备，而不是真正的国际储备。

2. 外汇储备

外汇储备是当今大多数国家国际储备中的主体，是各国货币当局持有的对外流动资产，其具体表现形式是各国普遍接受的货币的银行存款和国库券。

充当国际储备的货币必须具备两个基本条件：第一，能够自由兑换成其他货币和黄金；第二，内在价值相对稳定。一国的储备货币应多样化、分散化，目前美元、欧元、日元等是主要的国际储备货币。

3. 在国际货币基金组织的储备头寸

储备头寸是指国际货币基金组织成员国在基金普通账户上可以自由提取使用的资产。国际货币基金组织的一个宗旨是在成员国遇到国际收支困难时向其提供短期融资。普通贷款最高限额是成员国份额的125%,成员国份额中25%以黄金、美元和特别提款权认购,75%以本国货币认购。

4. 特别提款权

特别提款权是国际货币基金组织对成员国根据其份额分配的一种账面资产,可用于归还国际货币基金组织的贷款和成员国政府之间清偿国际收支赤字。

特别提款权作为使用资金的权利,与其他储备资产相比有区别:首先,它不具有内在价值,它是国际货币基金组织人为创造的、纯粹账面上的资产;第二,它不像黄金和外汇是通过经常项目和资本项目的交易取得,也不像储备头寸按所交份额比例无偿分配给各成员国的;第三,它的使用范围是有限制的,只能在国际货币基金组织与成员国以及成员国之间使用。

> **阅 读 材 料 16-2**
>
> **人民币加入SDR后跨境资金双向波动会更明显**
>
> 2016年9月22日,国家外汇管理局举行的政策新闻发布会。外汇局国际收支司司长王春英表示,人民币加入SDR后,跨境资金流动的双向波动趋势会更加明显,但规模并不会显著放大。综合各方面因素,中国的跨境资金流动有条件继续保持在合理均衡、总体稳定的范围内。
>
> 王春英表示,新的SDR篮子将在2016年10月1日正式生效。在此之前,人民银行和外汇局都出台了一系列的开放市场政策,为境外机构调整资产配置提供了便利。
>
> 从对跨境资金流动的直接影响看,人民币加入SDR将吸引央行、储备管理者、私人部门等境外机构增持人民币资产,中国资本市场的不断开放也会促进资金流入,但这是一个长期、渐进的过程。
>
> 同时,人民币加入SDR将提高人民币国际化和可兑换程度,提升人民币的国际地位,有利于支持中国企业"走出去",中国对外投资组合的需求也会增加。
>
> 从市场预期角度看,人民币加入SDR总体上有利于市场提升对人民币资产的信心,进一步增加人民币的国际公信力和信誉度,这是有积极意义的。
>
> 人民币汇率实行以市场供求为基础、参考一篮子货币、有管理的浮动制度。在可预见的未来,加大参考一篮子汇率的力度,保持一篮子汇率的基本稳定,是人民币汇率形成机制的主基调。
>
> 总体看,人民币加入SDR后,跨境资金流动的双向波动趋势会更加明显,但规模并不会显著放大。综合各方面因素,中国的跨境资金流动有条件继续保持在合理均衡、总体稳定的范围内。
>
> 资料来源:新华社,中国金融信息网。

二、国际储备管理

近年来世界各国的国际储备资产规模不断扩大,如何加强对国际储备资产的管理,成为各国政府和货币当局急需解决的问题。国际储备管理是一项重要的系统工程,是一国货币当局在健全和完善的储备管理体制下,持有最适度储备量,并对储备资产进行有效管理,以顺利实现国际储备的各项职能。宏观上确定最适度储备量和储备管理政策问题,微观上对储备资产进行风险分散的技术性操作问题。

(一) 建立健全的管理体制

国际储备所具有的特殊职能和特点,决定了其管理只能由一国货币当局来集中管理。世界各国大多由中央银行负责国际储备的管理,因为稳定汇率和调节国际收支是货币当局的重要职责之一。

(二) 国际储备的宏观和微观管理

1. 国际储备的宏观管理

国际储备的宏观管理的核心问题是确定和维持一国的最适度储备水平。由于世界各国所处的内外部经济环境和政府的政策意愿不同,各国的国际储备量有很大的差异。发达国家拥有绝大部分的黄金储备和大部分的非黄金储备,经济实力雄厚,国际清偿力充足;而发展中国家黄金储备少,非黄金储备也不及发达国家,经济实力薄弱,国际清偿力不足。在确定了一国的最适度国际储备水平后,货币当局应采取措施进行管理和维持。

2. 国际储备的微观管理

国际储备的微观管理主要是指在确定了最适度的储备水平后,一国的货币当局所面临的各类储备的分配比例、外汇储备的币种结构及风险分散等问题。国际储备的微观管理应遵循下列四项原则。

(1) 币值的稳定性。持有何种储备货币,首先应考虑币值的稳定性或保值性。要根据储备货币的汇率和通货膨胀率的趋势变化,经常进行货币转换,合理搭配币种,以便使收益最大或损失最小。

(2) 储备资产的盈利性。不同储备货币的资产收益率不一样,其实际收益率可根据名义利率减去通胀率再剔除汇率变动因素得到。盈利性要求适当地搭配币种,采取合适的投资方式,以获得较高的收益率或较低的风险。

(3) 储备资产的流动性。流动性是指储备资产能随时兑换,灵活调拨。各国在安排外汇储备资产时,应根据对本年度外汇支付的时间、金额、币种的估算,将外汇储备作短、中、长不同期限的投资,以使各信用工具的期限与国际经贸往来中对外支付的期限相衔接,并保证资金能自由进出相关国家。

(4) 储备资产的安全性。安全性是指储备资产存放可靠。各国在确定外汇资产存放的国家和银行时,一定要事先充分了解有关国家的外汇管制、银行资信、信用工具种类等情况,选择稳定的币种和安全的信用工具,把外汇储备资产存放到外汇管制宽松的国家和资信卓著的银行。

三、我国的国际储备

(一) 我国国际储备概况

我国的国际储备是国家拥有的用于对外支付以平衡国际收支和保持汇率稳定的国际间普遍接受的流动资产。我国国际储备的构成,与世界大多数国家一样,包括黄金、外汇储备、在国际货币基金组织的储备头寸和分配的特别提款权。1980年我国正式恢复了在国际货币基金组织和世界银行的合法席位,1981年正式对外公布了国家黄金外汇储备,并逐步形成了我国的国际储备体系。

由于我国在IMF中所占的份额较小,普通提款权和特别提款权的数额有限,在我国的国际储备总额中所占比重极小。因此,我国国际储备问题的重点应放在黄金储备和外汇储备上。

1. 黄金储备

我国实行稳定的黄金储备政策,黄金储备稳定增长,但占储备资产的比重较低。黄金储备是国家备用以应付紧急需要的,一般不随意动用。黄金储备随市场黄金价格上涨而自动升值,截至2016年年底,我国的黄金储备为1 823.3吨,排名世界第六位。

2. 外汇储备

我国外汇储备占整个国际储备的90%以上,外汇储备的增减直接影响储备资产总额的变动,外汇储备规模不断扩大。

(1) 外汇储备统计口径发生变化。1992年以前,我国的外汇储备由两部分组成:一是国家外汇库存;二是中国银行的外汇结存。国家外汇库存是指国家对外贸易外汇收支的历年差额总和,差额为正,形成外汇储备。中国银行的外汇结存是中国银行的外汇自由资金,加上其在国内外吸收的外币存款减去其在国内外的外汇贷款和投资后的差额,以及国家通过各种渠道向外国政府、国际金融机构和国际资本市场筹集款项的未用余额部分,这一指标反映在中国银行的海外账户上。严格来说,中国银行的外汇结存是商业银行的外汇资金,不应作为国际储备,也不符合国际惯例。

1993年开始,我国的外汇储备总额中不再包括国内金融机构的外汇结存部分,仅包括国家外汇库存部分。中国银行的外汇结存部分在资本项目中反映。

表 16-2　中国历年外汇储备　　　　　　　　　　　(单位:亿美元)

年份	外汇储备	年份	外汇储备	年份	外汇储备	年份	外汇储备
1950	1.57	1956	1.17	1962	0.81	1968	2.46
1951	0.45	1957	1.23	1963	1.19	1969	4.83
1952	1.08	1958	0.70	1964	1.66	1970	0.88
1953	0.90	1959	1.05	1965	1.05	1971	0.37
1954	0.88	1960	0.46	1966	2.11	1972	2.36
1955	1.80	1961	0.89	1967	2.15	1973	−0.81

(续表)

年份	外汇储备	年份	外汇储备	年份	外汇储备	年份	外汇储备
1974	0.00	1985	26.44	1996	1 050.29	2007	15 282.49
1975	1.83	1986	20.72	1997	1 398.90	2008	19 460.30
1976	5.81	1987	29.23	1998	1 449.59	2009	23 991.52
1977	9.52	1988	33.72	1999	1 546.75	2010	28 473.38
1978	1.67	1989	55.50	2000	1 655.74	2011	31 811.48
1979	8.40	1990	110.93	2001	2 121.65	2012	33 115.89
1980	−12.96	1991	217.12	2002	2 864.07	2013	38 213.15
1981	27.08	1992	194.43	2003	4 032.51	2014	38 430.18
1982	69.86	1993	211.99	2004	6 099.32	2015	33 303.62
1983	89.01	1994	516.20	2005	8 188.72	2016	30 105.17
1984	82.20	1995	735.97	2006	10 663.44	2017	31 192.77

注：2017 年的外汇储备数据截至 2017 年 11 月。
资料来源：国家外汇管理局网站

(2) 外汇储备规模增长迅速。从表 16-2 中可以看出，1980 年以前，我国对外经济往来很少，在外汇方面实行"量入为出，以收定支，收支平衡，略有节余"的方针，外汇收支基本保持平衡，外汇储备量很小。1975 年以后，外汇储备开始有增长。1994 年以前，外汇储备规模波动较大，改革开放初期我国的国际收支并不稳定。

1994 年外汇体制改革以后，我国的外汇储备规模出现大幅度增长，期间受 1997 年亚洲金融危机的影响，在 1998—2000 年增长放缓，但是到 2002 年以后，外汇储备增长迅猛，不断创出新高，2011 年之后的外汇储备额都突破 3 万亿美元，居世界第一。

(二) 我国国际储备管理

国际储备管理应从国际储备的规模和结构两方面进行。国际储备规模管理的核心是要保持适度的国际储备水平。我国的外汇储备并不是越多越好，应与国内外的经济发展状况相一致。近年来，我国的国际储备尤其是外汇储备连年大幅度增长。这表明，我国中央银行和国家外汇管理局在实际管理中，倾向于保持较为充裕的外汇储备。

从国际储备的结构管理来看，黄金储备的持有量应适当增加，因黄金价值稳定，有一定的保值价值。外汇储备要坚持储备货币分散化的策略，通过各种货币升值与贬值的相互抵消，来保持储备货币资产价值的稳定。储备货币的选择和比例的确定是非常重要的。当然，在储备资产的管理上还应积极运用远期、掉期和期权等金融衍生工具，以便对我国的国际储备资产进行保值。

第三节　国际收支失衡与调节

一国的国际收支是否平衡主要看其国际收支平衡表，此表是按借贷复式记账法编制的,即一笔国际经济交易将会产生金额相同的一笔借方记录和一笔贷方记录,借方总额与贷方总额必然相等。总量平衡的状态下,某些项目可能出现赤字,某些项目出现盈余,经常项目赤字可以用资本项目盈余来弥补,全部交易项目逆差可以用储备来弥补。但是,一国的储备是有限的,储备必须保持在一定的水平,所以各国政府都十分关注国际收支的平衡问题。

一、国际收支平衡与失衡的含义

对于一个国家,国际收支账面上的平衡并非难事,如果这种平衡是通过资产的减少或负债的增加来实现的,则这种平衡并无实质意义,或者说,实质上并未达到平衡。所以,要判断一国的国际收支是否平衡,应该先理解下面三对概念。

(一) 账面平衡与实质平衡

判断国际收支是否真正平衡,必须将国际收支分为两大类项目:一类是实质性项目,又称线上项目,主要包括经常项目、长期资本项目以及部分短期资本项目所代表的自主性交易;另一类是平衡项目,又称线下项目,主要包括部分短期资本项目、平衡项目等调节性交易。自主性交易的差额必然由调节性交易来调节或弥补,并且总是等于调节性交易差额。因此,只有自主性交易收支相抵,即线上交易的借贷方金额相等或基本相等,国际收支才是实质上的平衡。如果自主性交易收支不能相抵,而必须以调节性交易来弥补才能平衡,这种平衡是虚弱的,仅是账面上的平衡。

(二) 数额平衡与内容平衡

数额平衡又有绝对平衡和相对平衡。绝对平衡是指国际收支差额为零的情况。实际上一国的国际收支不是顺差就是逆差,所谓的平衡是相对的基本平衡。一国的国际收支在数额上的平衡只能说是表面上的平衡,如果经常项目和资本项目的交易均对本国经济发展产生有利的影响,则这种平衡才是内容上的平衡。

(三) 主动平衡与被动平衡

自主性交易项目的平衡是主动平衡,调节性交易项目的平衡是被动平衡。

因此,国际收支平衡的完整含义应该是:在账面和数额平衡的前提下,达到实质的平衡、内容的平衡和主动的平衡。

二、国际收支失衡的原因

国际收支盈余或赤字的产生可能存在多种原因,不同的原因源于不同的经济背景。

(一) 周期性失衡

国际收支的不平衡可能产生于经济的周期性波动。受经济周期的影响,市场经济会不断出现繁荣、衰退、萧条、复苏四个阶段。在不同阶段,价格水平、生产和就业状况的变化,都会对国际收支状况产生不同的影响。当经济衰退时,居民收入减少,社会需求下降,造成对外收支失衡。

（二）结构性失衡

国际收支的不平衡可能产生于国内生产结构不能适应国际市场的变化。若国际市场发生变化，而国内生产结构以及相应的生产要素配置适应不了这一变化时，则本国国际贸易波动失衡，从而导致对外收支的不平衡。

（三）货币性失衡

国际收支的不平衡可能产生于货币性的不平衡。当汇率不变（或变动不大）时，本国的货币成本和物价水平普遍上涨，并且高于其他国家，则必然引起出口下降、进口增加，国际收支出现逆差。反之，国际收支出现顺差。

（四）增长性失衡

国际收支的不平衡可能产生于经济的强有力增长。经济持久、稳定和强有力的增长，必然导致出口上升，从而导致国际收支关系的变化。

（五）收入性失衡

国际收支的不平衡可能产生于一国国民收入的变化。一般来说，一国国民收入增加，导致社会消费水平提高，社会总需求上升，从而导致进口增加或出口减少，造成国际收支逆差。反之，国民收入减少，引起社会消费水平和社会总需求下降，从而导致出口增加或进口减少，使国际收支逆差减少，趋于平衡，甚至出现顺差。

（六）不稳定投机和资本外逃造成的失衡

在短期资本流动中，不稳定投机和资本外逃是造成国际收支失衡的另一个原因。投机性资本流动是指利用利率差别和预期的汇率变动来牟利的资本流动。投机行为有稳定和不稳定之分，稳定性投机与市场力量相反，当某种货币的需求下降时，投机者就买进该货币，有助于稳定汇率。不稳定投机会使汇率累进恶化，使外汇市场更加混乱。资本外逃的原因不是为获利，而是为避损。当一国面临货币贬值、外汇管制、政治动荡或战争危险时，在该国拥有资产的居民和非居民就会将其资产转移到其他国家，造成该国资本的大量外流。不稳定投资和资本外逃突发性、规模大的特点，在国际资本流动迅速的今天，往往成为一国国际收支失衡的重要原因。

三、国际收支的调节政策

国际收支的调节有自动调节和人为调节两种机制。自动调节机制只能在某些条件下才会发生作用，其作用的程序、时限、效果等均无法确定。因此，各国货币当局都不同程度地参与人为调节，通过主动采取适当的政策措施，恢复国际收支的平衡。

（一）外汇缓冲政策

外汇缓冲政策是指一国政府运用官方储备的变动或临时向外筹借资金来解决外汇的超额需求或供给。其特点是简便有效，适用于突发性和季节性的国际收支赤字。如果出现巨额的、长期的国际收支赤字，这种政策手段是力不从心的。

（二）汇率政策

汇率政策是指通过调整汇率来消除国际收支赤字。本国货币汇率的贬值能否改善国际收支，取决于三个方面：第一，由于本币贬值所带来的国际收支改善是否大于由此而产生的国民收入上升所引起的诱发性进口;第二,本国现有生产能力是否获得充分利用;第三,贬值所带来的本国商品和劳务在国际市场上相对较低的价格是否能维持较长的时间。

(三) 财政政策

财政政策是指政府通过支出或税收等手段来影响国际收支状况的政策。当政府增加支出或减少税收(或两者同时进行)时,扩张性的财政政策将导致国民收入的增长,进而刺激进口。反之,紧缩性的财政政策将减少进口,从而改变国际收支状况。

(四) 货币政策

货币政策是指货币当局通过改变货币供给量和调整利率水平来达到影响国际收支状况变动的政策。扩张性的货币政策导致货币供给增加、利率水平下降,从而刺激国内投资,使得进口增加;紧缩性的货币政策导致货币供给减少、利率水平上升,从而抑制国内投资,使得进口减少。另一方面,利率的变动又导致国际资本流动的变化,利率下降刺激国内资本外流,并阻碍外国资本流入;反之,利率上升将刺激外国资本流入,并阻止本国资本流出。这些政策效应都将影响着国际收支的状况。

(五) 直接管制

直接管制是指政府在不愿或不能利用汇率、财政、货币等方面的政策来消除国际收支不平衡时,所采取的强制性管理手段。具体包括货币管制、财政管制和贸易管制。

1. 货币管制

其主要手段是外汇管制和汇率管制。外汇管制就是对外汇的供给和需求直接干预,以达到间接控制商品、劳务交易,以及资本流动方向的目的。汇率管制就是官方根据需要确定汇率水平,其具体做法则各不相同,一种情况是制定一个统一的官方汇率,另一种情况是制定若干种不同适用范围的官方汇率。

2. 财政管制

其主要手段有进口关税、进出口补贴等。可以通过设置进口关税来减少进口,从而改善国际收支状况,但这受到本国对进口品的需求价格弹性大小的影响,弹性越小,则越不能达到改善的目的。进出口补贴手段主要是通过补贴降低本国商品的价格,以增加出口,或者降低进口品价格,以增加进口。

3. 贸易管制

其主要手段就是进口许可证制和进口配额制。进口许可证制度是进口商必须先获得政府的进口许可证,再凭证购买所需外汇,并办理有关进口手续。进口配额制度是政府对某种商品的进口总额或总量进行限制,并分配给各贸易对方国,由进口商自行进口,额满为止。

此外,还有一些政府干预手段,如进口保证金制度,出口信贷等。

表 16-3 中国国际收支平衡表(年度表) 单位:亿元人民币

项 目	2010	2011	2012	2013	2014	2015
1. 经常账户	16 043	8 736	13 602	9 190	17 057	20 589
贷方	121 471	142 541	151 074	160 568	172 301	167 808

(续表)

项　目	2010	2011	2012	2013	2014	2015
借方	−105 428	−133 805	−137 472	−151 378	−155 244	−147 219
1.A 货物和服务	15 057	11 688	14 636	14 552	16 152	24 007
贷方	108 492	129 637	137 298	145 865	155 069	151 407
借方	−93 435	−117 948	−122 662	−131 312	−138 917	−127 400
1.A.a 货物	16 641	14 710	19 670	22 205	26 739	35 368
贷方	100 535	116 650	124 574	133 047	137 840	133 551
借方	−83 895	−101 939	−104 904	−110 842	−111 101	−98 183
1.A.b 服务	−1 583	−3 022	−5 034	−7 653	−10 587	−11 361
贷方	7 957	12 987	12 724	12 817	17 229	17 856
借方	−9 541	−16 009	−17 758	−20 470	−27 816	−29 216
1.B 初次收入	−1 765	−4 547	−1 251	−4 822	817	−2 871
贷方	9 630	9 314	10 547	11 411	14 706	14 165
借方	−11 395	−13 861	−11 797	−16 233	−13 889	−17 035
1.C 二次收入	2 751	1 595	217	−540	88	−548
贷方	3 349	3 590	3 230	3 292	2 525	2 236
借方	−598	−1 996	−3 013	−3 832	−2 437	−2 784
2. 资本和金融账户	−12 488	−7 893	−8 107	−5 331	−10 394	−8 859
2.1 资本账户	314	352	270	190	−2	19
贷方	326	363	287	276	119	32
借方	−13	−11	−18	−86	−121	−12
2.2 金融账户	−12 802	−8 246	−8 376	−5 522	−10 392	−8 878
资产	−44 178	−39 763	−25 210	−40 377	−35 657	−2 893
负债	31 376	31 518	16 833	34 856	25 265	−5 985
3. 净误差与遗漏	−3 555	−842	−5 495	−3 859	−6 663	−11 730

本章关键词

国际收支　国际收支平衡表　顺差　逆差　自主性交易　调节性交易　经常项目　资本项目　平衡项目　特别提款权　国际储备　外汇储备　国际清偿力　国际收支失衡

思　考　题

1. 如何理解国际收支的概念？

2. 简述国际收支与外汇收支的区别。
3. 何谓国际收支自动调节机制?
4. 调节国际收支的政策工具有哪些?
5. 国际储备的含义和作用是什么?
6. 如何理解国际储备多元化的利弊?
7. 国际失衡的原因有哪些?

第十七章　国际金融体系

> **本章导读**
>
> 国际金融体系是指在国际金融活动中,各类国际金融主体通过国际金融市场形成的相互关系,以及由此产生的国际金融资本的再分配关系。国际金融市场是商品信用经济发展的必然产物,20世纪中期以后,随着生产和资本国际化的要求以及世界通信网络的发展,逐渐形成跨国界的24小时交易的若干个大的国际金融市场。一些超国家的金融机构纷纷成立,从事国际金融业务、协调国际金融关系、维护国际货币和信用体系的正常运行,为促进国际经济发展,有效解决国际金融领域内的各种矛盾提供了重要途径,也是协调各国货币金融政策的有效方式。

第一节　国际金融市场

一、国际金融市场概述

(一)国际金融市场的概念

金融是指货币资金的融通,即资金的借贷和头寸的调剂。金融市场则是指资金融通的场所或机制。如果金融市场上的资金融通业务发生在本国居民之间,不涉及任何其他国家的居民,称为国内金融市场;如果资金融通活动超越国境,涉及其他国家的居民,则成为国际金融市场。所以,国际金融市场就是在居民与非居民之间,或非居民与非居民之间进行融资活动的场所或机制的总和。

国际金融市场(international financial market)的含义有广义和狭义之分。广义的国际金融市场是指在国际范围内,运用各种现代化的技术手段与通信工具,进行资金融通、证券买卖以及相关的金融业务活动的场所或网络,包括国际货币市场、国际资本市场,还包括国际外汇市场、国际黄金市场及各种衍生金融工具市场等。广义的金融市场实际上是由各国的交易主体组成的进行各种金融资产交易的场所或机制,体现国际金融商品的供求买卖关系。本章所指的是广义国际金融市场。狭义的国际金融市场仅指从事国际资金借贷和融通的场所或网络,包括国际货币市场和国际资本市场。

(二) 国际金融市场的发展趋势

20世纪70年代中期以来,世界经济形势发生了多次重大变化。国际金融市场的主要发展趋势可以概括为以下四个方面。

1. 国际金融工具不断创新

20世纪70年代初期,随着固定汇率制的崩溃,浮动汇率制开始产生,西方国家通货膨胀形势加剧,市场利率波动频繁,外汇风险加大。为了减少或转移因汇率与利率波动给投资者带来损失,在国际金融市场上出现了很多新的金融工具,即金融工具的创新,如活期存款、储蓄存款和定期存款工具是西方国家传统的银行存款工具。

2. 国际金融管制越来越放宽

自20世纪70年代中期以来,西方国家金融方面出现了金融管制渐渐放宽的趋势,特别是有关国际资本输入管制方面的放宽或解禁,直接促进了国际金融市场的发展。很多国家逐步放开金融市场,进行业务自由化、市场自由化、价格自由化、资本流动自由化等改革,有利于金融资源的合理流动和配置提高了资源的运营效率。国际金融管制越来越宽松的环境,为现代国际金融市场的发展提供了前提和基础。

3. 国际金融市场全球一体化

国际金融市场正在向全球化的趋势发展。目前的国际金融市场已经不再局限于少数几个发达国家,而是开始向世界各国分散,发展中国家和地区也出现了新兴国际金融市场。由于电子技术的广泛应用,计算机和卫星通信网络正在把遍及世界各地的金融市场和金融机构紧密地联系在一起,全球性的资金调拨和融通几秒钟便可以完成,从而遍及全球的金融中心和金融机构正在形成一个全时区、全方位一体化的国际金融市场。而且,国际金融市场全球化还表现在跨国银行业务的一体化、综合化和网络化。

4. 国际金融市场融资方式证券化趋势

20世纪80年代以来,国际金融市场融资方式发生了新的变化,传统的国际信贷比重逐渐下降,金融业务中证券业务的比重不断增大,信贷流动的银行贷款转向可买卖的债务工具,这就是国际金融市场融资方式证券化趋势。

(三) 国际金融市场的作用

1. 国际金融市场的积极作用

健全有效的国际金融市场对全球经济发展起着举足轻重的积极作用,主要体现在以下四个方面。

(1) 促进国际贸易与投资。通过国际金融市场的融资、结算、资金调拨等方式,便利了国际贸易与投资,在世界范围内调集资金余缺,使闲置资本转化为盈利资本,促进了生产和资本的国际化。

(2) 为各国经济发展提供资金。国际金融市场将部分国家的盈余资金融通到资金不足的国家,在全球范围内调集资金余缺,促进了各国经济的发展。例如,第二次世界大战以后兴起的欧洲货币市场推动了欧洲的复兴,特别是德国和日本的经济发展;亚洲美元市场对亚太地区经济建设起到了积极的推动作用。许多发展中国家经济发展所需的资金大部分都是在国际金融市场上筹集的。

(3) 调节各国国际收支不平衡。国际金融市场的形成和发展,为各国调节国际收支提供了一条新的途径。对国际收支逆差国而言,在指定和调节经济政策时就具有更大的灵活性,有助于内外平衡目标的实现。特别是20世纪70年代后的两次石油危机,使许多石油进口国包括一些发达国家和大多数发展中国家都出现了巨额国际收支逆差,而一些石油输出国则通过石油出口赚取了大量石油美元。通过国际金融市场进行石油美元回流,缓解了很多国家的国际收支不平衡的矛盾。

(4) 在全球范围内优化资源配置。国际金融市场通过利率、汇率等经济杠杆的调节作用,使资金流向效益最好、投资报酬率最高的国家和地区,从而优化世界经济资源配置,建立合理高效的国际分工体系,促进全球经济发展和福利水平的提高。

2. 国际金融市场的消极作用

国际金融市场对世界经济发展起到巨大推动作用的同时,也会产生了一些消极影响。主要表现在以下四个方面。

(1) 削弱了各国货币政策的独立性。

对于参加国际金融市场的国家,如果对国际资本依赖太重,则会在一定程度上影响本国货币政策的有效性。当一国欲紧缩银根、抑制通货膨胀而提高利率时,国内银行和工商企业从国际金融市场借入利率较低的资金,国内的货币供给量并未随利率提高而减少,紧缩性货币政策难以达到预期效果。相反,当一国欲实行扩张性货币政策、降低利率以刺激投资、推动经济增长时,国内资金会转移到利率较高的国际金融市场上,国内利率仍无法降低。

(2) 在一定程度上影响了国际金融的稳定。

① 汇率利率剧烈波动,金融风险加大。20世纪70年代后,大多数国家开始实行浮动利率和浮动汇率制。由于国际金融市场上资金的频繁调拨和一些国家经济政治局势动荡不安,再加之国际游资投机活动的推波助澜,大量资金通过套汇、套利活动在几种货币之间频繁移动,使得汇率利率大幅波动,不仅对国际贸易、国际信贷和国际投资产生不利影响,而且加大了金融风险,金融危机时有发生。

② 国际资本经常冲击黄金市场,使金价暴涨暴跌,大幅波动。由于浮动汇率和浮动利率的大起大落,通货膨胀时有发生,石油价格涨跌不定,各类主体出于保值增值或投机等目的频繁冲击国际市场,金价也由此成为国际金融市场的晴雨表。

③ 不利于逆差国从根本上解决国际收支问题。国际金融市场上的大量低利率资金,虽然缓解了全球性的国际收支矛盾,但却使许多国家过分依赖于外部融资来弥补本国的国际收支逆差,而不是设法调整经济结构,增强产品的国际市场竞争力,从根本上改善国际收支状况。长此以往,不但阻碍国际收支的调整,还导致了部分国家外债的积累,甚至可能产生债务危机。

(3) 国际金融市场的运行在一定条件下存在着通货膨胀的倾向。

国际金融市场的通货膨胀倾向与主要货币发行国为稳定汇率、干预外汇市场的操作有密切联系。若日元汇率下跌,外汇市场上就会出现抛售日元,抢购欧元、瑞士法郎等硬货币的现象,这使欧元、瑞士法郎有升值趋势。为了稳定汇率,硬货币发行国不得不大量抛售本币收购日元,造成国内货币供给量增加,引起物价上涨。这种并非本国的原因,而是根源于国外经济问题的通货膨胀,被称为"输入性通货膨胀"。国际金融市场汇集的大量游资对汇率和利率的变化反应敏感且迅速,一旦某种货币汇率发生了较大变化,大量游资的冲击极有可能造成相关国家的通货膨胀。

(4) 形成国际信贷领域的"超级风险"。

国际金融市场上的借贷关系不同于国内借贷,相比之下有以下三个特点。第一,借款人可以是本国居民,也可以是非本国居民。借款人往往不是资金的最终需求者,最终借款人和最初的贷款人往往存在错综复杂的连锁关系,贷款人难以了解资金运用情况。第二,借款特别是短期借款金额巨大又缺乏抵押担保,同时银行间的激烈竞争使贷款缺乏慎重。第三,短存长贷也是增加国际信贷风险的一个重要因素。在这种市场运行的背景下,一旦信贷相对集中,偿还出现困难,就会引起连锁反应,危害整个国际金融市场体系的稳定。

二、欧洲货币市场

(一) 欧洲货币市场的概念

欧洲货币市场(Euro-currency market)又称离岸金融市场(offshore financial market),它是金融自由化的产物,离岸金融活动是伴随着以欧洲美元为代表的欧洲货币的出现而产生的。20世纪50年代末,由于美国的金融管制,特别是Q条例的颁布,使美元大量外流。伦敦当时是境外美元的主要集散地,随着境外美元市场迅速向世界各地扩散,欧洲美元市场逐步发展为欧洲货币市场。目前,欧洲货币市场的交易量已远远超过传统国际金融市场,是当今国际金融市场的核心。为深入领会欧洲货币市场的内涵,我们必须明确欧洲货币市场及欧洲货币的概念。

欧洲货币(Euro-currency)是指在货币发行国境外的银行存储与放贷的货币。这里的"欧洲",其实质是"非国内的"或"境外的",因此,欧洲货币又称境外货币。这里有三点需要说明:

1. 欧洲货币市场中的"欧洲"并不单单指欧洲境内

欧洲货币市场起源于欧洲,但不限于欧洲。之所以称为"欧洲",只是人们的一种习惯。现在,这一市场地域范围已经逐渐扩展到亚洲、北美洲和拉丁美洲,其币种也从美元扩大到英镑、欧元、瑞士法郎、日元等在境外可自由兑换的货币。

2. 欧洲货币泛指欧洲货币市场交易的各种"境外货币"

如欧洲美元是指美国境外的银行所吸收和贷放的美元资金,欧洲日元是指在日本境外的银行所吸收和贷放的日元资金。欧洲货币还可以指在货币发行国境外以该货币为面值发行债券的面值货币。欧洲货币必须具备两个条件:① 必须是可自由兑换货币;② 必须在发行国境外进行交易。经营欧洲货币存储与贷放的银行称为欧洲银行(Euro-bank),由欧洲货币的供求借贷活动形成的市场就是欧洲货币市场。

3. 欧洲货币市场不仅仅指货币市场

欧洲货币市场是指经营欧洲货币的市场,但不等同于货币市场。事实上,所有离岸货币资金业务,无论是1年以内的货币市场交易,还是1年以上的资本市场交易,都包括在欧洲货币市场之中。因此,欧洲货币市场包括短期和长期(1年以上)的资金交易。

(二) 欧洲货币市场的性质和特点

与传统的国际金融市场相比，欧洲货币市场是一个真正的完全自由的国际金融市场，具有许多突出的优点。

1. 基本上摆脱了所在国政府法令的约束

传统的国际金融市场必须受所在国政府政策法令的约束，而欧洲货币市场基本上不受当地政府的金融政策、法令的管制和约束。究其原因：一方面，欧洲货币市场本身就是为逃避主权国家金融管制的产物，是一个超国家的资金市场，远在货币发行国境外，货币发行国自然无权干涉；另一方面，市场所在国政府为吸引更多的资金流入，繁荣金融市场，则尽量采取种种优惠措施，创造宽松的管理环境。

2. 市场交易主体以非居民为主，一般不对本国居民开放

传统国际金融市场的交易活动一般存在于本国居民和非居民之间，即外国筹资者和本国投资者之间或外国投资者和本国筹资者之间；欧洲货币市场的借贷活动，则存在于外国投资者与外国筹资者之间，即存在于非居民之间，又称两头在外。

3. 市场交易币种以外国货币为主，很少涉及本国货币

欧洲货币市场是在货币发行国境外进行该货币存储与贷放所形成的市场，所以交易的币种以境外自由外汇为主，一般不涉及市场所在国货币。

4. 突破了国际金融市场地理位置的限制

传统国际金融市场通常是在国际贸易和国际金融业务极其发达的中心城市，而且必须是国内资金供给中心。欧洲货币市场则不然，只要某一地区金融管制较宽松、税收政策优惠或地理位置优越，即能吸引投资者和筹资者，如百慕大群岛、巴拿马、卢森堡、巴林、开曼群岛等，都是新兴的避税型离岸金融市场。

5. 具有相对独立的利率体系

由于欧洲银行享有免税和免交存款准备金等优惠政策，所以欧洲货币市场的利率不受所在国利率水平的限制。其存款利率略高于国内金融市场利率，而贷款利率略低于国内金融市场利率，存贷款利差较小，对资金余缺双方都极具吸引力。

6. 拥有广泛的银行网络和庞大的资金规模，能够向全球提供多样化的金融服务

欧洲货币市场主要是银行间市场，银行网络非常发达，交易活动一般都是通过电报、电话、电传等方式在银行之间或银行与客户之间进行。欧洲货币市场的交易以批发为主，由于该市场的资金来自世界各地，数额极其庞大，各种可兑换货币和金融服务项目应有尽有，可以满足不同客户对资金融通和金融服务的需求。

第二节 国际金融机构

国际金融机构（international financial institutions）泛指从事国际金融业务、协调国际金融关系、维护国际货币和信用体系正常运作的超国家机构。它的设立为各国进行协商提供了适当的场所，其签订的一些国际协议有助于约束各国政府的行为。国际金融机构为促进国际经济发展，有效解决国际金融领域内各种矛盾提供了重要途径，也是

协调各国货币金融政策的有效方式。

一、国际金融机构概述

国际金融机构的产生与发展同世界政治经济情况及其变化密切相关。1930年5月英、法、意、德、比、日等国在瑞士巴塞尔成立的国际清算银行是建立国际金融机构的重要开端,主要任务是处理第二次世界大战后德国赔款的支付及协约国之间债务清算问题。后来在促进各国央行的合作,特别是推动各国银行监管合作方面发挥着重要的作用。

第二次世界大战后,随着生产和资本的国际化,国际经济关系空前发展,国际货币信用关系进一步加强,国际金融机构迅速增加。1944年7月44个国家参加的美国新罕布什尔州布雷顿森林会议,建立了国际货币基金组织(IMF)和国际复兴开发银行(International Bank for Reconstruction and Development,IBRD)即世界银行(World Bank,WB),目的在于重建一个开放的世界经济及稳定的汇率制度,并为世界经济及社会发展提供资金。1956年成立的国际金融公司(International Finance Corporation,IFC)和1959年成立的国际开发协会(International Development Association,IDA),与世界银行(WB)组成世界银行集团,成为全球最大的国际金融机构。与此同时,大量的区域性开发合作性国际金融机构也迅速发展起来。

国际金融机构是国际金融体系的重要组成部分,是国际金融市场上的核心行为主体。国际金融机构可以分为两种类型。一是全球性金融机构,最重要的如国际货币基金组织和世界银行集团。二是区域性金融机构,具体又分两类:一类是联合国附属的区域性金融机构,可称为准全球性金融机构,如亚洲开发银行、泛美开发银行、非洲开发银行等;另一类是真正意义上的区域性金融机构,如欧洲投资银行、阿拉伯货币基金组织、国际经济合作银行、国际投资银行、加勒比开发银行等。

二、国际货币基金组织

(一) 国际货币基金组织的宗旨和结构

国际货币基金组织(IMF)是在1944年7月1日至22日,44个国家的代表在美国新罕布什尔州的布雷顿森林召开第一次"联合与联盟国家货币金融会议",并于1945年12月由29个国家政府批准通过的《布雷顿森林协议》中建立的联合国专门负责国际货币事务的机构,总部位于美国华盛顿。

国际货币基金组织的宗旨是:(1)建立一个永久性的国际机构,促进国际货币协作;(2)促进国际贸易的扩大与平衡发展,以此维持高水平就业与实际收入,扩大生产能力;(3)促进汇率稳定,维持成员国之间的正常汇兑关系,避免竞争性的货币贬值;(4)协助成员国之间建立国际收支中经常性交易的多边支付制度,并消除妨碍国际贸易发展的外汇管制;(5)在临时性的基础上和具有充分保障的条件下,为成员国融通资金,使之在无须采取有损于本国和国际经济繁荣措施的情况下纠正国际收支的不平衡;

(6) 争取缩短和减轻国际收支不平衡的持续时间和程度。

IMF 的最高决策机构是理事会,一般是由会员国的财政部长或中央银行行长担任理事,理事会每年秋季举行一次会议,商议决定 IMF 和国际货币体系的重大问题。理事会下设执行董事会,主要是负责处理 IMF 的日常行政事务,共由 24 名成员组成。

(二) 国际货币基金组织的份额

IMF 的每一个会员国都要按其国民收入及其在世界贸易当中所占的比重缴纳一定的份额,份额一旦缴纳,就成了 IMF 的财产。IMF2010 年份额和治理改革方案拖延多年后,终于在 2015 年年末获得美国国会通过,迎来生效的曙光。根据该方案,IMF 的份额将增加一倍,约 6% 的份额将向有活力的新兴市场和代表性不足的发展中国家转移。2016 年 1 月 27 日,IMF 宣布 IMF2010 年份额和治理改革方案已正式生效,这意味着中国正式成为 IMF 第三大股东,印度、俄罗斯和巴西也均进入前十位。中国份额占比从 3.996% 升至 6.394%,排名从第六位跃居第三位,仅次于美国和日本。2016 年 3 月 4 日,IMF 表示,从 2016 年 10 月 1 日起在其官方外汇储备数据库中单独列出人民币资产,以反映 IMF 成员人民币计价储备的持有情况。

目前 IMF 的成员国有 189 个,2016 年 10 月 1 日,IMF 正式将人民币纳入特别提款权(SDR)货币篮子,使人民币成为继美元、欧元、英镑、日元之后的世界第五大货币。这有利于人民币的国际化,也有利于中国产业、贸易等的发展。

(三) 国际货币基金组织的特别提款权

特别提款权(SDR)正式发行于 1970 年 1 月,是国际货币基金组织为补充国际储备不足而创设的一种储备资产和记账单位,会员国在发生国际收支逆差时,可用它向基金组织指定的其他会员国换取外汇,以弥补国际收支逆差或偿还基金组织的贷款,还可与黄金、自由兑换货币一样作为国际储备。会员国可自愿参加特别提款权的分配。目前,大多数会员国都是特别提款权账户的参加国。

(四) 国际货币基金组织的贷款

国际货币基金组织设有多种贷款,并根据不同的政策向会员国提供资金融通。其主要贷款形式有以下四种。

1. 普通贷款

普通贷款(也称基本信用设施)是国际货币基金组织利用各会员国认缴的份额形成的基金,对会员国提供的短期信贷,期限不超过 5 年,会员国借取普通贷款的累计额不得超过其份额的 125%。普通贷款分为储备贷款和信用贷款两部分,储备部分贷款为会员国份额的 25%,由于会员国份额 25% 是以特别提款权并指定外汇缴纳的,故这部分贷款的提取是有足够保证的,贷款是无条件的且不支付利息。其余 100% 份额为信用部分贷款,分为四档,借款越多,条件越苛刻。

2. 补偿与应急贷款

这是国际货币基金组织在 1989 年 1 月设立的,贷款最高额度为份额的 122%,其中应急贷款和补偿贷款各为 40%,谷物进口成本补偿贷款为 17%,其余 25% 由各国选择使用。贷款条件为出口收入下降或谷物进口支出增加且是暂时性的,而且会员国本身无法控制。在此情况下,会员国可以在普通贷款以外借取补偿与应急贷款。

3. 缓冲库存贷款

这是国际货币基金组织在 1969 年 5 月设立的,目的是帮助初级产品出口国建立缓冲库存以便稳定价格。会员国可以使用的贷款量为份额的 45%,期限为 3～5 年。国际货币基金组织认定的适用缓冲库存贷款的初级产品有锡、可可、糖、橡胶等。

4. 中期贷款

中期贷款又称扩展贷款,是国际货币基金组织在 1974 年 9 月设立的,目的是解决会员国较长期的结构性国际收支赤字,当普通贷款不足以解决问题时可以申请。贷款数额可达份额的 140%,期限为 4～10 年。中期贷款与普通贷款的总额不得超过该国份额的 165%,而且还有更严格的贷款条件。

此外,国际货币基金组织还有石油贷款、信托基金贷款等。

三、世界银行集团

世界银行集团(World Bank Group)目前由世界银行、国际开发协会、国际金融公司、多边投资担保机构和国际投资争端解决中心 5 个会员机构组成。世界银行主要向发展中国家提供中长期贷款,国际开发协会专门向低收入国家提供长期贷款,国际金融公司是世界银行对发展中国家私人部门投资的窗口。多边投资担保机构通过向投资者和贷款方提供政治风险担保以促进发展中国家的外国直接投资。国际投资争端解决中心提供针对国际投资争端的调解和仲裁机制。

(一) 世界银行

世界银行是与国际货币基金组织密切联系、相互配合的全球性国际金融机构,也是布雷顿森林体系的产物。世界银行成立于 1945 年 12 月,1946 年 6 月开始营业,1947 年 11 月成为联合国的一个专门机构,总部设在华盛顿。根据布雷顿森林协定,只有 IMF 的会员国才有资格申请加入世界银行,目前成员国有 188 个。我国于 1980 年 5 月恢复在世界银行的合法席位。

1. 世界银行的宗旨与组织结构

按照《国际复兴开发银行协定条款》的规定,世界银行的宗旨是:(1) 通过对生产实业的投资,协助成员国经济的复兴与建设,鼓励不发达国家对资源的开发;(2) 通过担保或参加私人贷款及其他私人投资的方式,促进私人对外投资,当成员国不能在合理条件下获得私人资本时,可运用该行自有资本或筹集的资金来补充私人投资的不足;(3) 鼓励国际投资,协助成员国提高生产能力,促进成员国国际贸易的平衡发展和国际收支状况的改善;(4) 在提供贷款保证时,应与其他方面的国际贷款配合。

世界银行的组织结构与 IMF 差不多,其最高权力机构为理事会,由每个成员国任命的一名理事和副理事组成,该职位通常由该国财政部长、中央银行行长或级别相当的一名高级官员担任,理事和副理事任期 5 年,可以连任。理事会下设处理日常事务的常设机构执行董事会,执董会成员包括世界银行行长和 25 名执行董事。行长主持执董会会议,通常无表决权,但在赞成票和反对票持平的情况下有决定性的一票。未经执董会明确授权,执行董事不能单独行使任何权力,也不能单独作出承诺或代表世行。

2. 世界银行的业务活动

世界银行的业务活动主要是指其资金的来源与运用。资金来源主要由会员国缴纳的股金、发行债券和出让债权三个方面；资金运用主要是贷款。世界银行贷款都是中长期贷款，期限 5～30 年，贷款有还款宽限期 5～10 年，宽限期内只付息不还本，贷款利率普遍采用浮动利率，基本按国际资本市场筹资成本加息 0.5% 计算。

(二) 国际开发协会和国际金融公司

1. 国际开发协会

国际开发协会(IDA)成立于 1960 年，总部设在华盛顿，是世界银行集团成员，也是世界银行的无息贷款(软贷款)和赠款窗口。名义上它是独立的机构，实际上经营方针、贷款原则都与世界银行相同。只有世界银行的会员国才可成为协会的成员，与世界银行是"一套人马、两块牌子"，有"第二世界银行"之称。两者唯一的区别是协会主要为更贫穷的发展中国家提供长期优惠贷款，特别是生产性项目提供贷款，作为世界银行贷款的补充，促进欠发达国家的经济发展。

2. 国际金融公司

国际金融公司(IFC)也是世界银行下属机构之一。1956 年 7 月正式成立，总部也设于华盛顿。它虽是世界银行的附属机构，但它本身具有独立的法人地位。主要宗旨是：配合世界银行的业务活动，向成员国特别是其中的发展中国家的重点私人企业提供无须政府担保的贷款或投资，鼓励国际私人资本流向发展中国家，以推动这些国家的私人企业的成长，促进其经济发展。国际金融公司的组织机构和管理办法与世界银行相同，其最高权力机构是理事会；理事会下设执行董事会，负责处理日常事务，正副理事、正副执行董事也就是世界银行的正副理事和正副执行董事。

(三) 多边投资担保机构

多边投资担保机构(Multilateral Investment Guarantee Association, MIGA)成立于 1988 年，是世界银行集团里成立时间最短的机构，1990 年签署第一笔担保合同。多边投资担保机构的宗旨是向外国私人投资者提供政治风险担保，包括征收风险、货币转移限制、违约、战争和内乱风险担保，并向成员国政府提供投资促进服务，加强成员国吸引外资的能力，从而推动外商直接投资流入发展中国家。作为担保业务的一部分，多边投资担保机构也帮助投资者和政府解决可能对其担保的投资项目造成不利影响的争端，防止潜在索赔要求升级，使项目得以继续。多边投资担保机构还帮助各国制定和实施吸引和保持外国直接投资的战略，并以在线服务的形式免费提供有关投资商机、商业运营环境和政治风险担保的信息。

多边投资担保机构与国际开发协会在组织机构方面完全一样，其在财务和法律上是一个完全独立于世界银行的实体，机构设理事会、董事会、总裁，机构的一切权力归理事会，理事会由会员国按其自行确定的方式指派理事和副理事各一名组成，董事会负责机构的一般业务，董事人数可由理事会根据会员国的变动进行调整，但不应少于 12 人，世界银行行长兼任董事会主席，总裁在董事会监督下处理机构日常事务。

机构的业务主要有担保业务、中介和咨询业务。担保业务是为四类非商业风险提供担保：(1) 货币转移险，即由于投资所在国对货币兑换和转移的限制而造成的风险；

(2) 征用险,即由于投资所在国的法律或行动而造成投资者丧失其投资的所有权、控制权的风险;(3) 违约险,即在投资者无法进入主管法庭,或这类法庭不合理地拖延或无法实施这一项已作出的对他人有利的判断时,政府撤销与投资者签订的合同而造成的风险;(4) 战争和内乱险,即武装冲突或动乱造成的风险。另外,机构公约规定,应东道国和投资者的申请,董事会经特别多数票通过,担保范围可扩大到这 4 项风险以外的政治风险。保险合同期限通常为 15 年,特殊情况下可 20 年,保险费依据项目的类型和所需保险的类型而定,每项保险的年保费通常在承包额的 0.5%~1.25%,最高保额为 5 000 万美元。

机构除了承保非商业性风险外,还向发展中会员国提供投资中介和技术援助咨询服务,主要渠道有投资促进会议、执行发展计划、外国投资政策圆桌会议、外国直接投资法律咨询服务和外国投资咨询服务等。

四、区域性国际金融机构

(一) 亚洲开发银行

亚洲开发银行(Asian Development Bank, ADB,简称"亚行")是一个致力于促进亚洲及太平洋地区发展中成员经济和社会发展的区域性政府间金融开发机构。创建于 1966 年 11 月 24 日,总部位于菲律宾首都马尼拉。截至 2013 年 12 月底,亚行有 67 个成员,其中 48 个来自亚太地区,19 个来自其他地区。它不是联合国下属机构,但它是联合国亚洲及太平洋经济社会委员会赞助建立的机构,同联合国及其区域和专门机构有密切的联系。其宗旨是通过发展援助帮助亚太地区发展中成员消除贫困,促进亚太地区的经济和社会发展。

为实现其宗旨,亚行的主要任务:(1) 为亚太地区发展中会员国或地区成员的经济发展筹集与提供资金;(2) 促进公、私资本对亚太地区各会员国投资;(3) 帮助亚太地区各会员国或地区成员协调经济发展政策,以更好地利用自己的资源在经济上取长补短,并促进其对外贸易的发展;(4) 对会员国或地区成员拟定和执行发展项目与规划提供技术援助;(5) 以亚洲开发银行认为合适的方式,同联合国及其附属机构,向亚太地区发展基金投资的国际公益组织,以及其他国际机构、各国公营和私营实体进行合作,并向他们展示投资与援助的机会;(6) 发展符合亚洲开发银行宗旨的其他活动与服务。

亚行的组织机构主要有理事会和董事会,最高的决策机构是理事会,一般由各成员国财长或中央银行行长组成,每个成员在亚行有正、副理事各一名,理事会每年召开一次年会,主要职责是:接纳新会员;改变注册资本;选举董事或行长;修改章程。行长是该行的合法代表,由理事会选举产生,任期 5 年,可连任。执行董事会由 12 人组成,其中 8 人选自本地区成员国,4 人选自地区外成员国,任期两年,可以连任。

(二) 亚洲基础设施投资银行

亚洲基础设施投资银行(Asian Infrastructure Investment Bank, AIIB,简称"亚投行")是一个政府间性质的亚洲区域多边开发机构。重点支持基础设施建设,成立宗旨是为了促进亚洲区域的建设互联互通化和经济一体化的进程,并且加强中国及其他亚洲国家和地区的合作,是首个由中国倡议设立的多边金融机构,总部设在北京。截至2017年5月13日,亚投行有77个正式成员国。2013年10月2日,习近平主席提出筹建倡议,2014年10月24日,包括中国、印度、新加坡等在内21个首批意向创始成员国的财长和授权代表在北京签约,共同决定成立投行。2015年12月25日,亚洲基础设施投资银行正式成立。2016年1月16日至18日,亚投行开业仪式暨理事会和董事会成立大会在北京举行。

亚投行的治理结构分理事会、董事会、管理层三层。理事会是最高决策机构,每个成员在亚投行有正副理事各1名;董事会有12名董事,其中域内9名,域外3名;管理层由行长和5位副行长组成。

为履行其宗旨,银行应具备四项职能:(1)推动区域内发展领域的公共和私营资本投资,尤其是基础设施和其他生产性领域的发展;(2)利用其可支配资金为本区域发展事业提供融资支持,包括能最有效支持本区域整体经济和谐发展的项目和规划,并特别关注本区域欠发达成员的需求;(3)鼓励私营资本参与投资有利于区域经济发展,尤其是基础设施和其他生产性领域发展的项目、企业和活动,并在无法以合理条件获取私营资本融资时,对私营投资进行补充;(4)为强化这些职能开展的其他活动和提供的其他服务。

根据协定,亚投行的业务分为普通业务和特别业务。普通业务是指由亚投行普通资本(包括法定股本、授权募集的资金、贷款或担保收回的资金等)提供融资的业务;特别业务是指为服务于自身宗旨,以亚投行所接受的特别基金开展的业务。两种业务可以同时为同一个项目或规划的不同部分提供资金支持,但在财务报表中应分别列出。

作为由中国提出创建的区域性金融机构,亚洲基础设施投资银行主要业务是援助亚太地区国家的基础设施建设。在全面投入运营后,亚洲基础设施投资银行将运用一系列支持方式为亚洲各国的基础设施项目提供融资支持,包括贷款、股权投资以及提供担保等,以振兴包括交通、能源、电信、农业和城市发展在内的各个行业投资。

(三)非洲开发银行

非洲开发银行(Africa Development Bank, AFDB)是于1964年成立的地区性国际开发银行,非洲开发银行是非洲最大的地区性政府间开发金融机构,成立宗旨在促进非洲的社会及经济发展,共有53个非洲国家及24个非非洲区国家为其会员。

理事会为最高决策机构,由各成员国委派一名理事组成,一般为成员国的财政和经济部长,通常每年举行一次会议,必要时可举行特别理事会,讨论制定银行的业务方针和政策,决定银行重大事项,并负责处理银行的组织和日常业务。理事会年会负责选举行长和秘书长。董事会由理事会选举产生,是银行的执行机构,负责制定非行各项业务政策,共有18名执行董事,其中非洲以外国家占6名,任期3年,一般每月举行两次会议。行长由董事会选举产生,任期5年,并兼任董事会主席。

非洲开发银行的资金来源主要来自成员国的认缴股本,还有向国际金融市场的借款、发达国家的捐助和经营盈利等。其主要业务是向成员国提供贷款(包括普通贷款和特别贷款),普通贷款业务包括用该行普通资本基金提供的贷款和担保贷款业务;特别贷款业务是用该行规定专门用途的"特别基金"开展的贷款业务。后一类贷款的条件非常优惠,不计利息,贷款期限最长可达50年,主要用于大型工程项目建设。此外,银行还为开发规划或项目建设的筹资和实施提供技术援助。

(四) 泛美开发银行

美洲开发银行(Inter-American Development Bank,IADB)也叫泛美开发银行,成立于1959年12月30日,是世界上成立最早和最大的区域性、多边开发银行,总行设在华盛顿,该行是美洲国家组织的专门机构,其他地区的国家也可加入,但非拉美国家不能利用该行资金,只可参加该行组织的项目投标。其宗旨是"集中各成员国的力量,对拉丁美洲国家的经济、社会发展计划提供资金和技术援助",并协助它们"单独地和集体地为加速经济发展和社会进步作出贡献"。

泛美银行的最高权力机构是理事会,由各成员国委派1名理事组成,下设执行董事会负责日常事务,由14名董事组成,其中拉美国家9名,美国、加拿大和日本各1名,其他地区国家2名,任期3年。最高领导人行长由执行董事会选举产生,任期5年,副行长由执行董事会任命。

银行的资金来源是成员国认缴的股本、借款以及经营收入和成员国捐款设立的特别业务基金。主要用于成员国的项目贷款,银行的一般资金主要用于向拉美国家公、私企业提供贷款,年息通常为8%,贷款期10~25年。特别业务基金主要用于拉美国家的经济发展优惠项目,年息1%~4%,贷款期20~40年。银行还掌管美国、加拿大、德国、英国、挪威、瑞典、瑞士和委内瑞拉等政府及梵蒂冈提供的"拉美开发基金",为促进拉美的经济社会发展发挥了重要作用。

(五) 欧洲投资银行

欧洲投资银行(European Investment Bank,EIB)是欧洲经济共同体成员国合资经营的金融机构。根据1957年《建立欧洲经济共同体条约》(即《罗马条约》)的规定,于1958年1月1日成立,1959年正式开业。总行设在卢森堡。

该行是股份制的企业性质的金融机构。董事会是其最高权力机构,由成员国财政部长组成的董事会,负责制订银行总的方针政策,董事长由各成员国轮流担任;理事会负责主要业务的决策工作,如批准贷款、确定利率等,管理委员会负责日常业务的管理;此外,还有审计委员会。

该行的宗旨是利用国际资本市场和共同体内部资金,促进共同体的平衡和稳定发展。资金来源主要由成员国分摊,也从共同体内外资本市场筹措,还有成员国提供的特别贷款。该行的主要贷款对象是成员国不发达地区的经济开发项目。从1964年起,贷款对象扩大到与欧共体有较密切联系或有合作协定的共同体外的国家。贷款包括两种形式:一是普通贷款,即运用法定资本和借入资金办理的贷款,主要向共同体成员国政府州私人企业发放,贷款期限可达20年;二是特别贷款,即向共同体以外的国家和地区提供的优惠贷款,主要根据共同体的援助计划,向同欧洲保持较密切联系的非洲国家及其他发展中国家提供,贷款收取较低利息或不计利息。

(六) 欧洲复兴开发银行

欧洲复兴开发银行(European Bank for Reconstruction and Development,

EBRD)是一家国际性金融机构,成立于 1991 年,建立欧洲复兴开发银行的设想是由法国总统密特朗于 1989 年 10 月首先提出来的,于 1991 年 4 月 14 日正式开业。总部设在伦敦。主要任务是帮助欧洲战后重建和复兴。该行的作用是帮助和支持东欧、中欧国家向市场经济转化。2015 年 10 月,中国已正式申请加入"欧洲复兴开发银行"。

理事会为最高权力机构,由每个成员国委派正副理事各一名,每年举行年会一次。董事会代理事会行使权力,由 23 名成员组成,董事任期 3 年。董事会负责指导银行的日常业务工作,并负责选举行长。目前该银行共拥有 61 个成员(包括 59 个成员国和 2 个国际机构:欧洲联盟和欧洲投资银行),其中包括中东欧及独联体等 26 个受惠国。

欧洲复兴开发银行的宗旨是在考虑加强民主、尊重人权、保护环境等因素下,帮助和支持东欧、中欧国家向市场经济转化,以调动个人及企业的积极性,促使他们向民主政体和市场经济过渡。投资的主要目标是中东欧国家的私营企业和这些国家的基础设施。为促进变革,欧洲复兴开发银行鼓励公私部门共同融资及外国直接投资,协助筹集国内资金,并提供相关领域的技术合作。

(七) 金砖国家新开发银行

金砖国家新开发银行即新开发银行(New Development Bank),又名金砖银行,是在 2012 年提出的,2014 年 7 月 15 日金砖国家(包括中国、巴西、俄罗斯、印度、南非五国)发表《福塔莱萨宣言》宣布,金砖国家新开发银行成立,总部设在中国上海,首任行长是印度人瓦曼卡马特,银行初始资本为 1000 亿美元,由 5 个创始成员国平均出资。其与众不同之处是它所有的管理、章程、条款等都是基于平等的基础,金砖银行不会由任何一个国家控制。与亚投行不同,金砖银行里五个国家都占 20% 的投票权,没有哪个国家占到主导权,没有一个国家能够一票否决其他国家的决定。

2008 年金融危机以来,美国金融政策变动导致国际金融市场资金的波动,对新兴市场国家的币值稳定造成很大影响。中国货币波动较小,但是印度、俄罗斯、巴西等国都经历了货币巨幅贬值,导致通货膨胀。而靠 IMF 救助存在不及时和力度不够的问题,金砖国家为避免在下一轮金融危机中受到货币不稳定的影响,计划构筑一个共同的金融安全网。一旦出现货币不稳定,可以借助这个资金池兑换一部分外汇来应急。

2015 年 7 月 21 日,金砖国家新开发银行开业。2017 年 9 月 4 日,中国向金砖国家新开发银行项目准备基金捐赠仪式在厦门举行。财政部副部长史耀斌与新开发银行行长卡马特签署了中国捐赠 400 万美元的协议。中国是首个向该项目准备基金出资的创始成员国。该基金将为银行项目运行打造更高效的环境,将用于相关项目的可行性研究、帮助制订国家间伙伴关系计划、开展项目周期调研等。自成立以来该行已经批准了 11 个贷款项目,总金额超过 30 亿美元。其中,大部分资金投入到了太阳能、风能、小型水电、绿色能源传输等可持续发展项目。预计到 2018 年底,新开发银行的贷款总额将会达到 80 亿美元。

金砖银行与亚投行不是竞争关系,两者都关注基础设施建设项目,只是后者更聚焦在亚洲市场。全球基础设施建设的需求很大,不仅仅是某一个组织可以完全满足的,金砖银行和亚投行可以共同推进基础设施建设,填补这个巨大的缺口。

第三节 国际资本流动

一、国际资本流动的基本形式

国际资本流动(international capital flow)是指国际间为实现一定的经济目标而进行的各种形式的资本转移。国际资本流动按回流期限是否长于1年来划分，可以划分成长期资本流动和短期资本流动。长期资本流动是指在一年以上的资本转移，或未定期的国际投资；短期资本流动主要是指在通过各种信用工具，如短期票据、短期证券、银行票据和存款凭证等来实现资本的国际流动。这里将介绍长期资本流动的主要形式。

(一) 国际直接投资

国际直接投资(international direct investment)是指一国的投资者将资本用于他国的生产或经营，并掌握经营控制权的投资行为。从不同的角度，可以将国际直接投资划分为不同的类型。

1. 从子公司与母公司的生产经营方向

(1) 横向型。横向型国际直接投资，也称水平型国际直接投资，是指一个企业到国外投资，建立与国内的生产和经营方向一致的子公司或附属机构。同时，这些国际分支机构或附属企业能够独立地完成产品的全部生产和销售过程。它一般适用于机器制造业和食品加工业。

(2) 垂直型。垂直型国际直接投资也称纵向型国际直接投资，是指大企业到国外建立与国内的产品生产相关联的子公司，并在母公司与子公司之间实行专业化分工与协作。它又可细分为两种形式：一种是国外企业与国内企业从事同一行业产品的生产，但分别承担同一产品的生产过程的不同工序，这种形式多见于汽车、电子工业；另一种是国内和国外企业从事不同行业，但它们都互相衔接，互相关联，这种形式多见于资源开采和加工行业。

(3) 混合型国际直接投资。混合型国际直接投资是指一个企业到国外建立与国内生产和经营方向完全不同、生产不同产品的子公司。这些企业之间既互不相关，又无内在联系。目前世界上巨型跨国公司如美国的埃克森石油公司等采用的就是这种投资形式。

2. 从是否新投资创办企业的角度

可以将国际直接投资划分为创办新企业和控制外国企业股权两种形式。

(1) 创办新企业（又称绿地投资）是指投资主体在东道国境内依照东道国的法律设置的部分或全部资产所有权归外国投资者所有的企业，从事生产和经营活动。它包括开办新厂矿或设立分支机构、附属机构和子公司、同东道国或第三国联合创办合资企业等。

(2) 控制外国企业股权是指购买外国企业股权并达到一定比例，从而拥有对该外国企业进行控制的股权。至于究竟拥有多大的股份才能拥有经营控制权，从而形成对外直接投资，国际上尚无统一的标准，各国的解释和立法也不一样。按国际货币基金组织的定义,只要拥有25%的股权,就能达到拥有经营控制权,即可视为直接投资。美国商务部及国会则认为,只要拥有外国企业10%以上的股权并能对该企业有控制权,也属于直接投资。

3. 从对外投资不同参与方式的角度

可以将国际直接投资划分为合资经营、合作经营、独资经营等形式。

(1) 合资经营。合资经营是指两个或两个以上国家的公司。企业、其他经济组织或个人,在平等互利原则的基础上共同投资、共同经营、共担风险、共负盈亏的一种国际直接投资方式。这种企业是股权式的合营企业,投资各方除以资金作为股本外,还可以用机器设备、原材料、场地使用权、厂房、基础设施、劳务、工业产权、技术等折价作为股本,并按股份的份额比例分取收益或分摊经营亏损。

(2) 合作经营。合作经营是指两个或两个以上国家的合营者在一国境内根据东道国的有关法律,通过谈判签订契约,并在契约中逐项规定双方权、责、利的一种国际直接投资方式。这是一种契约式的合营企业。它是根据契约规定的投资方式和分配比例进行收益分配和承担风险。

(3) 独资经营。独资经营是指国外的公司或其他经济组织或个人,按照所在国法律,经过所在国政府批准,在其境内举办的资本全部为国外投资,并由投资者独立经营、自负盈亏的一种国际直接投资方式。

(二) 国际证券投资

国际证券投资(international portfolio investment),又称国际间接投资(international indirect investment),是指在国际证券市场上通过购买外国企业发行的股票和外国企业或政府发行的债券等有价证券而进行的投资。

按照不同的标准,可以对国际证券投资作出不同的分类。依据筹资手段和筹资主体的不同,可以将国际证券投资划分成以下三个类型。

1. 购买公司股票

股票是股份公司筹资的重要手段。当公司的股票成为国际投资的对象时,这种股票就成了国际股票。一个国家和企业作为融资者发行国际股票时,一般可采取以下方式:一是境外投资者直接购买本国上市公司的股票;二是通过海外上市公司招股融资;三是利用海外存托凭证间接上市融资。

2. 购买公司债券

公司债券是公司对外举债并承诺在一定期限内还本付息所发行的借款凭证。公司债券通常有无抵押公司债券、抵押公司债券、证券抵押公司债券和有保证债券等。

公司债券的持有人同公司之间只存在普通的债权债务关系。债券到期时,公司应偿还本金,赎回债券。公司债券所支付的利息,列入生产费用,不必纳税。发行债券对公司来说,通常比发行股票有利。

3. 购买政府债券

政府债券是由一国政府出具的借款凭证。它是一国政府为了筹集财政资金而发行的。这类债券的国际持有者可以按规定从他国政府取得利息,到期收回本金。政府债券可分为两大类。一类是可以转让的债券。它是指持票人随时可以在市场上转让,但非到期不得要求兑还本金的债券。这类债券包括国库券、中期债券和长期债券。另一类是不可转让的债券。它是指持票人不能转让,但在一定条件下可以要求提前兑付的债券,这类债券有储蓄债券、投资债券等。

(三) 国际贷款

国际贷款(international loan)是指一国或数国的政府、银行或国际金融机构向第三国政府、银行、法人和自然人提供贷款的行为。国际贷款一般都要收取一定的利息。

国际贷款的具体种类很多。从贷款的基本来源进行划分,可以分为外国政府贷款、国际金融组织贷款和国外商业银行贷款。

(四) 国际灵活投资

国际灵活投资(international flexible investment)是指与国际贸易密切结合的,各种资金形态的、实物形态的、智力技术形态的国际经济技术合作方式。

1. 国际技术转让

国际技术转让是技术在国际上转让所有权或使用权的行为。技术可分为工业产权如发明专利、实用新型、外观设计、商标、服务标志和原产权技术。国际技术转让可分为商业性技术转让和非商业性技术转让。商业性技术转让是生产要素的有偿国际转移,通常来自各国的自然人和法人。非商业性技术转让是指不以营利为目的国际技术转让活动,通常这种技术转让来自各国政府和国际组织。

2. 国际租赁

国际租赁亦称为国际金融租赁,是当出租人(租赁公司)与承租人(用户)分属不同国家时所发生的租赁业务,由于国际租赁能够通过承租的方式利用国际商业性贷款,因而近年来被越来越广泛地作为国际灵活投资的一种形式加以利用。

3. 国际工程承包与劳务合作

国际工程承包是指一国承包商(公司)以使用自己的生产要素,为他国工程发包人(业主)建造工程项目,并按事先商定的条件取得报酬的国际灵活投资方式。国际劳务合作是指一国的企业或有关单位向他国提供劳务,并按合同规定与外国企业、承包商或雇主进行合作并收取报酬的一种形式。国际工程承包与国际劳务合作都是当代国际灵活投资的重要形式。

4. 国际经济技术援助

国际经济技术援助是指一国政府及其所属机构或国际组织以及一些民间团体或个人向另一个国家或地区提供的,促进其经济和社会发展的援助性资金、技术或实物等方面的支持,其具体方式多种多样,有财政援助、技术援助、项目援助和方案援助等。

二、国际投资的发展历史及特征

(一) 国际投资发展的历史

国际投资是国际资本流动的最初形式。由于英国资本主义生产方式确立较早,大约在19世纪70年代就有了资本输出,因此真正意义上的国际资本流动可以此作为起点。从那时以来国际资本流动产生和发展了140多年,大致可以划分为以下三个时期。

1. 国际投资的成长时期(19世纪70年代至第一次世界大战结束)

在这一时期,伴随着垄断资本主义的形成和发展,作为国际资本流动最初形式的资本输出也不断地形成和发展起来,并成为垄断资本主义即帝国主义的一个重要特征。在这一时期,英、法、德等老牌资本主义国家是主要的投资国。

2. 国际投资的缓慢发展时期(第一次世界大战结束至第二次世界大战结束)

由于1929—1933年的世界性经济大危机的影响和世界大战的破坏,这一时期国际资本流动的发展非常缓慢。在大危机期间,工业国的生产量急剧下降,世界贸易额急剧缩减,国际投资资金来源尤为短缺。在战火纷飞的第二次世界大战国际环境下,正常的私人对外投资活动受到极大的影响。到1945年,美国、英国、法国、德国、日本的对外投资额不仅没有上升,反而下降了。全世界的投资额从1914年的440亿美元增加到1945年的510亿美元,总共只增长了不到16%。

3. 国际投资的快速发展时期(第二次世界大战结束至今)

第二次世界大战后,随着科技的迅速进步,随着世界经济的不断增长和一体化的日益加强,国际投资进入了一个快速发展时期,在规模上有了急剧扩大,在形式、主体、流向等方面都有了重大发展和变化,形成了一系列新的特征。

(二) 当代国际投资发展的基本特征

1. 国际投资的规模急剧扩大化

第二次世界大战结束时,发达国家对外投资总额约为530亿美元,由于当时其他类型的国家几乎没有对外投资,所以这个数字基本上就是当时国际投资的总额。其后,随着科技的进步和各国经济的恢复与发展,国际投资的规模急剧扩大。据世界银行统计,20世纪60年代后五年国际直接投资年平均流动量约为66亿美元,1970年跃增至128亿美元,1980年进一步增至494亿美元。进入20世纪90年代后,国际直接投资额年增长率进一步提高,年国际直接投资额不断扩大,1994年为2 764亿美元,1995年为3 495亿美元,1998年为6 489亿美元。

联合国贸易和发展组织(简称"贸发组织")发布的《2016年世界投资报告》中指出,2015年全球外国直接投资(FDI)强劲复苏,FDI流入总量跃升38%,达到1.76万亿美元,这也是自2008年全球金融危机爆发以来的最高水平。

从各区域的情况来看,亚洲的FDI流入量增长16%至5 410亿美元的历史新高,这主要是由东亚(如中国和中国香港)和南亚(如印度)的强劲表现所推动的。非洲的FDI流入量在2015年下降7%至540亿美元。北非FDI出现增长,但撒哈拉以南非洲地区(特别是西非和中非)FDI大幅下降。初级商品价格的暴跌使依赖自然资源出口的非洲国家在贸易、投资和国际收支等方面都面临严重冲击。拉丁美洲和加勒比地区(不包括离岸金融中心)的FDI流入为1 680亿美元,与2014年基本持平。

2. 国际投资的主体日趋多元化

第二次世界大战前,国际投资一直为发达国家所垄断,第二次世界大战后,随着世界政治、经济局势的变化,国际投资,尤其是直接投资主体呈日益多元化的发展趋势:一方面,发达国家仍然是国际资本的主要提供者,是国际投资的重要主体;另一方面,发展中国家中的新兴工业化国家、石油输出国以及国际性金融组织也逐渐成为国际资本的重要供给者。既有发达国家向发展中国家投资,发达国家之间、发展中国家之间的对向投资,还有发展中国家向发达国家投资。

3. 国际投资的形式日益多样化

第二次世界大战前,国际投资的主要形式是国际证券投资。第二次世界大战后,国际直接投资、国际贷款也得到较快发展。近年来,收购、兼并、租赁境外企业、出口信贷、工程承包、BOT 等一系列新的投资形式也不断涌现出来。

4. 国际投资的供求趋向紧张化

20 世纪 90 年代后,国际资本的供求更趋紧张。一方面,由于发达国家采取内向型经济政策,国际资本的供给增长的难度较大。另一方面,国际资本需求增长的势头强劲。随着区域经济集团化的发展,市场竞争将更趋激烈,发达国家相互投资将更趋频繁。而集团化国家为绕过对方的关税壁垒,也会通过直接投资形式,加紧向对方市场渗透。据国际货币基金组织估计,2015 年全球资本需求缺口数,每年大约为 25 000 亿美元。

三、国际资本流动的影响

国际资本的流入与流出是各国(和地区)经济和国际经济发展的产物,但同时它对各国(和地区)经济和国际经济发展也有着至关重要的影响。

(一) 国际资本流动的利益

资本在国际间的流动,一方面有力地推动着国际贸易的发展,这种推动作用不仅表现在出口信贷的提供上,而且还表现为经常项目顺差国向逆差国融通资金。另一方面,带动着经济资源在国与国之间(或地区之间)的有效配置。在世界各国(或地区),有的国家资本充裕而有的国家资本缺乏。国际资本流动不但能够使资本得到更为合理的配置,既提高了资本流出国资本的收益,也促进资本流入国经济的发展,而且还能够使其他经济资源如劳动力和自然资源得到更为合理的配置。

但是,国际投资资本流动也会带来代价,会给各国的金融体系、金融市场、国内经济带来一定的冲击。

(二) 国际资本流动对金融体系的影响

国际资本流入或流出,对一个国家的金融体系有着一系列重要影响。

首先,当外国资本以对银行贷款的形式流入某个国家,即以增加某国银行对外负债的形式流入某个国家时,该国银行的外币负债增加,通常表现为该国银行在外国银行存款的外币资产也发生增加。如果该国中央银行从该国银行购买外币,那么,该国银行本币的存款准备金将增加并出现了超额存款准备金,该国银行将会增加本币贷款。这样,外国资本流入导致该国中央银行外汇储备的增加。本币贷款的增加和本币供给量的增加。如果该国中央银行不从该国银行购买外币而允许居民持有外币存款,那么该国银行将会增加外币贷款。这样,外国资本流入没有导致该国中央银行外汇储备的增加,但导致外币贷款的增加和外币供给量的增加。

其次，当外国资本以直接投资、债券投资、股票投资的形式流入某个国家时，外国厂商或居民需要把外币兑换为本币，即把外币存款转换为本币存款以用于投资。由于外国厂商或居民兑换本币后把本币存在该国银行，该国银行本币存款的减少和本币存款的增加彼此抵消，净增加了外币存款。假如外国厂商或居民不把外币兑换为本币而直接用外币购买债券或股票，当债券或股票出售者把外币存入该国银行时，该国银行的外币贷款和外币供给量将会增加；当债券或股票出售者把外币兑换为本币时，与外国厂商或居民把外币兑换为本币所产生的效果是一样的。

因此，在外国资本流入的情况下，该国银行的资产负债表将会出现扩张。同理，在外国资本流出某国而没有同时发生外国资本流入的情况下，该国银行的资产负债表将会出现收缩。

对于中央银行监管不力、银行体系不够健全的国家来说，国际资本流动将给金融体系造成较大的风险。

当国际资本流入而导致这些国家的银行发放贷款时，它们往往盲目扩大银行信贷而且银行信贷分配不当，使银行贷款扩展到偿还能力不高的债务人。一旦国际资本流动发生逆转，这些国家的银行往往因流动性不足而陷入困境，从而不得不求助于中央银行提供资金，造成金融体系的动荡。

（三）国际资本流动对金融市场的影响

首先，国际资本的频繁流动造成了外汇市场和汇率的波动。不论国际资本流动采取银行信贷的形式还是采取直接投资和证券投资的形式，大部分都涉及货币的兑换，从而对外汇市场产生影响。当外国资本流入某国时，在外汇市场表现出来是外币的供给增加或本币的需求增加，在其他条件不变的情况下导致外汇汇率降值和本币汇率升值。相反，当外国资本流出某国时，将导致外汇汇率升值和本币汇率降值。因此，大规模的国际资本流动势必造成汇率的动荡。

其次，国际资本的频繁流动造成借贷市场和利率的波动。如前所述，当国际资本流入时，将导致银行贷款的增加和货币供给量的增加。货币供给量的增加在其他条件不变的情况下导致利率的下降。相反，国际资本的流出导致利率的上升。这样，如果发生了大规模的国际资本净流入，利率将出现一个下降的过程；反之，利率将出现一个上升的过程。因此，国际资本频繁流动造成利率的波动。

最后，国际资本的频繁流动造成股票市场和股票价格波动。当国际资本以股票投资的形式流入某国时，将刺激该国股票的需求和引起该国股票价格的上升。当国际资本以卖出股票的形式流出某国时，将增加该国股票的供给和引起该国股票价格下降。

（四）国际资本流动对国内经济的影响

国际资本流动对金融体系的影响的分析表明，国际资本的流入导致银行贷款的增加和货币供给量的增加，国际资本的流出导致银行贷款的减少和货币供给量的减少。因此，国际资本流入将对国内经济产生扩张性冲击，从而有可能引起通货膨胀；国际资本流出将对国内经济产生收缩性冲击，从而有可能导致经济停滞。

在现代市场经济里，最易于发生金融投机的金融市场主要是外汇市场和股票市场。在外汇市场上，外国投机者通常采用的投机方法是在某国借入该国货币，然后同时在即期外汇市场、远期外汇市场、外汇期货市场、外汇期权市场同时抛售该国货币,以期待在该国货币汇率下降以后回购该国货币来偿还该国货币贷款,从而获取该国货币汇率变化的差价。

受到投机性冲击的国家中央银行通常采用的反投机方法是动用外汇储备买进本国货币,以减轻本国货币汇率的波动幅度。这样,在外汇投机中将发生两种重要的现象:(1) 外汇资产发生了从该国政府到外国投机者再到该国外汇银行的转移。该国中央银行储备的外汇首先通过干预外汇市场转移到外国投机者手里,然后再通过外国投机者回购该国货币而转移到该国外汇银行。由于中央银行使用外汇买进了本币,该国货币供给量在短期内出现收缩。如果该国中央银行允许居民持有外汇,该国货币供给量收缩将持续下去。(2) 外国投机者在该国大量借入该国货币,导致该国借贷资金的需求增加和利率的上升,利率的上升将对该国的消费需求和投资需求产生抑制作用。因此,大规模的外汇投机将对该国国内经济产生收缩性影响。

在股票市场上,外国投机者通常采用的投机方法是寻找股票价格指数偏高的时机同时在股票市场、股票价格指数期货市场、股票期权市场上抛售股票现货、股票价格指数期货和股票期权,以获取股票价格下跌的差价。

股票市场的投机将出现两种可能性。首先,如果外国投机者获得成功,那么该国股票价格暴跌,该国股票持有者将遭受损失。这样,企业将会减少投资支出而居民则会减少消费支出,从而导致社会需求的减少。其次,如果该国政府采用大量买进股票的方法来反击投机,即使可以保持股票价格的稳定,但由于政府使用可以流通的本币买进了不能流通的股票,该国货币供给量将会减少。因此,不论出现哪一种情况,大规模的股票投机将对该国国内经济产生收缩性影响。

阅读材料 17-1

美联储加息　全球资本流动性将受到冲击

美国联邦储备委员会 2016 年 12 月 14 日(北京时间 15 日凌晨 3 点)宣布上调联邦基金利率,这是美联储时隔一年后再次加息。美联储宣布,将基准利率调升 25 个基点,美国联邦基金利率从 0.25%～0.5%上升至 0.5%～0.75%。

加息时代的股市、债券、黄金、商品和房地产

股市是个震荡市、结构市。1970 年代末期到 1983 年的美国股市长期震荡,但也是结构市,旧经济泡沫的去除,为新经济腾出了空间。

长期利率债是一场血雨腥风,持有至到期型的信用债,将是这个时代的主角。

黄金在强势美元下存在持续压力,但地缘政治冲突的高发,让黄金不断有脉冲性上涨机会。

商品在大规模经济刺激下有长期支撑,地缘政治冲突的高发,也让商品有了脉冲性上涨机会。

全球范围内的一线城市的核心地段房产是的唯一避风港,但由于信用风险的存在,即便一线房产价格,也有一段较长时间的下行压力。只是,一线城市下行之后,还能涨回来。对于借钱投资的炒房人来说,风险面前要提早防范才好。

加息符合特朗普的供给学派观念

作为国内预测特朗普革命的第一人,我们在特朗普当选之际,全面剖析了特朗普的执政特征:供给学派的执政思路。我们都知道,货币中性是供给学派的基本观点之一。

当前,全球经济处于"供给主义改革"的风口浪尖,原因也很简单:推动经济增长的科技动力日渐式微,经济新增长动力尚未形成,新旧经济转型进程胶着。如何让旧经济出清,让新经济起来?一些昏庸的经济学家提出:既要管理好需求,保障稳定;又要着眼供给,发展新经济。这个既要、又要,直接导致了政府力量实质性地变成了保护落后经济落后产能扼杀新经济的推手。

供给学派强调货币中性

为什么强调转型的供给学派竟然提出货币中性?难道他们不怕资金成本上升扼杀新经济吗?恰恰相反,资金成本压力最大的是传统经济,他们有庞大的负债,占有庞大的社会资源,也浪费了庞大的社会资源。如果资金成本上升,过剩产能承受不了利率成本,就会"破产",无效的产能就会释放,他们占用的社会资源也会释放。如此,新经济发展,才有廉价的社会资源可以使用。货币利率是最好的资金配置杠杆。政府压低利率,实际上是保护高杠杆的落后产能。

所以,1970年代末期到1980年代初期,沃克尔持续大幅加息,才让美国的落后产能全面出清,为1980年代中后期的长期增长打好了质量基础。

经济经历大衰退之后,货币政策往往经历两个阶段。第一阶段是全面放松救经济,从而进一步巩固旧的经济,旧产业的泡沫进一步扩大,这也是社会发展的应用之义,只有产品供应极大丰富了才有资格谈转型嘛。2008年之后的第一个8年,便是第一阶段。第二阶段是旧的产业已经万劫不复,无论如何刺激只是僵尸,不仅吞噬所有货币,还占据社会资源不释放,转型成为空谈。这时候,货币中性的哲学开始被接受,加息以挤出旧产业占有的社会资源成为必然趋势。2008年之后的第二个8年,便是第二阶段,正在拉开序幕。

美国进入加息通道后的全球资本流动

美联储进入加息通道后,也意味着强势美元的来临。全球资本流动将会经历一段时间的冲击性影响。非美货币将走软。

从美联储加息后的第一反应来看,欧元兑美元跌幅扩大至113点或1%,刷新九个交易日低点至1.0511。日元跌幅最甚,已突破117点关口,创近十个月新高。离岸人民币兑美元跌幅扩大,一度暴跌近400点至6.9316元,可能进一步强化已存在的人民币看空情绪,迈向7.00元的心理关口。

但是,美联储加息并不是恶魔,也不会导致全球资金的长期单向流动。加息的影响分为三个阶段。第一阶段是金融货币这些高流动性资产的流动阶段,直接冲击着汇率体系。第二阶段是产业资本流动阶段,美国的"过剩产能、低端产能"将进一步向外转移,同时进一步集聚全球"新兴产能、高端产能"。产业资本流动阶段的资本流向是双向的,但第二阶段仍然以全球资本流向美国为主。第三阶段是美国的"新兴产能、高端产能"发展到一定阶段之后,开始向全球输出"产业链分工",这一阶段将以资本留出为主。

货币汇率往往具有较强的超前性。因此,美元升值阶段在第一阶段将基本完成。预计这一阶段将持续3~5年。

美国经济刺激方案需要加息

供给学派鼓励为了未来的增长,建设为了未来而布局的基础设施。新任总统特朗普上台之后将扩大财政支出和大幅减税,进一步推高通胀并刺激美国经济,为了压制通货膨胀,也逼迫了美联储加息。

在奥巴马执政期间,美国的财政预算赤字持续缩小,为特朗普实施大规模经济刺激准备了条件。预算赤字从2009年高达1.4万亿美元的水平,降低到2015年的4 380万亿。

资料来源:腾讯"证券研究院"特约,孙建波,银河证券研究所首席策略分析师。

第四节　金融创新与发展

一、金融发展与经济发展

经济发展是世界各国共同关注的一个重要主题。金融是现代经济的核心,经济发展与金融发展紧密结合在一起,各国经济的发展都离不开金融的大力支持。对金融发展的研究已是经济学的一个入门课题,金融发展也成为各国特别是发展中国家的一个重要任务。

(一)金融发展的含义与衡量指标

1. 金融发展的含义

金融发展问题早已引起经济学家们的重视和研究。一种观点认为,金融发展是指各类金融资产的增多及各类金融机构的建立。货币只是金融资产的一种,银行业只是金融机构的一种,金融发展表现为各种非货币金融资产和非银行金融机构的大量出现和发展。另一种观点认为,金融发展就是金融结构的变化,而金融机构是一国现存金融工具和金融机构的总和。不同类型的金融工具和金融机构的组合,构成不同特征的金融结构。有的国家金融工具种类多、数量大,金融机构规模大数量多、服务效率高;而有的国家则相反。一般说来,金融工具的数量、种类、先进程度与金融机构的数量、效率、种类的综合,形成不同发展的金融结构。金融越发展,金融工具和金融机构越多,金融效率越高。

2. 衡量金融发展的指标

根据金融发展的含义,衡量金融发展的程度实际是衡量金融机构的状态。通常有五个需要考虑的数量指标:① 金融资产总额与实务资产总额的比重;② 金融资产与负债在各金融机构的分布;③ 金融资产与负债在金融机构与非金融机构的分布;

④ 各个经济部门拥有的金融资产与负债总额；⑤ 由金融机构发行、持有的金融资产总额。实际中，在对不同金融机构进行比较时，可能会遇到统计数字不全，所以一般用金融相关比率和货币化率来作为衡量金融发展的基本指标。

(1) 金融相关比率。金融相关比率(Financial Interrelations Ratio, FIR)是指一定时期内一国金融活动总量与经济活动总量的比值。金融活动总量一般用金融资产总额表示，包括金融部门发行的金融工具和国外部门发行的金融工具等。经济活动总量通常用国民生产总值来表示。金融相关比率的变动反映的是金融上层结构与经济发展基础结构之间在规模上的变化关系，所以被看作是金融发展的一个基本指标。

(2) 货币化率。货币化率是指一定经济范围内通过货币进行商品与服务交换的价值占国民生产总值的比重，主要用来衡量一国的货币化程度。由于货币是金融资产的一部分，用货币化来反映一国的货币化程度是可行的。在实际使用中，要注意使用的是哪个层次的货币量，一般可用 M_2/GDP、M_1/GDP 或 M_0/GDP 来表示。

(二) 金融发展趋势

学者戈德史密斯对 30 多个国家 100 多年的金融发展状况进行了研究，认为世界各国金融发展存在一条共同的道路，发达国家有着共同的发展趋势，发展中国家迟早也要走上发达国家已经走过的道路。

金融发展主要呈现下面的基本趋势：

(1) 在一国的经济发展中，金融资产的增长比国民财产的增长更为迅速。因此，金融相关比率有提高的趋势，但不会无限提高，一旦金融发展到一定程度，该变动就会趋于稳定。

(2) 发展中国家的金融相关比率比发达国家低很多，基本说明了两类国家在金融发展上的差距。

(3) 金融相关比率高低是由一国经济结构的基本特征决定的，如生产集中程度、财富分配状况、投资动力、储蓄倾向等。

(4) 随着经济的发展，大多数国家金融机构发行和拥有的金融资产的比重不断加大，即使 FIR 已趋于平衡，这种比重的变化趋势依然存在。

(5) 金融资产所有权的机构化倾向，必然使金融机构向多样化发展。

(6) 随着经济的发展，银行体系在金融机构资产总额中的比例会趋于下降，而其他各新型的金融机构的这一比例会相应上升。

(7) 金融发展水平越高，融资成本就越低。

(8) 长期来看，各国经济发展与金融发展齐头并进，但两者之间的因果关系，谁因谁果，至今还无法证明。

(三) 金融发展与经济发展的相互关系

金融与经济发展两者紧密联系、相互融合、相互促进。经济发展对金融发展起决定作用，而金融发展对经济发展又有巨大的推动作用。

1. 经济发展对金融发展的作用

金融是依附于商品经济的一种产业，是在商品经济的发展过程中产生并随着商品经济的发展而发展。商品经济的不同发展阶段决定着同期的金融状况。

(1) 经济的发展使社会收入水平不断提高,人们对金融投资和理财服务的需求增加,这是金融业发展的原动力。

(2) 经济发展形成众多大集团,大集团要求与其融资需求项匹配的现代金融机构为其提供服务。这是金融工具、金融机构多样化和金融效率迅速提高的直接原因之一。

2. 金融发展对经济发展的作用

金融随经济发展日渐增强,金融发展对经济发展的推动力体现在三个方面。

(1) 金融发展有助于实现资本的积累与集中,可以帮助实现现代化的大规模生产经营,实现规模经济效益。

(2) 金融发展有助于提高资源使用效率,提高社会经济效率。

(3) 金融发展有助于提高金融资产进行储蓄的比例,提高社会投资水平。

当然,在经济发展中,金融对经济发展也可能产生不良影响:因金融总量失控出现通货膨胀、信用膨胀、导致社会总供求失衡,危害经济发展;金融业经营不善会使金融风险加大,一旦风险失控会导致金融危机,进而引发经济危机。

二、金融创新

随着国际经济的发展,全球金融自由化越来越高,西方国家普遍放松对国内金融市场的管制,发展中国家也加快金融改革的步伐,放松金融管制,使银行和金融体系更加面向市场。金融业竞争更加激烈,金融机构向客户提供符合需要的优质服务,在相当程度上促进了金融创新的发展。

西方国家的金融创新从20世纪50年的开始,20世纪70年代全面展开,20世纪80年代已形成全球趋势和浪潮。金融创新浪潮的兴起和发展,给整个金融业甚至整个经济的发展都带来了深远的影响。

(一) 金融创新的含义

20世纪70年代以来,西方金融领域出现了一系列重大而引人注目的新事物:广泛采用的新技术、不断形成的新市场、新的金融工具、金融机构、金融服务以及新的融资方式,人们把这些以新型化、自由化、多样化为特征的新事物统称为"金融创新"。

金融创新(financial innovation)是指金融机构为生产、发展和迎合客户的需要而创造的新的金融产品、新的金融交易方式,以及新的金融机构的出现。它主要包括四个方面的内容:① 金融创新的主体是金融机构;② 金融创新的目的是盈利金额效率;③ 金融创新的本质是金融要素的重新组合,即流动性、收益性、风险性的重新组合;④ 金融创新的表现形式是金融机构、金融业务、金融工具、金融制度的创新。

(二) 金融创新的原因

从金融创新形式的原因看,金融创新大多源于政府严格管制的逆效应、高通货膨胀的压力和高新技术的发展。

1. 技术的进步

新技术的出现及其在金融业的应用是促成金融创新的主要原因。特别是电脑和电信设备的新发展在金融业的应用是促成金融创新的重要因素。20世纪70年代以来,以电子计算机为核心的信息技术的广泛应用给银行业带来了巨大的影响,如电话银行、网上银行、银行卡等业务迅速发展。

2. 规避政府管制

规避政府管制是金融工具不断创新的一个推动力。第二次世界大战后西方国家为维持金融稳定对金融业实行严格的管制,使金融机构的业务范围、利率、信贷规模、分支机构的设立等受到诸多限制。这些限制实际上构成了金融机构的成本追加或隐含税收,阻碍了金融机构获得更大盈利的机会。因此,金融机构通过金融创新来规避政府管制、摆脱不利于利润最大化的约束条件。在美国,商业银行通过开设可转让支付命令账户和自动转账账户等来规避金融当局的利率限制。

3. 规避风险

20 世纪 70 年代以后,西方国家通货膨胀加剧,与高通货膨胀相伴随的是物价水平和利率的频繁波动。利率的频繁波动导致巨额资本溢价或资本损失,使投资收益具有极大的不稳定性。利率风险的增加,降低了长期证券对投资者的吸引力,同时也使持有这类资产的金融机构陷于窘境。为了降低利率风险,金融机构进行了一系列金融创新。例如,期货、期权及互换业务等新兴的金融衍生工具,在各种创新的金融工具中,为减少利率与汇率风险而创新的工具占相当大的比重。

4. 竞争的需要

金融业的迅速发展和市场边界的不断夸大,使进入竞争性市场的主体迅速增加。金融机构的种类、数量急剧增加,竞争必然加剧,其结果是金融机构的成本增加,收益普遍下降。在这种竞争局面下,金融机构只维持传统的经营和服务项目已不能保持正常的发展,甚至还会危及生存。所以,为了在竞争中求生存、谋发展,在市场中立于不败之地,金融机构就要不断地改革创新。

(三) 金融创新的内容

广义上,金融创新的主要内容包括金融工具和业务的创新、金融制度的创新和金融机构的创新。

1. 金融工具和业务创新

金融工具和业务创新是全部创新活动的基础,由此引发了金融机构职能和市场组织的一系列的创新活动。金融业务是金融机构利用新思维、新组织方式和新技术构造新的融资模式,通过其经营过程取得经营成果的活动。在金融创新中,因为商业银行业务在整个金融业务中占据举足轻重的地位,所以商业银行的业务创新构成了金融业务创新的核心内容。

(1) 负债业务创新。主要体现在商业银行的存款服务上。各商业银行通过创新性的负债工具,一方面规避政府管制,另一方面也增加了银行的负债来源,主要有:可转让大额定期存单;可转让支付命令账户、自动转账服务、货币市场存款账户、协定账户;其他创新业务,如股金汇票账户、个人退休金账户及货币市场存单等。

(2) 资产业务创新。体现在消费信用:一次性偿还的消费信用和分期偿还的消费信用;住房贷款,包括固定利率抵押贷款、浮动利率抵押贷款和可调整的抵押贷款;银团贷款;其他资产业务的创新,如平行贷款、分享股权贷款、组合型融资等。

(3) 中间业务创新。银行中间业务的创新改变了银行传统的业务结构,增强了竞争力,主要有信托业务(包括证券投资信托、动产和不动产信托、公益信托等)和租赁业务(包括融资性租赁、杠杆租赁、经营性租赁等)。

(4) 清算系统的创新。信用卡的开发与使用,电子计算机转账系统的应用等。

其他金融工具创新,如欧洲市场上的金融工具的创新(如多种货币贷款、背对背贷款、浮动利率债权、票据发行便利等)和金融衍生市场上的金融工具的创新(如远期、期权、期货、互换等)。

2. 金融制度创新

金融制度创新是指为了保证金融机构和整个金融体系的安全、稳定所进行的一系列在管理制度和管理活动上的调整和改善。制度创新通常紧随业务创新,为了防止和消除业务创新活动引发的各种风险,须有相应的管理制度的调整。但是,制度创新又往往会成为业务创新的原因,许多业务创新实际是在设法规避现行制度的管制。金融制度的创新主要体现在以下两个方面。

(1) 分业管理制度的创新。长期以来,在世界各国的银行体系中历来有两种不同的银行制度,即以德国为代表的"全能银行制"和以美国为代表的"分业银行制"。两者的主要区别是商业银行业务与投资银行业务的合并与分离上的区别。进入20世纪80年代以来,分业管理制度已经发生了改变。1999年美国彻底废除了《格拉斯-斯蒂格尔法案》。允许商业银行混业经营,从此商业银行经营全能化、混合化成为一种趋势。

(2) 市场准入制度趋向国民待遇。20世纪80年代以前,许多国家对进入本国金融市场的外国金融机构采取非国民待遇,同时对本国金融机构进入外国金融市场实施种种限制。在金融自由化浪潮的冲击下,这些限制正逐渐取消,商业银行逐步实行跨国经营,跨国银行不断涌现。

3. 金融机构创新

金融机构的创新是伴随着新技术的应用和金融制度的创新出现的,主要体现在如下三个方面。

(1) 创设新型金融机构。电子计算机网络技术广泛应用而出现的无具体营业点的电子银行、网上银行、电话银行;业务均由机器受理的无人银行;多国共组的跨国银行;集银行、股权、保险、信托、租赁和商贸为一体的复合型金融机构;金融百货公司、金融超级市场等。

(2) 非银行金融机构的种类和规模迅速扩大。各种保险公司、养老基金、住房金融机构、金融公司、投资基金是非银行金融机构的主要形式。

(3) 金融机构组织形式不断创新。在过去单一的、总分行制的基础上,出现了连锁制、控股公司制以及经济上相互独立而业务上互助互认、协调一致的联盟制银行。

(四) 金融创新的影响

金融创新的内容广泛而复杂,其影响是多方面的。绝大多数经济学家认为金融创新有利有弊,但从整体上讲有利于金融与经济发展,提高了社会利益。

1. 金融创新对金融和经济发展的推动作用

(1) 金融创新为金融机构拓展了生存空间。对金融机构来说,金融工具的创新和新服务的开展,扩大了资金来源和运用,增加了盈利机会;以网络通信技术为基础的创新,大大减少了支付、会计、资料处理所需的时间和交易成本,提高了工作效率;业务的拓展增强了金融机构的获利和竞争能力。

(2) 金融创新增强了投资者抗风险的能力。对投资者来说,金融创新创造了很多新的金融工具,提供了多功能的、多样化和高效率的金融工具和金融服务,扩大了投资者的选择空间,有利于分散风险,改善金融产品的流动性和安全性。

(3) 金融创新便利了筹资者的融资需求。对筹资者而言,金融创新使融资渠道多样化、融资形式灵活化,降低了发行成本,从而更好地满足了筹资者对融资的不同需求。

(4) 金融创新推动了经济的发展。从整体来讲,金融创新增强了金融产业发展能力,增加各经济单位抗风险的能力,有力地推动了经济发展。

2. 金融创新对金融和经济发展的负面影响

金融创新在繁荣金融、促进经济发展的同时,也带来了许多新的矛盾和问题,对金融和经济发展产生了两个方面的不利影响。

(1) 金融创新加大了整个金融系统的风险。金融创新在为投资者提供新的手段与场所规避旧的风险的同时,又产生了新的风险。这主要表现在:① 为投机活动提供了新的活动和场所;② 增加了银行表外业务的风险;③ 加剧了金融机构的竞争,增加了从事高风险金融业务的压力和冲动;④ 推动了金融国际化,使各国金融机构的相互依赖性增加,从而造成金融风险易于扩散。

(2) 金融创新降低了货币政策效力。金融创新在很大程度上改变了货币政策的决策、操作、传导及其效果,增加了货币政策操作的复杂性、影响了货币政策的效率,主要表现在降低了货币政策中介指标的可靠性、扩大了政策效应的时滞。

阅读材料 17-2

中国金融未来有四大趋势:市场化、证券化、国际化、智能化

"中国金融未来有四个趋势,包括金融活动的市场化、金融结构的证券化、金融市场的国际化、金融体系的智能化。"中国人民大学副校长吴晓求12月28日在2016财经战略年会上表示,这是谁也不能阻挡的,要认清趋势。

1. 金融活动的市场化

"这与金融的自由化大体上是一样的意思,无论是融资还是投资活动,都要在市场的平台上运行。"吴晓求强调,融资可能会越来越多的来自市场,即使来自银行也是高度市场化,这里面暗含着利率的市场化。投资也是可以自由的在市场上配置资产,包括其他价格,比如利率、汇率、资产价格等,都是基于市场供求的竞争而形成的。

2. 金融结构的证券化

这里说的金融结构主要是指金融的资产结构,因为金融资产的结构暗含了这个国家金融功能的变化,也暗含着这个国家金融风险的调整会发生变异,所有金融风险都来自金融产品或者金融资产结构的调整,所以说研究金融资产结构的变动趋势是金融研究的基础部分。金融资产的结构是朝着证券化的方向发展,这点已经显现出来,而且也符合金融的基本理论和现代金融的基本趋势。

3. 金融市场的国际化

金融市场的国际化正在到来,无论从人民币的国际化和金融市场的对外开放都预示着这一点。我国金融发展有两大战略目标,一个是人民币的国际化,让人民币成为重要的国际性的储备性货币;再一个是让中国金融市场成为国际金融中心。为此进行了大量的政策调整和对外开放,包括今年10月1日纳入国际货币基金组织SDR份额,还包括深港通的开通等,这都是国际化。只不过中国金融市场国际化的进程相对有点慢,但是也许在未来的某一个时候会加快。

4. 金融体系的智能化

中国金融体系的智能化在迅速提高,包括新技术的运用,比如互联网技术、区块链技术、人工智能以及其他信息技术的发展。这些技术实际上对金融业的渗透甚至比任何领域都要大,所以中国金融体系的智能化的进程将会加快。同时,由于金融活动的智能化,中国金融监管也要走向智能化。中国金融发生那么多的基础变化,但是监管没有发生变化,监管准则、监管视野、监管判断标准都没有发生变化,这从一定意义上说会阻碍中国金融业的发展。因此,中国应该建立一个巨大的数据平台,让监管从传统监管走向智能监管。

资料来源:中国证券报,中证网。

本章关键词

国际金融市场　欧洲货币市场　国际资本流动　直接投资　证券投资　国际货币基金组织　世界银行集团　区域性国际金融机构　金融创新

思 考 题

1. 如何理解国际金融市场的含义和作用?
2. 欧洲货币市场的含义和特点分别是什么?
3. 国际金融机构主要有哪些类型?都发挥了怎样的作用?
4. 国际货币基金组织的宗旨、职能和主要业务有哪些?
5. 世界银行集团由哪些机构组成?简述其主要职能和业务活动。
6. 如何理解金融与经济发展之间的关系?
7. 试述金融创新的内容和影响。

图书在版编目(CIP)数据

新编货币金融学/胡靖主编. —上海:复旦大学出版社,2018.4
ISBN 978-7-309-13482-7

Ⅰ.新…　Ⅱ.胡…　Ⅲ.货币和银行经济学-高等学校-教材　Ⅳ.F820

中国版本图书馆 CIP 数据核字(2018)第 019396 号

新编货币金融学
胡　靖　主编
责任编辑/谢同君

复旦大学出版社有限公司出版发行
上海市国权路 579 号　邮编:200433
网址:fupnet@fudanpress.com　http://www.fudanpress.com
门市零售:86-21-65642857　团体订购:86-21-65118853
外埠邮购:86-21-65109143　出版部电话:86-21-65642845
上海浦东北联印刷厂

开本 787×1092　1/16　印张 20.75　字数 443 千
2018 年 4 月第 1 版第 1 次印刷

ISBN 978-7-309-13482-7/F·2443
定价:48.00 元

如有印装质量问题,请向复旦大学出版社有限公司出版部调换。
版权所有　侵权必究